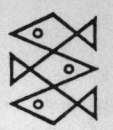

Über dieses Buch Im Mai 1933 wurden die Werke von Emil J. Gumbel als Produkte »undeutschen Geistes« auf öffentlichen Plätzen von den Nationalsozialisten verbrannt. Gumbels Engagement für die Friedensbewegung der Weimarer Republik galt als »Gesinnungslumperei und politischer Verrat«.
Gumbel hatte sich mit mehreren Büchern und Zeitschriftenbeiträgen (u. a. in der *Weltbühne*) bei dem rechten und reaktionären politischen Spektrum unbeliebt gemacht, so unter anderem mit der vorliegenden Darstellung über die halblegalen und teilweise auch illegal operierenden nationalistischen Organisationen, die das politische Leben der Weimarer Republik vergifteten.
Hervorgegangen aus den Freikorps und Einwohnerwehren, entzogen sie sich halbherzigen Auflösungsversuchen durch Neugründung oder durch Tarnung hinter Sport- und Wanderclubs, Regiments- und Kleinkalibervereinen, hinter honorigen Firmennamen und sogenannten Arbeitsgemeinschaften: als Dreschkommandos, Flurschützen, Wald- und Feldarbeiter.
Das vorliegende Buch wurde von der Liga für Menschenrechte an mehr als 300 demokratisch-republikanische Abgeordnete geschickt, Parlamentarische Untersuchungsausschüsse wurden daraufhin gebildet, so etwa im preußischen Landtag, der sich mit dem Vorwurf mangelnder Strafverfolgung der Rechtsterroristen zu beschäftigten hatte.

Der Autor Emil J. Gumbel, geboren 1891 in München, studierte Mathematik und Nationalökonomie; 1913 Diplom für Versicherungssachverständige, 1914 Dr. rer. pol., 1923 Habilitation für das Fach Statistik; 1930 ao. Professor. 1932 wurde ihm die venia legendi wegen seiner pazifistischen Haltung entzogen. Im selben Jahr blieb Gumbel – Mitglied zahlreicher wissenschaftlicher Institutionen – nichts anderes übrig, als Deutschland zu verlassen. Fortan lehre er in Paris, Lyon, von 1940 bis 1942 in New York (an der New School for Social Research), an der Columbia und Stanford University. Er starb 1966 in New York.
Gumbel veröffentlichte u. a. mehrere Schriften über politische Morde und die konterrevolutionäre Rolle der Justiz, über Geheimbünde und Schwarze Reichswehr. Autor der *Weltbühne*. Übersetzer und Herausgeber von Schriften Bertrand Russells.

Emil Julius Gumbel

Verschwörer

Zur Geschichte und Soziologie
der deutschen nationalistischen
Geheimbünde 1918–1924

Mit einem Vorwort zur Neuausgabe
von Karin Buselmeier

und zwei Dokumenten zum Fall Gumbel

Fischer
Taschenbuch
Verlag

Ungekürzte Ausgabe
Veröffentlicht im Fischer Taschenbuch Verlag GmbH,
Frankfurt am Main, Dezember 1984
Lizenzausgabe mit freundlicher Genehmigung
des Verlages Das Wunderhorn, Heidelberg
© 1979 by Verlag Das Wunderhorn, Heidelberg
Umschlaggestaltung: Jan Buchholz / Reni Hinsch
Foto: Aus ›männerphantasien‹ von Klaus Theweleit,
Verlag Roter Stern
Gesamtherstellung: Clausen & Bosse, Leck
Printed in Germany
1280-ISBN-3-596-24338-6

Inhalt

Karin Buselmeier
Vorwort zur Neuausgabe (1979) 7

Arnold Freymuth
Senatspräsident am Berliner Kammergericht (1929–1933)
Vorwort zur Originalausgabe (1924) 32

Einleitung 37
  1. Dokumente zum Kapp-Putsch 39
  2. Die großen politischen Attentate 72
  3. Kleinere Bünde 95
  4. Kapitän Ehrhardt und die Organisation C. 110
  5. Roßbach 124
  6. Die Schwarze Reichswehr 138
  7. Bayrische Justiz 158
  8. Die Vereinigten Vaterländischen Verbände (V. V. V.)
     und der bayrische Separatismus 176
  9. Der Blücherbund und der Putsch des Colonel Richert 202
10. Die Nationalsozialisten und der Putsch
    vom 9. November 1923 224
11. Prinzipielles zu den Geheimbünden 260
Literaturverzeichnis 275

Anhang:

Beschluß der philosophischen
Fakultät Heidelberg vom 16.5.1925
in der Angelegenheit des
Privatdozenten Dr. Gumbel 281
Protesterklärung republikanischer
und sozialistischer Hochschullehrer
vom Frühjahr 1931 286

Karin Buselmeier
Vorwort zur Neuausgabe (1979)

»3500 in der Stadthalle versammelte Bürger und Studenten der Universitätsstadt Heidelberg erheben ihren flammenden Protest dagegen, daß Gumbel noch immer Professor an der Heidelberger Universität und Erzieher der deutschen Jugend sein kann.« So heißt es in einer Resolution, aus der das »Heidelberger Tageblatt« am 25. 6. 1932 zitiert und welche noch in der gleichen Nacht an den Reichspräsidenten, an den Reichsinnenminister und an den badischen Kultusminister abgeschickt wurde. Immer wieder stieß ich bei Studien zur Heidelberger Stadtgeschichte, beim Durchblättern der Lokalpresse der letzten Monate vor dem 30. Januar 1933, auf diesen Namen: Emil Julius Gumbel. In einer internen Versammlung der Sozialistischen Studentengruppe Heidelberg hatte Gumbel eher beiläufig geäußert: »Für mich ist das Denkmal des Krieges nicht eine leichtbekleidete Jungfrau mit einer Siegespalme in der Hand, sondern die Schrecken und Leiden des Krieges werden viel besser durch eine Kohlrübe verkörpert.«
Aber diese Äußerung, in der Folge unzählige Male verkürzt zitiert, als Schändung der deutschen Ehre gebrandmarkt, philologischen und juristischen Deutungen unterzogen, ob es denn nun ›Denkmal des Krieges‹ oder ›Kriegerdenkmal‹ geheißen habe – ein genaues Redemanuskript existierte ja nicht –, sie konnte nicht ausreichen zur Erklärung der riesigen Hetzkampagne, die gegen Gumbel inszeniert wurde. Es mußte da eine Vorgeschichte geben. In den ledergebundenen Folianten, die den Bestand der Heidelberger Universitätsbibliothek vor 1936 enthalten, fand ich die Antwort: »Vier Jahre politischer Mord« (1922); »Verschwörer, Beiträge zur Geschichte und Soziologie der nationalistischen Geheimbünde seit 1918« (1924); »Weißbuch über die Schwarze Reichswehr« (1925) und so fort – alle mit dem inzwischen wieder durchgestrichenen Stempel »Separata« versehen, so auch eine Übersetzung Gumbels von Schriften Bertrand Russells und selbst statistische Untersuchungen, wie die von 1932 über »Das Zufallsgesetz des Sterbens.«
Wenige von denen, die ich fragte, auch Historiker unter ihnen, kannten Gumbels Namen. Dann aber las ich das im Attica Ver-

lag endlich wieder erschienene Buch von Heinrich Hannover und Elisabeth Hannover-Drück »Politische Justiz 1918–1933«, den von Kurt Kreiler bei Wagenbach herausgegebenen Band »Traditionen deutscher Justiz«, später Klaus Theweleits »Männerphantasien«. Gumbel wird ausführlich zitiert; denn grundlegende Texte für jede Auseinandersetzung mit der politischen Justiz der Weimarer Republik, mit politischen Morden, mit dem Vandalismus der Freikorps, mit Geheimbünden und Schwarzer Reichswehr sind nach wie vor seine ungemein exakt recherchierten Untersuchungen. Noch 1961, in einer Art Kurzfassung seiner politischen Schriften aus den 20er Jahren, mit dem Titel »Vom Fememord zur Reichskanzlei«, braucht er nichts zurückzunehmen, nichts zu korrigieren, die ausgebreiteten Fakten so wenig wie die Einschätzungen, die Warnungen viele Jahre vor dem endgültigen Machtantritt der Nationalsozialisten.

Die Herausgabe des genannten Bandes 1962 durch den Verlag Lambert Schneider, Heidelberg, ist der einzige Ansatz gewesen, die Bedeutung des politischen Schriftstellers E. J. Gumbel wieder zu dokumentieren. Die Resonanz war damals gering. Daran konnte auch das engagierte Vorwort von Walter Fabian nichts ändern, der Gumbel bereits 1920 als Student kennengelernt hatte.[1]

Gumbel starb am 10. September 1966 in New York. »Es ist beschämend, daß kein Nachruf in der deutschen Presse erschienen ist. Ich sandte dem Vorwärts einen, aber auch dort Fehlanzeige!« So schreibt Kurt R. Grossmann, der Verfasser einer Ossietzky-Biographie und langjährige Mitarbeiter Gumbels in der Deutschen Liga für Menschenrechte, im Dezember 1966 an Heinrich Hannover. Wie Grossmann hatte auch Hannover sich vergeblich darum bemüht, in einer deutschen Zeitschrift einen Nachruf auf Gumbel unterzubringen.

Sollten Gumbels Schriften heute allenfalls noch die ›Fachwelt‹ interessieren? Sind sie für eine breitere Rezeption immer noch zu brisant, insofern sie, gerade die früheren unter ihnen, allzu

---

[1] Bei Walter Fabian fand ich auch die ersten knappen Informationen über Gumbels Arbeit in der Exilzeit; weitere Hinweise von Heinrich Hannover, Hans-Albert Walter und Ludwig Carl, einem bei Heidelberg lebenden früheren Schüler Gumbels, kamen später hinzu. Auch dem Institut für Zeitgeschichte in München danke ich für eine Auflistung über Gumbels Tätigkeit an verschiedenen Colleges, Universitäten und wissenschaftlichen Instituten in den USA.

sehr dem in Schulbüchern, Politikerreden, Leitartikeln nach wie vor gängigen Geschichtsbild widersprechen, wonach erst die Weltwirtschaftskrise am Ende der 20er Jahre und vor allem die ›Radikalen von links und rechts‹ dem Faschismus den Weg bereitet hätten? Wohingegen bei Gumbel doch immer wieder deutlich wird, daß – abgesehen von den Kriegsfolgen und den Bedingungen, die die Siegermächte stellten – die politischen Repräsentanten der Republik in den ersten Jahren selbst die Weichen gestellt haben für ihre spätere Abschaffung. Die Ebert-Scheidemann-Regierung, die alle Gefahren immer nur von links sah, war es, die die Freikorps aufstellen ließ. Die Reichswehr wurde aus eben diesen Freikorps unter Führung monarchistischer Offiziere gebildet. Die ohnedies konterrevolutionäre Justiz konnte sich stützen auf ein ganzes System von Sondergesetzgebungen, Ausnahmegerichten, Verordnungen, Amnestien. Das alles wird von Gumbel frühzeitig und detailliert dokumentiert, ohne Gratis-Polemik und ohne immer schon fertige Interpretationsraster nach Art der KPD-Geschichtsschreibung.

Die Folgerichtigkeit, mit der Gumbel die vertanen Möglichkeiten eines wirklichen republikanischen Neubeginns dargestellt hat, wie die häufig staunen machenden prognostischen Einschätzungen künftiger Gefahren für die Republik, das ist für unseren Verlag *ein* Grund, sein Buch über die Verschwörer gegen diese Republik wieder herauszubringen. Ein zweiter Grund für einen *Heidelberger* Verlag, an dem Leute mitarbeiten, die an der hiesigen Universität studieren oder studiert haben, ist der ›Fall Gumbel‹, die Verfolgung des Pazifisten jüdischer Abstammung[2], dem bereits im Sommer 1932 die Lehrberechtigung entzogen wurde, nachdem philosophische Fakultät wie Engerer Senat sich einstimmig dafür ausgesprochen hatten. Ein Stück Universitätsgeschichte, wie es für den damaligen Zustand dieser Institution typisch ist.[3]

[2] Gumbel selbst bezeichnete sich als konfessionslos, und in einer Zuschrift an die noch heute in New York erscheinende jüdische Wochenschrift »Aufbau« (Nr. 52/1940) betont er, daß er, wie andere, Deutschland aus politischen Gründen verlassen hat. »Falsch und verhängnisvoll« sei es, »die deutsche und die jetzt einsetzende europäische politische Emigration nur vom jüdischen Standpunkt zu betrachten.«

[3] Vgl. z. B. Kurt Sontheimer: Die Haltung der deutschen Universitäten zur Weimarer Republik, in: Nationalsozialismus und die deutsche Universität. Universitätstage 1966, Veröffentlichungen der Freien Universität Berlin, de Gruyter & Co., Berlin 1966, S. 24–42. Sontheimer schreibt, daß der überwältigenden Mehrheit der Professoren, die der Weimarer Republik

Wer also war Emil Julius Gumbel, den seine Kollegen von der philosophischen Fakultät, nach Abschluß des ersten Untersuchungsverfahrens von 1924/25, in ihrem gedruckt im ganzen Reich verbreiteten »Beschluß« eine »Demagogennatur« nannten, den sie indes – »so unerfreulich« ihnen »Persönlichkeit und Gesinnung Dr. Gumbels« waren – mit dem nachgerade bedauernden Verweis auf das Prinzip der freien Lehre noch für einige Jahre zu dulden sich bequemten? Welche politischen Handlungen, welche Veröffentlichungen Gumbels waren vorangegangen, daß derart »die Gesamtpersönlichkeit eines Hochschullehrers vor den Augen der Öffentlichkeit einer hochnotpeinlichen Sektion« unterzogen wurde, wie Gustav Radbruch, damals noch Professor in Kiel, in seinem Protest gegen die Verfahrensweise der philosophischen Fakultät Heidelberg schrieb?[4]

Gumbel selbst schreibt über sich in der Biographie und Bibliographie der Autoren zu dem Sammelband »Freie Wissenschaft«, den er 1938 im französischen Exil herausgegeben hat:

»Ich bin 1891 in München geboren und studierte dort von 1910 bis 1914 Mathematik, daneben Nationalökonomie. 1913 wurde ich Assistent am Seminar für Statistik und Versicherungswissenschaft und promovierte 1914. Der Krieg brachte mich zu den Unabhängigen Sozialdemokraten. Zuerst war ich Kriegsfreiwilliger. Dann arbeitete ich, 1917, in der Flugzeugmeisterei Adlershof, später bei Telefunken. 1921 war ich Lehrer an der Betriebsräteschule des Allgemeinen Deutschen Gewerkschaftsbundes in Berlin. Daneben studierte ich Physik. 1923 habilitierte ich mich an der Universität Heidelberg für Statistik; 1924 erhielt ich einen Lehrauftrag für dieses Fach.«

feindlich gesinnt waren, eine kleine Zahl verfassungstreuer Professoren gegenüberstand, die er noch unterteilt in »Vernunftrepublikaner«, die sich mit den Gegebenheiten arrangierten, und »Demokraten aus Geblüt«, von denen es an den deutschen Hochschulen nur ganz wenige gab. – Ähnlich auch Theodor Eschenburg: Aus dem Universitätsleben vor 1933, in: Deutsches Geistesleben und Nationalsozialismus, Vortragsreihe der Universität Tübingen, R. Wunderlich Verlag, Tübingen 1965.

[4] zit. nach dem kommentierten Nachdruck des »Beschlusses« durch die Deutsche Liga für Menschenrechte, den die Liga mit der Bitte um Stellungnahme ihrerseits an die deutsche Professoren- und Dozentenschaft verschickt hatte. – Ein hoffnungsloses Unternehmen, wenn gleichzeitig der Vorsitzende des Verbandes der Deutschen Hochschulen in einem Rundbrief die indirekte Anweisung erteilte, daß angesichts der »Beleidigung der deutschen Hochschulen« durch die Liga »wohl kein deutscher Hochschullehrer bereit sein (wird), das von der Liga gewünschte Gutachten abzugeben«. (Vgl. Rundbrief vom 10. Juli 1925, in der Personalakte Gumbel, Universitätsarchiv Heidelberg.) – Vgl. Anhang zum vorliegenden Buch, S. 281ff.

In der »Weltbühne«, in der auch in den folgenden Jahren immer wieder Artikel von und über Gumbel und dessen Veröffentlichungen erschienen sind, ist in Nr. 51 vom 19. Dezember 1918 eine »Rede an Spartacus« von Gumbel abgedruckt, die er auf der ersten öffentlichen Versammlung des Spartakus-Bundes gehalten hat. Er spricht sich für die Nationalversammlung und gegen die Diktatur des Proletariats aus: Jede Diktatur rufe ein Gefühl der Fremdherrschaft hervor, und die Öffentlichkeit müsse überhaupt erst einmal umfassend über das ancien régime aufgeklärt werden. »Berlin ist nicht das Reich. Die industriell zurückgebliebenen Gegenden mit geringer Arbeiterbevölkerung würden einfach nicht mittun.«
Kennzeichnender für Gumbels politische Anschauungen als die Mitarbeit in der USPD und in der SPD, Ende der 20er Jahre[5], sind seine jahrzehntelangen Aktivitäten in der Liga für Menschenrechte. Ein Pazifist aber, ein jüdischer gar, das war für jeden vaterländisch gesinnten Deutschen genauso schlimm wie ein Bolschewik. Hatte doch der Bund Neues Vaterland (ab 1922 Deutsche Liga für Menschenrechte) sich gegen die Ablehnung des Versailler Vertrags ausgesprochen und war er immer wieder für die Verständigung mit dem ›Erbfeind‹ jenseits des Rheins eingetreten.[6]
Im Berliner Verlag Neues Vaterland erschienen 1919 Gumbels

---

[5] bei allen Vorbehalten, die sich auch in zwei kurzfristigen Austritten äußerten – so Ludwig Carl, der damals bei Gumbel studierte.
[6] Über die Deutsche Liga für Menschenrechte vgl. z. B. Kurt R. Grossmann: Ossietzky. Ein deutscher Patriot, Kindler Verlag, München 1963, 2. Aufl. Suhrkamp, Frankfurt 1973 – und O. Lehmann-Russbüldt (lange Jahre Sekretär der Liga): Der Kampf der Deutschen Liga für Menschenrechte für den Weltfrieden 1914–1927, Hensel & Co. Verlag, Berlin 1927.
Daselbst (S. 115): »Die einseitige Behandlung Deutschlands im Versailler Vertrag hinsichtlich seiner Wehrmacht mußte zu schweren Konflikten führen.
Da wir Vorkämpfer für eine allgemeine Abrüstung sind, so zogen wir aus der einseitigen Bestimmung des Versailler Vertrages nicht die Konsequenz, daß Deutschland aufzurüsten habe, sondern nach Erfüllung seiner Verpflichtung die anderen Mächte zur Abrüstung anzuhalten habe. Wir verstehen die Erbitterung der ehrlichen deutschen Nationalisten über Deutschlands einseitige Behandlung, aber wir ziehen andere Schlüsse daraus.«
Lehmann-Russbüldt schreibt von »Pogromen mit Todesandrohungen« gegen Mitglieder der Liga, von Verschleppungen durch Ordnungstruppen; auch Gumbel sei im März 1919 nur zufällig dem Tod durch Standrecht entgangen, da er nach Bern zur ersten Begegnung internationaler Friedensfreunde gefahren war (S. 99). – Die Meldung als Kriegsfreiwilliger, die Gumbel erwähnt, scheint in der Tat einer sehr kurzfristigen Überzeugung

Verarbeitung der Kriegserfahrungen »Vier Jahre Lüge« und 1920 und 1921 »Zwei Jahre Mord«, erweitert dann als »Vier Jahre politischer Mord« 1924 im Malik-Verlag.

»Vier Jahre politischer Mord«, das ist die vielzitierte Aufstellung über »354 politische Morde von rechts; Gesamtsühne: 90 Jahre, 2 Monate Einsperrung, 730 M. Geldstrafe und 1 lebenslängliche Haft« – und: »22 Morde von links; Gesamtsühne: 10 Erschießungen, 248 Jahre, 9 Monate Einsperrung, 3 lebenslängliche Zuchthausstrafen« (tabellarisches Resümee, S. 73 ff.).

Dabei hat Gumbel nur die Fälle aufgenommen, die er bis in Details hinein belegen konnte, und zu Beginn – wie übrigens in allen seinen Schriften – definiert er akribisch, was im folgenden unter politischem Mord zu verstehen sei, also z. B. keine Lynchungen und keine Erschießungen auf Grund eines kriegsgerichtlichen Urteils, unter wie fraglichen Bedingungen auch immer es zustande gekommen sein mag. Seine Quellen: »Gerichtsakten, Urteile, Entscheidungen über Einstellungen des Verfahrens, Zeugenaussagen, Mitteilungen von Rechtsanwälten, von Hinterbliebenen, endlich Zeitungsnotizen. Die Prozeßberichte habe ich hauptsächlich in den rechtsstehenden Zeitungen studiert.«

Gumbel beschreibt die Tathergänge, nennt die Mörder und häufig die militärisch Verantwortlichen; er nennt die Staatsanwaltschaften, die Verfahren einstellten, die Gerichte, die, wie er später in »Verschwörer« schreibt (S. 43), »instinktiv in dem Ermordeten ihren Feind gesehen (haben), in dem Mörder aber das Mitglied der guten Gesellschaft, die zu schützen ihre Aufgabe und ihre Pflicht war.«

Der Materialsammlung folgt ein nahezu gleich umfangreicher Teil »Zur Soziologie der politischen Morde«. Er enthält u. a. einen für die politisch Verantwortlichen wie für die Gerichte – allein schon durch die tabellarische Nebeneinanderstellung – niederschmetternden Vergleich der Vorgehensweise gegen die an der bayrischen Räterepublik Beteiligten einerseits, gegen die Kapp-Anhänger andererseits.

In der Vorbemerkung hatte Gumbel über seine Erwartung, was nach Erscheinen schon von »Zwei Jahre Mord« geschehen würde, geschrieben: »Entweder die Justiz glaubt, daß ich die Wahrheit sage, dann werden die Mörder bestraft. Oder sie

entstammt zu haben, denn schon im Herbst 1915 steht sein Name in einer bei Lehmann-Russbüldt abgedruckten Mitgliederliste des Bundes Neues Vaterland.

glaubt, daß ich lüge, dann werde ich als Verleumder bestraft. Tatsächlich ist etwas Drittes, völlig Unvorhergesehenes eingetreten.« Es gab keinen einzigen Versuch von behördlicher Seite, ihn zu widerlegen.

Die »Denkschrift des Reichsjustizministers über ›Vier Jahre politischer Mord‹«: »Zwei Jahre Mord« war ans Reichsjustizministerium geschickt worden und vor allem an sämtliche in Betracht kommenden Staatsanwaltschaften; damit war Anzeige erstattet. Nachdem der damalige Abgeordnete Radbruch im Juli 1921 den Reichsjustizminister aufgefordert hatte, die dargelegten Fälle untersuchen zu lassen und dem Reichstag Bericht zu erstatten, und nach nochmaligen Interpellationen wurde schließlich im Herbst 1921 von der Regierung eine Denkschrift zu Gumbels Anklage zugesagt. Die Mitteilungen der Justizverwaltungen von Preußen, Bayern und Mecklenburg lagen dann auch bis auf Details im Mai 1922 fertig vor. Radbruch, der während seiner kurzen Amtszeiten als Reichsjustizminister sich bemüht hatte, die Sache endlich abzuschließen und sich gegen Unkenrufe, die Denkschrift werde wohl nie erscheinen, verwahrt hatte, trat im Oktober 1923 zum zweiten Mal zurück. Gleichwohl hieß es auch unter dem neuen Justizminister, die Denkschrift werde dem Reichstag demnächst vorgelegt. Das geschah dann auch im November des gleichen Jahres – in einem einzigen Exemplar. Die Denkschrift – wie sonst üblich – als Reichstagsdrucksache zu veröffentlichen, müsse wegen der »ungeheuren Kosten und der gebotenen Sparsamkeit« unterbleiben. Immerhin wurde Gumbel auf dessen Kosten eine Abschrift überlassen, die er – doch damit war nicht gerechnet worden – 1924 im Malik-Verlag herausgab.
Diese Edition enthält nun also, nach den Einleitungsseiten über die Entstehung der Denkschrift, die Stellungnahmen der Justizminister Preußens, Bayerns und Mecklenburgs, jeweils gefolgt von einem längeren Kommentar. Aus Gumbels abschließendem Urteil über die Denkschrift des Reichsjustizministers:

»Die Denkschrift schließt sich eng an das Buch ›Vier Jahre politischer Mord‹ an in dem Sinne, daß nur die dort erwähnten Fälle dargestellt sind. Sie umfaßt aber tatsächlich weit weniger Material als das Buch, weil nur die Fälle dargestellt sind, in denen das juristische Verfahren zum Abschluß gelangt ist, d. h., um die Sache ein für allemal klar auszusprechen, in denen die *Mörder* bereits *rechtskräftig freigesprochen* bzw. zu einer im Vergleich zur Schwere der Tat *lächerlich geringen Strafe* verurteilt sind. (...)

Immer und immer wieder wird mit eintöniger Einheitlichkeit die Geschichte von dem ›Fluchtversuch‹ erzählt, von den mißverstandenen Befehlen, von dem guten Glauben des Mörders, einen Dienstbefehl vor sich zu haben. Jahrelang wird regelmäßig das *Verfahren verzögert*, bis dann endlich der Mörder *freigesprochen* wird. Die Denkschrift legt nur auf das *Formale* Wert: ob dieses Verfahren *juristisch* gerechtfertigt werden konnte. Und hierfür findet sich immer irgendein Weg.«[7]

Trotz einiger gerade in den letzten Jahren erschienener Publikationen zur Justiz der Weimarer Zeit ist die Denkschrift des Reichsjustizministers, zumindest für nicht berufsmäßig mit der Weimarer Republik Befaßte, ein derart erschreckendes Dokument von Klassenjustiz – die, wie Gumbel gewissermaßen lobend feststellt (S. 179), wenigstens nicht den Versuch macht, diesen ihren Charakter auch nur im geringsten zu beschönigen –, daß wir bei Diskussionen im Verlag zunächst geschwankt haben zwischen dem Nachdruck von »Vier Jahre politischer Mord« und Denkschrift und dem der »Verschwörer«. Eines der früheren Bücher sollte es sein, da uns ja gerade die Klarsicht, mit der in ihnen bereits Entwicklungslinien aufgezeigt werden, die schließlich zum Faschismus führten, fasziniert hatte.

Abgesehen von »Vom Rußland der Gegenwart« (1927) sind Gumbels spätere politische Bücher im Grund nur Ergänzungen, Konkretisierungen der in den früheren Schriften behandelten Themenkomplexe. Das liegt am prinzipiellen Fortbestand der von Gumbel angeprangerten Zustände wie an seiner nicht aufgegebenen Hoffnung, durch immer lückenlosere Aufklärung der Öffentlichkeit werde diese sich doch noch in breitem Umfang zur Wehr setzen.

Ein Grund, uns für den Nachdruck der »Verschwörer« zu entscheiden, war der, daß über Geheimbünde, Schwarze Reichswehr und ihre honorig sich gebenden Hintermänner weniger bekannt ist als über die konterrevolutionäre Rolle der Weimarer Justiz. Der zweite Grund: wir wollten keinen gekürzten Text herausbringen. Wollten wir Längen vermeiden, wäre das

---

[7] S. 178f.; Hervorhebungen von E. J. G. – Das Thema der ungeahndeten politischen Morde aus der ersten Zeit der Weimarer Republik blieb aktuell, während neue hinzukamen. Die Deutsche Liga für Menschenrechte gab 1927 im Hensel Verlag, Berlin, eine Denkschrift heraus: »Acht Jahre politische Justiz. Das Zuchthaus – die politische Waffe«, an deren Entstehung Gumbel beteiligt war. Auf S. 36 ff. berichtet er über Reaktionen staatlicher- und juristischerseits auf die Publizierung der Denkschrift.

aber nötig gewesen bei der Neuherausgabe der beiden aufeinander bezogenen Veröffentlichungen »Vier Jahre politischer Mord« und Denkschrift des Reichsjustizministers.

Aus dem Klumpatsch unzähliger einzelner rivalisierender nationaler Gruppen und Verbände muß eine große einheitliche Machtorganisation werden, die mit dem jetzigen Unsinn aufräumt.
(Oberleutnant Roßbach im Dezember 1922, bei der Feier des vierten Jahrestags der Gründung des Roßbachbunds in München).

Zum Zeitpunkt der Erstausgabe der »Verschwörer« war es gerade Sinn der Publikation, möglichst viele Fälle, Namen, Verknüpfungen zu nennen. Das kann an wenigen Stellen auf heutige Leser ermüdend wirken, so etwa, wenn 17 Seiten lang aus der einschlägigen Korrespondenz mit einem Freikorps-Führer zitiert wird (S. 14ff.). Doch zeigt sich hier ganz konkret, was sich im weiteren Text erst in größeren Zusammenhängen erschließt: die Denkweise der beschäftigungslos gewordenen und nun auf neue vaterländische Taten drängenden Berufskiller (z. B. Verein der nichtaktiven Offiziere Deutschlands E. V., S. 322); die geschickte Art zu rekrutieren und an allerlei Ressentiments zu appellieren (»Firmenschild ›Antibolschewistische Liga‹«, S. 26); die Resonanz der reaktionären Propaganda, zumal bei der Landbevölkerung und in der damaligen Studentenschaft. Mehrere Briefe beweisen die immer wieder geleugneten Beziehungen zur Reichswehr, und militärische Schlüsselfiguren treten selbst auf: Hauptmann Pabst (S. 17), Noskes rechte Hand während der Januar-Schlächterei 1919 in Berlin und später Leiter der österreichischen faschistischen Heimwehren; General von Lossow, von dem im bayrischen Teil des Buches noch viel die Rede sein wird, und General von der Goltz, wie Major Bischoff (S. 17) einer der berüchtigtsten Baltikumer, deren Taten in einer ganzen, Abertausende von Seiten umfassenden Literatursparte verherrlicht wurden,[8] Hitlers »erste Soldaten des Dritten Reiches«, wie diese crème de la crème der Freikorps später ehrfurchtsvoll genannt wurde. Von der Goltz, von dem es in der sechsbändigen Ausgabe des »Neuen Brockhaus« von 1962 gleichwohl ungebrochen heißt, er habe mit der Eisernen Division »Anfang 1918 Finnland und 1919 das Baltikum von den Bolschewisten befreit«.

»Verschwörer« wurde, als erste größere Veröffentlichung über die Schwarze Reichswehr, im Namen der Deutschen Liga für

---

[8] Klaus Theweleits Ausgangsmaterial in »männerphantasien«, Band I und II, Verlag Roter Stern, Frankfurt 1977 und 1978.

Freikorpswerbung im »Vorwärts«
So sahen die Anzeigenseiten des »Vorwärts« in den ersten
Monaten des Jahres 1919 aus. Diese Seite ist dem »Vorwärts« vom
23. Februar 1919 entnommen.

Menschenrechte, die während der ganzen Zeit der Weimarer Republik immer wieder derlei Appelle und Aktionen unternommen hat,[9] im Frühjahr 1924 an Reichstagsabgeordnete und Reichsminister verschickt. Daß das Vorwort zu »Verschwörer« von einem Richter stammt, mag zunächst erstaunen. Doch dieser Senatspräsident am Kammergericht Berlin gehörte zur kleinen Gruppe des Republikanischen Richterbundes, der, zusammen mit der Vereinigung sozialdemokratischer Juristen, nie mehr als 400 Mitglieder hatte, gegenüber 12 000 Mitgliedern des Deutschen Richterbundes und des Preußischen Richtervereins.[10]

Auf die weitere Karriere vieler Geheimbündler und mit ihnen liierter Profiteure[11] ist Gumbel selbst, zum Teil in »Vom Fememord zur Reichskanzlei«, zum Teil in Aufsätzen in Exil- und fremdsprachigen Zeitschriften eingegangen.
Eine erste abschließende Darstellung der politischen Morde der Weimarer Zeit ist das unter Mitwirkung von Berthold Jacob und Ernst Falck 1929 im Malik-Verlag erschienene, nahezu 400 Seiten umfassende Buch »Verräter verfallen der Feme!« Der Titel spielt an auf die programmatische Formulierung in den Statuten der Organisation C.
Der eigentliche Schwerpunkt des Buches liegt auf der Dokumentation der Arbeit der verschiedenen Landtags- und Reichstagsausschüsse zu den Fememorden – meist erst Mitte der 20er Jahre eingesetzt und eher aus legitimatorischen Gründen als um den Dingen wirklich auf den Grund zu gehen –[12] und bei den großen Fememordprozessen selbst. Abgesehen von ganz wenigen Verhandlungen in kleinen Provinzstädten, war es zu

[9] Z. B. erschien ein Jahr später, von der Liga herausgegeben und mit neuem Material, das »Weißbuch über die Schwarze Reichswehr«, das neben anderen E. J. Gumbel und Berthold Jacob zusammengestellt hatten.
[10] Vgl. Heinrich Hannover/Elisabeth Hannover-Drück: Politische Justiz 1918–1933, 2. Aufl., Attica Verlag, Hamburg 1977, S. 14f.
[11] Vgl. z. B. Gumbels Rezension zu einem Buch über Canaris, in »Social Research« 3/1952.
[12] Gumbel betont mehrfach, daß selbst halbherzige Maßnahmen erst ergriffen wurden, nachdem die Gefahr einer wirklichen sozialen Veränderung vorüber, die Einschüchterung der Arbeiterbewegung gelungen war. »Mit dem Ende der Inflation ist aber der Kapitalismus seiner Herrschaft sicher. Er hat den illegalen Schutz durch die Morde nicht mehr nötig. Der Mohr hat seine Schuldigkeit getan, der Mohr kann gehen. Gerade unter der offiziellen Herrschaft der Deutschnationalen werden politische Morde bestraft, weil sie die moralischen Prätentionen der friedlichen Herrschaft des Kapitals untergraben.« (S. 337).

diesen Fememordprozessen erst ab 1926, zur Zeit einer relativen Stabilisierung der Republik, gekommen. Eine entscheidende Rolle hatten die Enthüllungen von Carl Mertens gespielt, früher Vorzimmermann des Oberleutnants Paul Schulz, einer der blutigsten Figuren der Schwarzen Reichswehr.[13] »Als mehrjähriges Mitglied nationaler Wehrverbände habe ich Gelegenheit gehabt, die fürchterliche Fratze der Geheimorganisationen kennenzulernen. Volkshaß, Selbstsucht und Bestialität dieser ›Idealisten‹ haben mir die Gefolgschaft verleidet.« Die Artikelserie in der »Weltbühne« von August 1925 an hat über Monate hinweg ungeheures Aufsehen erregt; gesammelt erschienen Mertens' Erlebnisse und Hintergrundinformationen dann 1926 unter dem Titel »Verschwörer und Fememörder« im Verlag der Weltbühne, Charlottenburg. Eine eindringliche Schilderung, wie es zu der Veröffentlichung in der »Weltbühne« gekommen war und welchen Gefahren der Informand, der alle acht Tage Name und Quartier wechselte, ja selbst Mittelsleute und Herausgeber sich ausgesetzt sahen, gibt Kurt R. Grossmann in seinem »Ossietzky« (S. 90 ff.).

In »Verräter verfallen der Feme!« ist nachzulesen, was aus den Fememordprozessen wurde und zu welch geradezu grotesken Situationen es kam, wenn Verantwortliche der Reichswehr um so kräftiger die Unterstützung der illegalen Formationen abzuleugnen suchten, je mehr die Angeklagten, um ihre Haut zu retten, darüber auspackten. Es kam zu mehreren Todesurteilen, von denen keines vollstreckt wurde, und die Zuchthausstrafen endeten entweder vorzeitig durch Amnestie oder schlimmstenfalls erst 1933.

Der Heidelberger Privatdozent Dr. Gumbel war 1924 in national gesinnten Kreisen weithin bekannt. Seit Frühjahr des gleichen Jahres liefen nun noch drei Landesverratsverfahren gegen ihn, wegen Veröffentlichungen über die Schwarze Reichswehr. In einem Fall war das Verfahren auf Antrag der Münchner Polizeidirektion gegen das gesamte Buch »Verschwörer« eingeleitet worden.[14] Da fand am 26. Juli in einem Heidelberger Versammlungslokal eine Kundgebung gegen den Krieg statt, veranstaltet von der Deutschen Friedensgesellschaft, dem Reichsbund der Kriegsgeschädigten, dem Gewerkschaftskartell, dem

---

[13] Vgl. z. B. »Vom Fememord zur Reichskanzlei«, S. 53 ff. oder Hannover/Hannover-Drück, S. 162 ff.
[14] Vgl. Gumbels Darstellung in »Die Justiz«, II. Band, Heft 1, Oktober 1926, S. 81. – Für »Die Justiz« hat Gumbel mehrere Beiträge geschrieben.

Allgemeinen Freien Angestelltenbund und dem Allgemeinen Deutschen Beamtenbund; es wirkten mit die hiesigen Arbeitergesangvereine. Der Bericht im »Heidelberger Tageblatt«, zwei Tage später, endet: »Die von Privatdozent Dr. Gumbel geleitete und gutbesuchte Versammlung verlief ohne Zwischenfall.« Drei Tage nach der Veranstaltung »Nie wieder Krieg!« schickt der Rektor der Universität, der Anatomie-Professor Kallius, einen Brief an den damaligen Dekan der philosophischen Fakultät, Alfred Weber:

S. Spectabilität dem Herrn Dekan
der philosoph. Fakultät
Geheimrat Weber

Nach dem Bericht der ›Badischen Post‹, den ich beilege, hat Herr Priv. doz. Dr. Gumbel in einer Versammlung am 27. VII. gesagt:
› er bitte die Versammlung sich zu Ehren der Toten die – ich will nicht sagen – auf dem Felde der Unehre gefallen sind‹, von den Plätzen zu erheben.
Da diese unerhörte, alle Volkskreise gleichmässig beleidigende Äusserung sicher gegen die Achtung und das Vertrauen eines akademischen Lehrers in gröblichster, wohl nicht zu überbietender Weise verstösst, sollte die Einleitung des Untersuchungsverfahrens gegen Herrn Gumbel in die Wege geleitet werden. Ich ersuche die philosophische Fakultät schnellstens hierwegen den Beschluss zu fassen, der notwendig ist, damit das Verfahren gegen Herrn Gumbel auf Entziehung der Lehrberechtigung eröffnet werden kann.
Ich halte die Würde der Universität für so unerhört verletzt, dass grösste Eile notwendig ist.

      Ew. Spectabilität
      sehr ergebener
      E. Kallius
      (Personalakte Gumbel,
      Universitätsarchiv Heidelberg)

Im gleichen Tenor faßt eine studentische Versammlung einen Beschluß, den das »Heidelberger Tageblatt« in einem langen Leitartikel vom 31. Juli zitiert: (»...) Durch diese Äußerung hat Herr Dr. Gumbel in ungeheuerlichster Weise das Andenken derer in den Schmutz gezogen, die für uns den Heldentod erlitten (...) Herr Dr. Gumbel hat damit bewiesen, daß er außerhalb des deutschen Volkes steht (...«) Das Rektorat wird aufgefordert, für die Entfernung Gumbels von der Universität zu sorgen.
Der Schreiber des Artikels fährt fort: »Dr. Gumbel hat später seine Äußerung in einem Briefe an die Zeitung, die den Fall

aufgegriffen hat, wie folgt erläutert: ›Der Ausdruck ist in der von Ihnen gebrachten Form tatsächlich gefallen. Aber seinen wesentlichen Inhalt hat Ihr Herr Berichterstatter doch nicht richtig erfaßt. Ich wollte damit nämlich zweierlei sagen: einerseits, daß das Schlachtfeld für uns Pazifisten kein Feld der Ehre ist und zweitens, daß diejenigen, welche geglaubt haben, für Deutschlands Ehre ins Feld zu ziehen (eine Auffassung, die wir nicht teilen) für uns makellos und rein dastehen. Ich glaube, daß wohl jeder in der Versammlung diesen zweifachen Sinn richtig verstanden hat. Diese beiden Sätze hoffte ich in dem kurzen Satz zusammenfassen zu können, muß aber leider sehen, daß er von Ihnen nicht richtig aufgefaßt wurde.«

Sowenig das »Heidelberger Tageblatt« damit sein Einverständnis »mit Gumbels sonstigem politischen Wirken« dokumentieren will, so läßt sich die Grundhaltung des Artikels – und das war in der hochgeputschten Situation mutig genug – doch aus einem Satz wie dem folgenden ablesen: »Wir meinen nun, wenn jemand eine Versammlung auffordert, die Toten eines Krieges zu ehren, dann wäre er ein Heuchler, wollte er die Toten im selben Satz beschimpfen. Übereinstimmend melden aber die Versammlungsteilnehmer, daß seine Aufforderung durchaus ernst und würdig klang.«

Gumbel wird bis auf weiteres vom badischen Ministerium des Kultus und Unterrichts suspendiert, die Suspendierung aber gegen den Protest von seiten der Universität zum Wintersemester 1924/25 wieder aufgehoben.[15] Die disziplinarische Untersuchung dehnt sich ins Uferlose, da sie sich auch auf »andere Fälle von Rücksichtslosigkeiten und Taktlosigkeiten Dr. Gumbels mit erstreckt«.[16] Aus allen Teilen des Reichs treffen Briefe an den Rektor oder einfach »zum Fall Gumbel« ein, in denen die Schreiber ihrer Empörung teils in pathetischen Worten, teils in deutlicher Sprache (»oder soll man ihm den Schädel einschlagen?«) Ausdruck geben. Die Personalakte enthält nur wenige abwägende Zuschriften, noch weniger solche, in denen eindeutig für Gumbel Partei ergriffen wird. Ein ehemaliger Assistent an der Universität Heidelberg schreibt im August 1924, die Universität habe dem Drängen eines reaktionären, maßlos intoleranten Teils der Studentenschaft nachgege-

---

[15] Der zuständige Minister in der badischen Koalitionsregierung war von 1922 bis Ende 1925 Willy Hellpach, Demokrat.
[16] Vgl. Brief des damals amtierenden Rektors vom 11.7.1925 auf eine Anfrage der Universität Tübingen, wo ein angekündigter Vortrag Gumbels von rechten Studenten gewaltsam verhindert worden war.

ben, statt sich um Objektivität zu bemühen, wie es »zumal von einem Kollegium von Wissenschaftlern« zu erwarten wäre. Walter Landauer, mittlerweile Professor in den USA, hat sich auch später, nach den Tumulten um Gumbels Ernennung zum a. o. Professor, eingeschaltet, indem er eine Protestbewegung begründete, die Amerikaner vorm Studium in Heidelberg warnen sollte.[17] Landauers Brief erschien gleichzeitig in der »Volkszeitung«, der Tageszeitung der SPD in Heidelberg. Auch die großen republikanischen Zeitungen, wie die »Vossische« in Berlin, brachten lange Kommentare. In der »Weltbühne« erschien ein leidenschaftlicher Beitrag von Arnold Zweig, der bei der Antikriegs-Veranstaltung vom 26. 7. selbst dabeigewesen war.

Im Dezember 1924 übersandte das badische Kultusministerium dem mit der Untersuchung beauftragten Engeren Senat der Universität das inzwischen »vom Auswärtigen Amt Berlin mitgeteilte Material über die von Privatdozent Dr. Gumbel in Frankreich gehaltenen Reden für das dort schwebende Verfahren«. Von Einlassungen zum schwebenden Disziplinarverfahren kann indes keine Rede sein. Gumbel war im Oktober als Delegierter der Deutschen Liga für Menschenrechte und um zum Thema deutsch-französische Verständigung zu sprechen, von französischen Schwesterorganisationen in verschiedene Städte eingeladen worden. Was er dort, in der Sprache des ›Erbfeinds‹, über Reparationen und über den fortbestehenden Korporalsgeist in Deutschland sagte, mußte allerdings Wasser auf die Mühlen derjenigen sein, die an seiner Entfernung von der Hochschule arbeiteten.

Fürs erste aber fand die »Angelegenheit des Privatdozenten Dr. Gumbel« ihren Abschluß mit dem bereits genannten Beschluß der philosophischen Fakultät vom 16. Mai 1925 – nahezu zehn Monate nach Eröffnung der disziplinarischen Untersuchung. Der Ausgang der drei Landesverratsverfahren war noch abgewartet worden, die am 2. April alle gemeinsam eingestellt worden waren.

Gumbel ließ sich für zwei Semester beurlauben und arbeitete während des Wintersemesters 1925/26 auf eine entsprechende

---

[17] Vgl. Adolf Leisen: Die Ausbreitung des völkischen Gedankens in der Studentenschaft der Weimarer Republik, phil. Diss. an der Universität Heidelberg, 1964, S. 162. – Der von Gumbel 1938 herausgegebene Band »Freie Wissenschaft« enthält auch einen Beitrag des Zoologen W. Landauer.

Einladung hin am Marx-Engels-Institut in Moskau, wo er von Marx und Engels hinterlassene mathematische Notizen zum Druck vorbereitete.

Seine kaum mehr als hundert Seiten umfassenden Eindrücke von diesem Aufenthalt in Moskau, Leningrad und auf dem Dorf erschienen 1927. »Vom Rußland der Gegenwart« nennt Tucholsky (als Peter Panter), in einer seiner Rezensionen aus der berühmt gewordenen Reihe »Auf dem Nachttisch«, »das Beste, das ich in der letzten Zeit über Rußland gelesen habe« (»Weltbühne« vom 6. 12. 1927).

Dem kann ich auch aus heutiger Sicht nur zustimmen. Mich hat der Band an Arbeitskreise, lange Diskussionen und Teach-ins erinnert, als wir uns – zwischen dem simplen Antisowjetismus, mit dem wir groß geworden waren, und der nie auszuklammernden Gefahr, doch der Parteigeschichtsschreibung aufzusitzen – um eine differenzierte Einschätzung gerade der ersten Jahre nach der Oktoberrevolution, als noch Korrekturen möglich schienen, abmühten.[18]

Zur gleichen Zeit wie »Vom Rußland der Gegenwart« schrieb Gumbel mehrere Beiträge zum Thema Landesverrat. Schon in »Verschwörer« finden sich, im Rahmen der Darstellung der spezifischen bayrischen Gerichtsbarkeit, hierzu einige Seiten (124 ff.). In der Zwischenzeit waren die Landesverratsverfahren in die Tausende gegangen. Die Deutsche Liga für Menschenrechte und andere Friedensorganisationen, so wie ihnen nahestehende Zeitungen und Zeitschriften hatten jahrelang auf die skandalöse Praxis hingewiesen, daß diejenigen, die zum Schutz der Republik vor ihren Feinden im Innern wie im Sinn ihrer Glaubwürdigkeit nach außen, Informationen über geheime Rüstungen und Verbindungen zwischen Reichswehr und Geheimverbänden an die Öffentlichkeit gebracht hatten, »statt

---

[18] Im März und April 1932 erschien in der »Weltbühne« eine Artikelfolge »Moskau 1932«, Gumbels Eindrücke von einem nochmaligen dreiwöchigen Aufenthalt in Moskau. Er geht diesmal fast gar nicht auf politische Fragestellungen ein (streift nur die Situation der sowjetischen Wissenschaftler, die von Lehrverpflichtungen überlastet kaum Zeit zu wissenschaftlicher Arbeit hätten, welche ihnen überdies durch die Notwendigkeit, die jeweilige politische Linie einzuhalten, erschwert wird). Er beschränkt sich weitgehend auf eine knappe Darstellung der ökonomischen und technischen Entwicklung in den letzten Jahren, ohne anzumerken zu vergessen, daß der Aufbau des Sozialismus keine technische, sondern eine soziale Frage ist (19. 4. 32).
– Insgesamt läßt sich wohl sagen, daß sich Gumbels Haltung gegenüber der Sowjetunion mit der der Liga oder auch der der Mehrzahl der »Weltbühne«-Autoren deckt. Vgl. hierzu Kurt R. Grossmann, a. a. O., S. 155 ff.

ehrenvoller Anerkennung Landesverrats-Klagen« ernteten[19]. Mit »Landesverrat, begangen durch die Presse«, wie die entsprechenden Anzeigen und Anklagen in den meisten Fällen lauteten, setzt sich Gumbel in einem langen Artikel für »Die Justiz«, dem Organ des Republikanischen Richterbundes, (Oktober 1926) auseinander. Ein Artikel in der »Weltbühne« vom 16.8.1927, härter formuliert als der erste, mehr analytische Beitrag, und eine stellenweise fast höhnische Entgegnung auf Angriffe des Reichsanwalts Jorns, wieder in der »Justiz« (April 1928), folgten.

Um Gumbels Lehrtätigkeit war es ruhiger geworden. Immerhin wurde jetzt aber versucht, ihm auf subtilere Weise zu schaden. Nach Mitteilung von Ludwig Carl, damals Student bei Gumbel, wurde die Bedeutung des Fachs Statistik im Studiengang für Ökonomiestudenten gesenkt, langfristig sollte es als Prüfungsfach abgeschafft werden. Um so mehr war es für die kleine Gruppe der nicht völkischen, nicht nationalsozialistischen, nicht Verbindungen angehörenden Studenten ein Akt der Solidarität, Gumbels Veranstaltungen Semester für Semester zu belegen. Gumbel habe es aber auch verstanden, seine statistischen Übungen und Vorlesungen durch vielfältige und interessante Ausgangsfragestellungen attraktiv zu machen.

Da teilte im Februar 1929 der damalige badische Unterrichtsminister Lees (Demokrat) dem Engeren Senat der Universität Heidelberg seine Absicht mit, Gumbel zum außerordentlichen Professor zu ernennen. Der übliche Zeitraum von fünf Jahren nach der Habilitation sei bereits überschritten. Die für die angeforderte Stellungnahme zuständige philosophische Fakultät äußerte sich vorsichtig, was die wissenschaftliche Qualifikation Gumbels betraf, bezweifelte aber seine »persönliche Eignung zur Bekleidung des Professor-Amts«. Immer wieder habe man in der Vergangenheit dem Ministerium entsprechende Mitteilungen machen müssen (Brief vom 26.2.1929). Dem Schreiben waren Sondervoten der Professoren Jaspers, Lederer, Weber und Radbruch (als Senatsmitglied) beigefügt. Zwar würden auch sie es bedauern, wenn das Ministerium von dem Gewohnheitsrecht abweichen würde, wonach Ernennungen zum a. o. Professor auf Vorschlag der Fakultät erfolgten.

---

[19] Kurt R. Grossmann, a. a. O., S. 138. Zu einigen besonders bekannt gewordenen Landesverratsverfahren vgl. auch Hannover/Hannover-Drück, a. a. O., S. 176 ff.

In der Sache aber sprachen sie sich für den Vorschlag des Ministeriums aus.
Über ein Jahr später und nach Rückversicherung durch den damaligen Dekan der philosophischen Fakultät, diese werde wohl keinen Widerspruch einlegen, wurde Gumbel vom amtierenden Minister des Kultus und Unterrichts, dem Sozialdemokraten Remmele, am 4. August 1930 zum a. o. Professor ernannt.
Vorläufig waren Semesterferien. Aber das Wintersemester 1930/31 machte der AStA, in der Hand von Nationalsozialisten und Korporierten, zum Semester des »Kampfes der nationalen Studentenschaft um die Säuberung der Hochschulen«. In der Lokalpresse ist nun wieder beinahe täglich, besonders im November 1930 und im Januar 1931, von Protestversammlungen gegen Gumbel die Rede, von massiven Drohungen, von Beleidigungen Remmeles, dem vorgeworfen wurde, er habe aus parteipolitischen Gründen Gumbel der Universität aufgedrängt, von – meist wenig überzeugenden – Beschwichtigungsversuchen des Rektors, von Mißverständnissen und mangelnder Information durch die Behörde bei der Frage der Ernennung Gumbels zum a. o. Professor.[20]
Höhepunkte waren die Nichtbeteiligung des AStA an Universitätsfeierlichkeiten, solange Gumbel nicht »in Zwangsurlaub geschickt« wurde, die Auflösung des AStA durch das Kultusministerium und daraufhin eine nicht angemeldete Kundgebung am 21. Januar, die mit einer lang andauernden Schlägerei mit der Polizei in und vor der Alten Universität endete. Nochmals riesige Versammlungen, »wegen Überfüllung der Aula« in der Stadthalle, und zahlreiche Zuschriften zum »Heidelberger Krawallnachmittag« an die Lokalzeitungen. Unter ihnen eine von Golo Mann, der sich damals fragt, wie es möglich sein könne, daß ein Mann wegen einer vor sechs Jahren getanen Äußerung (dem vielzitierten »Feld der Unehre«) derart verfolgt wird. Eine andere stammt von einem Rechtsanwalt, der auch auf das »Volksbegehren gegen Gumbel« eingeht, das die nicht locker-

---

[20] Der Senat erklärte am 29. Januar 1931 durch Anschlag am Schwarzen Brett, daß er die Verleihung der Amtsbezeichnung »a. o. Professor« an den Privatdozenten Dr. Gumbel mißbilligt und daß er sich gegen sie ausgesprochen hätte, wenn der geübte und verordnete Geschäftsgang eingehalten worden wäre. – Vgl. »Die Menschenrechte. Organ der Deutschen Liga für Menschenrechte«, 15. Juli 1931, S. 104f. Das ganze Heft hat zum Thema »Die Hochschulreaktion«; die Darstellung allein der Heidelberger Vorgänge und der darauf erfolgten Proteste von republikanischer Seite umfaßt 15 Seiten.

lassenden nationalistischen Studenten inszeniert hatten: Nachweisen ließe sich, daß die Unterschriftslisten gegen den »Hund und Landesverräter Gumbel« auch Personen vorgelegt wurden, die zur Unterschrift gedrängt wurden, ohne überhaupt zu wissen, worum es sich handelte. (»Heidelberger Tageblatt« vom 26. und 27. Jan. 1931).
Was in Heidelberg vor sich ging, wurde auch auf nationaler Ebene aufmerksam verfolgt. Nicht nur die Rechte sah in der Entfernung Gumbels von der Hochschule eine prinzipielle, eine Prestige-Frage, auch die Linke begann das Exemplarische, in die Zukunft Weisende daran zu begreifen. Die Liga veranstaltete im April eine große Kundgebung in Berlin »Für die Freiheit der Lehre«. Zuvor hatte der Verband der Deutschen Hochschulen eine Erklärung abgegeben, die zum Protest von 80 Hochschullehrern führte; vereinzelt kam es sogar zu Austritten aus dem Hochschulverband. Die Erklärung, eine Antwort auf einen Hilferuf der »Deutschen Studentenschaft«, wie sich die Vertreter des aufgelösten Heidelberger AStA und ihre Verbündeten nun nannten, konnte nur als Ermunterung, weiterzumachen wie bisher, aufgefaßt werden. In der Erklärung hatte es geheißen:

»Der Vorstand des Verbandes der Deutschen Hochschulen begrüßt selbstverständlich jede Äußerung auf das wärmste, in der die Deutsche Studentenschaft ihre vaterländische Gesinnung bekundet; er versteht aus dieser Gesinnung heraus auch, daß die Ernennung des Privatdozenten Dr. Gumbel zum nichtetatsmäßigen a. o. Professor bei zahlreichen Studenten eine starke Erregung veranlaßt hat.«[21]

Dann kam der Diskussionsabend der Sozialistischen Studentengruppe Heidelberg vom 27. 5. 1932. »Der Heidelberger Student« – so hießen die »Akademischen Mitteilungen« seit 1929 und seit ihrer gänzlichen Übernahme durch NS-Studenten – erschien am 9. 6. mit der Schlagzeile »Das Kriegerdenkmal eine Kohlrübe«. Am 11. 6. schreibt Gumbel eine Richtigstellung an den Rektor. Am 13. 6. stellt das Kultus- und Unterrichtsministerium[22] dem Engeren Senat anheim, ein Untersuchungsver-

---

[21] Vgl. »Die Menschenrechte« vom 15. 7. 1931 und den im Anhang zu diesem Buch auf S. 286 f. abgedruckten Protest republikanischer Hochschullehrer. – Auch Kurt R. Grossmann geht in einem Artikel in der »Weltbühne« vom 13. 9. 1932 über den späteren Entzug der Lehrberechtigung auf den genannten Protest ein.
[22] Der badische Staatspräsident wie der Minister des Kultus und Unterrichts wurden zu der Zeit von Vertretern des Zentrums gestellt.

fahren einzuleiten; zugrunde gelegt wird dabei der Wortlaut aus »Der Heidelberger Student«. Am 16.6. erfolgt der entsprechende Antrag der philosophischen Fakultät an den Engeren Senat. Der Untersuchungs-Ausschuß, bestehend aus dem Juristen Anschütz und zwei Vertretern der philosophischen Fakultät, Hoops und Bergstraesser, beginnt seine Arbeit am 17.6. Nach einigem Feilschen erst und unter der Bedingung, daß es sich um einen Vertreter des hiesigen Lehrkörpers handelt, wird Gumbel am 22.6. ein Rechtsbeistand »mit allen Rechten und Pflichten eines Offizial-Verteidigers« zugestanden. Es ist Gustav Radbruch, der, wenngleich er bei früheren Gelegenheiten mehrfach für Gumbel eingetreten ist, es diesmal für opportun hält, in seiner einleitenden Erklärung zu betonen: »ohne mich in der Sache selbst, die zur Verhandlung steht, mit Herrn Gumbel zu identifizieren.«

Aus dem mehrseitigen Protokoll von Gumbels Schlußwort, in dem er nichts zurücknimmt und aus dem doch an jeder Stelle eine äußerste Verletztheit spricht:

(»...) Zur Frage meines Zugehörigkeitsgefühls zur Universität. Diese Verhandlung ist die längste persönliche Beziehung, die ich bisher zu maßgebenden Persönlichkeiten der Universität haben durfte. Die Mehrzahl der Dozenten grüßen mich nicht und zeigen mir Mißachtung. (...) Noch ein Wort über die Zugehörigkeit zur Universität. Sie ist mir auch wichtig wegen der Beeinflussung der Studenten. Ich will in wissenschaftlicher Richtung meine Schüler beeinflussen. Ich liebe die Universität um dieser Möglichkeit willen, um zu arbeiten, um die Wissenschaft zu fördern, weil ich in ihr für mich und für die Wissenschaft gewisse Hoffnungen habe. (Prof. Gumbel macht Angaben verschiedener Arbeiten und Schriften, die er vorzeigt und deren Liste er zu Protokoll gibt.) Ich spreche von diesen Arbeiten, weil sie der Inhalt meines Lebens sind. Daß die Probleme, die ich bearbeite, von Bedeutung sind, zeigt mir ihre internationale Anerkennung. (...)
Heute wo meine politische Richtung keine Chancen hat, wo die ganze Zeit gegen diese, gegen mich ist, habe ich mir äußerste Zurückhaltung auferlegt. Ich lehnte Vorträge und Arbeiten, die mir übertragen wurden, ab, warf schon Geschriebenes in den Papierkorb. Es können mir keine ›fortgesetzten Handlungen‹ vorgeworfen werden. (...«)

Am 5.8.1932 wurde Gumbel die Lehrberechtigung entzogen. In dem 12seitigen Schriftsatz des Kultus- und Unterrichtsministers heißt es zur Begründung u. a.: »Mit der getanen Äußerung hat Professor Gumbel aufs neue bewiesen, daß er nicht imstande ist, eine Verletzung von heilig zu haltenden Empfindungen zu vermeiden.« Erschwerend komme hinzu, daß es sich um eine Wiederholung des Falles von 1924 handle. Um auch nur den Anschein zu vermeiden, sie handle aus politischen Gründen, habe die philosophische Fakultät sich damals zur Einstellung des Verfahrens entschlossen, obwohl mit ihrem damaligen Urteil über die Persönlichkeit des Angeschuldigten bereits alle Voraussetzungen für eine Entziehung der venia legendi gegeben waren. »Solange die Universität neben ihren wissenschaftlichen Aufgaben noch erzieherische Forderungen an sich stellt, ist die Fortsetzung der Lehrtätigkeit von Professor Gumbel als Dozent nicht zu verantworten.«[23]

Der ganze Vorgang um den Entzug der Lehrberechtigung umfaßt in einer gesonderten Akte 325 Seiten. Darin enthalten ist auch ein Nachspiel: ein Verfahren vor dem Universitätsdisziplinargericht gegen fünf nationalsozialistische Studenten, weil sie im Zusammenhang mit den Aktionen gegen Gumbel »Sitte und Ordnung des akademischen Lebens« gefährdet hatten. U. a. ging es dabei um die Äußerung eines Studenten in einer der Stadthallen-Versammlungen: »Wie das Verfahren gegen Gumbel auch ausgehen mag, sein Kopf wird rollen.« Sinnreiche Anspielung auf Gumbels 1931 erschienenes Buch über faschistische Morde 1924–1931 »Laßt Köpfe rollen«.

Gumbels Rekurs an das badische Staatsministerium wurde am 28. Februar 1933 abschlägig beschieden, wenige Tage vor der Absetzung der badischen Regierung durch die Nationalsozialisten. Und bei der Heidelberger Bücherverbrennung auf dem Universitätsplatz am 17. Mai 1933 flogen seine Bücher als erste ins Feuer.

Zuvor aber war von republikanischer und sozialistischer Seite noch nicht alle Hoffnung aufgegeben worden. In Zeitungs- und Zeitschriftenartikeln wie in Zuschriften an das badische Kultusministerium und ans Staatsministerium war appelliert worden, die Entscheidung im Fall Gumbel doch noch zu revidieren. In der Heidelberger »Volkszeitung« heißt es am 27. 8. 32: »Wenn

---

[23] Besonders signifikant erscheint mir ein weiterer Passus in dem Schriftsatz, in welchem auf eine Unterschriftenliste zugunsten des im Gefängnis sitzenden Ossietzky eingegangen wird, die Gumbel an dem Diskussionsabend der Sozialistischen Studentengruppe hatte herumgehen lassen. Gumbel hatte Ossietzky als einen »Mann von untadeliger Gesinnung« bezeichnet. »Offensichtlich hat sich ihm nicht die Frage aufgedrängt, ob nicht ein derartiges Eintreten für einen wegen Landesverrat Verurteilten die Studierenden zu der Auffassung verleiten könnte, daß ein akademischer Lehrer das Delikt des Landesverrats als solches nicht als ehrenrührige, die Grundlagen der staatlichen Ordnung gefährdende Verfehlung betrachte.«

alle nationalsozialistischen Hochschullehrer mit dem Maße gemessen würden, das hier an Gumbels Äußerungen gelegt wurde, dann wären viele Lehrstühle schon seit langem verwaist oder umbesetzt worden.«
Der einzige Lehrende an der Heidelberger Universität aber, dem außer Gumbel während der ganzen Zeit der Weimarer Republik die venia legendi entzogen wurde (am 19.6.1920), war Dr. Arnold Ruge, das geistige Oberhaupt des Blücher-Bundes.
Auf einen der nationalsozialistischen Heidelberger Professoren, den Physiker Lenard, der schon bei der Rathenau-Ermordung die schwarz-weiß-rote Fahne gehißt hatte, geht Gumbel, selbst Mathematiker und Physiker, in seinem Aufsatz »Arische Naturwissenschaft?« ein. Dieser Aufsatz ist erschienen in dem »Sammelbuch aus der deutschen Emigration« von 1938 *»Freie Wissenschaft«*, das Gumbel einer Reihe von Wissenschaftlern gewidmet hat, die ermordet wurden oder in den ersten Jahren der nationalsozialistischen Herrschaft Selbstmord begangen haben.[24] In seinem Einleitungs-Aufsatz zu »Freie Wissenschaft« beschreibt er die strukturellen und historischen Voraussetzungen für die weitgehend republikfeindliche Haltung an den deutschen Universitäten vor 1933, und er stellt die Auswirkungen des »Gesetzes zur Wiederherstellung des Berufsbeamtentums« auch und gerade am Beispiel Heidelbergs dar.

»Im August 1933 wurde ich ausgebürgert. Ich empfinde es als eine große Ehre, daß ich wegen meiner Veröffentlichungen über die Schwarze Reichswehr und die politischen Morde bereits auf die erste Ausbürgerungsliste kam.«

(»Freie Wissenschaft«, S. 268)

---

[24] Wohin es mit der deutschen Wissenschaft gekommen war, hatte Gumbel schon zuvor in einem im »Pariser Tageblatt« (Nr. 128/1934) veröffentlichten Briefwechsel sehr sinnfällig vorgeführt:
Gumbel am 8.4.34: »Aus Ihrer Zusendung ersehe ich, daß ich noch Mitglied der Deutschen Mathematiker-Vereinigung bin. Da diese, entgegen ihren Statuten, der Zerstörung der deutschen Wissenschaft keinen Widerstand entgegengesetzt hat, beeile ich mich, die Mitgliedschaft aufzugeben und bedaure nur, daß ich dies aus Unkenntnis nicht bereits früher getan habe.«
14.4.34, Berlin: »Zur Antwort auf das gefällige Schreiben (...): Götz von Berlichingen. Was verstehen Sie von deutscher Wissenschaft? (gez.) Bieberbach«.
Gumbel: »Ich bestätige den Empfang Ihres ungefälligen Schreibens und bedaure, im Interesse des Ansehens der Wissenschaft, nicht im gleichen, neudeutschen Sauherdenton antworten zu können.«

Bereits im Juli 1932 hatte Gumbel eine Einladung zu Gastvorlesungen am Institut Henri Poincaré der Universität Paris erhalten. Danach lehrte er bis 1940 zunächst als Chargé de Recherches, dann als Maître de Recherches am Mathematischen Institut der Universität Lyon. Auch Marie-Luise Czettitz, mit der er seit 1930 verheiratet war, Pazifistin und später gleichfalls ausgebürgert, scheint, einem Nachruf von 1952 zufolge, an der Universität Lyon eine Arbeit gefunden zu haben.
Neben seiner Lehrtätigkeit und der Weiterentwicklung seiner wahrscheinlichkeitstheoretischen Arbeiten und mathematisch-statistischen Untersuchungen engagierte Gumbel sich weiterhin in der pazifistischen Bewegung.[25] So gehörte er selbstverständlich zu den Initiatoren der Union Franco-Allemande, die im Frühjahr 1939, angesichts des drohenden Kriegs, gegründet wurde. Aus dem gleichen Zeitraum stammt auch ein langer Artikel in der »Pariser Tageszeitung« (Nr. 786/1938). Darin warnt Gumbel davor, den Lügengeschichten der Nationalsozialisten über die Unterdrückung der Sudetendeutschen zu glauben, mit denen der geplante Einmarsch in die Tschechoslowakei psychologisch vorbereitet werden sollte. Es wird »weder einen lokalisierten, noch einen Blitzkrieg geben. Es wird der zweite Weltkrieg sein.« Der aufrüttelnde, stellenweise pathetische Ton – was bei Gumbel ungewöhnlich ist – erklärt sich daraus, daß es sich um den Abdruck einer Radio-Rede handelt, die über den Deutschen Freiheitssender ins Dritte Reich ausgestrahlt wurde.
Noch einen früheren Artikel für die Tagespresse der deutschen Emigranten in Paris[26] will ich herausgreifen wegen der darin enthaltenen Stellungnahme für die Volksfront. Bezeichnenderweise spricht der nie dogmatische Gumbel von *Einheitsfront*. Um »die Freiheit im sozialistischen Sinn zu erkämpfen, (...) müssen wir uns unter bewußter Abkehr von alten Formen sammeln, auch wenn es manchem hart sein mag, diese als für uns überlebt zu erkennen.«[27]

---

[25] Vgl. etwa den denunziatorischen Bericht in »Der Heidelberger Student« vom 27. 7. 1934.
[26] »Pariser Tageblatt« 1933–1936, Auflage ca. 14000 (der zitierte Artikel stammt aus Nr. 573/1935); danach von 1936–1940 »Pariser Tageszeitung«.
[27] Ganz ähnlich schon in der »Neuen Weltbühne« (Nr. 37/1933): (»...) Den Sozialisten aller Schattierungen muß das eine große Mahnung zur Einheit sein. Sie werden unter vorläufiger Zurückstellung – nicht Verwischung – der Gegensätze, im Bewußtsein der Härte wie der langen Dauer des Kampfes und, wenn es sein muß, gegen den Willen der geschlagenen Führer inner-

Von 1940 an lebte Gumbel in den USA und lehrte dort u. a. an der New School for Social Research, am Brooklyn College und an der Columbia University in New York. In zahlreichen, meist englischsprachigen Lexika und Nachschlagewerken aus dem mathematisch-naturwissenschaftlichen Bereich wird er als bedeutender Mathematiker und Statistiker hervorgehoben. Besonders erwähnt werden immer wieder eine »Statistical Theory of Extreme Values and Some Practical Applications« (1954) und sein Hauptwerk »Statistics of Extremes«, 1958 an der Columbia University Press in New York erschienen und in viele Sprachen übersetzt.[28] In Kürschners »Deutschem Gelehrtenkalender« von 1961 und 1966 – wo er übrigens nur als Mathematiker und Statistiker, nicht als politischer Schriftsteller erscheint – ist von rund 250 fachwissenschaftlichen Aufsätzen die Rede.

Neben diesen Aufsätzen, die in den führenden wissenschaftlichen Zeitschriften der USA erschienen, schrieb Gumbel auch als politischer Publizist weiterhin Beiträge für englischsprachige Zeitschriften und vor allem für die deutsche Exilpresse.[29] In »Die Zukunft«, »Die Neue Weltbühne«, »Das Andere Deutschland«, »Das Wort« usw. erschienen Stellungnahmen zu aktuellen Ereignissen, Nachrufe, Würdigungen zum Geburtstag (z. B. von Albert Einstein) und zahlreiche Rezensionen.

»Der Willensimpuls, der mich zu meinen wissenschaftlichen Arbeiten treibt, knüpft bei mir an die Zuversicht an, daß die mathematische Statistik in einer sozialistischen Planwirtschaft eine entscheidende Rolle spielen wird.«

(»Freie Wissenschaft«, S. 268)

---

halb wie außerhalb der deutschen Fesseln einheitlich den zentralen Gedanken in den Vordergrund stellen: Nieder mit dem Faschismus! Es lebe die zweite, die sozialistische Republik!«
[28] In Heidelberg gibt es dieses Buch in den Bibliotheken des Mathematischen Instituts und des Alfred-Weber-Instituts, wohingegen »Vom Fememord zur Reichskanzlei« (1962) in keinem einzigen wissenschaftlichen Institut, so wenig wie in der Universitätsbibliothek und der Stadtbücherei zu finden ist. Immerhin steht im Institut für Politische Wissenschaft der Band »Freie Wissenschaft« von 1938.
[29] Vgl. Hans-Albert Walter: Deutsche Exilliteratur 1939–1950, Band 4: Exilpresse, Metzler, Stuttgart 1978, und: Lieselotte Maas: Handbuch der deutschen Exilpresse 1933–1945, Hanser, München 1976. – Drei Aufsätze Gumbels aus neuerer Zeit werden in einer Literaturliste genannt, die ich kurz vor Drucklegung von F. J. Lersch, Aachen, erhalten habe: »Ist Fortschritt gut?«, in: »Geist und Tat« 1/1952; »Impressions from Berlin«, in: »Social Research« 1954; »Eindrücke aus dem Fernen Osten«, in: »Blätter für deutsche und internationale Politik« 7/1963.

So fragwürdig vielen von uns heute der Fortschrittsoptimismus, wie er sich hier ausdrückt, und das Vertrauen in eine zentralistische Wirtschaft erscheinen mögen, so läßt sich für Gumbels Lebensgeschichte sein Bemühen um eine Einheit von mathematisch-statistischer und politisch-publizistischer Arbeit festhalten. So hat es ihn verletzt, daß er weder anläßlich einer Gastprofessur an der Freien Universität Berlin, wo er in den Sommersemestern 1953–1956 Vorlesungen über Mathematische Statistik und Wahrscheinlichkeitstheorie hielt, noch im Rahmen eines mehrsemestrigen Lehrauftrags an der Universität Hamburg, Anfang der 60er Jahre, zu politischen Vorträgen eingeladen wurde. In Hamburg waren die Studenten von Heinrich Hannover explizit auf diese Möglichkeit hingewiesen worden.

Auf Veranlassung von Studenten fanden im Wintersemester 1964/65 in Tübingen und 1966 in Berlin und München, als offizielle universitäre Veranstaltungen, Vorlesungsreihen statt zum Thema Nationalsozialismus und deutsche Universitäten. Es ist symptomatisch für diesen ersten größeren, wenn auch allzu vorsichtigen Versuch universitärer Vergangenheitsbewältigung, daß Gumbel weder als Objekt noch als Subjekt vorkommt: weder wird sein 1932 im Vorgriff auf die späteren Säuberungsmaßnahmen der Nationalsozialisten geschehener Hinauswurf aus einer deutschen Universität auch nur erwähnt, noch taucht der Verfasser des Beitrags »Die Gleichschaltung der deutschen Hochschulen« (1938) als Analytiker eben der Verhältnisse auf, die doch Gegenstand der Vortragsreihen sein sollten.[30]

---

[30] Vgl. Anm. 2; die Vortragsreihe der Universität München erschien unter dem Titel »Die deutsche Universität im Dritten Reich« 1966 bei Piper, München. – In den Mitteilungen der Pressestelle der Freien Universität Berlin erschien am 30.9.1966 ein kurzer Nachruf auf E. J. Gumbel.

A. Freymuth
Senatspräsident am Berliner Kammergericht
Vorwort (1924)

In dem vorliegenden Buche über »Geheimorganisationen« hat Dr. Gumbel, der bekannte Verfasser des Buches »Vier Jahre politischer Mord«, eine große Zahl von Schriftstücken zusammengestellt, die über das Wesen, die Zusammensetzung und die Wirkung der Geheimorganisationen unterrichten. Es handelt sich um bekannte Tatsachen. Aber diese Sammlung der von den verschiedensten Stellen entnommenen Schriftstücke ist eine gewaltige Arbeit und hat für jeden, der sich mit den politischen Zuständen Deutschlands beschäftigt, einen ganz außerordentlich hohen Wert. Das Buch zeigt mit erschütternder Klarheit, was dem kritischen Auge ohnehin längst deutlich war: Unter dem Vorwande der Reichstreue, des »nationalen«, des »völkischen« Gedankens erblicken weite Kreise des deutschen Volkes ihre Aufgabe darin, den bittersten, durch keinerlei innerliche Skrupel eingeschränkten Kampf gegen die Weimarer Verfassung, den »Marxismus«, die »Judenrepublik« und wie die Schlagworte alle lauten, zu führen. Die Betonung »vaterländischer« Gesinnung deckt dabei jede Niedertracht, jede Gemeinheit, jedes Verbrechen. Politische Morde (zum Beispiel an Erzberger, an Rathenau) sind nicht etwa fluchwürdige Verbrechen, sondern äußersten Falls mit verständnisvollem Schmunzeln betrachtete Ausschreitungen einer hochgestimmten, nationalen, heldenhaften Gesinnung; oft aber werden die rechtsradikalen Mörder geradezu als bewunderungswürdige Helden gefeiert, deren Taten die Jugend zur Nacheiferung anspornen sollen. Ein gemeines Verbrechen wie Meineid und Verleitung zum Meineid ist, falls von einem »nationalgesinnten« Offizier begangen (Ehrhardt), nicht etwa strafrechtlich verfolgenswert, sondern hindert nicht daran, den Täter mit der staatlichen Aufgabe des »Landesschutzes« zu betrauen. Daß der Betreffende einige Jahre zuvor einen Hochverrat schwerster Art gegen das Reich begangen hat (Teilnahme Ehrhardts am Kapp-Putsch), ist für den »Generalstaatskommissar«, der den Landesschutz anordnet (v. Kahr), nicht etwa ein Grund, von jenem abzurücken; eher scheint diese Betätigung eine Empfehlung zu bedeuten. Begeht ein General Hochverrat (Lu-

dendorff), so ist die »Volksstimmung« darin einig, daß ihm nicht die Bestrafung, sondern die Lorbeerkrone gebühre. Und wenn man all das, was sich in den letzten Jahren in Deutschland zugetragen hat, überblickt, so findet sich folgendes:
Für all dieses angeblich »vaterländische«, in Wahrheit verbrecherische, Deutschlands Schicksal außen- und innenpolitisch auf das schwerste gefährdende Treiben ist der örtliche Mittelpunkt vorwiegend Bayern. Wenn auch ein großer Teil der besonders schlimmen Vorfälle nicht in Bayern sich ereignet hat, auch nicht ihr unmittelbarer Ausgang von Bayern nachweisbar ist (zum Beispiel Kapp-Putsch, Ermordung Rathenaus usw.), so ist doch überall ein Zusammenhang mit Bayern vorhanden, sei es so, daß die Täter aus Bayern gekommen sind oder nach der Tat nach Bayern geflüchtet sind oder von dort aus Hilfe und Unterstützung gefunden haben oder daß sonstige Fäden sich nach und von Bayern spinnen. Dies konnte auch nicht gut anders sein. Denn in Bayern geht seit langem die ganze Richtung der dort amtlich betriebenen Politik dahin, unter dem Vorwande »nationaler« Gesichtspunkte, den rücksichtslosesten Kampf gegen das Reich und die Reichspolitik zu führen. Daß in einer solchen Einstellung der Politik der amtlichen Stellen die reichszerstörenden Umtriebe einzelner Personen und der hinter ihnen stehenden Verbände die stärkste Stütze finden mußten, liegt auf der Hand. Es ist in Deutschland viel zu wenig beachtet worden wie namentlich auf dem so ungemein wichtigen *Gebiete des öffentlichen Rechtes* seit Jahren in Bayern von den amtlichen Stellen vollkommen planmäßig die Reichsgesetzgebung durchlöchert und unwirksam gemacht worden ist. In dieser Hinsicht ist namentlich zu betonen, daß man in Bayern 1919 die sogenannten »Volksgerichte« eingeführt und bis jetzt aufrechterhalten hat – am 1. April 1924 sollen sie nunmehr verschwinden. Damit hat man der seit 1879 für das Strafrechtsverfahren in ganz Deutschland vorhandenen Einheitlichkeit die schwerste Wunde beigebracht, namentlich auch dem Reichsgericht die Hoch- und Landesverrats-Prozesse entzogen; abgesehen davon, daß das Verfahren vor den Volksgerichten gegen die einfachsten und allgemein anerkannten Grundsätze jedes modernen Strafverfahrens (Rechtsmittel, Schutz des Angeklagten) verstößt. Dann hat man in Bayern ständig den Artikel 48, Absatz 4, der Reichsverfassung – Ausnahme-Verordnungsrecht der Einzelländer – in durchaus mißbräuchlicher Weise angewandt, indem man die Notwendigkeit der »Gefahr im Verzuge« einfach beiseitegesetzt und ferner die Rechtsvorschrift,

daß Reichsrecht vor Landesrecht geht, verletzt hat. Man hat am 24. Juli 1922 das Republik-Schutzgesetz vom 21. Juli 1922 außer Kraft gesetzt. Man hat unter dem 11. Mai 1923 (Nachtrag vom November) aus eigener Machtvollkommenheit den § 89 des Reichsstrafgesetzbuches (Vorschubleisten gegenüber dem Feinde zu Kriegszeiten) dahin erweitert, daß dieses Vorschubleisten auch im Frieden, bei Besetzung deutschen Gebietes (Ruhr, Pfalz) mit Zuchthaus auf Lebenszeit, sogar mit dem Tode! zu bestrafen ist. Man hat Anfang Oktober 1923 entgegen den Vorschriften des Reichswehrgesetzes den vom Reichswehrminister seiner Stellung enthobenen General von Lossow zum bayrischen Landeskommandanten ernannt und die in Bayern stehenden Reichswehrtruppen auf die bayrische Staatsregierung als die »Treuhänderin des deutschen Volkes« verpflichtet. Die bayrische Regierung hat zu derselben Zeit der Reichsregierung mitgeteilt, daß sie Verhandlungen mit dem Reichswehrminister ablehne. Die bayrische Regierung hat entgegen den reichsrechtlichen Vorschriften (Friedensvertrag, Entwaffnungsgesetz) die »vaterländischen« und anderen Verbände entweder selbst mit Waffen ausgerüstet oder wenigstens ihre Waffenhaltung geduldet und unterstützt. Und wenn in dem heute noch nicht abgeschlossenen Hochverratsprozeß gegen Hitler und Ludendorff die Angeklagten selbst und die Verteidiger der Angeklagten dem bayrischen Generalstaatskommissar von Kahr unaufhörlich vorgeworfen haben, daß, falls sie selbst Hochverrat gegen das Reich betrieben haben, er dies ebenfalls getan habe, so haben sie mit dieser Erklärung meiner Überzeugung nach vollkommen recht.

Bayern ist auch ohne förmlichen Staatsstreich in seinem Kampfe gegen das Reich und das Reichsrecht bisher durchaus siegreich. Stets ist die Reichsregierung, selbst wo sie anfangs bisweilen kräftig sich zur Wehr zu setzen schien, schließlich vor Bayern zurückgewichen. In jüngster Zeit hat Bayern wieder den gewaltigen Erfolg erzielt, daß der der bayrischen Volkspartei angehörige, völlig in den unheilvollen Gedankenkreisen der bayrischen Machthaber sich bewegende, frühere bayrische Staatsanwalt Emminger die hochwichtige Stellung des Reichsjustizministers erlangt hat. In der der Reichsregierung von der bayrischen Regierung neuerdings übergebenen Denkschrift predigt diese »Föderalismus«, das heißt Reichsohnmacht, Reichszersplitterung, Einzelstaaterei und Aufrechterhaltung einer lediglich als Aushängeschild dienenden Firma »Deutsches Reich«. Der Reichskanzler Marx hat diese Denkschrift

mit Wohlwollen entgegengenommen und der Reichsinnenminister Jarres wird bereit sein, dieses Wohlwollen in die Tat umzusetzen.
Von dem in Bayern herrschenden Geiste aus droht Deutschland die innere Zersetzung und Auflösung. Der dort geführte Feldzug ist der Kampf gegen den »Marxismus«, das heißt in Wahrheit der Kampf gegen die Republik. Es gilt von seiten der Republikaner aus die Abwehr und den Gegenkampf zu führen gegen Deutschlands Verbayerung.

Einleitung

In den letzten Jahren gilt es in Deutschland als streng verpönt, ja als schlimmster Landesverrat, politisch schädliche Tatsachen, Unterlassungen oder Vorgänge öffentlich zu erwähnen, die erst nach einiger Zeit, wenn es zu spät ist als solche erkannt werden.
So galt es während des Krieges als Hochverrat, wenn man einen Frieden ohne Sieger und Besiegte forderte. Der Status quo ante schien unmöglich: Ohne weitgehende Annexionen konnte das Reich nicht weiterleben. Wer für den annexionslosen Frieden eintrat, wurde streng verfolgt. Heute wissen wir: Von vornherein hätte man unzweideutig erklären müssen, daß man Belgien bedingungslos freigeben werde. Und man hätte ernsthaft versuchen müssen, früher Frieden zu schließen. Sicher wäre er nicht schlechter, wahrscheinlich aber besser ausgefallen, als der Friede, der uns nach der vollendeten Niederlage gewährt wurde.
Jahrelang galt es als schändlich, von der »Papiermark« zu sprechen und zu konstatieren, daß das Gold ein Agio besaß. Das Verschweigen dieser Tatsache galt als positive Währungspolitik. Gerade die darauf aufgebaute Fiktion »Eine Mark ist eine Mark« hat zu dem fürchterlichen Währungschaos des Jahres 1923 und zum Untergang des Mittelstandes geführt. Und so haben die Landesverräter recht behalten, welche die Kriegsanleihepolitik verdammten, hohe Steuern für die Kriegsgewinnler und Ende der Inflation vrlangten.
Genau so galt vom 11. Januar 1923 an die Erwähnung der Tatsache, daß der passive Widerstand, aufgebaut auf Papiermarkkrediten, welche von den Empfängern zum Herunterspekulieren der Mark verwendet wurden, mit einem fürchterlichen Débacle und der Niederlage im Ruhrkrieg enden müsse, als schlimmster Landesverrat, als positive Unterstützung der Franzosen. Und doch haben die recht behalten, die gesagt haben, man hätte es nie dazu kommen lassen dürfen. Und daß man besser daran getan hätte, die französischen Forderungen im Januar als im Dezember 1923 anzunehmen.
Heute gilt manchem sich sehr patriotisch Dünkenden die Er-

wähnung der Geheimbünde und der Schwarzen Reichswehr als Landesverrat, und doch werden wir recht behalten, die wir sagen, daß es nie zur Aufstellung dieser Truppen hätte kommen dürfen. Die innere politische Gefahr dieser der Republik feindlichen Organisationen ist evident. Denn nur für den Bürgerkrieg sind sie aufgestellt. Ihre außenpolitische Bedeutung liegt nicht in ihrer militärischen Stärke. Wie groß sie auch sein mag, rein militärisch gesprochen ist sie gegenüber den Ententeheeren belanglos. Aber sie kann Ursache zu neuer Bedrückung durch die Entente werden. Um dieser Gefahr willen und weil diese Truppen nicht mit dem Willen der Regierung aufgestellt worden sind, ist der Kampf gegen sie heute vaterländische Pflicht.

Von diesen Geheimbünden und ihrer Spitze, der Schwarzen Reichswehr, handeln die folgenden Zeilen. Die Abgrenzung des Themas war manchmal ziemlich schwierig, da manche dieser Bünde in einzelnen Staaten Deutschlands legal, in anderen illegal sind, diesbezügliche Verbote häufig erlassen, ebenso häufig aber zurückgenommen werden. Ich habe daher den Umfang der Arbeit prinzipiell so weit wie möglich gefaßt und alle nationalistischen Organisationen erfaßt, soweit ich sie kannte, die irgendwo und irgendwann in Deutschland einmal verboten waren, also eine illegale Existenz führten. Aus diesem Grunde habe ich einen breiten Raum den bayrischen Organisationen gewidmet, obwohl dieselben in Bayern, dank dem Entgegenkommen des von ihnen zum Teil geschaffenen und abhängigen Staates, vollkommen legal sind. Sie fallen in den Bereich meiner Betrachtungen, da dieselben Organisationen in anderen Teilen Deutschlands verboten sind und da aus ihnen die meisten politischen Attentäter der letzten Jahre hervorgegangen sind. Um dieses Zusammenhanges willen mußten auch manche vollkommen legalen Organisationen nationalistischer, monarchistischer oder völkischer Art betrachtet werden.

1. Dokumente zum Kapp-Putsch

Die Zahl der Geheimbünde in Deutschland ist heute Legion. Eine Unmenge Verbände sind in den letzten Jahren gegründet worden. Allerdings verschwanden auch manche, und es traten andere an ihre Stelle. Um diese Entwicklung zu verstehen, muß man in großen Umrissen die Geschichte Deutschlands in den letzten Jahren betrachten, denn durch sie ist die Entstehung, die Haltung und die Bedeutung der Geheimbünde bedingt. In Deutschland gab es nach dem Krieg keine Revolution, wohl aber eine Konterrevolution. Was gemeinhin als Revolution bezeichnet wird, ist nur die Tatsache, daß am 9. November 1918 die sämtlichen Monarchen aus Angst vor einer Revolution davonliefen. Als sie die wirkliche Situation erkannten, war es zu spät, um die Fiktion aufrechtzuerhalten, daß sie noch Monarchen seien. In das entstandene Loch trat als Träger der offiziellen Gewalt das Heer, vertreten durch die Soldatenräte. Sie delegierten ihre Macht an die Nationalversammlung und begingen dadurch Selbstmord.

Die Monarchisten stellten sich nach dem 9. November sozusagen tot und behaupteten, nur für Ruhe und Ordnung eintreten zu wollen. Daher unterstützten sie die sozialdemokratische Regierung in dem von ihr gewünschten Kampf gegen die Linke. So gewannen die politisch Farblosen und die entschiedenen Gegner der Republik wieder die Macht. Sofort zeigte sich die Diktatur der Mittel. Die Regierung von 1919 konnte die Geister nicht mehr loswerden, die sie gerufen hatte. Die Militärs beseitigten die Soldatenräte, sie beseitigten die Führer der Republik, wörtlich, indem sie sie ermorden ließen. In den damals aufgestellten Freikorps liegt der Ausgangspunkt der heutigen Geheimbünde. Eine wesentliche Rolle spielten dabei die Formationen, die 1919 im Baltikum auf eigene Faust Krieg führten.

In der Entwicklung der Geheimbünde sind drei Perioden zu unterscheiden. Die erste reicht bis zum Kapp-Putsch, die zweite bis zum Ruhrkrieg. Die dritte ist durch die Aufstellung der Schwarzen Reichswehr charakterisiert. Bis zum Kapp-Putsch waren diese Verbände zum größten Teil nur lokal organisiert, sie standen zueinander nur in losem Verhältnis und ent-

hielten starke, gutgläubige Elemente, denen es tatsächlich nur um den Schutz von Ruhe und Ordnung zu tun war. Ihre Legalität war unbestritten, vielfach waren sie nicht einmal ausgesprochen monarchistisch. An ihrer Entstehung waren Sozialisten zum Teil führend beteiligt.
Ein großer Führer der Einwohnerwehren war zum Beispiel der Sozialdemokrat Winnig, der sich später offen zu Kapp bekehrte. Auch die Bildung der bayrischen Einwohnerwehr ist mit ausdrücklicher Zustimmung des damaligen sozialdemokratischen Ministerpräsidenten Hoffmann erfolgt. Die Sozialdemokraten haben vor allem durch die Unterlassung jeder politischen Kontrolle in den Freikorps in der Zeit, in der sie in der Regierung saßen, diese Verbände gefördert.
Die Arbeitsweise dieser Geheimbünde sieht man sehr plastisch in den folgenden Originalbriefen von Werbern für die Eiserne Division. Die Briefe sind an den Führer dieses Freikorps, den Hauptmann Berchtold, gerichtet.

Würzburg, den 2. Januar 1920.
Sehr geehrter Herr Hauptmann!
Nachdem ich keinen Tag versäumt habe, außer meiner besonderen Tätigkeit mein Augenmerk auch auf die gegenwärtige Stimmung im Volke zu richten, hat sich meine Anschauung bestätigt, daß alles, was über dem Pöbel steht, sich nach Befreiung von dem jetzigen Saustall, besonders vom Judenjoche, das auf dem Volk lastet, sehnt, und, was von eminenter fortschrittlicher Bedeutung gegen früher ist, vor allem gewillt ist, selbst mit Hand anzulegen an dem kommenden Befreiungswerk! Der Ruf »Nieder mit den Juden!«, »Nieder mit den Verrätern unseres Volkes!« ertönt von jeder Bierbank; Plakate und Inschriften allerorts besagen dasselbe. *Erzberger wird an jedem Abend x-mal aufgehängt...*[31]
Zwei Herren der hiesigen Reichswehr schließen sich mit ihren Mannschaften uns an. Zwei weitere hoffe ich noch zu gewinnen, damit wäre die Organisation Würzburg erledigt. Die erste Verhandlung mit dem Offizier der Marschgruppe hat Herr Kuhn mitangehört. Bei einem späteren kleinen Zechgelage haben sie sich restlos für uns erklärt und bearbeiten jetzt den übrigen Teil der Offiziere in unserem Sinne. Ein genaueres Bild über die Zahl der zur Verfügung stehenden Gewehre kann erst

---

[31] Die Hervorhebungen stammen vom Herausgeber.

nach Rückkehr der jetzt meist beurlaubten Studenten gegeben werden, jedoch wird die Zahl 500 überschritten werden. Korpsstudenten und Burschenschaften marschieren eo ipso mit uns. *Sie haben alle,* wie auch die Marschgruppe, *Ausrüstung und Gewehre zu Hause.* Der Verband ist tadellos militärisch organisiert, hält auch wöchentlich zweimal Übungen ab.
Mit Hammelburger Offizieren stehe ich zur Zeit in Verbindung, dort soll ein Königsbataillon zusammengestellt werden, das natürlich für unsere Zwecke wie geschaffen ist. 60–80 Mann des Mitte des Monats zur Auflösung kommenden Durchgangslagers für Kriegsgefangene würden gern nach Auflösung zum Detachement gehen, ich bitte den Herrn Hauptmann um Aufschluß, ob dies möglich ist, im Bejahungsfalle schicke ich sie los. Jeden Tag kommen Leute zu mir, die angeworben werden wollen, weiß der Teufel, wie die Kerle meine Adresse erfahren haben. Da für mich jedoch Vorsicht mehr am Platz ist, erkläre ich ihnen, daß ich kein Werber bin. Sollten jedoch Leute benötigt sein, so habe ich hier einen bekannten Offizier, der die Sache mit mir im Hintertreffen macht. Also auch an momentanem Nachschub fehlt es nicht, wenn solcher benötigt wird.

      Ew. Hochwohlgeboren gehorsam ergebener
      gez. Mayer.

      Tschirnau, den 3. Januar 1920.
Hochzuverehrender Herr Hauptmann!
Ich habe den Brief von Herrn Hauptmann bei meiner Ankunft hier vorgefunden. Ich habe daraufhin folgendes veranlaßt: Ohne Namen zu nennen, habe ich den Ordonnanz-Offizier und den Führer der Nachrichten-Kompagnie, die ich beide als vollkommen verschwiegen und zuverlässig kenne, eingeweiht. Heute habe ich nun den Kommandeur des I. Bataillons, der bisher auf Urlaub war, aufgesucht und auch mit ihm darüber gesprochen. Er hat mir bestätigt, was ich erwartet habe, nämlich, daß wir im allgemeinen auf das Bataillon zählen können. Vorarbeitung und Beeinflussung der Leute in unserem Sinne sollten stattfinden und haben in gewisser Beziehung bereits stattgefunden. Die Offiziere sind unbedingt zuverlässig. *Das Unteroffizierkorps wird* für diese Zwecke *nochmals peinlichst gesäubert werden.* Im übrigen wird den Leuten vorläufig nichts gesagt, sondern sie werden im Augenblick des Handelns vor die Alternative gestellt. Der Major ist für die Sache Feuer und Flamme, hat aber selbstverständlich einige Bedenken, die aber meines

Erachtens unbegründet sind, da die ganze Sache viel zu einschneidend ist, um nicht vorher nach allen Seiten hin vollkommen überlegt worden zu sein. Er meint also, daß das Unternehmen vorher so vorbereitet werden muß, bis ins kleinste, daß sein Gelingen unbedingt gewährleistet ist. Er sagte, daß die Gewähr hierfür eigentlich nur ein Mann geben könnte, dessen Namen ich nicht nennen will. Ich stimmte ihm darin bei.
Weitere Fühler werden ausgestreckt, zunächst auf das II. Bataillon, wo ich zwei Kompagnien für sicher halte, dann weiter ...

Herrn Hauptmanns ganz gehorsamster
gez. Robert Pape.

Hamburg, den 14. Januar 1920.
Hafenkrankenhaus

Lieber Herr Philipp!
Herrn Hager habe ich gebeten, Gewehrreinigungsmaterial in Stade zu besorgen. Es wird höchste Zeit, daß die Reserve-Maschinengewehre und Gewehre so weit als möglich in Schuß kommen. Herr Meyer möchte auch ein genaues Verzeichnis der Munition aufnehmen. Die Bücher liegen wahrscheinlich noch auf dem Wagen, Blum muß Bescheid wissen.
Dann noch etwas, was ich schon einmal angeregt und teilweise auch durchgeführt habe: die Kompagnien reichen eine Liste mit Nummern sämtlicher im Besitz befindlicher Karabiner und Gewehre ein, ebenso müssen die Nummern der Reserve-Gewehre ausgeschrieben werden. Hierüber noch genau Buch führen.
Außerdem muß jede Kompagnie im Besitz einer Liste sein, aus der Name und Gewehrnummer (Nummer der Pistole) eines jeden Mannes ersichtlich ist. Herr Meyer soll sich diese Liste bei jeder Gewehrrevision vorlegen lassen.

Besten Gruß
A. Kenner.

Brief des General v. d. Goltz an Berchtold
14. Januar 1920.
L. B. Ich verstehe Ihre Gründe vollständig, da der Augenblick nach Ansicht der Führer aber noch nicht sicher zu übersehen ist, so müssen Sie sich schon fügen, und zunächst nach P. gehen. Bei der gestrigen Besprechung ist von mir die Frage nochmals

angeschnitten worden. Bleibt die Sache militärisch organisiert und tun die Offiziere durch Aufklärung, Vorträge, Jugendwehr, Sport, auch unter der Bevölkerung ihre Pflicht, so können Sie die alte treue Provinzbevölkerung wieder auf den rechten Weg bringen und zugleich die Truppen vaterländisch erhalten. Es gibt sicher einen Kampf der Geister, in dem wir aber siegen müssen. Andererseits muß gehorcht werden, auch wenn man anderer Ansicht ist ...

Besten Gruß G.

(Stempel)   Den 17. Januar 1920.
(Nationale Vereinigung)
Sehr verehrter Herr Berchtold!
Ihre bayrische Organisation marschiert also anscheinend gut vorwärts, herzlichen Glückwunsch! Es ist notwendig, daß Sie sobald wie möglich, unter Berufung auf uns, die Fühlung mit Exz. Krafft von Delmensingen in München aufnehmen, damit der Mann, der die gesamte Leitung der nationalen Bewegung in Bayern in der Hand hat, bald ins Bild gesetzt wird. Abgesehen von der Bildung Ihrer Truppe würde ich nicht empfehlen, noch weitere Sonderorganisationen in Bayern zu schaffen, da es dort schon unendlich viele gibt und wir zur Zeit die große Mühe haben, die vielen Organisationen in Bayern unter einen Hut zu bringen. Über alle Einzelheiten der bayrischen nationalen Bewegung können Sie bei Exz. Krafft Näheres erfahren.
Ihre Ausführungen über die Eiserne Division habe ich mit Interesse gelesen, muß es mir aber versagen, in die Interna der Division einzugreifen, hingegen werde ich, sobald ich den Major Bischoff, der ja in wenigen Tagen hierher kommen wird, spreche, ihn über die von Ihnen geäußerten Bedenken unterrichten. Ich hoffe, im Interesse der Sache, daß die Einmütigkeit der Division unter allen Umständen gewahrt bleibt.

Mit den besten Grüßen
Ihr ergebener
gez. Pabst.

Herrn Hauptmann Berchtold,
R. d. O. pour le mérite, Berlin.   München, den 21. Januar 1920.
Hochverehrter Herr Hauptmann!

Schon in Hamburg besuchte ich den mir schon vom Sommer her gut bekannten Oberst von *Ledebour*. Ein Mann, wie Herr Hauptmann ihn sich wünscht. Ich sprach von unseren Plänen nicht. Unsere Unterhaltung bewegte sich lediglich in allgemein politischen Gesprächen. Das Hauptmoment war wohl das, als er sagte: »Nach meiner Ansicht ist der Zeitpunkt, wo wir ein energisches ›Halt‹ rufen müssen, nicht mehr fern, wohl Ende Februar. Es wird einem alten Offizier wohl schwer, auf seinem Posten auszuhalten, aber wenn ich heute gehe, tritt an meine Stelle ein Mann, der in seiner Gesinnung auf Seiten der jetzigen Staatslenker steht. Und dann ist schon wieder ein Baustein verloren. Darum halte ich aus und wenn es sein muß, *breche ich von 8–9 Uhr alle Eide, die ich von 7–8 geschworen.*« ...

In Würzburg besprach ich mit Leutnant Meyerl die Entwicklung der Dinge und weihte ihn in unsere Aufgabe ein. So wie er mir die Verhältnisse schilderte und wie ich sie selbst beobachten konnte, ist dort gut vorgearbeitet und W. soviel wie sicher in jeder Beziehung, so daß in wenigen Tagen auch die »Eis. Sch.«[32] ins Leben gerufen sein wird ...

Meine Tätigkeit in München hat gleich vollauf eingesetzt. Mein erster Gang war zu Leutnant Hipper, mit dem ich alles besprach. Ebenso wandte ich mich sofort an Hauptmann Dietl, der von dem Plan ganz entzückt war. Zumal die nämliche Idee bei verschiedenen Offizieren schon aufgetaucht war, nur noch keine festen Formen angenommen hatte. Also traf ich die Verhältnisse sehr günstig an. Für morgen Abend, den 22. Januar, habe ich bereits eine Zusammenkunft mit Hauptmann Dietl, Hauptmann Frank, inakt., Herrn Hipper, Reserve und noch einigen Herren, diensttuenden und Reserve, festgelegt, in der alles besprochen und organisiert wird. Ich werde Herrn Hauptmann noch morgen Bericht erstatten. Ich glaube behaupten zu können, daß alles glänzend geht. Sobald hier die Organisation in die Wege geleitet ist, fahre ich nach Augsburg, Ingolstadt und Neuburg a. D.

Die allgemeine Stimmung in München und soviel ich bis jetzt beobachten konnte, in ganz Bayern, ist für unsere Zwecke wie geschaffen. Der Arcoprozeß hat dies am besten gezeigt. Der gute Teil des Volkes tritt immer mehr in den Vordergrund, wäh-

---

[32] Eiserne Schar.

rend der Abschaum unwillkürlich wieder verschwinden muß. Herr Hauptmann Dietl, gestützt auf seine Kompagnie, auf die guten Offiziere und Studentenschaft, hat an die Regierung eine Abordnung geschickt mit dem Ultimatum: »Entweder Graf *Arco* begnadigt oder die Regierung hängt morgen«! (Man hat gesehen, das Volk ist noch begeisterungsfähig, es geht mit seinen Führern, wenn es eine gute Sache gilt, wieviel mehr, wenn es erst sieht, daß ihm geholfen werden soll, aus dem jetzigen Schmutz und Elend wieder herauszukommen)...
An Geld habe ich empfangen: 1205 Mark[33] von der II. Kompagnie. Davon gab ich 400 Mark an Leutnant Meyerl, 300 Mark an Leutnant Hager, 500 Mark blieben für mich...
Mit besten Wünschen zu einem erfolgreichen Wirken grüßt Herrn Hauptmann

                gehorsamst
                Franz Mayr.
                München, Hotel Kaiserhof, Schützenstraße.

                              Fürth, den 24. Januar 1920.
Hochverehrter Herr Hauptmann!
Aus Berichten des Herrn Leutnant Mayr wird Herr Hauptmann bereits erfahren haben, daß ich in Nordbayern wieder an der Arbeit bin. Nürnberg-Fürth als Zentrale habe ich in erster Linie in Angriff genommen. Heute bin ich soweit, daß ich Herrn Hauptmann den ersten Bericht über die erfolgreiche Tätigkeit senden kann.
»*Nürnberg-Fürth ist unser*«, das kann ich mit ruhigem Gewissen sagen.
Mein erster Gang, als ich am Montag Abend Herrn Mayr verlassen hatte, war am Dienstag Morgen zur *Reichswehrbrigade 24* selbst. Denn hat man erst den Kopf, dann ist auch der Rumpf ungefährlich.
Ich hoffte hier um so leichtere Arbeit zu haben, als ich Herrn Hauptmann Baumann, Ia bei der Brigade 24, als meinen ehemaligen Batterie-Kommandeur und Führer der ehemaligen Feldfliegerabteilung 293, der ich ebenfalls lange angehörte, persönlich kenne. Hauptmann Baumann ist ein Mann von unzweifelhafter Gesinnung, jedoch – ich hätte mir das selbst sagen

---

[33] 150 Goldmark. Diese und die folgenden Umrechnungen auf Goldmark sind stets auf Grund des Lebenshaltungsindex des Statistischen Reichsamts vorgenommen.

können – ein cunctator. Er ist ein Generalstäbler. Erst nach langem Bedenken und mehrfachen langwierigen Unterredungen schloß er sich dem Bunde an. Einen Kameraden, der gleich ganz bei der Sache war und sich unbedenklich anschloß, fand ich in Leutnant Kohler, Ordonnanz-Offizier bei IIb, einem ehemaligen Regimentskameraden. Um so leichtere Arbeit hatte ich jetzt. Beide Männer verwiesen mich an Herrn Hauptmann *Heiß*, Kommandeur der Reichswehrtruppen Nürnberg-Fürth. Hauptmann Heiß ist ein verhältnismäßig junger Offizier von impulsiver Natur, aber er ist in Nürnberg-Fürth *der* Mann. Wohl der bestgehaßte bei der USP, die sich seinetwegen mit Beschwerden sogar schon bis an Noske wandte. Um so beliebter aber bei der Truppe und bei der Bürgerschaft. Als ich bei diesem Manne gestern Vormittag vorsprach und ihm sagte, ich käme von der E. S., da waren seine ersten Worte, die er voller Erregung hervorstieß, die: *»Sagen Sie's gleich heraus: Monarchie! Mein Bataillon steht bereit.* Wann soll's losgeh'n?« Ich erklärte ihm alles und er war rückhaltlos von der Sache. Er wollte als Vertreter in Nürnberg die Organisation selbst in die Hand nehmen, da er in den weitesten Kreisen gut bekannt ist. Ich solle mit ihm nur in steter Verbindung bleiben. Auch sei es ihm ein leichtes, in finanzieller Hinsicht zu werben. Für 20 000 – 30 000 Mark garantiere er[34] ...

Mir wurde schon verschiedentlich die Frage gestellt, ob auch Herr Oberstleutnant Herrgott von der Sache sei; denn in fast allen einflußreichen Stellen sitzen ehemalige Epp-Offiziere, die scheinbar auf Herrgott schwören. Auch Hauptmann Heiß schwärmt für diesen Mann. Mir ist offiziell nichts davon bekannt; doch habe ich in solchen Fällen diplomatische Notlügen begangen. Ich möchte aber doch raten, wenn es nicht bereits der Fall ist, diesen Mann uns zu sichern, da er uns von ungeheurem Vorteil sein kann.

Ich habe nur den einen Wunsch: die eiserne Schar vivat, crescat, floreat! Zum Nutzen und Frommen unseres armen Volkes!

gez. Fritz Hager, Leutnant.

Hochverehrter Herr Hauptmann!
In Dillingen war ich bei Herrn Hauptmann von Heilingbrunner, der sehr erfreut war und die Organisation für Dillingen in die Hände genommen hat. Morgen fahre ich nach Augsburg. Herr

---

[34] Gleich 2500–3200 Goldmark.

Hauptmann von Heilingbrunner hat mir für dort einige ihm als sehr zuverlässig bekannte Herren empfohlen. Die Stimmung in den obengenannten Städten ist durchwegs eine sehr günstige für uns, nur macht sich eine unglaublich separatistische Bewegung bemerkbar. Für unsere enge Aufgabe (Off. K. Eis.Sch.) kommt dies ja nicht in Betracht, jedoch für das große Ziel kann es zum mindesten hemmend wirken ...

                              Gehorsamste Grüße
1.2.20   Franz Mayr, Leutnant.

                           Fürth, den 4. Februar 1920.
Sehr geehrter Herr Hauptmann ...
Bis auf Amberg sind die mir zugefallenen Garnisonen Nordbayerns »chloroformiert«. Die Erlanger Studentenkomp. aus rund 150 Mann größtenteils ehemaligen Offizieren bestehend, desgleichen die Garnison, ist unser.
Auch in Bayreuth gab es harte Arbeit. Doch habe ich in Leutnant Ziegler, Oberleutnant Forster und Leutnant Dietz drei Männer finden können, die für unsere Sache voll und ganz eintreten und den Boden sicherlich in bester Weise vorbereiten werden. Besonders wird Leutnant Ziegler, ein Mann schon im gereiften Alter, diplomatisch, hochgebildet und in Bayreuther Kreisen gut bekannt, für unsere Sache wirken können. Und wenn auch unsere Anhänger dort in Offizierskreisen dünn gesät sein werden, so wird er doch anderweitig guten Boden finden, da in Bayreuth vor allem die Schutz- und Trutzbewegung floriert, die uns ja, soweit ich aus den Ausführungen des Herrn Major entnehmen konnte, nicht ganz ferne stehen darf ...
Jedenfalls wäre es von Bedeutung, das Ziel allmählich genauer zu umreißen. Denn naturgemäß möchten Leute wie Hauptmann Heiß, Major Klassner, auch über das Wann und Wie Genaueres wissen. Ich würde Herrn Hauptmann raten, mit diesen Leuten, die ich als Vertreter bestellt habe, möglichst bald persönlich in Fühlung zu treten eventuell selbst einmal eine Reise nach Bayern zu riskieren, natürlich unter falschem Namen und in Zivil, denn immer noch steht Herr Hauptmann, wie Herr Runkel, den ich kürzlich sprach, mir mitteilte, auf der schwarzen Liste.

                           Ergebenst
                           gez. Fritz Hager, Leutnant.

Passau, den 7. Februar 1920.

Hochverehrter Herr Hauptmann!

Die Arbeit nimmt einen günstigen Verlauf, war in dieser Woche in Augsburg, München, Regensburg und Passau. In Augsburg wandte ich mich auf Empfehlung von Hauptmann Heilingbrunner an Oberleutnant von Roman, Art.-Reg. 21 und von da aus an Oberleutnant Reg.-Adj. Kaiser I.-Reg. 42. Beide waren ohne weiteres gewonnen und haben sich bereit erklärt, für Augsburg die Leitung in die Hand zu nehmen und mit München (Hauptmann Dietl) sofort in Verbindung zu treten ...

Am selben Tage, 6. Februar, fuhren wir nach Regensburg, wo ich mit Oberleutnant Wachter, meinem ehemaligen Kompagnie-Führer, konferierte, der sich sofort günstig zur Sache erklärte und mir außerdem Hauptmann Lehmann, den ich von meinem früheren Regiment her gut kenne, als den gegebenen Mann für Regensburg empfahl ...

Herr Major Hofmann, Kommandeur II 41, sowie dessen Adjutant Leutnant Dohne, waren begeistert und setzten ihre ganze Kraft und ihren Einfluß in den Dienst der Sache. Herr Major Hofmann meinte, das, womit ich an ihn herantrete, seien die Gedanken, mit denen er sich schon seit Monaten beschäftigte. Sein ganzes Reden war auch gar nichts anderes, als was Herr Hauptmann in Berlin ständig sagten ...

Von da fahre ich nach Ingolstadt, um dort vollends Feuer in die Sache zu bringen. Denn Ingolstadt als befestigter Platz muß in jeder Beziehung fest in unserer Hand sein ...

Mit Ingolstadt wäre dann auch der Ring in Südbayern geschlossen. Doch werde ich außerdem noch mit Führern der Chiemgauer Bauern, die einen nicht zu verachtenden Machtfaktor in Bayern bilden, in Verbindung treten, zumal mir diese Offiziere als sehr zuverlässig bezeichnet wurden.

Gehorsamst gez. Mayr, Leutnant.

Verein der nichtaktiven Offiziere Deutschlands E. V.
(Zentrale Würzburg)

Würzburg, den 10. Februar 1920.
Sartoriusstraße 4

Herrn Hauptmann Berchtold, Hochwohlgeboren!

Ich glaube versichern zu dürfen, daß die Mitglieder des Vereines – die bayrischen bestimmt – hinter Herrn Hauptmann stehen. Wo es immer angängig ist, wälzen Herr Hautpmann ein

Teilchen der Riesenlast, die ich zu begreifen glaube, auf unsere Schultern hier in Würzburg ab! Ich denke an die Prätorianer!

    Mit kameradschaftlichem Gruße!
    Verein der nichtaktiven Offiziere Deutschlands E. V.
    Zentrale Würzburg
    A. Schultz (oder Schüll) Lt. d. Res.
    Vorsitzender

                      Würzburg, den 11. Februar 1920.
Euer Hochwohlgeboren!
Ich habe gestern nochmals mit allen gewonnenen Herren Fühlung genommen und sie von dem bevorstehenden Eintreffen Ew. Hochwohlgeboren verständigt. Würzburg ist vollkommen darauf eingestellt und wartet mit Spannung auf Ew. Hochwohlgeboren Erscheinen. Ich bitte Ew. Hochwohlgeboren, Würzburg für alle Fälle zu berühren, da eine Zusammenkunft andernorts immerhin unter der Unabkömmlichkeit einzelner wichtiger Vertreter leiden könnte. Wollen mir Ew. Hochwohlgeboren Tag und Stunde der Ankunft melden, damit ich in der Lage bin, sämtliche Vertreter zu einem Sitzungsabend zusammenzutrommeln. Es wird keiner fehlen und die Korona wird eine auserlesene und stattliche sein. Das namentliche Verzeichnis derjenigen Herren, die an diesem Abend anwesend sein werden, liegt bei ...
Bezüglich der Werbungen dürfen Ew. Hochwohlgeboren nicht verkennen, daß die Situation nicht mehr so günstig ist, als sie vor sechs Wochen noch war, wo viele Leute aus der Reichswehr ausscheiden mußten. Die ersten vier Wochen meines Hierseins konnte ich von keiner Seite erfahren, ob überhaupt Leute genommen werden, auch Leutnant Kuhn wußte hierüber nicht Bescheid. Ein Telegramm – nicht abschicken – besagte das Gegenteil ...
Ich stehe zur Zeit mit weiteren vier Herren in Verbindung, die jedenfalls demnächst aus der Truppe kommen werden. – Daß Ew. Hochwohlgeboren eine starke Truppe brauchen, um auftreten zu können, ist klar, und so werde ich auch weiterhin versuchen, dem Detachement möglichst viele Leute zuzuführen ...
Wenn es überall so steht wie hier, dann gibt es keinen Zweifel am Gelingen der Tat. Hoffentlich vergißt der kommende Diktator nicht, die Juden für vogelfrei zu erklären. – Eine Nacht

genügt, um diese Hunde auszurotten. *Ich habe für hier schon eine schwarze Liste angelegt, damit auch die »Richtigen« totgeschlagen werden.* Denn es verdienens auch manche Nichtjuden. Die im Verzeichnis aufgeführten Herren sind Vertreter aller Verbände, hinter ihnen steht der Verband selbst. Die Herren der Reichswehr sind etwas zurückhaltend. Sie hängen zu sehr an der Futterkrippe, jedoch hat ihre Neutralität mit ihrer Gesinnung nichts zu tun, im gegebenen Moment, sobald sie unsere Sache gelingen sehen, sind sie auch da. Gegen uns wird die Reichswehr nichts unternehmen, wenn sie sich nicht sofort auf unsere Seite schlägt. Wie gesagt, hier spielt sie als Gegner gar keine Rolle, sie wäre im Nu erledigt.

                          Ew. Hochwohlgeboren gehorsamst erg.
                          Mayerl, Leutnant.

Vertreterverzeichnis für Würzburg
1. Vorsitzender des Schutz- und Trutzbundes Würzburg.
2. Vorsitzender des deutsch-völkischen Studententums Würzburg.
3. Vorsitzender des Vereins nichtaktiver Offiziere (Oberleutnant Kuhn).
4. Mitglieder des Vereins nichtaktiver Offiziere.
5. Geheimrat Dr. Mayer, Universitätsprofessor.
6. Dr. Siever, Spezialarzt für Chirurgie (Sanitäts-Offizier).
7. Marschgruppe: Leutnant Frhr. von Bechtoldsheim, Oberleutnant Bodenschatz.
8. Schutz- und Trutzbund: Leutnant Wolf.
9. Reichswehr: Oberleutnant Reibel, Leutnant Trabert.
10. Korps:
    a) Makaria: Leutnant Redlich, akt. jetzt stud. jur. (Kp. Fhr. b. d. Marschgruppe, Mitglied des jüngst gegründeten Bundes Kaisertreuer Studenten, Bukat), Leutnant d. R. Heesch, Rechtsanwalt Schmidt Hans.
    b) Frankonia: Dr. Bogendörfer (Sanitäts-Offizier),
    c) Guestphalia: Leutnant d. R. Strube (Kp. Fhr. b. d. Marschgruppe),
    d) Nassovia: Leutnant d. R. Heinemann (G. C. Komp.-Marschgruppe),
    e) Bavaria: Leutnant d. R. Graf von Wappler (G. C. Komp.-Marschgruppe).
11. Burschenschaften:
    a) Cimbria: Stud. jur. Otto (Bukat),
    b) Germania: Leutnant d. R. Senß (Marschgruppe).

12. Akademischer Gesangverein: Oberleutnant d. R. Öttinger (Marschgruppe).
NB. Die Marschgruppe besteht größtenteils aus Studenten. Die Korpsstudenten sind in einer S. C. Kompagnie vereinigt. Stärke der Marschgruppe zirka 1500 Mann.

Mayerl, Leutnant.

Protokoll
über die Sitzung in der Wohnung des Geheimrat Dr. Heim, Regensburg, am 21. Februar 1920
Anwesend: Herr Hauptmann Berchtold, *Geheimrat Dr. Heim*, Oberleutnant Kuhn. Herr Hauptmann Berchtold hält einen kurzen Vortrag über das Bestehen einer Militärorganisation zur Erneuerung und Gesundung Bayerns. Erklärt kurz den Aufbau dieser Organisation, gibt dazu kurz eine Erläuterung und behandelt dann eingehend die Ziele der Organisation. Diktatur nach zwei Seiten. Militär- und Volkswirtschaftsdiktatur. (Siehe Organisationsplan: die neue Zeit.) Hauptmann B. spricht dann über die außenpolitische Frage und die drei Möglichkeiten. Nach seinen Ausführungen bittet Hauptmann B. Herrn Dr. Heim, dazu Stellung zu nehmen. Herr Dr. Heim erklärt sich zur Bildung und Übernahme der Regierung bereit. Er hält einen kurzen Vortrag über die Bildung einer Bauernorganisation und spricht dann über die innere wirtschaftliche Gestaltung. Vor allem macht er auf die drohende Hungersnot, die in Bayern im Mai zu erwarten ist, aufmerksam. Dr. Heim hält eine Verständigung mit Frankreich für möglich. Er hält die Bereitstellung von Lebensmitteln für die dringendste Forderung.

Gesehen und genehmigt
... Hauptmann.

Protokoll
über die Sitzung im Hotel Königshof-München, am 23. Februar 1920 Anfang 5 Uhr Nachmittag
Anwesend: Vertreter der vier Blocks: München (Hauptmann Dietl), Passau (Major Hoffmann), Nürnberg (Hauptmann Heiß), Würzburg (Oberleutnant Kuhn), Hauptmann Berchtold. Ab 8 Uhr 30 Minuten Major Bischoff.
1. Frage: Organisation?
Es werden die alten drei A. K. festgelegt und als Führer obengenannte Offiziere bestimmt, die die für den ersten Schlag nöti-

gen Vorbereitungen zu erledigen haben. (Mobilisierung der Reichswehr, Studentenschaft, Offiziere zum Teil schon erledigt.) Abschließende Vorbereitungen durch Mobilisation des guten Teiles der Bürgerschaft werden in den nächsten Tagen erledigt. Desgleichen auch eingehende Bearbeitung von Militär und Zivil, in den A. K.-Bezirken unter offener Flagge des Kampfes gegen den Bolschewismus. Fertigstellung der Mobilmachungspläne und Einreichung der im Augenblick des Schlages zu treffenden Maßnahmen innerhalb des Korpsbezirkes.

2. Frage: Übernahme des Korps beim Schlag?
I. A. K. Oberst Epp, II. A. K. Oberstleutnant Herrgott, III. A. K. Oberstleutnant von Danner. Diktator Graf Krafft von Delmensingen. Vorbereitungsstäbe treten an die Seite des neuen Korpskommandeurs.

3. Frage: Der Schlag?
Besetzung der wichtigsten Regierungs- und Verkehrsstellen, desgleichen der Post, Telegraphen- und Telephonämter. Ablösung der Besatzungstruppen im Laufe der ersten Tage durch die ausgehobenen Bürger und Schaffung einer starken Reserve in Militär und Studenten für die Zeit, in der die Gegner zur Besinnung kommen. Mobilisation der Bauernschaft, teils für örtliche Bewachung, teils in Form von Bauernkorps. Als bewegliche Reserve in der Hand des Diktators.

4. Frage: Wann muß und wann darf der Schlag allein nur erfolgen?
Diese Frage wurde von Herrn Major Bischoff behandelt und man einigte sich dahin: Er muß, sobald sich bolschewistische Anzeichen bemerkbar machen, sobald der Hunger Ruhe und Sicherheit im Volke in Frage stellt. Er darf nur, sobald wir in der Lage sind, dem Volk einigermaßen Brot zu geben. Die Verhandlungen mit Amerika sollen beschleunigt werden.

5. Frage: Keine Trennung zwischen Bayern und Preußen?
Diktatur Ludendorff. Bayern erhält Wink durch Preußen. Schlägt Bayern selbständig los, so wird Preußen benachteiligt. Die preußischen Ostfragen sind auch für Bayern Lebensbedingung.

6. Frage: Anschluß an den bayrischen Heimatbund, deren Gegensätze darin bestehen, daß der bayrische lediglich nationale, ideale Bestrebungen hat, während der preußische real wirtschaftlich kämpft.

Gesehen und genehmigt
... Hauptmann

Protokoll
über die Sitzung bei Exz. von Schoch[35], am 24. Februar 1920
Anwesend: Exz. von Schoch (Vertretung Heimatbund), Major Bischoff (Vertreter Preußens), Hauptmann Berchtold (Vertreter für Militärorganisationen).
Es wird festgestellt, daß vom Heimatbund bis jetzt noch nichts geschehen ist, wohl aber hat man eine große Anzahl von Referaten eingerichtet. Man kam zu der Einigung, daß der bisherige Heimatbund nicht mehr Geheimbund, sondern unter dem Firmenschild »Antibolschewistische Liga« die ganzen Vorbereitungen in sich vereinigt, und zwar auf der einen Seite vorbereitende Arbeit im zivilen Volksleben und auf der anderen Seite die bisher bestehenden Organisationen ohne jede Veränderung. Aufstellung eines älteren Militärs als Kopf, ihm beigegeben ein Generalstabsoffizier. Zentralstelle Berlin. Die zivilen Vorbereitungen gegliedert nach Referaten, aufgebaut an der Seite der drei A. K. auf Ortsgruppen, die I. alle bestehenden Zivilvereine mit dem gleichen Sinn und Inhalt in sich auffressen unter vollster Belassung der eigenen materiellen oder idealen Sonderbestrebungen, II. alle die in der Liga zusammenschließt, die Gegner spartakistischer oder bolschewistischer Umtriebe sind, aufgebaut nach Berufen, ohne Rücksicht auf die Partei.
                                        Gesehen und genehmigt
                                        ... Hauptmann.

Aus einer Denkschrift des Hauptmanns Berchtold
... Das A. K. zerfällt in Ortsgruppen, gebildet aus den Städten oder, wo flaches Land, aus den Bezirksämtern. Innerhalb der Ortsgruppen Einteilung in Bezirke beziehungsweise Ortschaften. Wie schon unter 1 hervorgehoben, gilt es mit ganzer Kraft schon bestehende Vereine zu gewinnen, indem ihnen an verschiedenen Vortragsabenden das Elend unserer Lage vorgeführt wird. (Krieger-, Schützen-, Turnvereine usw.) Das gleiche gilt auch von den Berufsorganisationen, obwohl diese in der Hauptsache lediglich Berufsinteressen verfolgen. Auch für sie ist der Feind der Bolschewismus. (Handwerker, Kaufleute, Beamte usw.)
Diese Vereine werden, soweit sie auf Grund der Bearbeitung hin sich für den Kampf gegen den Bolschewismus bereit erklärt haben, eingetragen und mit der ganzen Zahl ihrer Angehörigen

---

[35] Jetzt Landesvorsitzender der Deutschen Volkspartei in Bayern.

festgelegt, das heißt, es ist nur der Angehörige wirklich gut und zuverlässig. Auf diese Weise erreichen wir eine Mitarbeit des ganzen Volkes und scheiden gleich von Anfang an jedes störende Parteimoment aus. Wichtig ist die Besetzung der Ortsgruppen ohne Rücksicht auf Lebensstellung, denn der Vorsitzende einer solchen Ortsgruppe ist nicht nur für den äußeren Aufbau, sondern in erster Linie für die innere Erziehung seiner Gruppe maßgebend und verantwortlich. Sollte er selbst nicht in der Lage sein, sich ständig mit seinen Vereinsmitgliedern auf dem laufenden zu halten, so ist dies umgehend der Zentrale zu melden, damit von da aus für seine Unterstützung Vorsorge getroffen wird. Die Ortsgruppe ist ein regelrechter Verein und gliedert sich in dieser Hinsicht nach ihrem Inneren. Es ist wohl selbstverständlich, daß die Intelligenz die Führung an sich reißt. Höhe der Mitgliedsbeiträge wird noch festgelegt. Sämtliche Einnahmen sind umgehend an die Finanzabteilung zur Zentrale weiterzuleiten. Die Finanzierung selbst ergibt sich aus zwei Einnahmequellen, und zwar:
1. Einnahme durch die eingezahlten Mitgliedsbeiträge.
2. Sonderzahlung durch die Finanzleute.

Reichswehr

Verbände hinsichtlich Kompagnie und Bataillon, Regiment in ihrer Grundlage schon gegeben, innerhalb dieser Verbände jedoch genaue Feststellungen durch unter Punkt 1 erwähnten Mobilmachungsausschuß, wie weit der Verband in jedem Fall zuverlässig ist, wie weit nur bedingt zuverlässig (in der Regel Leute, die nur infolge Bezahlung Soldaten und deshalb bei ernstem Einsatz lau, beziehungsweise neutral sich verhalten), wie weit eventuell auf feindlicher Seite (wieviele Leute sofort entwaffnet werden müssen). Grundsatz bleibt: nicht Quantität, sondern Qualität entscheidet.

Studentenschaft

Mit Vertrauensmännern der Studentenschaft ist vom Mobilmachungsausschuß sofort Fühlung zu nehmen, inwieweit Studenten organisiert und welche Teile noch abseits stehen. Hier ist ganz besonders wichtig, ob wir eventuell Teile als Gegner, da es sich dann um Fanatiker handelt, *die unschädlich zu machen sind*, haben. Grundsatz muß bleiben, daß die Studentenschaft in eigenen Kompagnien, beziehungsweise Marschgruppen organisiert wird und als Hauptreserve Verwendung findet. *Denn in der Studentenschaft ruht unsere Hauptstärke.* Durch häufige

Vorträge ist es den Studenten klarzumachen, welche Pflichten sie gegenüber ihrem Vaterlande haben. Besonders befähigte Sprecher der nationalen Partei sind für diesen Zweck heranzuziehen. Verwendung der Studenten nur an wirklichen Brennpunkten als Reserve ...
Das Ziel der ganzen Organisation muß sein, die beschleunigte Schaffung einer neuen Armee in zuverlässigem starkem Geiste. Nur so wird es möglich sein, jederzeit Herr der Situation zu bleiben. Unsere Organisation darf nicht abhängen von der derzeitigen inneren Verfassung der Truppe, denn diese wechselt bei der heutigen Zersetzung fast stündlich. Grundlage für die im Geheimen aufzubauende Armee ist die Zusammenschweißung des letzten Restes der guten und starken Offiziere, um die sich dann der gute Teil der Reichswehr, Studentenschaft und in Preußen Sicherheitswehr schart.

Gliederung

Grundlage des Aufbaues der neuen Armee bilden die einstigen A. K's, Aufstellungen eines als besonders energisch und befähigt bekannten Offiziers als A. K.-Führer für die Vorbereitungen, Bildung der Offizierkorps im A. K.-Bezirk durch diesen Führer.
Pflicht eines jeden einzelnen Offiziers ist es, seine ganze Kraft in den Dienst des neuen Offizierskorps zu stellen. Jeder Offizier ist verantwortlich für die strengste Geheimhaltung des Bundes, mitverantwortlich für den Geist und für die Arbeit, die in dem Offizierkorps geleistet wird ...
Von dem Mobilmachungsausschuß sind zugleich auch die Vorbereitungen zu erwägen, die für eine Unterbringung, für Einkleidung und Bewaffnung nötig sind. Das A. K. muß ein genaues Bild bekommen, in welcher Höhe Ausrüstung und Bewaffnung dem A. K. möglich ist. Mit Hilfe der Zivilorganisation sind zu gleicher Zeit die Bestände festzulegen, die noch im Geheimen in versteckten Depots sich befinden. Es ist auch eine genaue Aufstellung nötig, von allen Waffen, die sich zur Zeit in Händen der Einwohnerwehren befinden ...
Die Zeit drängt, über Nacht können wir gezwungen werden, im Interesse unseres Volkes zu schlagen. Der geheime Aufmarsch ist in Kürze erledigt, wenn jeder einzelne Offizier, wenn jeder verantwortliche Zivilführer sich der Größe der ihm gestellten Aufgaben bewußt ist.

Aus einer Denkschrift des Generals v. Lossow

Organisation in Bayern

Sie teilt sich ein in einen rein militärischen und in einen zivilpolitisch-wirtschaftlichen Teil. Aufgabe beider Teile ist die Vorbereitung des ganzen Volkes auf den Schlag und die Einstellung des Volkes auf die Arbeit, auf den Geist nach geführtem Schlag.

I. Militärischer Teil

1. Spezialziel

Eine Besserung der Verhältnisse kann sich lediglich auf die Waffen stützen.

Die Waffe führt den ersten Schlag, reinigt die Luft, beseitigt rasch und rücksichtslos all das, was an Schwäche und Verbrechertum dem Volke den Atem abschneidet. Nach geführtem Schlag bildet der Teil des Volkes in Waffen die Hauptstärke für den sogenannten Zivil- und Wirtschaftsdiktator, hält das Verbrechertum in Schach und verschafft den gegebenen Gesetzen Geltung, dem Volke insgesamt Ruhe, Ordnung und Sicherheit.

2. Gliederung

Die einstigen 3 A. K. bilden die Grundlage. An den einstigen A. K.-Sitzen in München, Nürnberg, Würzburg, desgleichen auch der gefährdeten Grenzstelle Passau wurden Offiziersblöcke gebildet, die die militärischen Vorbereitungen für den kommenden Schlag einleiten.

Die Köpfe sind: Zentrale, Lossow mit Generalstabsoffizieren.

1. A. K. Hauptmann Dietl – nach geführtem Schlag Oberst Epp als A. K.-Kommandeur,
2. A. K. Oberleutnant Kuhn, Oberstleutnant Herrgott,
3. A. K. Hauptmann Heiß – Oberst von Danner.

Die Führung übernimmt nach geführtem Schlag General Krafft von Delmensingen.

3. Vorbereitungen

a) Mobilmachung der Reichswehr und Studentenschaft

Sämtliche Offiziere, die als gut bekannt gelten, wurden in dem Offizierskorps »Eiserne Schar« zusammengefaßt. Sie sind es auch, die die derzeitige unter Waffen stehende Truppe im deutschen Geiste beeinflussen und bearbeiten. Sondierung aller als streng zuverlässig bekannten Elemente. Studentenschaft eingeteilt in Kompagnien und Bataillone mit schon jetzt bestimmten Führern.

Diese beiden Truppenkörper werden den ersten Schlag füh-

ren, und zwar durch Besetzung sämtlicher wichtiger Plätze; Ausarbeitung dieses Besetzungsplanes innerhalb der A. K.
  b) Mobilisierung der Bürgerschaft
Aufstellung (listenmäßig) der Bürger, die als einwandfrei bekannt sind, Erledigung dieser Arbeit innerhalb der A. K. mit Zuhilfenahme von Partei-, Einwohner- und Vereinslisten. Zwangsmäßige Aushebung in den ersten Tagen zwecks Ablösung der Reichswehr und Studentenschaft, die dann die Reserve des A. K.-Kommandeurs vom 22. bis 32. Lebensjahr, über 32. Lebensjahr lokale Einwohnerwehr bilden.
  c) Zusammenfassung sämtlicher Bestrebungen, die auf militärischem Gebiet von anderer Seite aus betrieben werden
  d) Aufstellung von schwarzen Listen

II. Der zivile Teil

Die Zivilorganisation lehnt sich hinsichtlich der Gliederung und Vorbereitung der Arbeit streng an die militärische Organisation an. Neben den drei militärischen A. K. sollen in Zukunft drei zivile A. K. gebildet werden. Die Arbeit ist eine öffentliche unter dem Aushängeschild »Antibolschewistische Liga«. Innerhalb der A. K. baut sich diese Liga auf dem Zusammenschluß sämtlicher im nationalen Geiste arbeitender Vereine und Vereinchen durch Bildung sogenannter Ortsgruppen und Ortsgrüppchen auf. Ohne Unterschied der Parteien wird jede einzelne bearbeitet und aufgenommen. Eine gewisse Scheidung lediglich nach Berufen. Aufgabe der Ortsgruppen ist, den verlorengegangenen Nationalsinn, das Gefühl für Würde und Ehrauffassung nicht nur zu wecken, sondern noch zu verstärken. Und durch Unermüdlichkeit ständig das Innere der zur Ortsgruppe gehörenden Mitglieder aufzuwühlen. Auf diese Weise wird die Saat ausgestreut, die dann im richtigen Augenblick im guten Sinne aufgeht. Nur das strikteste Zusammenarbeiten zwischen beiden Organisationen wird ein störendes Nebeneinander-Arbeiten vcrhindern. Der Waffe wird erst dann der Sieg leicht und auch in den schweren Stunden nach geführtem Schlag, wenn die zivile Organisation, die Ortsgruppen, den starken Geist in das deutsche Volk hineingetragen. Auf diese Weise werden wir erreichen, daß in keinem Moment das Wirtschaftsleben auch nur an einer Stelle zum Stillstand kommt. Soll die Arbeit rücksichtslos durchgebogen werden, so ist die finanzielle Fundierung einer der dringendsten Forderungen. Auch hier gilt es, nach Möglichkeit alle Stände heranzuziehen;

die Finanzen werden ebenfalls nach dem Prinzip der 3. A. K. ausgebaut.

Presse

Gewisse Winke und Fingerzeige, oft ganz harmlose Andeutungen werden, sobald sie immer und immer wieder durch die Blätter der Presse eilen, die Aufgabe der Volkserziehung in hohem Maße mitlösen. Dasselbe gilt in erster Linie natürlich für Flugblätter.

Was die Mobilisierung hinsichtlich Regierung und Zivil anbelangt, so wird diese sehr ernste und wichtige Frage jetzt schon gelöst durch Dr. Heim in Verbindung mit maßgebenden Männern des zivilen Wirtschaftslebens. Grundlage hierbei muß derselbe Geist sein, der die militärische Organisation aus sich heraus die führenden Militärs finden ließ ...

Militärische Abt.			Wirtschaftl.-Zivil.-Pol. Abt.		
von Lossow			von Schooch		
Generalstabsoffizier.			Generalstabsoffizier.		
I. A. K.	H. A. K.	III. A. K.	I. A. K.	II. A. K.	III. A. K.
Hptm.	Oblt.	Hptm.			
Dietl	Kuhn	Heiß			
Reichswehr.	Studenten.	Bürger.	Finanzen.	Presse.	Ortsgruppen.

Berlin, den 6. März 1920.

Sehr geehrter Herr von Bose!

Leider traf ich Sie nicht mehr in Berlin an. Mein Ordonnanzoffizier, Leutnant Stiglbauer, meldete mir, daß ich mit dem gesamten Verbande in der III. Marinebrigade aufgenommen werden könnte. Auf jeden Fall können Sie versichert sein, daß ich Ihnen keinen Sauhaufen zuführen werde. Die Frage des Abtransportes wird meiner Ansicht nach ebenfalls auf keinerlei Schwierigkeiten stoßen. Im Interesse der Truppenerziehung hätte ich nur die eine Bitte, meinen Verband für 8 oder 14 Tage mal kasernieren zu können. Die Truppe bekommt dann sofort ein ganz anderes Bild. Da ich sofort wieder zurück muß, ist es mir leider nicht möglich, diese Fragen persönlich mit Ihnen zu besprechen. Ich schicke deshalb nochmals Leutnant Stiglbauer. Sobald Bescheid an die Truppe kommt, würde ich Quartiermacher vorausschicken. Was die politischen Verhältnisse anbelangt, so drängt ja, Gott sei Dank, jetzt alles zur Entscheidung. Hinsichtlich meiner bayrischen Organisation wird Ihnen ja schon Leutnant Stiglbauer einen Einblick gewährt haben. Die Verhältnisse haben sich so zugespitzt, daß vielleicht schon in Tagen der große Schlag erfolgt.

gez. Berchtold, Hauptmann.

Der Kapp-Putsch
Am 13. März 1920 fand endlich der lange erwartete und lange vorbereitete Kapp-Putsch statt. Die Marinebrigade Ehrhardt marschierte am Morgen des 13. März in Berlin ein, nachdem die Reichsregierung vergeblich versucht hatte, durch Verhandlungen den Aufmarsch zu verhindern. Ganz zufällig (nach ihren eigenen Angaben) fanden sich am Brandenburger Tor morgens 6 Uhr zu ihrem Empfang die prominentesten Persönlichkeiten, Ludendorff, Staatssekretär a. D. Jagow usw., ein. Für ihr Frühaufstehen wurden sie von Kapp sofort mit Ministersesseln belohnt. Nur Ludendorff hielt sich vorsichtig zurück.
Kapp besetzte die Regierungsgebäude, ernannte sich zum Reichskanzler, Lüttwitz zum Reichswehrminister, Jagow zum preußischen Minister des Innern und versuchte ein Kabinett zu bilden, dem unter anderen Wangenheim als Landwirtschaftsminister und Schiele als Reichswirtschaftsminister angehören sollten. Er erließ eine Menge Aufrufe, Anordnungen, Befehle und Gesetze, löste die Nationalversammlung auf, setzte den Reichspräsidenten ab. Er konnte sich jedoch nur wenige Tage halten, nachdem seine Versuche, durch den General Märcker in Verhandlungen mit der gesetzmäßigen Regierung einzutreten, gescheitert waren. Am 17. März flüchtete er im Flugzeug nach Schweden.
Hauptmann Berchtold fiel im Kampf gegen die der Regierung getreuen Arbeiter in Stade. Die öffentliche Meinung verlangte die strengste Bestrafung der Kapp-Anhänger, die Auflösung der ungetreuen Truppen und Geheimbünde. Als Reaktion auf den Kapp-Putsch entstand in dem republikanisch gesinnten Rheinland und Westfalen eine Arbeiterbewegung mit dem Ziel der Räterepublik. Jetzt wiederholte sich das Spiel von 1918. Plötzlich gab es keinen Kappisten, der nicht ausschließlich für den Schutz von Ruhe und Ordnung eingetreten wäre. Die Generäle, die Offiziere, die Truppen, die eben noch gemeutert hatten, verwandelten sich sofort wieder in Regierungstruppen. Sie hatten nicht die Zeit, ihre Hakenkreuze abzulegen, und schon marschierten sie im Namen der gesetzmäßigen Regie-

rung gegen die Arbeiter, gegen die sie im Namen der Kappregierung Krieg geführt hatten.
Die Regierung Bauers gab ihren eigenen Feinden wieder die Macht und ließ es zu, daß die Republikaner verfolgt wurden. So waren die Arbeiter in Sensburg (Ostpreußen) gegen die Kappregierung in den Streik getreten. Der Bürgerrat unter Führung des Amtsrichters beschloß einen Gegenstreik. Und nach Wiederherstellung der Ruhe erließ derselbe Amtsrichter Strafbefehle gegen die Streikführer.
»Die Reichsregierung wird den gesetzlichen Bestimmungen gemäß die Vermögen dieser Leute beschlagnahmen und der Nationalversammlung ein Gesetz vorlegen, das harte Strafen vorsieht, darunter völlige Vermögensentziehung. Die Reichswehr wird gesäubert werden.« (Reichskanzler Bauer in der Nationalversammlung in Stuttgart am 18. März 1920.) Aber nichts dergleichen geschah.
Für die Mitläufer der Bewegung wurde vielmehr am 24. August 1920 eine Amnestie erlassen, die jedoch nicht für die Urheber und Führer gelten sollte. Man wollte die vielen Tausende, die gedankenlos oder auch bewußt mitgemacht hatten, nicht strafen, wohl aber die Führer. Es stellte sich aber heraus, daß der Kapp-Putsch keine Führer gehabt hatte. Ein Strafverfahren wurde nur gegen Kapp, Major Pabst, Oberst Bauer, Dr. Schnitzler, Trebitsch Lincoln, Freiherr von Lüttwitz, Kapitän Ehrhardt, Dr. Schiele, Regierungspräsident von Jagow und von Wangenheim eingeleitet.
Es gelang aber allen, sich in Sicherheit zu bringen. Nur gegen Wangenheim, Jagow und Schiele wurde am 7. Dezember 1921 verhandelt. Sie wollten sich darauf hinausreden, daß es sich dabei nicht um ein hochverräterisches Unternehmen gehandelt hätte; alles sei legal vor sich gegangen! Beim Kapp-Putsch habe es sich nur um einen Versuch gehandelt, die Verfassung vor dem Übergriff der Nationalversammlung zu schützen und das in der Verfassung gewährleistete Recht des Volkes, den Präsidenten selbst zu wählen, sicherzustellen. Die Verfahren gegen Wangenheim und Schiele wurden eingestellt. Jagow wurde wegen Beihilfe zum Hochverrat zu 5 Jahren Festungshaft verurteilt.
Kapp, der diese Legalitätsbehauptung niemals mitgemacht hatte (das muß zu seiner Ehre gesagt werden), stellte sich später freiwillig und starb in der Untersuchungshaft.
Major Pabst flüchtete nach Österreich, wo er sich unter dem Namen Peters naturalisieren ließ. Er wurde, obwohl Prote-

stant, Leiter des Tiroler Heimatbundes, das heißt des dortigen Selbstschutzes und versuchte, diesen in ein alldeutsches Fahrwasser zu bringen. Von einem Auslieferungsbegehren der Reichsregierung ist nichts bekannt geworden. Im Dezember 1923 beschloß eine Führerversammlung des Heimatbundes, von klerikaler Seite beeinflußt, seine Absetzung. (»Münchner Post«, 9. Januar 1924.)
Oberst Bauer, Ehrhardt und Lüttwitz flüchteten nach Ungarn, wo sie bald als »erwachende Magyaren« eine Rolle spielten. Somit ist außer Jagow niemand wegen des Kapp-Putsches bestraft worden.
»Führer, die nicht restlos auf dem Boden der Verfassung stehen, sind unmöglich. Ihre Entfernung ist die erste Voraussetzung für die Gewinnung des Vertrauens.« So sprach der Reichswehrminister Geßler in der Nationalversammlung am 29. März 1920. Aber er handelte nicht danach.
Die folgende Tabelle zeigt, wie das Verfahren gegen 540 Offiziere, die am Kapp-Putsch beteiligt waren, eingestellt wurde.
So ist denn außer Herrn von Jagow kein einziger Kappist bestraft worden. Dies konnte von den Kapp nahestehenden Kreisen mit Recht als eine Ermunterung angesehen werden. Die vaterländische Gesinnung der Kappisten war ja damit anerkannt. Sie hatten nur zu einem noch nicht ganz zeitgemäßen Mittel gegriffen. Es galt ihr Werk zunächst mit legalen Mitteln fortzusetzen, den durch die Niederschlagung des Kapp-Putsches zerstörten Apparat wieder instand zu setzen. Um dann mit anders gearteten Mitteln dasselbe Ziel, die Zerstörung der Republik fortzusetzen. Die Träger dieses Gedankens sind die Geheimbünde.
Durch die Notwendigkeit der Entscheidung für oder wider Kapp waren sie zu einer inneren Klärung gezwungen. Meist ging dies so vor sich, daß die unpolitischen Mitglieder ausschieden und die Organisationen sich nach rechts radikalisierten. Durch das nach dem Kapp-Putsch erfolgte Verbot der Einwohnerwehr wurden die Organisationen illegal. Dies forderte natürlich starken Zusammenschluß der wirklich tatkräftig Gesinnten. Sie spannen ihre Netze über das ganze Land, Reichsorganisationen entstanden. Ihr großes Werk sind die politischen Morde.

Ergebnisse des Ausschusses zur Prüfung des Verhaltens der Offiziere während der März-Vorgänge (Kapp-Putsch)[36]

Lfd. Nr.	Name	Dienstgrad	Entscheidung	Akten
1	v. Amann	Major	Einstellung	weglegen
2	v. Arnim	Rittmeister	Einstellung	O. R. A.[37]
3	v. Aulock	Oberleutnant	–	an P. A.[38]
4	v. Auer	Major	nichts veranlassen	O. R. A.
5	Albrecht	Oberleutnant	nichts veranlassen	O. R. A.
6	Abt	Oberleutnant	nichts veranlassen	O. R. A.
7	Bahn	Oberleutnant	Versetzung	O. R. A.
8	v. Baumbach	Oberst	Beurlaubung	O. R. A.
9	Banke	Major	Dienstenthebung	O. R. A.
10	Backhaus	Hauptmann	nichts veranlassen	weglegen
11	Baade	Hauptmann	nichts veranlassen	O. R. A.
12	Baumann	Hauptmann	–	an W. K. Kdo. VII[39]
13	v. Bezold	Major	nichts veranlassen	O. R. A.
14	Becker	Major	Versetzung	O. R. A.
15	Besch	Oberleutnant	nichts veranlassen	weglegen
16	Behrens	Oberleutnant	nichts veranlassen	weglegen
17	Benesch	Leutnant a. D.	nichts veranlassen	O. R. A.
18	Bergere	Hauptmann	nichts veranlassen	O. R. A.
19	Berthold	Hauptmann	nichts veranlassen	O. R. A.
20	Beckmann	Major	nichts veranlassen	weglegen
21	Frhr. v. Berchem	Rittmeister	nichts veranlassen	weglegen
22	Blättner	Oberleutnant	nichts veranlassen	weglegen
23	v. Borries	General	–	O. R. A.
24	Frhr. v. Blomberg	Oberst	nichts veranlassen	O. R. A.
25	v. Bock	Major	Beurlaubung	O. R. A.
26	Boege	Oberleutnant	nichts veranlassen	weglegen
27	Badura	Leutnant	nichts veranlassen	weglegen
28	v. Bomhard	Oberstleutnant	–	H. A. A. Bayern[40]
29	Biese	Hauptmann a. D.	–	H. A. A. Preußen
30	Bißmeier	Oberleutnant	nichts veranlassen	weglegen
31	Boje	Major	–	O. R. A.
32	Bockelberg	Oberleutnant	nichts veranlassen	O. R. A.
33	Borchardt	Hauptmann	nichts veranlassen	O. R. A.
34	Brandt	Hauptmann	nichts veranlassen	O. R. A.
35	Gr. v. Bredow	Oberst	nichts veranlassen	O. R. A.
36	Braun	Oberleutnant	Versetzung	weglegen
37	Brosch	Hauptmann	nichts veranlassen	O. R. A.
38	v. Bünau	Hauptmann	nichts veranlassen	O. R. A.
39	Brehmer	Oberstleutnant	Versetzung	O. R. A.
40	Brinkmann	Oberleutnant	nichts veranlassen	O. R. A.
41	Frhr. v. d. Bussche	Oberleutnant	nichts veranlassen	O. R. A.
42	v. Bülow	Major, Jäg. 5	Versetzung	weglegen
43	v. Bülow	Major, Rgt. 26	–	H. A. A. Preußen
44	Bürckner	Oberstleutnant	–	beim Rw.-Min.[41]
45	Buchrucker	Major	nichts veranlassen	O. R. A.
46	v. Bernuth	Gen.-Leutnant	–	O. R. A.
47	Brinn	Leutnant	–	O. R. A.

[36] Anmerkung: Diese Liste wurde mir von meinem Vertrauensmann in wörtlicher Abschrift zur Verfügung gestellt.
[37] Oberreichsanwalt [38] Personalabteilung [39] Wehrkreiskommando VII.
[40] Heeresabwicklungsamt [41] Reichswehrminister.

Lfd. Nr.	Name	Dienstgrad	Entscheidung	Akten
48	Becker	Leutn., Rw. I. R. 2	nichts veranlassen	O. R. A.
49	Beuttel	Hauptmann	nichts veranlassen	weglegen
50	Buhler	Leutnant	nichts veranlassen	weglegen
51	Buchholz	Oberst a. D.	nichts veranlassen	O. R. A.
52	Bestgen	Oberleutnant	nichts veranlassen	O. R. A.
53	Bartsch	Hauptmann	nichts veranlassen	weglegen
54	v. Bychelberg	Oberleutnant	nichts veranlassen	O. R. A.
55	Borchert	Oberstleutnant	nichts veranlassen	O. R. A.
56	Cabanis	Hauptmann	Einstellung	weglegen
57	Coudray	Hauptmann	Versetzung	O. R. A.
58	v. Collani	Major	nichts veranlassen	weglegen
59	Crisolli I	Leutnant	nichts veranlassen	weglegen
60	Czettritz	Oberst	Dienstenthebung	O. R. A.
61	Frhr. v. Coburg	Major	Dienstenthebung	O. R. A.
62	Frhr. v. Czettritz u. Neuhaus	Oberleutnant	nichts veranlassen	weglegen
63	Conradi	Oberstleutnant a. D.	nichts veranlassen	weglegen
64	v. Dassel	General	–	beim Rw.-Min.
65	Dammann	Major	nichts veranlassen	weglegen
66	Darsow	Leutnant	nichts veranlassen	O. R. A.
67	Ritter v. Danner	Oberst	–	an W. K. Kdo. VI
68	Daniels	Major a. D.	nichts veranlassen	weglegen
69	v. Dewitz	Oberstleutnant	nichts veranlassen	O. R. A.
70	v. Dewall	Oberst	nichts veranlassen	O. R. A.
71	v. d. Decken-Offen	Major	Beurlaubung	O. R. A.
72	v. Ditfurth	Hauptmann	nichts veranlassen	weglegen
73	Dietrich	Oberleutnant	nichts veranlassen	O. R. A.
74	Dietl	Hauptmann	–	an W. K. Kdo. VI
75	Dietze	Hauptmann	nichts veranlassen	O. R. A.
76	Dornbüth	Hauptmann	nichts veranlassen	O. R. A.
77	Domaschk	Fw. Leutnant	nichts veranlassen	weglegen
78	Döllinger	Hauptmann	–	an W. K. Kdo. VII
79	Dreßler	Major a. D.	–	H. A. A. Preußen
80	v. Dresky	Major	Beurlaubung	O. R. A.
81	Frhr. v. Durant	Rittmeister	nichts veranlassen	weglegen
82	Dieck	Leutnant	nichts veranlassen	weglegen
83	Deutscher	Leutnant d. L.	nichts veranlassen	O. R. A.
84	Ebeling	Leutnant	nichts veranlassen	weglegen
85	Edelbüttel	Oberst	nichts veranlassen	weglegen
86	Eilker	Hauptmann	Versetzung	weglegen
87	Frhr. v. Erffa	Leutnant	nichts veranlassen	O. R. A.
88	v. Etzdorf	Rittmeister a. D.	nichts veranlassen	weglegen
89	Engels	Leutnant, Ul. 11	Versetzung	weglegen
90	Eschmann	Major a. D.	nichts veranlassen	O. R. A.
91	Erdmann	Leutnant a. D.	nichts veranlassen	O. R. A.
92	Eichholz	Major	nichts veranlassen	O. R. A.
93	Ecke	Oberleutnant	nichts veranlassen	O. R. A.
94	Ehaus	Hauptmann a. D.	–	H. A. A. Preußen
95	Engels	Leutn. a. D., II. Ld.-Jäg.-Korps	Beurlaubung	O. R. A.
96	Erxleben	Oberleutnant	nichts veranlassen	weglegen
97	Engel	Ltn., Kolberg	nichts veranlassen	O. R. A.
98	Eckardt	Leutn., Rgt. 30	Dienstenthebung	O. R. A.
99	Engels	Leutn., Brigkr. Hannover	nichts veranlassen	O. R. A.
100	Ehrhardt	Leutnant	nichts veranlassen	O. R. A.
101	Eggerß	Oberst a. D.	nichts veranlassen	O. R. A.

Lfd. Nr.	Name	Dienstgrad	Entscheidung	Akten
102	v. Fabeck	Oberstleutnant	Niederschlagung	weglegen
103	v. Falkenhausen	Major	Dienstenthebung	O. R. A.
104	Fett	Major	nichts veranlassen	weglegen
105	Faupel	Oberstleutnant	nichts veranlassen	O. R. A.
106	Friedrichs	Major	Versetzung	O. R. A.
107	Fabricius	Oberstl. a. D.	–	O. R. A.
108	Füßlein	Major	–	O. R. A.
109	Forster	Oberleutnant	–	an W. K. Kdo. VII
110	Frauenholz	Hauptmann	–	an W. K. Kdo. VII
111	Fischer	Maj., Eydtkuhnen	nichts veranlassen	O. R. A.
112	Forstreuter	Leutnant a. D.	nichts veranlassen	O. R. A.
113	Fälkersamb	Leutnant a. D.	nichts veranlassen	O. R. A.
114	Fischer	Oberlt., Brieg	nichts veranlassen	weglegen
115	Freytag	Hauptmann	nichts veranlassen	O. R. A.
116	Feige	Major	nichts veranlassen	O. R. A.
117	Flach	Leutnant	nichts veranlassen	an P. A.
118	v. Fischer	Oberst, Wünsdorf	Niederschlagung	weglegen
119	v. Frantzius	Hauptmann	nichts veranlassen	weglegen
120	Finzenhagen	Leutnant	nichts veranlassen	weglegen
121	Fromm	Hauptmann	nichts veranlassen	O. R. A.
122	Frhr. v. Forstner	Hauptm. a. D.	nichts veranlassen	O. R. A.
123	Forberg	Oberstlt. a. D.	nichts veranlassen	O. R. A.
124	Friebe I	Leutnant	nichts veranlassen	weglegen
125	Friebe II	Leutnant	nichts veranlassen	weglegen
126	v. Groddeck	General	–	O. R. A.
127	Grautoff	Oberst	Einstellung	weglegen
128	Gandert	Oberleutnant	Beurlaubung	O. R. A.
129	Gudowius	Major	Beurlaubung	O. R. A.
130	Guse	Oberstleutnant	Beurlaubung	O. R. A.
131	Guhr	Oberstleutnant	Dienstenthebung	O. R. A.
132	Frhr. v. Grüter	Generalmajor	–	O. R. A.
133	Frhr. Grote	Major	Dienstenthebung	O. R. A.
134	Gröbedinkel	Hauptmann	nichts veranlassen	weglegen
135	v. Grothe	Oberstleutnant	Beurlaubung	O. R. A.
136	v. Gustedt	Leutnant	Verabschiedung	an P. A.
137	Güntzel	Major a. D.	nichts veranlassen	O. R. A.
138	Gilbert	Hauptmann	–	O. R. A.
139	Günther	Rittm. a. D.	nichts veranlassen	O. R. A.
140	Gringmuth	Hauptmann	nichts veranlassen	O. R. A.
141	Graßmann	Major	nichts veranlassen	O. R. A.
142	Gerhardt	Hauptmann	nichts veranlassen	O. R. A.
143	Gier	Oberlt. a. D.	nichts veranlassen	O. R. A.
144	Goder	Major	nichts veranlassen	O. R. A.
145	Gösch	Hauptmann	–	O. R. A.
146	Gerlach	Hauptmann	nichts veranlassen	weglegen
147	Grohmann	Hauptm. a. D.	nichts veranlassen	O. R. A.
148	Golling	Oberst	nichts veranlassen	O. R. A.
149	Gach	Leutnant	nichts veranlassen	O. R. A.
150	Grosser	Leutnant	nichts veranlassen	O. R. A.
151	Guldenberg	Leutnant	nichts veranlassen	O. R. A.
152	v. Germar	Leutnt. a. D.	–	H. A. A. Preußen
153	Gueinzius	Hauptmann	nichts veranlassen	O. R. A.
154	Gallmeister	Hauptmann	Dienstenthebung	O. R. A.
155	v. Gaza	Major	nichts veranlassen	O. R. A.
156	Grosse	Hauptm. a. D.	–	H. A. A. Preußen
157	Grawantka	Rittmeister	nichts veranlassen	O. R. A.
158	Frhr. v. Groll	Oberleutn. a. D.	nichts veranlassen	O. R. A.

Lfd. Nr.	Name	Dienstgrad	Entscheidung	Akten
159	Gropp	Leutn. d. R.	nichts veranlassen	O. R. A.
160	Grumann	Leutn. d. R. a. D.	nichts veranlassen	O. R. A.
161	Garve	Hauptmann	nichts veranlassen	weglegen
162	Geisler	Hauptm. a. D.	nichts veranlassen	weglegen
163	v. der Hardt	General	Beurlaubung	O. R. A.
164	Humann	Freg.-Kapt.	Dienstenthebung	O. R. A.
165	v. Hülsen	Generalmajor	Dienstenthebung	O. R. A.
166	Hagenberg	General	–	O. R. A.
167	Hueg	Major	Beurlaubung	O. R. A.
168	Haack	Oberstleutnant	–	an W. K. Kdo. VII
169	v. Hellermann	Major a. D.	nichts veranlassen	O. R. A.
170	Hennings	Leutn. d. R.	nichts veranlassen	weglegen
171	Holm	Leutn. d. R.	nichts veranlassen	weglegen.
172	Frhr. v. Hadeln	Oberstleutnant	Beurlaubung	O. R. A.
173	Herrgott	Oberst	nichts veranlassen	weglegen
174	Höltzel	Hauptmann a. D.	nichts veranlassen	O. R. A.
175	Hünecke	Major	Dienstenthebung	O. R. A.
176	Gr. v. Hülsen	Oberleutnant	nichts veranlassen	O. R. A.
177	v. Holleben	Hauptmann	nichts veranlassen	weglegen
178	Frhr. v. Hammerstein	Oberleutnant a. D.	nichts veranlassen	O. R. A.
179	Hillebrand	Leutnant	nichts veranlassen	O. R. A.
180	Haensel	Major	nichts veranlassen	O. R. A.
181	Hassell	Leutnant	nichts veranlassen	O. R. A.
182	Hoffmann	Oblt., Altdamm	nichts veranlassen	O. R. A.
183	Hartmann	Major, Rastenburg	nichts veranlassen	O. R. A.
184	Ritter v. Heilingbrunner	Hauptmann	–	an W. K. Kdo. VII
185	Hoffmann	Oblt., Rastenburg	nichts veranlassen	O. R. A.
186	Hupfeld	Oberleutnant	nichts veranlassen	O. R. A.
187	v. Heydebreck	Hauptmann	nichts veranlassen	weglegen
188	von dem Hofe	Hauptmann a. D.	nichts veranlassen	weglegen
189	Hoops	Hauptmann a. D.	nichts veranlassen	O. R. A.
190	Hammer	Hauptmann a. D.	nichts veranlassen	O. R. A.
191	Hahn	Leutnant	nichts veranlassen	O. R. A.
192	Hansen	Hauptmann	Beurlaubung	O. R. A.
193	v. Hagen	Major, Dessau	Beurlaubung	O. R. A.
194	v. Harder	Major	nichts veranlassen	O. R. A.
195	v. Henning	Leutnant	nichts veranlassen	an P. A.
196	Hertmanni	Oberleutnant	nichts veranlassen	weglegen
197	Heims	Major a. D.	nichts veranlassen	O. R. A.
198	v. Heusinger	Rittmeister	Dienstenthebung	O. R. A.
199	Haußer	Major	nichts veranlassen	O. R. A.
200	Horn	Hauptmann	nichts veranlassen	O. R. A.
201	Hofmann	Major	–	an W. K. Kdo. VII
202	Hoffmann	Hauptmann, Techn. Abt.	nichts veranlassen	O. R. A.
203	v. Haehling	Oberst	nichts veranlassen	weglegen
204	Jacobsen	Hauptmann	Beurlaubung	O. R. A.
205	Ingenohl	Oberst	nichts veranlassen	weglegen
296	Jeschonnek	Leutnant	nichts veranlassen	weglegen
207	Jordan	Hauptm., Hannover	Versetzung	O. R. A.
208	Jordan	Oblt., Magdeburg	nichts veranlassen	weglegen
209	Jürgens	Oberlt. a. D.	nichts veranlassen	weglegen
210	v. Klewitz	Major, Glatz	nichts veranlassen	O. R. A.
211	Klug	Major	Beurlaubung	O. R. A.
212	v. Körner	Major a. D.	nichts veranlassen	O. R. A.
213	Kayser	Major	Beurlaubung	O. R. A.

Lfd. Nr.	Name	Dienstgrad	Entscheidung	Akten
214	Küntzel	Major	nichts veranlassen	O. R. A.
215	v. Knobelsdorff	Oberst, Pasewalk	nichts veranlassen	O. R. A.
216	Kühme	Hauptmann	Beurlaubung	O. R. A.
217	Koch	Oblt., Rw. Gr. K. 1	nichts veranlassen	weglegen
218	Klostermeier	Hauptmann a. D.	nichts veranlassen	weglegen
219	Kundt	Oberst a. D.	nichts veranlassen	O. R. A.
220	Karst	Hauptm., Sch.-Schule	nichts veranlassen	O. R. A.
221	Kunze	Hauptmann	Beurlaubung	O. R. A.
222	Kühn	Leutnant a. D.	nichts veranlassen	O. R. A.
223	Krause	Oberleutnant	nichts veranlassen	weglegen
224	Kempf	Leutnant	nichts veranlassen	O. R. A.
225	Köhler	Leutnant	Versetzung	weglegen
226	Kühl	Leutnant	nichts veranlassen	O. R. A.
227	Kaiser	Oberleutnant	–	an W. K. Kdo. VII
228	Kleindienst	Leutnant	Dienstenthebung	O. R. A.
229	v. Kleist	Rittmeister	Versetzung	O. R. A.
230	Kröcher	Hauptmann	nichts veranlassen	weglegen
231	Knebel	Hauptmann	nichts veranlassen	O. R. A.
232	Kohler	Leutnant	–	an W. K. Kdo. VII
233	v. Kutzleben	Hauptmann	nichts veranlassen	O. R. A.
234	Kraatz	Hauptmann	nichts veranlassen	weglegen
235	Krüger	Hauptmann	–	O. R. A.
236	Krose	Leutnant	nichts veranlassen	O. R. A.
237	v. Kaisenberg	Hauptmann	nichts veranlassen	weglegen
238	Kahl	Leutnant	nichts veranlassen	weglegen
239	Klontz	Leutnant a. D.	–	H. A. A. Preußen
240	Kleckel	Major a. D.	–	O. R. A.
241	Kühn	Hauptmann a. D.	–	H. A. A. Preußen
241	Karl	Hauptmann a. D.	–	H. A. A. Preußen
243	Knoblauch	Hauptmann	nichts veranlassen	O. R. A.
244	Kaspary	Leutnant	nichts veranlassen	O. R. A.
245	Klockenbring	Oberleutnant	nichts veranlassen	O. R. A.
246	Kotschote	Hauptmann	nichts veranlassen	weglegen
247	Keyßelitz	Major	nichts veranlassen	weglegen
248	Kubert	Hauptmann	nichts veranlassen	O. R. A.
249	Kraatz	Maj., Magdeburg	nichts veranlassen	weglegen
250	v. Kutzleben	Hptm., Prenzlau	Beurlaubung	O. R. A.
251	Kirsten	Oberleutnant	nichts veranlassen	weglegen
252	Kießlich	Hauptmann a. D.	nichts veranlassen	O. R. A.
253	Kühn	Major a. D., Magdeburg	nichts veranlassen	O. R. A.
254	Köhler	Major	nichts veranlassen	O. R. A.
255	Krech (s. 540)	Hauptmann	Versetzung	O. R. A.
256	v. Lettow-Vorbeck	Generalmajor	Dienstenthebung	O. R. A.
257	Frhr. v. Ledebur	Oberst	Dienstenthebung	O. R. A.
258	Frhr. v. Lüttwitz	Oberleutnant	nichts veranlassen	weglegen
259	v. Loßberg	Generalmajor	nichts veranlassen	O. R. A.
260	Lyncker	Major	Dienstenthebung	O. R. A.
261	v. Lattorf	Major	Beurlaubung	O. R. A.
262	Lüdecke	Oberleutnant	Niederschlagung	weglegen
263	Lyons	Hauptmann	Beurlaubung	O. R. A.
264	v. Löbbecke	Major	nichts veranlassen	O. R. A.
265	Leber	Leutnant	–	O. R. A.
266	Larsen	Oberlt. d. Res.	nichts veranlassen	weglegen
267	Lehritter	Hauptmann a. D.	nichts veranlassen	O. R. A.
268	Lübke	Hauptmann	nichts veranlassen	O. R. A.

Lfd. Nr.	Name	Dienstgrad	Entscheidung	Akten
269	v. Ludwig	Oberleutnant	nichts veranlassen	weglegen
270	Loebel	Leutnant	nichts veranlassen	O. R. A.
271	v. Loewenfeld	Freg.-Kap.	Dienstenthebung	O. R. A.
272	Lehmann	Major, Sagan	nichts veranlassen	weglegen
273	Lee	Oberleutnant	nichts veranlassen	O. R. A.
274	Laue	Hauptmann	nichts veranlassen	weglegen
275	Frhr. v. Lüttwitz	Leutnant	nichts veranlassen	weglegen
276	Lindau	Hauptmann	nichts veranlassen	weglegen
277	Ladewig	Hauptmann	nichts veranlassen	O. R. A.
278	Lindemann	Major	Versetzung	O. R. A.
279	Luczny	Oberleutnant	nichts veranlassen	O. R. A.
280	Larsen	Leutnant, Dessau	nichts veranlassen	O. R. A.
281	Lavall	Leutnant	nichts veranlassen	O. R. A.
282	Lang	Leutnant	Beurlaubung	O. R. A.
283	Link	Leutnant	Beurlaubung	O. R. A.
284	Lübkens	Leutnant	nichts veranlassen	O. R. A.
285	v. Lefort	Leutnant	–	Unters.-Richter in Güstrow
286	Laue	Oberst	nichts veranlassen	weglegen
287	Lehners	Major a. D.	nichts veranlassen	O. R. A.
288	Maercker	General a. D.	–	O. R. A.
289	Mathias	Major	Beurlaubung	O. R. A.
290	Michaelis	Major	Beurlaubung	O. R. A.
291	Müller	Rittm., Schleswig	Beurlaubung	O. R. A.
292	Mauritz	Hauptmann	Versetzung	weglegen
293	Moyzischewitz	Hauptmann	nichts veranlassen	O. R. A.
294	Mülisch	Major a. D.	–	O. R. A.
295	v. Möhl	Generalmajor	nichts veranlassen	weglegen
296	Meinshausen	Hauptmann	Dienstenthebung	O. R. A.
297	Müller	Hptm., I. R. 105	nichts veranlassen	O. R. A.
298	Meinecke	Leutn., Altona	nichts veranlassen	weglegen
299	Makel	Leutnant a. D.	nichts veranlassen	weglegen
300	v. Marklowski	Major	nichts veranlassen	O. R. A.
301	Mach	Leutnant	nichts veranlassen	O. R. A.
302	v. Müller	Major	–	H. A. A. Preußen
303	Meyer	Leutn., Dessau	nichts veranlassen	O. R. A.
304	Meyer	Leutn., Altenburg	Beurlaubung	O. R. A.
305	Frhr. v. Mirbach	Rittmeister	nichts veranlassen	O. R. A.
306	Muther	Major	nichts veranlassen	O. R. A.
307	Mathes	Hauptmann a. D.	–	H. A. A. Preußen
308	Müller	Oberleutnant a. D., Regt. 103	nichts veranlassen	O. R. A.
309	Meinecke	Leutn., Kadetten.-Abt. Berlin	nichts veranlassen	weglegen
310	Müller	Hpt., Pion.-B. 8	nichts veranlassen	O. R. A.
311	Mahlmann	Oberleutnant	nichts veranlassen	O. R. A.
312	Menkel	Leutnant	nichts veranlassen	O. R. A.
313	Mathi	Oberstleutnant	nichts veranlassen	weglegen
314	Meinert	Oberleutnant	nichts veranlassen	weglegen
315	Meyding	Oberleutnant	nichts veranlassen	O. R. A.
316	Mense	Hauptmann	nichts veranlassen	O. R. A.
317	v. Neufville	Rittmeister	nichts veranlassen	O. R. A.
318	Nothnagel	Oberstleutnant	Dienstenthebung	O. R. A.
319	Nolte	Hauptmann	nichts veranlassen	O. R. A.
320	Newiger	Rittmeister	nichts veranlassen	weglegen
321	v. Normann	Major	nichts veranlassen	O. R. A.
322	Naumann	Major a. D.	nichts veranlassen	H. A. A. Preußen

Lfd. Nr.	Name	Dienstgrad	Entscheidung	Akten
323	Nowak	Leutnant a. D.	nichts veranlassen	O. R. A.
324	Nagel	Hauptmann	Beurlaubung	O. R. A.
325	Neumann-Neurode	Major	nichts veranlassen	weglegen
326	v. Niebelschütz	Hauptmann	nichts veranlassen	O. R. A.
327	Nettesheim	Leutnant a. D.	Dienstenthebung	O. R. A.
328	Naujoks	Leutnant a. D.	–	O. R. A.
329	v. Oven	Oberst a. D.	nichts veranlassen	O. R. A.
330	Osiander	Major	nichts veranlassen	O. R. A.
331	v. Ohnesorge	Major	nichts veranlassen	weglegen
332	Osterwald	Leutnant	nichts veranlassen	O. R. A.
333	Ohly	Leutnant	nichts veranlassen	weglegen
334	v. der Osten	Leutnant	nichts veranlassen	weglegen
335	Ott	Hauptmann	Beurlaubung	O. R. A.
336	Otte	Major a. D.	nichts veranlassen	O. R. A.
337	Overbeck	Oberleutnant	nichts veranlassen	weglegen
338	v. Poser	Major	nichts veranlassen	weglegen
339	Pachmayr	Hauptmann	nichts veranlassen	O. R. A.
340	v. Pressentin	Major a. D.	nichts veranlassen	O. R. A.
341	v. Platen	Major	nichts veranlassen	weglegen
342	Pistorius	Major a. D.	nichts veranlassen	O. R. A.
343	Pfeiffer	Oberleutnant	nichts veranlassen	weglegen
344	Pratsch	Leutnant a. D.	–	O. R. A.
345	Pampe	Oberst	–	O. R. A.
346	Peschel	Oberleutnant	nichts veranlassen	O. R. A.
347	Papke	Leutnant	nichts veranlassen	weglegen
348	v. Passow	Gen.-Maj. a. D.	nichts veranlassen	weglegen
349	v. Puttkamer	Hauptmann	nichts veranlassen	weglegen
350	Pohl	Major	nichts veranlassen	O. R. A.
351	Pabst v. Ohain	Major a. D.	–	H. A. A. Preußen
352	Paarmann	Hauptmann a. D.	–	H. A. A. Preußen
353	Pasquel	Oberleutnant	nichts veranlassen	O. R. A.
354	Peters	Hauptmann	nichts veranlassen	O. R. A.
355	Pawel	Oberleutnant a. D.	nichts veranlassen	O. R. A.
356	Popinga	Leutnant	nichts veranlassen	O. R. A.
357	v. Passow	Leutnant	nichts veranlassen	O. R. A.
358	Perkowski	Rittmeister a. D.	–	H. A. A. Preußen
359	Peiker	Major	nichts veranlassen	O. R. A.
360	Pfeiffer	Oblt., Hannover	nichts veranlassen	weglegen
361	Picardi	Major	nichts veranlassen	O. R. A.
362	Preßprich	Leutnant	nichts veranlassen	weglegen
363	Pfeffer	Hauptmann	Versetzung	O. R. A.
364	v. Rohrscheidt	Major	Beurlaubung	O. R. A.
365	v. Rudolphi	Major	Beurlaubung	O. R. A.
366	Reiche	Hauptmann	Beurlaubung	O. R. A.
367	v. Rudorff	Major	nichts veranlassen	O. R. A.
368	v. Rode	Oberst	nichts veranlassen	O. R. A.
369	Gr. v. der Recke	Ltn., Gr.-Kdo. 1	nichts veranlassen	weglegen
370	Richter	Leutnant a. D.	nichts veranlassen	weglegen
371	Frhr. v. Rössing	Oberstleutnant	nichts veranlassen	O. R. A.
372	Ruppelt	Leutnant	nichts veranlassen	weglegen
373	Reinicke	Oberstleutnant	Beurlaubung	O. R. A.
374	Roll	Major a. D.	nichts veranlassen	O. R. A.
375	Frhr. v. Rosen	Oberst	nichts veranlassen	O. R. A.
376	v. Rosenbaum	Major a. D.	nichts veranlassen	O. R. A.
377	Raschick	Hauptmann	nichts veranlassen	O. R. A.
378	v. Rathenow	Major	nichts veranlassen	weglegen
379	Rörig	Oberleutnant	Dienstenthebung	O. R. A.

Lfd. Nr.	Name	Dienstgrad	Entscheidung	Akten
380	Reinstrom	Oberleutnant	nichts veranlassen	O. R. A.
381	Ribbentrop	Generalmajor	nichts veranlassen	weglegen
382	Russel	Leutnant a. D.	–	O. R. A.
383	Randt	Major	nichts veranlassen	O. R. A.
384	v. Rath	Oberleutnant	–	O. R. A.
385	Reck	Hauptmann	–	O. R. A.
386	Frhr. v. Roman	Oberleutnant	–	an W. K. Kdo. VII
387	v. Röhl	Hauptmann	nichts veranlassen	weglegen
388	Reinicke	Hauptmann, Brieg	nichts veranlassen	weglegen
389	Renner	Oberleutnant	nichts veranlassen	weglegen
390	Rinke	Major	nichts veranlassen	O. R. A.
391	Gr. zu Rantzau	Rittm. a. D.	nichts veranlassen	O. R. A.
392	Rat	Leutn. d. R.	Einstellung	weglegen
393	Frhr. v. der Recke	Rittm., Reit.-R. 4	nichts veranlassen	weglegen
394	v. Roques	Major	nichts veranlassen	O. R. A.
395	Röttger	Leutnant	–	O. R. A.
396	Rosenberg	Hauptm. a. D.	nichts veranlassen	O. R. A.
397	Reinhardt	Oberleutnant	nichts veranlassen	O. R. A.
398	Rüling	Oberleutnant	nichts veranlassen	O. R. A.
399	Sihr	Oberstleutnant	nichts veranlassen	O. R. A.
400	v. Sydow	Major	Beurlaubung	O. R. A.
401	Sommerfeld	Hpt., Rw.-Br. 16	Beurlaubung	O. R. A.
402	Seib	Hauptmann	nichts veranlassen	O. R. A.
403	Spranger	Hauptmann	nichts veranlassen	O. R. A.
404	Sibeth	Oberleutnant	Einstellung	weglegen
405	Saal	Hauptmann	nichts veranlassen	weglegen
406	Soffner	Hauptmann	nichts veranlassen	O. R. A.
407	v. Sommerfeld	Major, Pion. 15	Beurlaubung	O. R. A.
408	Saenger	Rittm. a. D.	nichts veranlassen	weglegen
409	v. Selchow	Major	nichts veranlassen	O. R. A.
410	v. Selle	Oberst	nichts veranlassen	weglegen
411	Skirlo	Leutn. a. D.	–	O. R. A.
412	v. Sunthum	Monteur	–	Staatssekr.
413	Sorge	Feldw.-Leutn.	nichts veranlassen	O. R. A.
414	v. Sydow	Leutnant	nichts veranlassen	O. R. A.
415	v. Salisch	Major a. D.	nichts veranlassen	O. R. A.
416	v. Seydlitz	Rittmeister	Dienstenthebung	O. R. A.
417	v. Sichart	Major	nichts veranlassen	weglegen
418	Senftleben	Major	nichts veranlassen	weglegen
419	v. Schoeler	Gen.-Leutnant	nichts veranlassen	O. R. A.
420	Schaeffer	Oberst	nichts veranlassen	Ger. 38. I.-Dv.[42]
421	Schlott	Leutnant	nichts veranlassen	zur Entsch. an Reichspräs.
422	Schulz	Major, Hamborn	Dienstenthebung	O. R. A.
423	Schön	Major	nichts veranlassen	weglegen
424	Schröter	Rittm., Ul. 11	Beurlaubung	O. R. A.
425	Schmidt	Oberlt., Ul. 11	Versetzung	weglegen
426	Frhr. v. Schade	Hauptmann	nichts veranlassen	weglegen
427	Schlickum	Major	nichts veranlassen	O. R. A.
428	Schneider	Hauptmann	nichts veranlassen	O. R. A.
429	Schulze	Leutnant a. D., Rw.-R. 103	nichts veranlassen	O. R. A.
430	Scherz	Leutnant a. D.	–	H. A. A. Preußen
431	Schlenther	Major	nichts veranlassen	weglegen
432	Schuch	Major	nichts veranlassen	O. R. A.

[42] Gericht der 38. Infanterie-Division

Lfd. Nr.	Name	Dienstgrad	Entscheidung	Akten
433	Schrödter	Ltn., Altenburg	Beurlaubung	O. R. A.
434	v. Schnehen	Ltn., Altenburg	Beurlaubung	O. R. A.
435	Scheele	Ltn., Altenburg	Dienstenthebung	O. R. A.
436	Schmidt	Ltn., Altenburg	Dienstenthebung	O. R. A.
437	Schulze	Leutnant, Regt. 8	nichts veranlassen	O. R. A.
438	Schlemm	Hauptmann	nichts veranlassen	O. R. A.
439	Schölzel	Leutnant	nichts veranlassen	O. R. A.
440	Scheidt	Hauptmann	nichts veranlassen	O. R. A.
441	Schröder	Hptm., Bautzen	nichts veranlassen	O. R. A.
442	G. v. Schmettow	Oberleutnant	nichts veranlassen	weglegen
443	Schießler	Leutnant	nichts veranlassen	weglegen
444	Schulz	Oberlt., Art. 9	Dienstenthebung	O. R. A.
445	Schlettwein	Hauptmann	nichts veranlassen	weglegen
446	Schellin	Oberleutnant	nichts veranlassen	O. R. A.
447	Strempel	Generalmajor	nichts veranlassen	O. R. A.
448	Stiglbauer	Leutnand a. D.	nichts veranlassen	O. R. A.
449	Stalter	Hauptmann a. D.	nichts veranlassen	O. R. A.
450	v. Stechow	Major	Beurlaubung	O. R. A.
451	Stolz	Oberst	Dienstenthebung	O. R. A.
452	Stoltenburg	Leutnant d. R.	–	O. R. A.
453	Strauch	Hauptmann	Dienstenthebung	O. R. A.
454	v. Stephany	Major	Beurlaubung	O. R. A.
455	Stern v. Walther	Leutnant	nichts veranlassen	O. R. A.
456	Stuken	Leutnant a. D.	–	O. R. A.
457	Starke	Major	nichts veranlassen	O. R. A.
458	Sturt	Oberleutnant	Dienstenthebung	O. R. A.
459	Stechern	Oberleutnant	nichts veranlassen	weglegen
460	Streich	Oberleutnant	nichts veranlassen	O. R. A.
461	Schirmer	Feldwebel-Leutn.	nichts veranlassen	O. R. A.
462	Schaer	Oberleutnant	Disz. Untersuchung	O. R. A.
463	Schrader	Oberleutnant	Beurlaubung	O. R. A.
464	Schmidt	Hpt., Rw.-I.-R. 29	–	weglegen
465	Schönau	Oberleutnant a. D.	nichts veranlassen	O. R. A.
466	Schröder	Haupt., Art.-R. 8	nichts veranlassen	O. R. A.
467	Schönfeld	Leutnant		weglegen
468	Schaeffer	Maj. a. D., Bautzen	nichts veranlassen	O. R. A.
469	Schwarz	Oberleutnant a. D.	nichts veranlassen	weglegen
470	Thon	Hauptmann	nichts veranlassen	Ger. 38. I-D.
471	Troeger	Major	nichts veranlassen	O. R. A.
472	Taukissel	Leutnant	nichts veranlassen	O. R. A.
473	Tütell	Major a. D.	nichts veranlassen	H. A. A. Preußen
474	Teschner	Oberstleutnant		weglegen
475	v. Tettau	Major	nichts veranlassen	O. R. A.
476	Tölke	Hauptmann a. D.	nichts veranlassen	O. R. A.
477	v. Thielen	Major a. D.	–	H. A. A. Preußen
478	Thofern	Hauptmann	nichts veranlassen	O. R. A.
479	Frhr. Treusch v. Buttlar-Brandenfels	Leutnant	nichts veranlassen	weglegen
480	Trabhert	Hauptmann a. D.	nichts veranlassen	O. R. A.
481	Trierenberg	Hauptmann	nichts veranlassen	weglegen
482	Uth	Hauptmann	nichts veranlassen	O. R. A.
483	v. Uechtritz	Rittmeister	nichts veranlassen	weglegen
484	v. Uckermann	Leutnant	Beurlaubung	O. R. A.
485	Voigt	Oberst	–	O. R. A.
486	v. Voß	Major	Beurlaubung	O. R. A.
487	Vorberg	Leutnant	Beurlaubung	O. R. A.
488	Vierorth	Major	nichts veranlassen	weglegen

Lfd. Nr.	Name	Dienstgrad	Entscheidung	Akten
489	v. Viereck	Oberst	Beurlaubung	O. R. A.
490	Verch	Major	nichts veranlassen	O. R. A.
491	du Vignau	Oberstleutnant	nichts veranlassen	O. R. A.
492	Vaterodt	Hauptmann	nichts veranlassen	O. R. A.
493	Voigt-Ruscheweyh	Hauptmann	nichts veranlassen	O. R. A.
494	Vierkorn	Hauptmann a. D.	–	O. R. A.
495	v. Vethake	Hauptm. a. D.	nichts veranlassen	O. R. A.
496	Völkerling	Leutnant	nichts veranlassen	O. R. A.
497	Vogt	Leutn. d. R.	nichts veranlassen	O. R. A.
498	Vogel	Oberlt. d. R.	–	Staatssekr.
499	v. Watter	General	nichts veranlassen	O. R. A.
500	Frhr. v. Wangenheim	Oberst	Dienstenthebung	O. R. A.
501	Waechter	Oberst	nichts veranlassen	O. R. A.
502	Wetzell	Oberstleutnant	Beurlaubung	O. R. A.
503	v. Wulffen	Major	Versetzung	weglegen
504	Wille	Major	Niederschlagung	weglegen
505	Weber	Hauptmann	Versetzung	weglegen
506	Walter	Hauptm. a. D.	Versetzung	O. R. A.
507	Weber	General	nichts veranlassen	weglegen
508	Wolter	Leutnant	Versetzung	weglegen
509	v. Wussow	Hauptmann	nichts veranlassen	O. R. A.
510	v. Waldow	Major	nichts veranlassen	O. R. A.
511	Wegner	Major	nichts veranlassen	weglegen
512	v. Wilke	Leutnant	nichts veranlassen	weglegen
513	Wachter	Oberleutnant	–	W. K. K.
514	Wendt	Hauptmann	nichts veranlassen	O. R. A.
515	Wentzel	Fw.-Oberlt.	–	H. A. A. Preußen
516	Wernicke	Leutnant	nichts veranlassen	O. R. A.
517	Wachsen	Hauptmann	nichts veranlassen	O. R. A.
518	Winter	Leutnant	nichts veranlassen	O. R. A.
519	Wjekop	Oberleutnant	nichts veranlassen	O. R. A.
520	V. Woyrsch	Leutnant	nichts veranlassen	weglegen
521	Wörner	Leutnant	nichts veranlassen	weglegen
522	Wandel	Hauptmann	Beurlaubung	O. R. A.
523	Weiß	Major	nichts veranlassen	O. R. A.
524	Winckler	Oberlt. a. D.	–	H. A. A. Preußen
525	Gr. v. Westarp	Hauptmann	nichts veranlassen	Staatsanwalt Halle a. S.
526	Wunsc	Leutnant	nichts veranlassen	O. R. A.
527	Wößner	Leutnant	nichts veranlassen	weglegen
528	Waas	Hauptmann	Dienstenthebung	O. R. A.
529	Weigand	Hauptmann	Beurlaubung	O. R. A.
530	Wanckel	Oberleutnant	Beurlaubung	O. R. A.
531	v. Wickede	Major	–	O. R. A.
532	Weise	Oberleutnant	Versetzung	weglegen
533	Wilke	Leutnant a. D.	nichts veranlassen	O. R. A.
534	Wolff	Hauptmann	nichts veranlassen	O. R. A.
535	Wesener	Leutnant a. D.	nichts veranlassen	O. R. A.
536	Wenzel	Leutnant a. D.	nichts veranlassen	O. R. A.
537	Weydemann	Leutnant	nichts veranlassen	Staatsanwalt Schwerin
538	Zipper	Hauptm. a. D.	–	O. R. A.
539	v. Ziehlberg	Major	Versetzung	O. R. A.
540	v. Klewitz	Oberstleutnant	Verabschiedung	O. R. A.

2. Die großen politischen Attentate

> »Diese zarten süßen Knaben haben nicht bloß
> gelernt, zu lieben und sich lieben zu lassen,
> nicht bloß zu tanzen und zu singen, sondern
> auch Dolche zu zücken und Gift zu mischen.«
> Cicero gegen Catilina.

Die im folgenden geschilderten Morde und Attentate sind nur ein ganz kleiner Ausschnitt aus einer viel größeren Zahl. Denn schon vor und neben diesen großen organisierten Morden hat es in Deutschland Hunderte von (man könnte sagen) kleineren Morden gegeben. Ihre Täter stammen aus den Freikorps, den Studentenverbindungen, der Reichswehr, also aus den mit den Geheimbünden liierten Gesellschaftskreisen. In der vom Reichsjustizministerium dem Reichstag am 4. Dezember 1923 vorgelegten Denkschrift sind 281 Fälle aufgezählt, in denen das Verfahren durch Freispruch oder geringfügige Verurteilung der Täter zum Abschluß kam. Rechnet man dazu noch die Fälle, in denen das Verfahren noch schwebt, so kommt man auf mindestens 339 offiziell anerkannte Fälle, wo Republikaner von Rechtsstehenden umgebracht wurden. Doch ist auch diese Zahl zweifellos noch zu gering.[43] Die Justiz hat unter dem Einfluß der Vertreter des ancien régime in allen diesen Fällen instinktiv in dem Ermordeten ihren Feind gesehen, in dem Mörder aber das Mitglied der guten Gesellschaft, die zu schützen ihre Aufgabe und ihre Pflicht war. Damit hat sie in hervorragender Weise den Geheimbünden den Weg gebahnt.

Ein ganzes System von Sondergesetzgebungen, Ausnahmegerichten, Amnestien, Verfügungen, Verordnungen ist ausgearbeitet worden, um die Veranstalter monarchistischer Putsche zu schützen, die Rädelsführer kommunistischer Putsche oder einfacher Hungerkrawalle mit stärksten Gefängnisstrafen zu belegen. Vom ersten Tag an hat die offizielle Politik der Republik nur den Feind links gesehen, den Feind rechts aber mit gutmütigem Schmunzeln gewähren lassen und, falls dies unum-

[43] Vergl. E. J. Gumbel, »Vier Jahre politischer Mord«, Malik-Verlag, Berlin.

gänglich nötig war, zugelassen, daß er mit falschen Pässen und wohlgespicktem Geldbeutel die Grenze verließ.

Erzberger

Erzberger war, um den Ausgang seines Prozesses mit Helfferich abzuwarten, als Minister zurückgetreten und hatte sich aus dem öffentlichen Leben zurückgezogen. Am 26. August 1921 wurde er bei einem Spaziergang im Badeort Griesbach im Schwarzwald von zwei jungen Leuten überfallen und erschossen. Sein Begleiter, der Abgeordnete Dietz, wurde verwundet. Als er schon am Boden lag, vergewisserten sich die Mörder durch weitere Schüsse (im ganzen 12), daß er auch wirklich tot sei. Dann entflohen sie.
Als Mörder wurden Heinrich Schulz und Heinrich Tillessen ermittelt. Beide waren frühere Offiziere, dann kamen sie in den Stab der Marinebrigade Ehrhardt. (»Berliner Tageblatt«, 21. September 1921.) Zuletzt arbeiteten sie in der landwirtschaftlichen Zentralgenossenschaft bei Geheimrat Heim. Sie waren Mitglieder des Deutschvölkischen Schutz- und Trutzbundes, der Arbeitsgemeinschaft Oberland und der Organisation C. (Mitteilung des bad. Staatspräsidenten Dr. Trunk, 22. September 1921.)
Nach der Ermordung Erzbergers spielten sich innerhalb der Münchener Polizeidirektion interessante Vorgänge ab. Es war festgestellt worden, daß die Mörder von München aus das Attentat vorbereitet hatten und nach vollbrachter Tat auch dorthin zurückgekehrt waren. Erst als die badische Staatsanwaltschaft die Personalien der Mörder festgestellt und die nach München führenden Spuren aufgenommen hatte, waren die beiden plötzlich wieder von München verschwunden. (»Berliner Tageblatt«, 2. September 1921.) Es ist also anzunehmen, daß die badische Staatsanwaltschaft der Münchner Polizeibehörde den Aufenthalt der Mörder Erzbergers meldete. Von dieser Meldung sind die Mörder in Kenntnis gesetzt worden und haben sich dann Hals über Kopf auf die Flucht gemacht. Es ist vermutet worden, daß die Benachrichtigung durch Beamte der damals Herrn Pöhner unterstehenden Münchener Polizei erfolgt sei. Denn eine Privatperson war von den Spuren, die die badische Staatsanwaltschaft aufgedeckt hatte, wohl kaum unterrichtet. Nach langem Zögern hat die badische Staatsanwaltschaft eigene Angestellte nach München geschickt. Nur ihrem

Zugriff ist es zu verdanken, daß wenigstens bei der Haussuchung in München Material über die rechtsradikalen Terrororganisationen gefunden worden ist.

Schulz und Tillessen besaßen falsche Pässe auf den Namen Schwind und Trost. Sie flüchteten nach Ungarn. Als sie in Budapest eine Depesche an den Rechtsanwalt Dr. Adolf Müller in München aufgaben, wurden sie erkannt und verhaftet, aber auf telephonische Anordnung des Oberstadthauptmannes Dr. Hetheny wieder freigelassen. Vergleiche die Aussage des Kriminalinspektors Schumacher im Prozeß. (»Berliner Tageblatt«, 9. Juni 1922.)

Der frühere Kapitänleutnant Manfred von Killinger, der Vorgesetzte von Schulz und Tillessen in der Organisation C (offiziell: bayrische Holzverwertungsgesellschaft) wurde angeklagt, den Mördern Beistand geleistet zu haben. Er hatte nämlich ihre Koffer in Verwahrung genommen, Briefe in Empfang genommen und auch nach dem Mord mit beiden verkehrt. Killinger war ursprünglich Offizier gewesen, dann hatte er gegen die bayrische Räterepublik gekämpft und den Kapp-Putsch mitgemacht.

Nach seiner Verhaftung fand man bei ihm einen Versuch einer Paßfälschung. Am 13. Juni 1922 wurde er vom Schwurgericht Offenburg freigesprochen.

»Wir wollen auf dem Posten sein, wir wollen die Republik mit aller Macht schützen. Wir müssen aber nicht nur die Exzesse abwehren, sondern auch ihre Quellen verstopfen.« So sprach der Reichskanzler Dr. Wirth am 4. September 1921. Aber nichts dergleichen geschah. Das Verfahren gegen die Organisation C, das damals eingeleitet wurde, schwebt heute noch. Die einzige Verurteilung, die bis jetzt in der Erzbergersache erfolgte, betrifft den verantwortlichen Redakteur des »Offenburger Tageblatts«, Franz Huber. Dieser wurde nämlich, weil er Teile der Anklageschrift veröffentlicht hatte, zu 1000 Mark (4 Goldmark) Geldstrafe verurteilt. (»Berliner Tageblatt«, 17. August 1922.)

Das Attentat auf Scheidemann

Am Nachmittag des 4. Juni 1922, Pfingstsonntag, wurde auf Philipp Scheidemann, Oberbürgermeister von Kassel, ein Attentat verübt, als er mit seinen Angehörigen in der Nähe von Wilhelmshöhe spazierenging. Der Kaufmann Hans Hustert

aus Elberfeld überholte ihn und versuchte, ihm Blausäure gegen das Gesicht zu spritzen. Scheidemann schoß zweimal, ohne zu treffen, und fiel dann in Ohnmacht.
Interessant ist die Haltung der deutschnationalen Presse zu dem Attentat. So schreibt die »Deutsche Tageszeitung« vom 6. Juni 1922 unter der Überschrift: »Der Mord mit der Klistierspritze«, daß an diesem Vorkommnis die Komik überwiege und daß es sich nur um einen Dummenjungenstreich handle. Ernst seien nur die Schüsse Scheidemanns. »Hätte Scheidemann den dummen Jungen, der ihn bespritzte, erschossen, so hätte er einen Totschlag auf dem Gewissen, für eine Angelegenheit, die nicht mehr als eine Tracht Prügel oder ein paar Maulschellen verdient hätte.« Die »Deutsche Zeitung« vom selben Tage schreibt, daß kein Anzeichen für ein politisches Attentat vorhanden sei, und es sei seltsam, daß ein Fanatiker einen Politiker mit einem »*Gummibällchen* voll verdünnter Blausäure« töten wollte. Die »Hamburger Nachrichten« vom selben Tage sprechen von »Himbeerlimonade«. Die »Schlesische Tagespost«: »von der weibischen Angst um das eigene behagliche Leben, bis zur Veranstaltung von Schießübungen auf harmlose Bürger, ist doch ein weiter Schritt, mit dem sich der Herr Oberbürgermeister auf die Stufe des röteren Genossen Hölz stellt.« Die Krone aber verdient der »Reichsbote« vom 8. Juni 1922: »Wie vordem der Mord an Erzberger, so soll jetzt der Anschlag auf Scheidemann, der nach seiner Art und den Begleitumständen *den Verdacht bestellter Arbeit* erwecken könnte, dazu dienen, die Meinung der deutsch empfindenden Kreise mit Gewalt zu unterdrücken.« Es ist die allgemeine Technik dieser Presse, bei politischen Attentaten das Opfer als einen Verbrecher, den Mörder entweder als harmlosen Jungen oder gar als einen Agenten des angeblichen Opfers hinzustellen.
Neben Hustert hatte Karl Oehlschläger an dem Attentat mitgewirkt. Auftraggeber war wahrscheinlich Karl Tillessen, der auch in die Ermordung Rathenaus verwickelt war. Ihre Täterschaft wurde im Zusammenhang mit dem Verfahren gegen die Organisation C entdeckt. Hustert war zuerst Kriegsfreiwilliger, dann bei der Sicherheitswehr und der politischen Polizei in Elberfeld, dann im oberschlesischen Selbstschutz der Sturmkompagnie Koppel. Dort hat er Oehlschläger kennengelernt. Oehlschläger war früher Offizier, bis zum Herbst 1922 bei der Brigade Ehrhardt und kämpfte mit den »erwachenden Magyaren« in Ungarn. Dann war er in Lockstedt bei der Siedlung der Eisernen Division, vom Mai bis Herbst 1921 im oberschlesischen Selbst-

schutz. Nach kurzem Aufenthalt bei einer Arbeitsgemeinschaft der Brigade Ehrhardt in Oberbayern war er Sicherheitsbeamter bei einer kaufmännischen Firma in Elberfeld. Beide waren Mitglieder der Organisation C und des deutschvölkischen Schutz- und Trutzbundes. Ende April 1922 zogen sie nach Kassel zu einer Frau v. Schlieben und gaben sich als Reisende für eine Papierfabrik aus. Sie fielen dadurch auf, daß sie lange schliefen, keine Geschäfte machten, keine Briefe empfingen, aber im Besitz nicht unerheblicher Geldmittel waren. Sie zahlten regelmäßig mit Tausendmarkscheinen (27 Goldmark). Jeder hatte ein Päckchen davon. Oehlschläger will 40000 (1080 Goldmark), Hustert 6000 Mark (162 Goldmark) gespart haben. Sie empfingen mehrfach Besuch von einem gewissen Alfred Günther aus Elberfeld, einem Angehörigen der Organisation C. Am Abend vor dem Mord kam ein unbekannt gebliebener Mann. Angeblich hat Oehlschläger ihm Geld geliehen. Wahrscheinlicher ist, daß dieser Besuch ihnen die für den Mord ausgemachte Belohnung übergeben hat.
Interessant sind einige Einzelheiten der Tat. So spielten sie Karten, der Verlierende sollte die Tat ausführen. Doch gerieten sie darüber in Streit. Oehlschläger meinte: »Ich werfe den ganzen Laden hin und mache nicht mehr mit.« Darauf antwortete Hustert: »*Laß mir die Sache und das Geld hier,* dann mache ich es.« Man sieht die idealen Motive. Im Moment der Tat verlor Oehlschläger den Mut und übergab die Spritze an Hustert, der die Tat ausführte. Bei der Verhandlung hielt Oehlschläger eine genau präparierte Rede und erzählte, daß er die Spritze und den Gedanken an das Attentat von dem berühmten großen Unbekannten, einem Mann aus Ungarn, erhalten habe. Typisch für Oehlschläger sind seine pathologischen Überwertigkeitsideen: »Gott hat mir diese Waffe in die Hand gedrückt.« Beide leugneten entschieden, das Attentat im Auftrage vorgenommen zu haben. Sie behaupteten, aus eigenem Antriebe auf Grund der Überzeugung gehandelt zu haben, die sie als Mitglieder des Schutz- und Trutzbundes gewonnen hatten.
Oehlschläger wurde am 6. Dezember 1922 vom Staatsgerichtshof (Vorsitzender Senatspräsident Dr. Schmidt) wegen Mordversuchs und wegen Vergehens gegen die Verordnung über den Waffenbesitz zu 10 Jahren 1 Monat Zuchthaus, Hustert wegen Mordversuchs zu 10 Jahren Zuchthaus verurteilt. Beiden Angeklagten wurden die bürgerlichen Ehrenrechte auf die Dauer von 10 Jahren aberkannt und die Kosten des Verfahrens auferlegt. Wegen Begünstigung des Oehlschläger wurde Gerhard Hahn

aus Görlitz zu 6 Monaten Gefängnis verurteilt. Günther wurde nach dem Sturm der Nationalsozialisten auf das Hotel Grünewald in München verhaftet. (28. Februar 1923.) Da das Ausführungsgesetz zum Gesetz zum Schutz der Republik in Bayern aufgehoben ist, ist es jedoch sehr wohl möglich, daß gegen ihn nicht vorgegangen wird.
Als Ganzes ist der Ausgang des Verfahrens trotz der langjährigen verhängten Freiheitsstrafen doch eine große Niederlage der heutigen Justiz. Wesentlich sind nicht die beiden Angeklagten, sondern die hinter ihnen stehenden Kreise. Woher hatten die beiden persönlich Mittellosen die großen Geldmittel, über die sie verfügten? Woher stammte das Gift? Wer ist der Unbekannte, der sie am Tage vor dem Morde besuchte? Wer hat sie angestiftet? All diese Fragen, und gerade auf sie hätte sich das Gericht konzentrieren müssen, sind unbeantwortet. Erst ihre Beantwortung hätte eine Aufklärung des Attentats und eine Sühne dargestellt. Leider hat das Gericht sich nicht mit der nötigen Schärfe gerade auf diesen Punkt konzentriert und hat sogar im Urteil diesen Zusammenhang als nicht bewiesen bezeichnet.

Walther Rathenau

Als Rathenau, Minister des Äußern, am 24. Juni 1922 von seiner Villa im Grunewald ins Auswärtige Amt fahren wollte, wurde sein Auto von einem anderen, von dem Studenten Ernst Werner Techow geleiteten Auto, in dem der Oberleutnant a. D. Erwin Kern und Hermann Fischer saßen, überholt. Kern und Fischer schossen mit einer Maschinenpistole auf Rathenau und warfen eine Handgranate auf ihn. Rathenau war sofort tot. Das Auto hatten die Großindustriellen Johann und Franz Küchenmeister aus Freiberg in Sachsen, Mitglieder des deutschvölkischen Schutz- und Trutzbundes, zur Verfügung gestellt. Techow, Kern und Fischer waren früher Mitglieder der Brigade Ehrhardt, dann der Organisation C und waren am Kapp-Putsch beteiligt gewesen. Die Maschinenpistole hatte Christian Ilsemann, Sekretär des Schutz- und Trutzbundes in Schwerin, geliefert. Der angebliche Leutnant Willy Günther, ein Psychopath und Deserteur, hatte den Plan mit ausgearbeitet und die Garage vermittelt.
Beihilfe leistete der Gymnasiast Hans Gerd Techow (16 Jahre). Der ehemalige Kadett Ernst v. Salomon (20 Jahre) vermittelte

die Verbindung mit Waldemar Niedrig (22 Jahre), der ursprünglich das Auto lenken sollte. Das Auto stand in Berlin bei den Garagenbesitzern Schütt und Distel.

Nach der Tat erzählte Techow ihnen: »Die Sache hat geklappt, Rathenau liegt. Wir haben es getan, um die Roten zum Angriff zu reizen. *Uns ging das Geld aus.*« Dann fuhr er in seinen Tennisklub. Techow floh auf das Gut seines Onkels Behrens. Von diesem wurde er der Polizei übergeben. Behrens erhielt darauf eine Menge Drohbriefe.

Einige Worte zur Charakterisierung der am Attentat Beteiligten. Heinz Stubenrauch, ein 17jähriger Gymnasiast, war der Urheber eines eigenen Mordplanes gegen Rathenau. Er war bereits im zarten Alter von 15 Jahren Mitglied des Bundes der Aufrechten. Er ist ein typisches Beispiel für die militaristische Einstellung der Jugend. Große Worte, wie »Glanz des Königtums, Geist von Potsdam« und ähnliche Phrasen, die sie in der Schule lernen, verführen sie dazu, in solchen Attentaten eine Gelegenheit zu herrlicher Pflichterfüllung zu sehen.

Ernst Werner Techow, zur Zeit der Begehung der Tat erst 21 Jahre alt, hatte den Kapp-Putsch in der Brigade Ehrhardt unter Führung von Manfred v. Killinger mitgemacht. Er war Mitglied der Skagerrak-Gesellschaft des Deutschen Offiziersbundes, des deutschvölkischen Schutz- und Trutzbundes und des deutschnationalen Jugendbundes. Sein Bruder, Hans Gerd Techow, war Mitglied des deutschen Vereins, des deutschvölkischen Schutz- und Trutzbundes, des deutschnationalen Jugendbundes, des vaterländischen Vereins Heringsdorf und vorübergehend der Organisation C. Schon mit 15 Jahren war er Vorsitzender des deutschnationalen Jugendbundes Groß-Berlin. Dann hat er sich am Kapp-Putsch beteiligt, hielt, um sich in das rechte Licht zu setzen, Reden auf der Straße und sammelte Kreise von Schülern um sich. Ernst von Salomon war Mitglied des Verbandes nationalgesinnter Soldaten, und ebenfalls am Kapp-Putsch beteiligt.

Tillessen war vom Anfang bis zum letzten Tag Mitglied der Marinebrigade Ehrhardt, dann im Verband nationalgesinnter Soldaten, im Neudeutschen Bund und hat verschiedene nationalsozialistische Arbeitervereine gegründet. Vom Neudeutschen Bund erhielt er eine monatliche Aufwandentschädigung von 3000 Mark (180 Goldmark); aber dies Geld reichte nicht entfernt, wenn er reisen mußte. Daher wandte er sich für die einzelnen Reisen an Herren, von denen er wußte, daß sie »national« gesinnt waren und bekam so die nötigen Gelder, Empfeh-

lungen, Einladungen usw. Hartmut Plaaß war Schriftführer des Vereins nationalgesinnter Soldaten, Mitglied des Neudeutschen Bundes und der nationalsozialistischen Arbeiterpartei. Auch er war am Kapp-Putsch beteiligt. Beide haben alle Einzelheiten des Mordplanes gekannt.
Die interessanteste Persönlichkeit ist Willy Günther. Im Krieg hat er sich als Deserteur und Urkundenfälscher ausgezeichnet, gab sich als türkischer Leutnant aus, wurde entlarvt, wegen Fahnenflucht bestraft. Jetzt versuchte er, dies durch nationale Betätigung wiedergutzumachen. Er nahm am Kapp-Putsch teil und bekam dadurch Fühlung mit Oberst Bauer und Ludendorff. Er war Mitglied des Bundes der Aufrechten, des Deutschbundes, des Deutschen Offiziersbundes, des Treubundes, des Schutz- und Trutzbundes und des Deutschnationalen Jugendbundes. Auf einem »Nestabend« dieses Bundes ließ er sich als Mörder Rathenaus feiern. In seinem Besitz fanden sich Briefe von Helfferich, Ludendorff, Jagow und Oberst Bauer. Einer der zehn Briefe Ludendorffs begann »Lieber Günther« und endete »Mit herzlichem Gruß«.
Kern und Fischer wurden nach langem Suchen am 18. Juli auf der Burg Saaleck bei Koesen in der Wohnung des Schriftstellers Dr. Hans Wilhelm Stein von der Polizei gestellt. Kern fiel bei der Schießerei mit den Beamten, Fischer erschoß sich selbst. Ihre letzten Worte waren ein Hoch auf Ehrhardt. Am 3. Oktober begann die Verhandlung vor dem Staatsgerichtshof in Leipzig. Günther, bei dem am meisten die Gefahr bestand, daß er aus der Schule plaudern könnte, bekam von unbekannter Hand eine Sendung von Pralinés, die mit Arsen vergiftet waren. Er gab davon den anderen Angeklagten, mit denen er während der Verhandlung verkehren durfte. Zum Teil erkrankten sie daran. Die Absender konnten nicht festgestellt werden. Der Erfolg war augenblicklich: Die Organisation war geschützt, alle schwiegen. Am 14. Oktober wurden Ernst Werner Techow wegen Beihilfe zum Mord zu 15 Jahren Zuchthaus und 10 Jahren Ehrverlust, Hans Gerd Techow zu 4 Jahren und 1 Monat Gefängnis, Günther zu 8 Jahren Zuchthaus und 10 Jahren Ehrverlust, Niedrig und v. Salomon zu 5 Jahren Zuchthaus und 5, beziehungsweise 4 Jahren Ehrverlust, Ilsemann wegen Verstoßes gegen die Waffenverordnung, Schütt und Distel wegen Begünstigung zu je 2 Monaten Gefängnis, Tillessen und Plaaß wegen Nichtanzeige eines drohenden Verbrechens zu 3, beziehungsweise 2 Jahren Gefängnis verurteilt. Ernst Werner Techow wurde von der Anklage der Mittäter-

schaft freigesprochen. (Vorsitzender Dr. Hagens, Staatsanwalt Dr. Ebermayer.)
Gegen Tillessen schwebt noch eine Untersuchung wegen Beihilfe bei dem Attentat auf Scheidemann und wegen Befreiung der Kriegsverbrecher Boldt und Dittmar. Auf die Organisation C wurde bei der Beweisaufnahme nicht näher eingegangen.
Dr. Stein wurde von der Anklage der Begünstigung freigesprochen. Es wurde ihm geglaubt, daß Kern und Fischer ohne sein Wissen und während seiner Abwesenheit in die Burg eingestiegen sind. Der Kapitänleutnant Wolfgang Dietrich aus Erfurt, der Kern und Fischer begünstigte, indem er ihnen Kleider zur Flucht verschaffte, wurde zu 6 Monaten Gefängnis verurteilt.
Johann Küchenmeister, bei dem ein Waffenlager gefunden worden war, und einer der Beteiligten, Günther Brandt, sind flüchtig. Das Waffenlager bei Küchenmeister bestand aus 5 Karabinern, Modell 98, 6 leichten Maschinengewehren, 6 schweren Maschinengewehren, 49 Kisten von verschiedenen Arten Munition, 20 Gurten, teilweise mit Munition, 15 Maschinengewehr-Traggurte, 2 Minenwerfer, 2 Schutzschilde, 2 Lafetten, 4 Wurfschilde, 1 Deichsel, 4 Richtstangen, 7 Schläuche, 4 Räder zum Maschinengewehr usw. Küchenmeister wurde später in Tirol verhaftet, aber die österreichische Regierung lehnte seine Auslieferung ab.
Das Verfahren gegen den 17jährigen Primaner Stubenrauch, der als erster den Plan gehabt hatte, Rathenau zu ermorden, wurde eingestellt. Er besucht weiter sein Gymnasium in Steglitz.
Am 10. Oktober 1923 wurde beim Staatsgerichtshof in Leipzig gegen den Studenten Peters aus Neukloster, den kaufmännischen Angestellten Gottfried Wiede aus Wehningen und den Kaufmann Paul Busch aus Lenzen verhandelt. Sie waren beschuldigt, in ihren Heimatorten die Mörder Rathenaus Kern und Fischer beherbergt zu haben, so daß es ihnen möglich war, zunächst zu entkommen. Der Student Karl Bauer hatte die Mörder zu ihnen geschickt. Bei dem Verhör behaupteten sie, nicht gewußt zu haben, daß die von ihnen Unterstützten die Mörder Rathenaus waren, wenn sie es aber gewußt hätten, so hätte ihre Offiziersehre es ihnen verboten, sie zu verraten. Peters und Wiese wurden zu 8 Monaten, Busch zu einem Jahr Gefängnis verurteilt.
Für Techow wurden in der Technischen Hochschule Liebesgaben gesammelt. Man sieht, wie weit in der öffentlichen Meinung die Bejahung des politischen Mordes verbreitet ist. Denn

dies geschah ganz öffentlich. Techow unternahm aus dem Gefängnis Sonnenburg im Dezember 1922 zusammen mit einem früheren Fliegerleutnant Schauer einen Fluchtversuch. Es war ihnen gelungen, mit der Außenwelt in Verbindung zu treten, sich einen Plan des Zuchthauses sowie einen Zivilanzug zu verschaffen und sich in den Besitz ausreichender ausländischer Geldmittel zu setzen. Techow war so sicher, daß er im Gefängnis damit renommierte, daß er nicht mehr lange dort sein werde. Dadurch kam die Sache auf, Schauer wurde zu 2 Jahren Zuchthaus, der beteiligte Werkmeister Hartmann und der Bankbeamte Huld zu einem Jahr Zuchthaus verurteilt.

Urteilsgründe im Rathenauprozeß

In der Begründung des Urteils führte der Senatspräsident Dr. Hagens unter anderm aus: »Feige Meuchelmörder haben nach allen Regeln der Mordkunst es verstanden, Rathenau aus dem Weg zu räumen. Sie haben gehofft, sich durch Flucht mit wohl vorbereiteten Plänen der Verfolgung zu entziehen, wie es die Mörder Erzbergers getan haben. Nur der ungeheuren Empörung über die Tat ist es zu danken, daß nach langer Verfolgung die Mörder gestellt wurden. Sie haben sich der Aburteilung und der wohlverdienten Strafe durch Selbstmord entzogen. Hinter den Mördern und Mordgehilfen hebt der fanatische Antisemitismus verantwortungslos sein verzerrtes Antlitz empor, der Antisemitismus, für den die Schmähschrift ›Die Geheimnisse der Weisen aus Zion‹ ein Beispiel ist, eine Schrift, die Juden schmäht und Mordinstinkte in die unreifen Köpfe pflanzt. Möge der Opfertod Rathenaus, der durch die Verhandlung geklärte Sachverhalt, sowie die schrecklichen Folgen des Verbrechens, möge der jedes noch so versteinerte Herz rührende Brief der ehrwürdigen Mutter Rathenaus dazu dienen, die verpestete Luft und die schwüle Atmosphäre zu reinigen und das in ihnen versinkende und schwerkranke Deutschland der Genesung entgegenführen.
In bezug auf die Anwendung der strafrechtlichen Grundsätze ist zu erklären, daß die Verurteilung nicht nach dem Gesetz zum Schutz der Republik erfolgen kann, sondern nach dem bisherigen Strafgesetz. Das Gericht hat die Annahme des Komplottes von organisierten Mörderbanden nicht festgestellt und deshalb nicht angenommen, daß jeder der Angeklagten an einer ihm vorherbestimmten Stelle gestanden und so gehandelt hat. Die

Möglichkeit hierfür ist zwar vorhanden, ein vollgültiger Beweis ist jedoch nicht erbracht. Es kann aber keinem Zweifel unterliegen, daß der Mordplan mit voller Überlegung bei den einzelnen Angeklagten entstanden ist.

Ernst Werner Techow hatte die volle Kenntnis von dem Plan. Es hat eine eingehende Besprechung zwischen ihm, Kern und Fischer über den Mordplan und die Ausführung stattgefunden. Er hat seine Zusage zur Hilfe als Automobilführer erteilt, er hat geholfen alle Vorbereitungen zu treffen, und er hat die Maschinenpistole in das Auto eingepackt. Keinen Glauben verdient die Angabe, daß Techow glaubte, es handle sich um eine Probefahrt. Die große Entschlossenheit in der eigenen Bemerkung Techows, er könne für seine Nerven einstehen, das Umkleiden der Drei in der Nähe der Rathenauschen Wohnung, die verschiedenen Anweisungen Kerns, insbesondere der Befehl zur Beschleunigung der Fahrt, um das verfolgte Auto Rathenaus zu überholen, sind ein Beweis dafür, daß er von der Tat gewußt hat. Übrigens ist es für die rechtliche Beurteilung gleichgültig, ob er in diesem Moment sich seiner Tat bewußt war, da der Dolus der Beihilfe auch ohnehin vorliegen würde. Der Gerichtshof hat Beihilfe angenommen, nicht Mittäterschaft. Er hat sich somit der subjektiven Mittätertheorie des Reichsgerichtes angeschlossen. Es kommt darauf an, ob der Angeklagte die Tat als eigene betrachtet hat oder ob er sie als Tat eines anderen auch fördern wollte. Der Plan zum Mord ist Kern entsprungen. Er machte den Angeklagten zur Tat geneigt. Jedoch nur als Gehilfen für Kern, als Gehilfen für dessen Mordpläne. Das ist unter Umständen die Kehrseite der in mancher Hinsicht wertvollen Disziplin, daß sie zum Kadavergehorsam wird, der auch verbrecherische Verräter fördert. Im übrigen sind die Umstände der Tat die denkbar schwersten. In objektiver Hinsicht ist zu bedenken, daß es sich um einen Meuchelmord handelt, der die schwersten Schäden am Gemeinwesen zur Folge hat. Unter diesen Umständen muß auf die schwerste zulässige Strafe, fünfzehn Jahre Zuchthaus, erkannt werden. Das Verlangen der Verteidiger, die bürgerlichen Ehrenrechte nicht abzuerkennen, ist als abwegig erachtet worden. Auch Verbrecher, bei denen politische Motive mitspielen, können in der Durchführung gemein und ehrlos sein. Das trifft hier zu. Es handelt sich um feigen Meuchelmord, es handelt sich um unverzeihliche Schwäche und Leichtfertigkeit des Angeklagten. Es kann dahingestellt bleiben, ob Techow durch die Drohung Kerns zur Beihilfe geneigt gemacht worden ist. Von einem Notstand Techows kann nicht die Rede sein, da keine unmittelbare Gefahr für Leib und Leben bestand und weil Techow die Möglichkeit hatte, am anderen Morgen einfach wegzubleiben. Techow ist ferner bei der Würdigung der Beweggründe Kerns mit unglaublicher Leichtfertigkeit vorgegangen. Er war als Student verbummelt und hat sich trotz seiner Jugend in grenzenloser Überhebung in politische Dinge verstricken lassen. Nach alledem liegt bei ihm ehrlose Gesinnung vor und daher mußte auf Aberkennung der bürgerlichen Ehrenrechte auf 10 Jahre erkannt werden.

Auch *Hans Gerd Techow* ist der Beihilfe zum Morde schuldig. Er hat die Bekanntschaft der beiden Mörder mit Stubenrauch vermittelt, er hat den festen Entschluß Kerns gekannt und sich trotzdem weiter an den Besprechungen beteiligt. Er hat auch an der Beratung am Freitagabend vor der Tat teilgenommen und sich bereit erklärt, das Material für die falsche Autonummer herbeizuschaffen. Bei einer Mitwirkung am Gesamtplan macht sich jeder der Beihilfe schuldig, auch wenn die Tat nachher anders ausgeführt werden sollte, als ursprünglich beabsichtigt war. Es besteht kein Zweifel daran, daß bei diesem frühreifen, nur moralisch minderwertigen Jungen, die erforderliche Einsicht für die Strafbarkeit seiner Handlung vorhanden war. Die Strafe mußte daher eine hohe sein, obgleich gegen ihn wegen seiner Jugendlichkeit nicht auf Zuchthaus, sondern nur auf Gefängnis erkannt werden konnte. Ferner hat er sich der Begünstigung insoweit schuldig gemacht, als er die Verbrennung der Mützen veranlaßte, um Kern und Fischer der Verfolgung zu entziehen.

Bei *Günther* liegt von Anfang an Beihilfe vor, die bereits bei der Beratung im Steglitzer Ratskeller begann und in der Garagenbeschaffung, der Besorgung der Maschinenpistole, dem Anerbieten zur Geldbeschaffung, dem Tragen der Maschinenpistole in das Auto und dem Besorgen des Materials für die falsche Autonummer fortgesetzt wurde. Seine Beihilfe war also sehr wesentlich. Günther ist Psychopath, aber als zurechnungsfähig angesehen worden. Er hat sich ferner der Begünstigung dadurch schuldig gemacht, daß er die Koffer Kerns und Fischers aus der Garage entfernte.

Von Salomon hat sich ebenfalls der Beihilfe schuldig gemacht. Er war am 17. Juni mit Kern in Verbindung getreten und hatte aus dessen Äußerungen entnommen, daß Kern den Mord an Rathenau plante. Er hat dann nach seinen eigenen Angaben in der Voruntersuchung für die Tat einen Chauffeur aus Hamburg

beschafft. Die von ihm in der Hauptverhandlung gebrauchte Ausrede, er habe geglaubt, es handle sich um eine Gefangenenbefreiung, hat das Gericht als nicht glaubhaft betrachtet, denn es ist ausgeschlossen, daß er sich selbst in der Voruntersuchung eines so schweren Verbrechens wie der Beihilfe zum Mord fälschlicherweise bezichtigt haben sollte.
Auch bei *Niedrig* liegt Beihilfe vor, denn er hat sich für die Tat zur Verfügung gestellt und dadurch den Plan Kerns psychisch verstärkt, wie auch den ganzen Plan durch seine Beihilfe unterstützt.
Bei *Warnecke* besteht zwar ein gewisser Verdacht, daß auch er in den Plan eingeweiht war; was in dieser Hinsicht gegen ihn vorgebracht ist, sind jedoch nur unbewiesene Möglichkeiten. Er war daher freizusprechen. Auch bei *Steinbeck* ist kein Beweis dafür erbracht worden, daß er von dem Mordplan Kenntnis hatte. Die Unterhandlung mit *Fritzsche* ist zwar verdächtig, kann aber dadurch erklärt werden, daß eine Waffenschiebung beabsichtigt war, eine Tatsache, für die gewisse Momente sprachen. Auch er war daher freizusprechen.
Ilsemann hat sich nicht der Beihilfe zum Morde schuldig gemacht, da man ihm geglaubt hat, daß er nicht wußte, zu welchem Zweck die Maschinenpistole dienen sollte. Ebensowenig ist ein Beweis dafür erbracht worden, daß er sich der Begünstigung schuldig gemacht hat. Dagegen liegt bei ihm ein Vergehen gegen die Verordnung über den Waffenbesitz vom 13. Januar 1919 vor.
Bei *Tillessen* und *Plaaß* lag die Sache in rechtlicher Beziehung zweifelhaft. Der Staatsgerichtshof legt den § 139 des St.-G.-B. dahin aus, daß derjenige, der von dem ernsten Vorhaben eines Mordes Kenntnis erhält, die gesetzliche Verpflichtung hat, die vorgeschriebene Anzeige zu erstatten. Tillessen und Plaaß waren in den Plan vollkommen eingeweiht, sie kannten den Charakter Kerns und mußten überzeugt sein, daß er, wenn er einmal fest entschlossen war, die Tat auch ausführen würde. Zwar hat der Gerichtshof Tillessen Glauben geschenkt, daß er sich bemüht hat, Kern den Plan auszureden. Unter Berücksichtigung der Tatsache, daß seine Unterlassung verhängnisvolle Folgen gehabt hat, daß es sich also um ein schweres Verbrechen handelt, mußte seine Strafe eine schwere sein. Ähnlich liegt der Fall bei Plaaß, der sich ebenfalls des Vergehens nach § 139 schuldig gemacht hat, der aber geringer zu bestrafen war, weil er unter dem Einfluß Tillessens gestanden hat.
Schütt und *Diestel* sind zweifellos der Begünstigung schuldig,

insofern sie die Kappen beseitigt haben, während ihre Bekundungen gegenüber dem Kriminalkommissar nicht als Begünstigungshandlung angesehen worden sind. Die Beseitigung der Kappen ist von ihnen gemeinschaftlich begangen worden, sie haben sich von den Drohungen Kerns dazu bestimmen lassen, aber trotzdem auch selbst die Absicht der Begünstigung der Täter gehabt. Von einem Notstand kann bei ihnen keine Rede sein, denn die Furcht vor den Tätern rechtfertigt nicht die Ausführung ihrer Befehle. Der Staatsbürger muß soviel Rückgrat haben, daß er dem Ansinnen eines Verbrechers, ihn zu unterstützen, auch dann nicht nachgibt, wenn ihm etwa daraus Gefahren entstehen können.«

Besonders wichtig, in der Öffentlichkeit ventiliert und im Gerichtshof erörtert, ist die Frage nach einer hinter dem Rathenaumord stehenden Organisation. In der Begründung heißt es diesbezüglich: »Zwar ist die Möglichkeit vorhanden, daß eine solche Organisation bestanden hat, bewiesen ist sie jedoch bisher nicht.« Das »Bisher« bezieht sich darauf, daß das Verfahren gegen die Organisation C, die man wohl als eine Mörderzentrale zu bezeichnen hat, noch schwebt.

Eine Reihe von Momenten spricht für die Vermutung tieferer Zusammenhänge, die in der Verhandlung nicht geklärt sind. Zunächst die unaufgeklärten Geldquellen, aus denen Techow schöpft, aus denen Tillessen die Mittel für seine Reisen, für die Bezahlung seiner Spitzel, aus denen er sein Gehalt entnimmt. Man denke an den großen Stab der Helfer, an die Städte, in denen sie immer gleich Genossen und Mitwisser finden. Völlig unaufgeklärt ist auch die seltsame Verbindung, die nach Angabe der Angeklagten zwischen dem Frankfurter Büro des Herrn Tillessen und eines Leutnants Heinz und Reichswehroffizieren in Kassel bestanden haben soll. Es ist eitel Heuchelei oder vielmehr Vertuschung, wenn nach dem Rathenau-Prozeß die »Deutsche Zeitung« triumphierend schrieb, die Hypothese von Mörderbünden sei widerlegt. So schrieb am 17. Oktober der Reichsfinanzminister der Kapp-Regierung, der Oberfinanzrat Dr. Bang, in der »Deutschen Zeitung«, die Deutschvölkischen seien nie stolzer gewesen als nach diesem Prozeß, der einen so erbärmlichen Zusammenbruch der ruchlosen Hetze gegen rechts gezeigt habe. Ja, Herr Maurenbrecher verlangte sogar, »jetzt sollen Reichskanzler und Reichspräsident für ihre Rede vom 24. Juni Rechenschaft ablegen, jetzt sollen die nationalen Kreise vom Gericht Sühne fordern für den Schimpf, den man ihnen damals angetan habe, jetzt solle im ganzen Land ein

Sturm sich erheben gegen die Schutzgesetze, die aus einer hysterischen, überreizten Stimmung kämen und die nun vor Gericht als falscher Gegenstand zweifellos erwiesen sind«. In Wirklichkeit haben die Attentäter Helfer gehabt, sie haben zum Teil um des Geldes willen gehandelt, das diese ihnen versprachen, und der Zusammenhang ist so stark, daß selbst bis in den Gerichtssaal es ihnen bewußt war, welche Rache den Verräter treffen könnte. Der Giftmordversuch an Günther spricht doch eine deutliche Sprache. Die Mörder sind sich bewußt, daß andere bereit sind, in ihre Fußtapfen zu treten. Man denke an die Drohung Techows gegen Schütt und Diestel: »Verräter gehen bei uns um die Ecke.« Besonders interessant sind die diesbezüglichen Angaben von Techow über die Organisation C. Danach hat er sich zu unbedingtem Gehorsam und zu unbedingter Verschwiegenheit verpflichtet. Selbst im Angesicht des Todes war der Druck der Organisation C auf ihn und sein vermeintliches Pflichtbewußtsein so stark, daß er über die ihm erteilten Aufgaben und die Art seiner Verbindung zur Organisation C, über ihre Ziele und Zwecke die Auskunft verweigerte. Techow muß immerhin als eingeweiht in diesen Fragen gelten, denn er war Befehlsempfänger und stand mitten in diesem Kreis. Man darf sich diese Organisation nicht allzu straff vorstellen. Straff organisiert sind nur die Gruppen in den einzelnen Städten. Die Verbindung zwischen ihnen wird durch hin- und hereisende Kuriere von der Art Günthers aufrechterhalten, die nur einen ganz bestimmten Aufgabenkreis kennen und darüber hinaus nicht eingeweiht werden. »Jeder«, so sagt Techow, »wird so weit eingeweiht als erforderlich ist, und er hat den Befehlen zu gehorchen.«

Das Attentat auf Harden

Am 3. Juli 1922 lauerten Ankermann und Weichhardt Maximilian Harden kurz vor seiner Wohnung auf. Ankermann versetzte ihm mit einem aus Eisen und Blei hergestellten Totschläger einen fürchterlichen Schlag auf den Kopf und acht weitere Wunden. Als Harden um Hilfe rief, ließ Ankermann von ihm ab und ergriff die Flucht. Weichhardt stand während dieser Zeit Schmiere. Die Wunde Hardens ging auf den Schädelknochen. Harden schwebte mehrere Tage in Lebensgefahr. Nach Annahme des Geh. Medizinalrates Borchardt war die Tötungsabsicht unzweifelhaft. Weichhardt wurde nach der Tat ergriffen. Ankermann gelang es zu fliehen.

Auf Grund vorgefundener Briefe wurde festgestellt, daß die Täter im Auftrag des Buchhändlers Grenz aus Oldenburg gehandelt hatten. Grenz trieb einen Handel mit antisemitischen Schriften und war Leiter der Deutschvölkischen Bewegung in Ostfriesland. Er war Vorsitzender eines Deutschen Treubundes, zu dessen Tätigkeit es zu gehören schien, daß seine männlichen und weiblichen Mitglieder sich miteinander nackt photographieren lassen; man fand bei ihm eine Anzahl solcher Photographien. Außerdem eine Liste sämtlicher in Oldenburg wohnenden Juden und eine Liste derjenigen, die zu aktiver Beteiligung an einer nationalen Sache bereit wären. Grenz gab an, daß er Anfang März 1922 folgenden Brief mit dem Poststempel München erhalten habe: »Sie sind uns als tatkräftiger völkischer Kämpfer bekannt, und wir kommen nun mit dem Ersuchen an Sie heran, ob Sie bereit sind, etwas Besonderes für die völkische Sache zu tun. Wir setzen dies voraus und fragen Sie, ob Sie für politische Arbeit zwei junge tatenfrohe Männer wissen, die bereit sind, für ihr Vaterland alles zu tun. Ihre Sicherstellung würde erfolgen. Antwort umgehend unter A. W. G. 500 Hauptpostamt München.« Der Brief trug keine Unterschrift, sondern war nur mit einem mit der Hand gezogenen fünfzackigen Femestern versehen.

Grenz wandte sich nun an Weichhardt, einen Landwirtschaftsbeamten in Oldenburg, der sich ohne weiteres bereit erklärte. Er kam mit dem Kaufmann Ankermann, einem ehemaligen Oberleutnant, der dem Grenz als Führer der Oldenburger Jungmannen bekannt war. Ankermann war Mitglied des Schutz- und Trutzbundes, des Stahlhelmes, des Nationalverbandes Deutscher Soldaten, des Treubundes für aufsteigendes Leben und hatte auch bei der Gründung der nationalsozialistischen Arbeiterpartei in Oldenburg mitgewirkt. Er war während des Krieges Oberleutnant geworden und hatte beim Generalstab in Königsberg gearbeitet. Wegen seiner vielen Schulden sagte sein Vater sich von ihm los, und Ankermann lebte zunächst von Zechprellereien, Schiebungen und Spenden galanter Damen. Dann war er Korpsführer und Ausbilder im Jugendbund Oldenburg. Er benutzte dies, um die Kasse des Jungmannbundes zu unterschlagen.

Grenz schrieb an A. W. G., er könne die freudige Mitteilung machen, daß er zwei brave deutsche Männer gefunden habe, die sich zur Verfügung stellen würden. Er bitte um baldige Mitteilung, da die Herren stellungs- und mittellos seien. Schon nach drei Tagen kam aus München die Antwort: »Haben Sie

Dank für bereitwillige Zurverfügungstellung. Es handelt sich um Erledigung der in anliegendem Zettel genannten Persönlichkeit. Zur Ausführung liegt eine Summe bei. Gleichzeitig wollen Sie die beiden Leute förmlich verpflichten. Nach Ausführung der Tat würde Ihren beiden Leuten eine weitere Summe bezahlt werden, welche die anliegende erheblich übersteigt. Außerdem würde den beiden Leuten, falls sie Wert darauf legen, *Anstellung im bayrischen Staatsdienst in Aussicht gestellt*.« Dem Brief lagen 23000 Mark (766 Goldmark) bei und ein Zettel mit den Worten »Maximilian Harden«. Folgende Verhaltensmaßregeln waren gegeben: »Keinen Brief und kein Telegramm senden. Tunlichst Auto benützen. Nicht viel reden. Alles auf die Tat bezügliche vernichten. Nach der Tat nach verschiedenen Richtungen auseinander gehen.« Grenz verpflichtete darauf die Täter und machte sie darauf aufmerksam, daß den Verräter die gleiche Strafe treffen würde wie Maximilian Harden. Ankermann erhielt 10000 Mark (333 Goldmark), Weichhardt 7000 bis 8000 Mark (266 Goldmark). Sie begannen zunächst ein zügelloses Leben und waren bald in allen Bars des Berliner Westens bekannt. Ankermann pumpte sogar die Kassiererin einer Bar um 15000 Mark (500 Goldmark) an. Schließlich ging beiden das Geld aus.

Auf mehrere Geldforderungen antwortete Grenz unter anderem: »Euch Getreuen! Was ich kann, will ich tun. Ich weiß, es ist nur ein Tropfen auf einen heißen Stein. Es liegt an Euch, eine größere Summe zu erhalten. Es muß aber etwas geschehen. Letzten Endes bleibt alles an mir hängen und ich gerate in finanzielle Not. Wenn bis Dienstag alles in Ordnung ist, könnte ich über Größeres verfügen.« Grenz fuhr auch nach München, um wieder Geld zu beschaffen, hat aber angeblich dort mit niemand gesprochen. Doch hat Grenz von seinen Münchner Auftraggebern, die er nicht kennen will, noch 18000 Mark (600 Goldmark) erhalten.

Wenn man das Attentat als ganzes betrachtet, ist es nichts anderes als ein Geldgeschäft. Immer wieder klingt das Leitmotiv: »Erst das Geld, dann die Ware; erst das Honorar, dann die Tat.« Immer wieder verlangen die Attentäter Geld. Und umgekehrt wird auf der anderen Seite immer wieder gesagt: »Erst die Ermordung, dann die Belohnung.« Das ist Idealismus.

Noch vor der Tat entwarfen die beiden einen Brief. »Wir teilen Ihnen hiermit mit, daß uns trotz ungünstiger Konjunktur der Geschäftsabschluß geglückt ist. Wir halten baldmöglichstes Anbahnen der Geschäftsverbindungen mit der p. p. Firma im

Süden für unbedingt nötig. (Gemeint ist natürlich die Organisation C.) Wir verstehen darunter vorzugsweise die geplante Festanstellung unserer beiden Herren bei der p. p. Firma, die ihnen ja auch vertragsmäßig in Aussicht gestellt worden ist. Für ihre und ihrer Familien Übersiedlung ist natürlich Sorge zu tragen. Gleichzeitig bitten wir, dafür Sorge zu tragen, daß die Anzahlung die entstandenen Kosten und Verpflichtungen decken kann, also mindesens 60 000 Mark (2000 Goldmark). Wünschenswert wäre es, wenn unser Chef sich dazu verstehen könnte, die Schuldsumme von 30 000 Mark (1000 Goldmark) extra auszuwerfen.«

Vor der Fahrt nach Berlin gerieten Ankermann und Weichhardt noch in Streit und Ankermann drohte Weichhardt, ihn zu ermorden, falls er nicht mitmachte. Nach dem Attentat versuchte Ankermann Mittel zur Flucht zu erhalten. Zu diesem Zweck geht er auf das Büro der Deutschnationalen Partei. Zu dem Vertreter des Herrn von Dryander, dem Grafen York, sagt er: »Ich habe befehlsmäßig Harden erledigt und muß deshalb verschwinden. Ich komme, mir das Reisegeld zu holen.« Nach der Korrespondenz der Deutschnationalen Partei vom 24. Juli 1922 gab Graf York Ankermann deutlich zu verstehen, daß an irgendeine Unterstützung nicht zu denken sei. Er bat ihn, zu Herrn von Dryander mitzugehen. Diese Meisterfalle hat der Attentäter aber gemerkt und ist nicht mitgekommen.

Am 12. Dezember wurde unter Vorsitz des Landgerichtsdirektors Dr. Rippner die Verhandlung gegen Ankermann und Weichhardt aufgenommen. Die Anklage war von Oberstaatsanwalt Dr. Schweizer und Staatsanwalt Laurentz vertreten. Die Fragestellung lautete auf Beihilfe zum Mord, zum Totschlag oder schwerer Körperverletzung. Die Angeklagten suchten sich darauf hinauszureden, sie hätten nicht die Absicht gehabt, Harden zu töten, sie wollten ihm nur einen Denkzettel geben und ihn verprügeln. Grenz dagegen gab offen zu, daß es sich um einen beabsichtigten Mord handelte. Auch in der Voruntersuchung hatte Weichhardt gestanden, daß sie Harden töten wollten.

Die Argumentation mit dem Denkzettel erscheint angesichts der komplizierten finanziellen Vorbereitungen reichlich unwahrscheinlich. Die Geschworenen verneinten jedoch die Schuldfrage auf Mordversuch und Anstiftung zum Mord und bejahten nur die Schuld auf Beihilfe zur schweren Körperverletzung und Mißhandlung. Weichhardt wurden sogar mildernde Umstände zugebilligt. Grenz wurde wegen Beihilfe zu gefährlicher Körperverletzung zu 4 Jahren 9 Monaten Gefängnis, Weichhardt zu 2 Jahren 9 Monaten verurteilt. Die Geschworenen sind also zu der mildesten Beurteilung der Straftat gekommen, die überhaupt möglich war. Aus einem Schulfall gedungener Mörder wurde eine einfache Körperverletzung gemacht. Dies Urteil entsprang aus der milden Verhandlungsleitung. Grenz durfte den Geschworenen zurufen: »Sie wissen, was Sie dem deutschen Volke schulden!« Und so wurde während der Verhandlung Harden, das Opfer der Attentäter, beschimpft, während die Täter sich als Idealisten hinstellten. Der Vorsitzende wollte es sogar als wahr unterstellt haben, daß Harden von einem Teil der Bevölkerung als politischer Schädling angesehen wird. Dadurch wäre natürlich die Handlungsweise der Täter in noch milderem Licht erschienen. Auf der Geschworenenbank saß auch kein einziger Arbeiter. Sowohl der Staatsanwalt wie Harden legten Revision ein. Der 2. Strafsenat verwarf beide kostenpflichtig am 15. März 1923.

Ankermann wurde in Wien im März 1923 verhaftet und im Oktober 1923 nach Deutschland ausgeliefert. Der Prozeß gegen ihn schwebt vor dem Schwurgericht des Landgerichtes III.

Im Oktober 1923 passierte folgender mysteriöse Nachtrag. In dem Garten Hardens hatte sich ein Mann namens Richard Kruse eingeschlichen, der sich als Verehrer Hardens ausgab und ihn unbedingt sprechen wollte. Man schöpfte jedoch Verdacht und ließ ihn sistieren. Er gab sich beim Berliner Polizeipräsidium als Anhänger Hardens aus, der ihn um eine Stellung bitten wollte, da er mittellos sei. Er machte jedoch gleichzeitig antisemitische Bemerkungen und erklärte: »Den Speck habe ich ihm gelegt, aber er ist nicht drangegangen.« Man fand bei ihm 30 Schilling. In der Nacht erhängte er sich in seiner Zelle.

Ein geplantes Attentat

Der Münchner Student Karl *Bauer* war Mitglied der Organisation C, des Bundes nationalgesinnter Soldaten, des Deutschvölkischen Schutz- und Trutzbundes, der Deutschvölkischen Freiheitspartei und des Roßbachbundes. Seine erste politische Betätigung bestand darin, daß er den Rathenau-Mördern bei ihrer abenteuerlichen Flucht half. Deswegen schwebte gegen ihn ein Verfahren wegen Begünstigung beim Landgericht Schwerin. Der Kapitänleutnant Mende von der Organisation C verpflanzte ihn nach München und gab ihm die hierzu nötigen

Empfehlungen. Dort wurde er Mitglied der 20. Hundertschaft der Nationalsozialisten. Mit dem ganzen Eifer eines Neophyten betätigte er, der Norddeutsche, sich in den spezifisch bayrischen Geheimbünden. Das Ansehen, das er als Helfer der Rathenau-Mörder, als Freund des Kern und Fischer, genoß, nützte ihm dabei. Aber seine Geldmittel sind gering. Er bezieht von Hause fast keine Unterstützung, muß also für die Organisation und von ihr leben. Mittellos schläft er morgens bis tief in den Tag hinein. Seine größte Sorge ist, Geld zu borgen, um essen zu können. Abends findet er sich im Standquartier der Roßbachleute ein, bleibt die Zeche schuldig in der Erwartung, daß schon einer seiner Brüder zahlen wird. Aber er hat noch nicht genügend Kredit. Also beschließt er, selbst ein Ding zu drehen. Er will Scheidemann ermorden. In seinen Geldnöten betrachtete er nämlich die nationalen Verbände in erster Linie als Geldquelle. Er rechnet damit, daß die vaterländischen Verbände ihm nach dem Attentat eine gut bezahlte Stelle verschaffen würden, doch zieht er es vor, die Vorschußlorbeeren schon früher zu genießen. Bald fällt er in den nationalsozialistischen und nationalen Kreisen durch seine blutrünstigen Reden auf. In Versammlungen der Organisation Roßbach fordert Bauer zum Mord an Ebert, Scheidemann und anderen Novemberlumpen auf. Den ermordeten Erzberger und Rathenau sollte man wieder ausgraben und ihnen die Augen ausstechen. Scheidemanns Leiche wollte er alsdann die Ohren abschneiden und sie als Trophäen umhängen. Dieser Plan sprach sich so herum, daß sogar die Münchner Polizeidirektion ihn nicht mehr ignorieren konnte. Am 19.1.1923 wurde Bauer von der Münchner Polizei vernommen. Er gab zu, daß er die Absicht gehabt habe, Scheidemann zu ermorden und daß er darüber mit dem Oberleutnant Roßbach gesprochen habe, Roßbach habe ihm jedoch energisch dieses Unternehmen verboten. Deswegen habe er die Sache aufgegeben. Obwohl Verabredungen zu Morden auch in Bayern strafbar sind, setzte ihn die Münchner Polizeidirektion auf freien Fuß. Ob wohl die Münchner Polizeidirektion ähnlich großzügig gewesen wäre, wenn ein Kommunist die Absicht gehabt hätte, Kahr oder einen anderen rechtsradikalen Führer zu ermorden und diese freiwillig wieder aufgegeben hätte?

Keiner von den Roßbachleuten und Nationalsozialisten, mit dem Bauer seine Absicht besprochen hatte, wurde behelligt. Bauer wurde nicht etwa dem Landgericht Schwerin, bei dem das Verfahren wegen der Begünstigung der Rathenau-Mörder noch lief, zur Verfügung gestellt, sondern am 5. Februar aus

München ausgewiesen. Diesem Ausweisungsbefehl folgte er natürlich nicht, blieb vielmehr in München bei seinen Bekannten und wurde Mitglied des Bundes Treu-Oberland. Von Mitgliedern dieses Bundes wurde er später ermordet, worauf wir in Kapitel 9 zurückkommen. Der Journalist Franz v. Puttkammer, der dieses Attentat, allerdings durch ungeschickte Mittel verhindern wollte, wurde im Juli 1923 zu 8 Monaten Gefängnis, 500 000 Mark Geldstrafe (20 Goldmark) und den Kosten des Verfahrens verurteilt.

Die Täter

Die politische Ehrlichkeit muß man einigen an diesen Attentaten Beteiligten zweifellos zubilligen. Sie sind wirklich naiv und unpolitisch genug, um zu glauben, durch solche Verschwörungen und Attentate ihrem Vaterlande zu nützen. Aber diese Typen sind selten. Das Gros der Mitbeteiligten und selbst der ausführenden Organe ist im Grunde merkantil eingestellt und feige. Und hierin unterscheidet sich das heutige deutsche Attentat von dem früherer Zeiten und anderer Völker. Diese hatten einen hauptsächlich demonstrativen Zweck. Die Täter hatten mit ihrem Leben abgeschlossen. Und es kam ihnen darauf an, durch eine augenfällige Tat und den nach aller Wahrscheinlichkeit zu erwartenden Tod die Macht der öffentlichen Meinung auf die Tendenz zu lenken, die ihnen nahe stand. Hier aber handelt es sich um eine davon prinzipiell verschiedene Tendenz. Die Mörder haben keineswegs mit ihrem Leben abgeschlossen, im Gegenteil, sie erwarten Lebensstellung, Anerkennung und vor allem eine klingende Belohnung. Und mächtige, hinter ihnen stehende Organisationen bereiten ihre Flucht vor, damit sie ihr Leben dem Vaterlande erhalten.
So tritt neben das romantische Element, das in den Verschwörungen aller Zeiten eine Rolle gespielt hat, hier ein wesentlich neues hinzu: Hier treten Leute auf, die nur für und durch Organisationen leben, bezahlte Bravos, Attentat-Funktionäre, die hoffen, sich durch solche Leistungen den in Geld ausgedrückten Dank der Führer und Auftraggeber zu sichern, wie die Harden-Attentäter, denen es nur darauf ankam, sich zu versorgen, eine gut bezahlte Stelle im bayrischen Staatsdienst zu bekommen. Natürlich wird gerade von solchen Leuten die Fiktion des politischen Idealismus am stärksten aufrechterhalten.

Das Versagen der Justiz

Zusammenfassend ist über das Verfahren in all diesen Fällen zu sagen: Von einem Versagen der Polizei kann man nicht sprechen. Im Gegenteil, dieser Teil des Staatsapparates funktionierte glänzend. Die Entdeckung der Mörder Erzbergers und Rathenaus sind polizeiliche Glanzleistungen. Versagt hat in allem nur die Justiz. Und zwar vor allem in der Frage nach den hinter dem Morde stehenden Personen und Organisationen. Es scheint mir verkehrt, den Beweis dafür zu verlangen, daß eine solche Organisation im materiell-bürokratischen Sinn, also als Verein mit Statuten, Mitgliederversammlungen, Vorstandschaften und Schriftführern, existiert hat. Die Existenz eines so deutlichen Verbandes würde denn doch der politischen Schulung der rechtsradikalen Kreise ein zu schlechtes Zeugnis ausstellen. So ungeschickt kann kein illegal arbeitender Kreis sein, daß er alle diese Dinge schriftlich niederlegt. Viel wesentlicher als die Vermutung der materiellen Existenz ist die Tatsache der ideellen und praktischen Existenz. Es ist doch kein Zufall, daß alle an den größeren politischen Attentaten Beteiligten im wesentlichen Mitglieder derselben Organisationen sind, daß immer und immer wieder dieselben Namen und dieselben Organisationen auftauchen. Die Täter und Beteiligten stehen in intimem Zusammenhang. Sie kennen und unterstützen sich und stammen aus denselben Kreisen. Hier haben sie auch ihre weiteren Helfer, die sich ihnen unbedingt zur Verfügung stellen. Schon in diesem Zusammenhang ist die Existenz einer Mörderzentrale zu sehen, denn er ist der sichere Boden, auf dem all diese halb legalen, halb illegalen Verbände aufbauen können. Die Gerichtsfeststellungen haben diese wichtigsten Dinge nicht aufgeklärt. Gerade das Problem der Herkunft der großen benötigten Gelder ist in allen Fällen völlig ungeklärt geblieben.

Die meisten dieser widersinnigen Urteile sind nun allerdings von Schöffengerichten, also von sogenannten Leuten aus dem Volke erlassen worden. Es wäre aber verkehrt, diese Tatsache zum Ausgangspunkt eines Angriffs gegen die Schöffengerichte an sich zu nehmen oder gar ihre tatsächliche Abschaffung, welche Herr Emminger in seiner Verordnung ausgesprochen hat, damit zu rechtfertigen. Die Schöffengerichte sind und bleiben die beste Waffe gegen die Kabinettsjustiz. Aber in ihrer heutigen Zusammensetzung können sie diese ihre Aufgabe nicht erfüllen. Dies vor allem infolge der willkürlichen Auswahl der Schöffen. Bei diesem völlig unkontrollierbaren Vorgang werden nämlich durch die Justizbürokratie bewußt alle diejenigen ausgeschaltet, welche politisch links stehen. Das Resultat dieser Auswahl sind dann die erwähnten Schöffengerichtsurteile. Da ein politischer Einfluß mit dem Wesen jeder Gerichtsbarkeit verbunden ist, so gilt es, ihn auch offiziell in Erscheinung treten zu lassen. Falls man nicht die reine Laienjustiz annehmen will, wie sie in der Schweiz herrscht, wo das gesamte Gericht gewählt wird, so wäre doch zum mindesten zu fordern, daß die Schöffen ausdrücklich gewählt werden. Es gibt keine Garantie für eine ideale Justiz. Aber diese Wahl der Geschworenen durch das Volk hätte doch wenigstens den Vorzug, Urteile wie die vorstehenden, welche dem Volksempfinden geradezu ins Gesicht schlagen, zu beseitigen.

3. Kleinere Bünde

Die folgende Aufstellung kann nicht beanspruchen, ein vollständiges Bild der vielen kleinen Bünde und ihrer Tätigkeit wiederzugeben. Dazu ist die Bewegung viel zu zersplittert. Außerdem ändern sich die Namen infolge behördlicher Verbote zu häufig. Es soll also nur ein gewisser Durchschnitt der Bewegung gegeben werden, wobei nur die wesentlichsten Bünde betrachtet werden.
Die Vielfältigkeit der Wanderklubs, Arbeitsgemeinschaften, Siedlungen, Sportvereine, Regimentsvereine, Schützengilden, Kriegervereine, Offiziersverbände, Organisationen für völkischen, nationalen und militärischen Wiederaufbau macht den Eindruck eines vollkommenen Durcheinanders. Aber zunächst muß man zur Erklärung die verschiedenen durch die politische Situation bedingten Umstellungen betrachten, wie sie bereits oben skizziert sind. Das offizielle Programm und damit auch der Name wechselt, je nachdem, was gerade politisch zieht. Die wirkliche Tendenz bleibt aber dieselbe. Daher wäre es verkehrt, anzunehmen, daß all diese Vereine tatsächlich nebeneinander leben. Vielfach sind sie auseinander hervorgegangen, und Vereine mit ganz verschiedenen Namen können identisch sein. Denn dieselben Leute pflegen zur gleichen Zeit Mitglieder einer ganzen Reihe von Bünden zu sein.
Der ständige Wechsel der Namen hat vielfach den Zweck, den Aufbau der gesamten Organisationen zu verschleiern, ein Verbot durch die Regierung oder die Macht der öffentlichen Meinung praktisch undurchführbar zu machen. Außerdem wünschte man häufig, durch Aufbau der neuen Bünde unter anderem Namen und mit anderen Mitgliedern diejenigen auszuschließen, denen man nicht mehr ganz traute, ohne durch einen ausdrücklichen Ausschluß den Haß des Betreffenden zu erregen.
Bei der Abschätzung der Bedeutung all dieser völkischen, antisemitischen und monarchistischen Bünde ist zu beachten, daß die meisten Beteiligten zugleich Mitglieder von drei, vier oder mehr Organisationen sind. Daher dürfen die im folgenden genannten Zahlen keineswegs einfach addiert werden. Als wirk-

licher aktiver Bestand dieser Geheimorganisationen sind höchstens 200000 Mann zu rechnen.

Reichsorganisationen

Der älteste nationalistische Verband ist der »*Alldeutsche Verband*«, der bereits unter der Monarchie eine starke imperialistische Tätigkeit entfaltete. Sein Organ sind die seit Jahren regelmäßig erscheinenden »Alldeutschen Blätter«, die zum Teil hervorragende Mitarbeiter aus den Kreisen der Universitäten und der Offiziere besitzen. Während des Kaiserreichs stand er in scharfer Opposition gegen Liberalismus und Demokratie, zum Teil sogar gegen den »neuen Kurs«. Er war damals nicht einmal ausgesprochen monarchistisch (weil sich dies von selbst verstand). Heute steht er auf dem Standpunkt der alten deutschen Konservativen: »Und der König absolut, wenn er unsern Willen tut.«
Er vertritt den Gedanken eines Kaisertums »aus eigenem Recht« und will dieses Kaisertum durch eine Diktatur vorbereiten lassen. Außerordentlich aggressiv ist er gegen Frankreich, Belgien und Polen, Kapp war sein Mann. Seine Mitgliedschaft erstreckt sich auf höhere Beamte, Lehrer, Offiziere, wohlhabende Kaufmanns- und Industriellenkreise. Während des Krieges trat er für ein uferloses Annexionsprogramm ein. Der Gedanke der Annexion von Polen und der Ukraine an Österreich verführte ihn in eine Art karlistische Richtung, die zur Grundlage einer ausgedehnten Polemik gegen die Deutschvölkische Freiheitspartei geworden ist. Er dürfte zirka 100000 Mitglieder zählen. Entsprechend seiner Legalität und der Öffentlichkeit seiner Agitationen können dieselben aber nicht als bewaffnet aufgefaßt werden. Das mißglückte Attentat auf General v. Seeckt ist aus seinen Reihen entstanden. Trotzdem dürfte es im wesentlichen nicht als terroristisch, eher sogar als parlamentarisch betrachtet werden.
Der *Verband nationalgesinnter Soldaten* dagegen vertritt die ganz radikal antiparlamentarische Richtung. Vorsitzender ist der General Weber, einflußreiche Mitglieder die Majore v. Stephani, v. Bülow und Henning. Der Verband hat etwa 150000 Mitglieder, in Berlin etwa 3000. Er steht im Kartellverhältnis zum Jungdeutschen Orden, zu den Baltenkämpfern, zum Verein ehemaliger Oberschlesier, zum ehemaligen Grenzschutz Ost, zum Stahlhelm und anderen Organisationen. Alles in allem eine starke Militärmacht.

Für die Politik des V. N. S. ist charakteristisch eine Rede, die der General von der Goltz wegen der Auslieferungsfrage bei einer Kundgebung in Berlin hielt. Er betonte darin, falls die Regierung es wagen sollte, die Kriegsverbrecher auszuliefern, so würden die im V. N. S. organisierten Männer zusammen mit den »guten« Elementen der Schupo und der vollzählig hinter der V. N. S. stehenden Reichswehr die Auslieferung zu verhindern wissen. Die Regierung werde einfach hinweggefegt werden. Vorbereitungen für ein großes Unternehmen waren bereits im März 1922 getroffen. Es kam aber nicht zum Ausbruch. Wiederholt aufgelöst und verboten, nannte sich der Verband zuletzt »*Völkischer Soldatenbund*«.

Die Deutschnationale Volkspartei versuchte, den Verband nationalgesinnter Soldaten in sich aufzunehmen. Der Vorstand des V. N. S. widerstand diesen Versuchen, weil er darin eine Beeinträchtigung der Schlagkraft der Organisation sah. Für ihn ist die Deutschnationale Volkspartei zu parlamentarisch. Ihre Versicherungen eines angeblich verfassungsmäßigen Wirkens erscheinen ihm verdächtig. Man traut ihr kein Handeln zu. Nur ein Teil ging zu den Deutschnationalen über und gründete nach der Trennung vom Verband nationalgesinnter Soldaten am 10. Juni 1922 den *Nationalverband deutscher Soldaten*. Vorsitzender ist der General Abendrot. Trotz der Differenzen mit dem Verband nationalgesinnter Soldaten darf man aber nicht glauben, daß etwa der Nationalverband ein pazifistischer Jünglingsverein sei.

In engem Zusammenhang mit dem Verein nationalgesinnter Soldaten stehen »*Wehrwolf*« und »*Stahlhelm*«. Der »Stahlhelm« umfaßt nur Frontsoldaten. Der »Wehrwolf« nimmt alle Männer auf, die mit den Idealen des »Stahlhelm« einig gehen, ohne im Krieg gedient zu haben. Er führt eine schwarze Flagge mit weißem Totenkopf.

Der Staatsgerichtshof zum Schutze der Republik verhandelte am 24. Januar 1923 über die Beschwerde des »Verbandes nationalgesinnter Soldaten« gegen die Auflösungsverfügungen verschiedener Landeszentralbehörden.

Dem Verbande wird vorgeworfen, daß er militärisch organisiert gewesen sei und seine Mitglieder zu militärischem Gehorsam und zur Tatentschlossenheit verpflichtet habe. Diese militärische Organisation sei besonders in dem sogenannten Saalschutz in Erscheinung getreten. Weiter wird dem Verband zur Last gelegt, daß in verschiedenen Ortsgruppen, so in der von *Tillessen* in Frankfurt am Main gegründeten, vor allem aber in Dortmund vor Mitgliedern des Verbandes Reden gehalten, beziehungsweise Rundschreiben ausgegeben worden seien, die zum Sturze der Republik aufreizen. Überhaupt habe der Verband in engen Beziehungen zu Leuten wie Tillessen, Plaaß und Steinbeck gestanden, die an der Ermordung Rathenaus mittelbar beteiligt waren. Der Verband sei gewissermaßen die Fortsetzung der Marinebrigade *Ehrhardt*, und über die Brigade Ehrhardt hätten auch Beziehungen zur *Organisation C* bestanden. Als gravierendes Moment wurde angeführt, daß das Organ des Verbandes »Volk und Heer« fortgesetzt Artikel veröffentlicht habe, die die gröbsten Beschimpfungen des Reichspräsidenten Ebert, des Reichswehrministers Geßler und des ermordeten Außenministers Rathenau enthalten hätten. All das habe der Verbandsvorstand geduldet und habe sich so mit der Redaktion des Verbandsorgans identifiziert.

Hieran schloß sich die Beratung der Beschwerde des Nationalverbandes der deutschen Soldaten, der in Preußen, Sachsen, Oldenburg aufgelöst worden ist. Auch hier handelt es sich im allgemeinen um die gleiche Beschuldigung staatsfeindlicher Tendenzen, zum Teil um dieselben Vorgänge. Die Verhandlungen wurden vertagt.

Der *Verein ehemaliger Baltenkämpfer* ist hervorgegangen aus den Freiwilligen-Verbänden, die im November und Dezember 1918 von der Regierung Ebert-Scheidemann zum Kampf gegen die Bolschewisten geschaffen wurden und die im Frühjahr 1919 die Offensive gegen Sowjet-Rußland durchführten. Sie standen dort unter der Führung des Freiherrn von der *Goltz*. Der Verein ist über das ganze Reich verbreitet. An seiner Spitze stehen die Barone Manteuffel-Katzdangen, von der Goltz und von Diebitsch. Der Verein steht in enger Beziehung zum Verband nationalgesinnter Soldaten.

Auch der *Jungdeutsche Orden* ist eine rein militärische Organisation. Seine Mitglieder sind durch Eid zu unverbrüchlichem Gehorsam, Mut und Verschwiegenheit verpflichtet. Er erstrebt die Wiederherstellung der Monarchie. Er besitzt heimliche Waffenlager und bereitet sich auf den Bürgerkrieg vor. Seine Mitgliederzahl dürfte sich auf 100 000 Mann belaufen. Er stand in einem Freundschaftsverhältnis zum Verband nationalgesinnter Soldaten.

»Was ist der Jungdeutsche Orden? Eine nationale Großorganisation auf dem Boden sozialer Volksgemeinschaft. Ein Block gegen alles Zersetzende und alles Zerstörende, eine Gemeinschaft der Schaffer für alles Erhaltende und Erhebende. Ein

Halt für alle, die im Strudel der Zeit den Glauben an Volk und Vaterland verlieren wollten. Ein nationales Kraftzentrum gegen jedes Weltbürgertum (Internationale). Eine geistige Kampfgemeinschaft gegen Klassenhaß, Standesdünkel und Terror. Ein Tempel deutscher Sitte, deutschen Glaubens und deutscher Treue. Er will erreichen, daß sich in seinen Reihen Alter und Jugend, arm und reich, hoch und niedrig die Hände reichen zu gemeinsamer Arbeit an Volk und Heimat. Er will erbitterten Kampf führen gegen alle, die sich an der Not Deutschlands mästen, die durch Spekulation und Wucher Schindluder treiben mit Bürger und Staat und die sich hinwegsetzen über alle Schranken von Gesetz und Recht. Er will strenge Trennung von Politik und Wirtschaft, um dadurch zu erreichen, daß der Glauben an Volk und Vaterland nicht durch wirtschaftliche und soziale Sorgen zerrissen wird. Er will vor allen Dingen Fuß fassen in den werktätigen Schichten des Volkes, die durch das Marktgeschrei internationaler Volksstörer verhetzt sind. Er will nicht ruhen im Kampfe gegen den äußeren Feind, bis heilige Rache genommen ist für die, die an Ruhr und Rhein ein Opfer fremder Tyrannenwillkür wurden, er will nicht ruhen im Kampf, bis der Feind das letzte Stückchen Muttererde verlassen hat – ob freiwillig oder unfreiwillig. Er will Haß säen, Haß, heiligen, unausrottbaren Haß.«

Die Organisation wurde in Preußen auf Grund des Gesetzes zum Schutze der Republik samt den angeschlossenen Gefolgschaften, Brüderschaften und Balleien verboten.

Aktive Gruppen bestanden in letzter Zeit unter anderm in Koburg, Meuselwitz, Kronach, Schlottheim, Pustleben, Rieselstadt, Eschwege, Jena, Arnstadt, Rostock, Kassel, Erfurt, Nordhausen, Hettstedt, Halle, Berlin, Gütersbach, Sonnefeld, Neustadt a. S., Nürnberg, Beiersdorf und Ebau.

Offiziell behauptet er, und dies steht so ziemlich im Programm aller Geheimbünde, nicht parteimäßig eingestellt zu sein, vielmehr eine Zusammenfassung aller auf dem Boden der Verfassung (welcher Verfassung wird nicht gesagt!) stehenden Männer zu sein. In Wirklichkeit aber handelt es sich hier um politisch vollkommen fanatisierte Menschen.

Der *Schutz- und Trutzbund* ist vor allem scharf antisemitisch, fast rein innerpolitisch eingestellt ohne außenpolitische Ziele. Bewaffnet dürfte er kaum sein. Dagegen zählt er in seinen Reihen zahlreiche Mitglieder mit terroristischen Anschauungen, die ihrerseits wieder Mitglieder von bewaffneten Organisationen sind. Mitte 1922 dürfte der Bund zirka 200000 Mitglieder gezählt haben. Äußerlich ist der Bund vollkommen legal. Er spielt vor allem in München eine Rolle.

Der *Deutsche Waffenring* ist die Zusammenfassung der nationalistischen Studentenorganisationen. In Jena hielt der Waffenring Schießübungen und Felddienst ab. Die meisten Studenten der angeschlossenen Korporationen sind im Besitz eines Karabiners.

Der *Ring der Nibelungen* gibt sich ein mystisches Gewand, das vor allem durch seine Geheimsprache hervortritt. Jedes Mitglied hat einen Geheimnamen. Folgende Geheimzeichen werden verwendet: (-) Orden, (–) Bruder, (=)Nichtbruder, beziehungsweise Außenstehender, (+) Treuschaft. Die Organisation ist in Treuschaften gegliedert, an deren Spitze ein sogenannter »hammerführender Meister« steht. Die Mitglieder sind in Lehrlinge, Gesellen, Meister vom Stuhl, Edelinge, Knappen und Ritter vom Stuhl gegliedert. Die Treuschaften ebenso wie die Zentrale haben das Recht, Mitglieder zu suspendieren. Der Neuaufgenommene ist Lehrling. Wenn er sich als Vorkämpfer bewährt hat, wird er Geselle. Schweigepflicht hält die Mitglieder zusammen. Der Ring der Nibelungen steht im Zusammenhang mit dem Bund Oberland. Eine verwandte Gruppe ist der *Germanenorden*. Es handelt sich dabei hauptsächlich um Intellektuelle. Eine von ihnen gegründete »Germanenbank« hat jedoch schlechte Geschäfte gemacht. Auch über die deutschvölkische Bank in Berlin wurden von deutschvölkischen Aktionären in der Öffentlichkeit Mitteilungen verbreitet, wonach die Geschäftsführung alles andere als sachgemäß gewesen sei. Der Direktor hätte sich, zum Teil mit jüdischer Hilfe, auf Kosten der Anteilseigner bereichert.

Berliner Organisationen

Der *Bismarckbund* in Halle und der *Selbstschutz* Charlottenburg hatten ihre Mitglieder militärisch ausgebildet und militärische Übungen abgehalten. Sie wurden auf Grund des Gesetzes zum Schutze der Republik aufgelöst. (»Berliner Tageblatt«, 16. November 1922.)

Der Sportklub »*Olympia*, deutscher Verein für Leibesübungen« (Vorsitzender General v. Heringen) bewohnte in der Artilleriestraße 7 mehrere große Räume. Nach außen gab er sich als Sportklubverein. Die Mitglieder pflegten sich drei- bis viermal wöchentlich zu versammeln. Die »Olympia« ist ein festge-

fügter Regimentsverband, hervorgegangen aus dem Regiment Reinhardt, später Schutzregiment Groß-Berlin genannt, das nach dem Kapp-Putsch aufgelöst wurde. Schießübungen fanden regelmäßig in der Versuchsanstalt für Handfeuerwaffen in Halensee und in den Schützenhäusern Neukölln und Zehlendorf statt, Felddienstübungen in Hohenburg (Mecklenburg).
Am 12. Oktober 1923 wurden in den Räumen der »Olympia« und den Privaträumen mehrerer Mitglieder des Vereines Haussuchungen vorgenommen. Der Geschäftsführer, Herr v. Lück, und mehrere Gruppenführer wurden verhaftet. (»Berliner Tageblatt«, 13. Oktober 1923.)
Der *Bund der Aufrechten* hat in Berlin zirka 25000 Mitglieder. In der Leitung sitzen der ehemalige Kriegsminister v. Stein und Graf Westarp. Prinz Oskar von Preußen ist Mitglied. Nach seiner Auflösung nannte sich der Bund nach seiner Zeitschrift: »Lesergemeinde der Aufrechten.«
Der *Bund für Freiheit und Ordnung* bildet das Kartell sämtlicher angeblich aufgelösten, tatsächlich aber unter andern Namen weiterbestehenden Selbstschutzverbände von Groß-Berlin. Vorstandsmitglieder sind Abgeordneter Dr. Geißler, Rektor Kopsch, Maretzky und Dr. Pfeiffer, M. d. R. Der Bund stand in Verbindung mit den Brüdern von Stein in Sachsen. Diese Organisation sollte nach den Enthüllungen Lipinskis aufgelöst werden. Das Gericht erklärte die betreffende Verordnung jedoch für unzulässig. Der Bund für Freiheit und Ordnung umfaßt mit angeschlossenen Verbänden nach eigenen Angaben 12000 Mann. Hauptbüro: Berlin W, Am Karlsbad 10. Einen anderen Versuch, die norddeutschen Verbände zu vereinigen, stellt der Verein vaterländischer Verbände unter dem Abgeordneten Geißler dar. Am 12. Februar 1923 hielten sie eine Sitzung im Reichstagsgebäude ab, bei der es aber zu starken Differenzen zwischen Radikalen und Gemäßigten kam.
Im Dezember 1923 hob die Berliner Polizei einen weiteren Geheimbund auf, dessen Oberleitung sich in Mecklenburg befindet. Bei einer Versammlung im Nordwestkasino in Alt-Moabit wurde ein Werber, Feldwebel Schulz, verhaftet. Seine Aufgabe hatte darin bestanden, die Angeworbenen in kleineren Kommandos nach Mecklenburg-Schwerin zu schicken, von wo sie auf die Güter verteilt wurden. Die Zentrale befand sich in Waaren am Müritzsee, ihr Leiter war der Hauptmann Ramshorn. Als Dreschkommandos, Flurschützen, Waldarbeiter und Forstgehilfen wurden die Leute auf Güter verteilt, wo sie mit Waffen und Ausrüstungsgegenständen versehen wurden. Sie wurden

mit leichten Arbeiten beschäftigt, bekamen Instruktionsstunden und machten Exerzierübungen. Als Bezahlung erhielten sie im Monat den Gegenwert von zwei Zentnern Roggen. Außer Schulz wurden der Oberleutnant Paul Hildebrand, der Oberleutnant Mallwitz und Leutnant Mudrag zunächst verhaftet, dann aber wieder entlassen. Mallwitz war früher bei der Charlottenburger Hundertschaft zur besonderen Verwendung. Der Fall wird wahrscheinlich vor den Staatsgerichtshof kommen. (»Berliner Tageblatt«, 7. Dezember 1923.)

Hamburger Organisationen

In Hamburg bestand eine militärische Nachrichtenstelle des Schweriner Reichswehrkommandos, die aus privaten Mitteln unterhalten wurde. Diese Nachrichtenstelle hatte in Hamburg ungefähr 20 Agenten und arbeitete in ganz Deutschland. Ein Hamburger Konzern, zu dem auch Reeder und Industrielle gehörten, unterstützte sie mit beträchtlichen Mitteln. Der Generalmajor Halfering entwarf im Mai 1923 einen umfangreichen Schlachtplan gegen den »inneren Feind«. Aus diesem Plan ergibt sich, daß die Nachrichtenstelle in Verbindung stand mit dem Bund der »Niederdeutschen«, den »Deutschnationalen Wandervögeln«, dem »Bismarckbund« und dem Leiter der dortigen technischen Nothilfe. Besondere Aufmerksamkeit ist der Beseitigung der Führer des Roten Widerstandes gewidmet. So heißt es: »Je rücksichtsloser die Gewalt angewandt wird, um so schneller geht es. Mit Aufrührern wird nicht verhandelt.« (Verhandlungen der »Hamburger Bürgerschaft« vom 28. Juni 1923.) Herr *Geßler* hat allerdings diese Nachrichten dementiert, doch ist seinem Dementi m. E. kein großer Glaube beizumessen.

Eine andere Hamburger Organisation ist die »*Wehrkraft* Hamburg«. Im Mittagsblatt des »Hamburger Korrespondenzblattes« vom 13. Januar 1923 erließ sie folgenden Aufruf: »Deutsche aller Stände, ohne Unterschied der Parteien, Offiziere, Mannschaften aller Truppengattungen, Ingenieure meldet Euch sofort zum ›Deutschen Bund‹. Parole: ›Für das deutsche Volk, mit der Regierung, gegen den Feind.‹«

Die Behauptung »mit der Regierung« ist natürlich nur cum grano salis zu verstehen. In den Satzungen des Bundes »Wehrkraft« heißt es: »Die Wehrkraft ist eine Abteilung, welche militärisch organisiert ist, auf nationalem Boden aufgebaut ist und den Geist Ehrhardts im Herzen trägt.«

Eine dritte Geheimorganisation hatte der Fabrikbesitzer Luecke in Hamburg geleitet. Die Teilnehmer waren fast durchweg ehemalige Offiziere, dem Beruf nach Kaufleute, Bankbeamte usw. Am 18. Dezember 1922 wurde eine Versammlung von der Polizei überrascht, umfangreiches Belastungsmaterial, Schriftstücke über die Geheimhaltung der »Orgesch«, militärische Ausrüstungsgegenstände, 17 Gewehre und 2 Handgranaten gefunden. Gegen Luecke schwebt seit August 1921 ein Verfahren wegen Geheimbündelei bei dem Staatsgerichtshof in Leipzig. (»Münchner Post«, 28. Dezember 1922.)
Der *Bund der Niederdeutschen* besaß ein größeres Waffenlager. Daher wurde er in Preußen auf Grund des Gesetzes zum Schutz der Republik aufgelöst. (»Berliner Tageblatt«, 3. Oktober 1922.)
Am 5. Oktober 1922 fand in Kiel eine Besprechung statt, in der Major a. D. Enneccerus-Lockstädt unverhüllt zu einem Rechtsinitiativ-Putsch aufforderte. Mehrere aktive Offiziere der Reichswehr und der Reichsmarine nahmen an der Sitzung teil. Am 2. November 1922 fand in Hamburg eine Besprechung statt, als deren Ergebnis die Hamburger Selbstschutzorganisationen sich der Zentralleitung des Generalleutnants a. D. Freiherrn von Watter-Berlin unterstellten. In dieser Sitzung war auch die Organisation C offiziell vertreten. Auch an dieser Sitzung nahmen mehrere aktive Offiziere, darunter der Verbindungsoffizier des Wehrkreises II, Oberleutnant von Brederlow, teil.
Der ganze Charakter dieser Organisation wird schließlich durch Richtlinien enthüllt, die der militärische Provinzialleiter, General a. D. Hellfritz, für die ihm unterstellten militärischen Gauleiter im Mai 1923 aufgestellt hat. Den Zeitpunkt des Losschlagens hatte man sich vorbehalten. Man wollte ihn von etwaigen Linksunruhen abhängig machen (»Berliner Tageblatt«, 1. Juli 1923). Aber der Wille zum Putsch war unzweifelhaft.

Ostpreußische Organisationen

Die »*Tatbereitschaft*« in Königsberg setzte sich hauptsächlich aus jungen Baugewerkschülern zusammen. Unter dem Deckmantel sportlicher Betätigung wurden militärische Ausbildungsübungen abgehalten. Die Ausbildung leitete der Pressechef des Heimatbundes, Moosberg, der Verfasser von Artikeln in ostpreußischen Provinzblättern, die eine Autonomiebewegung

anzuregen suchten. Die Übungen fanden auf den Exerzierplätzen der Reichswehr statt. Übungswaffen, Handgranaten und Gewehre stellte die Reichswehr zur Verfügung. Die Geheimorganisation hatte ihr Versammlungslokal in der Stadthalle, tagte aber auch in den Räumen des Heimatbundes. Jeder Neueintretende wurde in feierlicher Zeremonie vor einem mit dem Hakenkreuz gezierten Stahlhelm vereidigt und mußte geloben, unter Einsatz des Lebens und der Person den Anordnungen der »Tatbereitschaft« Folge zu leisten, sowie Verschwiegenheit zu bewahren. In der Aufnahmeformel hieß es weiter, daß der Betreffende sich der Folgen eines Verrats bewußt sei.
Die Königsberger Kriminalpolizei nahm 52 Verhaftungen vor und fand unter anderem zwei Maschinengewehre mit Patronenkästen und Exerzierpatronen. Auf Grund des Gesetzes zum Schutz der Republik verbot dann der Oberpräsident von Königsberg die »Tatbereitschaft« und zehn mit ihr in Verbindung stehende Geheimbünde, Schutzvereine, Sportklubs usw. (»Berliner Tageblatt«, 31. August 1923).
Neben der »Tatbereitschaft« bestehen aber in Ostpreußen noch andere Organisationen. Fast in jedem Kirchspiel der Provinz sind *Reitervereine* gebildet. Außerdem bestehen an vielen Orten, besonders auf dem Lande, »*Kleinkalibervereine*«, die den Schießsports mit kleinkalibrigen Gewehren, in der Hauptsache umgearbeiteten Militärgewehren, betreiben. Die nationalistische Jugend ist im Jungdeutschen Orden, dem Bund Altpreußen, Graf York von Wartenburg und Jungsturm zusammengefaßt. Reitervereine, Kleinkalibervereine, Jugendorganisationen und Geheimorganisationen werden vom »Heimatbund« organisiert und finanziert, erhalten Kurse, in denen sie in militärischen Übungen am Gewehr, leichtem und schwerem Maschinengewehr ausgebildet werden. Die Waffen für die Ausbildung und Ausrüstung aller dieser Vereine besitzt der Heimatbund in eigenen Waffenlagern, die auf dem Lande bei reaktionären Gutsbesitzern untergebracht sind. Ein Teil dieser Waffenlager ist allerdings beschlagnahmt worden. Andererseits bestehen zwischen Heimatbund und Reichswehr Verbindungen, die sich bisher der Kontrolle entzogen. In Einzelfällen, wie zum Beispiel bei Schießübungen einer reaktionären Studentenverbindung, eines Kleinkalibervereines in Königsberg, war das Gelände des Reichswehrschießplatzes in dem Fritzner Forst durch die Reichswehrbehörden zur Verfügung gestellt, obwohl bei den Reichswehrbehörden über den Charakter des Bundes kein Zweifel bestehen konnte. Die von den Nationalisten als

»Wehrhaftmachung des Volkes« bezeichneten Versuche finden ihre Unterstützung auch durch Stellen, die als Handelsfirmen arbeiten, von Offizieren der alten Armee geleitet werden und sich mit Erschließung und Verwertung von Staatseigentum und Industriegelände beschäftigen, in Einzelfällen aber durchaus den politischen Tendenzen des Heimatbundes und seiner Unterorganisationen dienen. (Soz. Parlamentsdienst, »Leipziger Volkszeitung«, 12. September 1923.)
Von sonstigen Schützen- und Jünglingsvereinen Ostpreußens seien angeführt: Alt-Preußen (Insterburg), Graf York von Wartenburg (Pillkallen), Grenzpreußen (Kaukehnen), Jungpreußen (Ragnit), Königsberger Wander- und Schützenverein (aufgelöst), Neu-Preußen (Gumbinnen), Preußen (Tilsit), von Lützow (Budwethen), von Schill (Landwethen).

Organisationen in Thüringen

Nach einem längeren Artikel des Thüringer Presseamtes versuchte die in Thüringen verbotene nationalsozialistische Arbeiterpartei unter den unscheinbarsten Namen erneut festen Fuß zu fassen. So bildete sich in Arnstadt ein »*Stammtisch der Drei Gleichen*«, in Baltingen und Eisenach ein wissenschaftlicher Verein, deren Fäden sämtlich nach Koburg laufen, wo sich anscheinend die Organisationszentrale befindet. Einige dieser Vereinigungen haben dauernde Verbindungen unterhalten mit dem *Wikingbund*, der eine Fortsetzung der Ehrhardt-Brigade darstellt. So sammelten sich in Frankenhausen diese Anhänger unter dem verfänglichen Namen »*Stammtisch Kyffhäuser*«. Nach den vorgefundenen Stammrollen und Ranglisten hatten diese Organisationen einen durchaus militärischen Charakter. Ihre Anhänger wurden auf die Kriegsartikel der früheren Wehrmacht vereidigt. Ihre Gefährlichkeit offenbarte sich in einer aufgefundenen Femeliste über Erfurter Bürger, in der sich auch der Name des Regierungspräsidenten Togemann befindet. Bei allen Gruppen wurde eine Anzahl Pistolen, Schlagringe, Totschläger und militärische Ausrüstungsgegenstände beschlagnahmt (»Berliner Tageblatt«, 7. September 1923).

Waffenkäufe

»Der Freimütige« in Paderborn bringt in Nummer 184 folgendes Inserat: »Mark 15 Millionen zahle ich für Mauser-Pistolen, Kaliber 7:63. Beschreibung: 30 Zentimeter lang, zehnschüssig, von oben zu laden, Stempel: Waffenfabrik Mauser, Oberndorf a. Neckar. Hauptbedingung: Visier 1000 Meter. Kaliber 7:63, im Holzkasten liegend. Sofort per Expreßnachnahme absenden. Erbitte ferner Angebote von Zeiß-, Görz-Photo-Apparaten, Prismengläser, Jagdwaffen, Pistolen. Waffenhandlung Julius Schmidt, Hannover, Königswortherstraße 11. Fernsprecher West 22 53. Bei größeren Posten und Händlern noch höhere Preise. Aufkäufer gesucht.«
Der »Westfälische Anzeiger«, Hamm, enthält in Nummer 181 folgendes Inserat: »Höchste Preise! 2 Millionen zahle ich für Mauser-Pistolen 7:63, 1000 Meter Vis. m. K. 1 Million f. 08 feldgr. Gläser, bis 3 Millionen für Prismengläser. Ferner kaufe ich Pistolen und Parabellum 7:65 und 6:35, sowie sämtliche Patronen. Versand gegen Nachnahme. Aufkäufer gesucht. A. Czieselsky, Breslau, Borwerkstraße 62. Waffenhändler seit 1910.«

Völkische Jugendorganisationen

Die völkische Jugendbewegung ist genau so weitverzweigt wie die völkische Bewegung selbst. Es bestehen Dutzende von Verbänden, Hunderte von Gruppen, von denen einzelne dauernd ihren Namen ändern, Bindungen mit ähnlichen Organisationen eingehen und lösen. Es ist deshalb fast unmöglich, ein Augenblicksbild der Bewegung zu zeichnen. Im Folgenden möge auf einige dieser Organisationen hingewiesen werden.
»Adler und Falke.« Nach völkischer Darstellung ist sein Ziel Pflege des Jugendwanderns. Die Organisation zählt nach eigenen Angaben 4000 Mitglieder, sie hat zwei Zeitschriften: »Adler« und »Falke«. Sitz in Freiburg i. Br.
»Deutschvölkischer Jugendbund.« Ziel ist, die Mitglieder und die deutsche Jugend in die Rassenfrage (also antisemitische Propaganda) einzuführen, ein rassenreines Deutschtum zu erkämpfen und die Vaterlandsliebe zu pflegen. Die Organisation wurde 1919 gegründet, hat 300 Mitglieder, ihr Sitz ist in Rathenow an der Havel.
»Helmuth von Mücke-Bund.« Offizielles Ziel: Zusammenfas-

sung der deutschen Jugend zu einer Gemeinschaft, die sich von jeder Politik fernhält. In Wahrheit handelt es sich um eine militärische Erziehungsorganisation. Mitgliederzahl zur Zeit 3000.

»Jungborn-Bund.« Die Organisation behauptet eine Wandervogelvereinigung zu sein. Sie steht in Verbindung mit dem deutschen Jungorden, der eine Unterabteilung des Jungdeutschen Ordens ist. In seinem Verlag erscheinen »Neues Leben«, »der Ring der Treue«. Sitz: Donnershag in Hessen.

Der Jugendbund *»York von Wartenburg«* wurde im Dezember 1922 unter Vorsitz des Oberleutnant Ahlemann gegründet. Sein Ziel war, alle Jugendlichen der Deutschvölkischen in sich aufzunehmen.

»Jung-Deutschland«. Eine große, mehrere Gruppen zusammenfassende Organisation mit angeblich über 150000 Mitgliedern. Führung: Wullenweber. Ihre Zeitung ist die »Jungdeutschland-Post«.

»Jungdeutsch-Bund«. In Nürnberg im August 1922 gegründet, um die völkische Jugendbewegung zusammenzufassen. Leitung: Admiral Scheer. Sitz: Altona.

»Die Knappenschaft« war eine Unterabteilung der Ehrhardt-Brigade. Sie wurde auf Grund des Gesetzes zum Schutz der Republik in Preußen verboten.

»Scharnhorst-Bund« nimmt Jungens von 14–18 Jahren auf. Er gehört zum »Stahlhelm-Bund«. Die Mitglieder müssen sich zu unbedingter Disziplin verpflichten. Die einzelnen Unterabteilungen werden von Stahlhelmleuten geleitet. Der Scharnhorstbund trägt eine weiße Fahne mit preußischem Adler und Krone als Abzeichen. Als Ziel wird angegeben: »Die Beseitigung des Roten Terrors im Innern und die Befreiung unseres Vaterlandes nach außen.«

»Der Jung-Bismarckbund« Berlin, Schellingstraße 1 ist straff militärisch aufgebaut. Angeblich stehen in Berlin (wahrscheinlich nur auf dem Papier) eine Reihe von Infanteriekompanien. Daneben eine Nachrichtenkompanie mit Telephon, Telegraph, Winkern und eine Radfahrkompagnie.

**Sonstige deutschvölkische
und den deutschvölkischen verwandte Organisationen**

Akademische Gilde Werdandi, Allgemeiner deutschvölkischer Turnverein, Alte Kameraden (geheim), Andreas Hofer-Bund, Arischer Wandervogel, Arminiusbund, Bartelsbund, Bismarckbund, Bismarck-Jugend der deutschnationalen Volkspartei, Bund deutscher Frontsoldaten, Bund der Eddafreunde, Bund der Getreuen, Bund der Kaisertreuen (geheim), Bund deutscher Jungmannen, Bund der Neupfadfinder, Bund deutscher Ringpfadfinder, Bund deutscher Volkserzieher e. V., Bund deutschvölkischer Juristen, Bund Frankenland, Bund für deutsche Lebenserneuerung, Bund völkischer Lehrer Deutschlands e. V., Christliche deutsche Erneuerung, Deutsche akademische Gilde Nibelung, Deutsche Eiche, Deutscher Bund für Heimatschutz, Deutscher Frauenverein für die Ostmarken e. V., Deutscher Herold, Deutscher Hochschulring, Deutsche Jungmannen, Deutscher Kunstbund e. V., Deutscher Notbund gegen die schwarze Schmach, Deutscher Orden, Deutscher Ostbund, Deutscher Ostmarkenverein e. V., Deutscher Schafferbund, Deutscher Schriftbund, Deutscher Tag, Deutscher Verein für ländliche Wohlfahrts- und Heimatpflege, Deutscher Wehrverein, Deutschgläubige Gemeinschaft e. V., Deutschordensland, Deutschsoziale Arbeitsgemeinschaft, Deutschsoziale Partei, Deutscher Pfadfinderbund, Deutschvölkischer Akademikerverband, Deutschvölkische Burschenschaft Siegfried, Deutschvölkischer Jugendbund, Deutschvölkischer Schriftstellerverband, Deutschvölkischer Studentenverband, Deutscher Volkswirtschaftsbund, Deutsch-Wandervogel, Eros (geheim), Fahrende Gesellen, Feldartillerievereinigung, Fichtegesellschaft, Freie Burschenschaft Irminsul, Frontbund (geheim), Germanen e. V., Germanenring, Germanische Glaubensgemeinschaft, Germanischer Gewissensbund, Germanischer Jugendbund, Gesellschaft der Freunde des Gewissens, Gesellschaft deutsch-germanischer Gesittung, Geusen, Gralsbund, Heimatsucher, Hermannsbund, Hermannsorden (geheim), Hubertus, Jugendgruppe des deutschen Kyffhäuserbundes, Jungborn-Bund, Jugendwanderriegen-Verband, Jungbayern, Jungdeutsche Pfadfinderschaft, Junglehrerbund Baldur e. V., Jungnationaler Bund, Innklub, Kleinkaliberschützen (geheim), Knappenschaft, Kronacher-Bund, Kulturkanzlei, Mitgartbund, Nationalverband deutscher Offiziere, Neue Gobineauvereinigung, Nichtjuden-Bund, Notverband (geheim), Patriotischer Kriegerunterstützungsverein, Preußische Königspartei, Reichsbund schwarz-weiß-rot, Reichsbund ehemaliger Kadetten, Reichs-Gegenzins-Bund, Reichshammerbund, Reichsoffiziersbund, Ritterschaft der deutschen Ehrenlegion, Schlageter-Gedächtnis-Bund, Silbernes Schild (geheim), Sturmglocke, Tejabund, Treubund deutscher Künstler in Bayern e. V., Treubund für aufsteigendes Leben, Turnverein Theodor Körner, Unverzagt (geheim), Vaterländischer Jugendbund Fürst Bismarck, Vaterländischer Volksbund, Verein der Freunde deutscher Kunst, Verein deutscher Studenten, Völkische Frauengruppe, Völkischer Wandervogel-Bund.

4. Kapitän Ehrhardt und die Organisation C

> »Kann dir das Licht, Catilina, kann dir die Luft dieses Himmels noch angenehm sein, während du doch weißt, daß es niemandem hier unbekannt ist, daß du einen Haufen zur Ermordung der Staatshäupter bereitgehalten hast?«
>
> *Cicero gegen Catilina*

Zum ersten Male hörte man von Kapitän Ehrhardt, als er am Morgen des 13. März 1920 mit seiner Marinebrigade in Berlin einmarschierte und damit den Kapp-Putsch zur Auslösung brachte. Nach seinem Scheitern räumte Ehrhardt erst nach langem Hin und Her mit seinen Truppen die Stadt. Doch konnte man ihn inmitten seiner Truppen nicht verhaften. Die Regierung war loyal: Seinen 3000 Soldaten war von der Kapp-Regierung eine Zulage für ihre »Treue« versprochen worden. Die Ebert-Regierung hielt das Wort der Kapp-Regierung und zahlte den aufständischen Truppen für ihre Tatkraft eine Papiergeldsumme im Wert von 16000 Goldmark aus. Den Truppen geschah nichts. Als einer sich nach dem Putsch unerlaubt entfernte, wurde er wegen Fahnenflucht bestraft. Als es der Regierung endlich gelang, die Brigade Ehrhardt aufzulösen, war Ehrhardt längst geflohen.

Ehrhardt sorgte auch dafür, daß seine Leute hübsch beisammen blieben. Man konnte sie doch für den nächsten Putsch brauchen. Die Regierung half ihm dabei. So verhandelte er mit dem Münchener Polizeipräsidenten Pöhner wegen der Unterbringung seiner Leute als Arbeitsgemeinschaft auf großen Gütern. Offiziell war damals, so entschuldigte man dies, der Steckbrief gegen Ehrhardt noch nicht bekannt.

Die falschen Pässe

»Als nach dem Kapp-Putsch im März 1920 die Marinebrigade Ehrhardt, die damals in Döberitz stand, aufgelöst wurde, kam der Korvettenkapitän Ehrhardt allerdings einige Male in das

Polizeipräsidium München und zu anderen bayrischen Stellen, um dort wegen der Unterbringung einzelner Gruppen seiner Leute vorstellig zu werden. Es handelte sich ausschließlich um die Beschaffung entsprechender Arbeitsgelegenheiten. Zu derselben Zeit ging Ehrhardt auch im Reichswehrministerium aus und ein. Es war damals noch in keiner Weise bekannt, daß Haftbefehl gegen Ehrhardt vorliege. Der Haftbefehl gegen Ehrhardt stammt vom 15. Mai 1920. Er wurde lediglich im deutschen Fahndungsblatt am 25. des gleichen Monats veröffentlicht. Auffällig ist, daß bezüglich aller übrigen Kappisten ein ausdrückliches telegraphisches Ersuchen um Verhaftung an die Münchener Polizeidirektion gerichtet wurde, nur nicht bezüglich Ehrhardts. Gleichwohl haben sämtliche bayrische Polizeibehörden auch nach Ehrhardt gefahndet« (Staatssekretär Schweyer im bayrischen Landtagsausschuß 16. September 1921). Man sieht, mit welchem Erfolg. Denn er konnte jahrelang nicht gefunden werden.
Als der Steckbrief bekannt wurde, hörten die offiziellen Unterhaltungen auf, die inoffiziellen wurden um so stärker. Ehrhardt muß illegal leben. Er braucht also neue, gute, richtige Papiere. Was lag näher, als sich an seinen Freund und Gesinnungsgenossen *Pöhner*, den bayrischen Fouché, zu wenden? Der versagte nicht und gab ihm gleich zwei Pässe, einen auf den Namen Hugo Eisele, den anderen auf den Namen Hermann Eichmann. Leider hatte die Geschichte einen Haken, und so passierte folgende Tragikomödie: Die bayrische Polizei ist tüchtig. Bei Gelegenheit einer Fremdenkontrolle verhaftete sie den Kaufmann Eichmann, der ungeschickt genug war, noch einen Paß auf den Namen Eisele zu besitzen. Der zweite Paß war zur Ausreise nach Ungarn bestimmt. Vor Pöhner geführt, wurde Ehrhardt natürlich sofort entlassen. Interpelliert, erklärte der Innenminister Schweyer, der Paß Eisele beruhe auf einer Unachtsamkeit, eine politische Mission habe Eichmann in Ungarn nicht gehabt. Ob Schweyer die Identität Ehrhardt mit Eichmann kannte, läßt sich nicht nachweisen. Ehrhardt war dann in Ungarn. Dort wieder ein neuer Paß. Hugo v. Eschwege hieß er diesmal. Immer H. E. wegen der Wäschezeichen. Ehrhardt-Eichmann-Eisele-Eschwege war nicht untätig. Der Rest seiner Brigade wurde in der Organisation C (Consul) zusammengefaßt.

Organisation C

In den Statuten heißt es:
»a) Geistige Ziele: Weiterpflege und Verbreitung des nationalen Gedankens, Bekämpfung aller Antinationalen und Internationalen, Bekämpfung des Judentums, der Sozialdemokratie und der linksradikalen Parteien, Bekämpfung der antinationalen Weimarer Verfassung in Wort und Schrift, Aufklärung weiter Kreise über diese Verfassung, Unterstützung einer für Deutschland allein möglichen Verfassung auf föderalistischer Grundlage.
b) Materielle Ziele: Sammlung von entschlossenen, nationalen Männern zu dem Zwecke, die vollständige Revolutionierung Deutschlands zu verhindern, bei großen inneren Unruhen deren völlige Niederwerfung zu erzwingen und durch Einsetzung einer nationalen Regierung die Wiederkehr der heutigen Verhältnisse unmöglich zu machen und dem Volke eine Wehrmacht und die Bewaffnung soweit wie möglich zu erhalten.
Die Organisation ist eine Geheimorganisation, sie verpflichtet die Mitglieder untereinander, ein Schutz- und Trutzbündnis zu schließen, wodurch jeder Angehörige der Organisation der weitgehendsten Hilfe aller anderen Mitglieder sicher sein kann. Die Mitglieder verpflichten sich, ein Machtfaktor zu sein, um geschlossen als starke Einheit dazustehen, wenn die Not, die Ehre unseres Vaterlandes und die Erreichung unserer Ziele es erfordern. Jeder verpflichtet sich zu unbedingtem Gehorsam gegenüber der Leitung der Organisation. Juden, überhaupt jeder fremdrassige Mann, sind von der Aufnahme in die Organisation ausgeschlossen. Die Mitgliedschaft erlischt a) durch den Tod, b) durch Ausscheiden infolge unehrenhafter Handlungen, c) durch Ungehorsam gegen den Vorgesetzten, d) durch freiwilligen Austritt. Alle Leute unter b) und c) und *alle Verräter verfallen der Feme*. Die Verpflichtungsformel lautet: Ich erkläre ehrenwörtlich, daß ich deutscher Abstammung bin. Ich verpflichte mich ehrenwörtlich durch Handschlag, mich den Satzungen zu unterwerfen und nach ihnen zu handeln. Ich gelobe, dem obersten Leiter der Organisation unbedingten Gehorsam zu leisten und über alle Angelegenheiten strengstes Stillschweigen zu bewahren.« (Mitteilungen des badischen Staatspräsidenten Dr. Trunk, badischer Landtag, 22. September 1921.)
Im Statut der ihr angeschlossenen Militärorganisationen heißt es. »Zweck:
1. Aufstellung einer zuverlässigen Truppe in Brigadestärke, die

eingesetzt werden kann bei roten Aufständen, bei außenpolitischen Verwicklungen.
2. Teilaktionen mit oder ohne Wissen der Regierung, wenn es die nationalen Interessen erfordern.
3. Lokale Stoßtrupps zur Zersprengung antinationaler Veranstaltungen.
4. Erhaltung der Wehrfähigkeit und Erziehung der Jugend zum Waffengebrauch.
Richtlinien:
1. Schaffung einer Nationalarmee. Dazu Grundlage durch Zusammenschluß nationaler Männer jeder Volksklasse.
2. Ziele dieser Armee:
a) *Wir wollen offensiv sein* und aktuelle Ziele haben. Diese Ziele sind Kampf mit jedem Mittel gegen alle Elemente, die auf internationalem Boden stehen. Dazu gehören in erster Linie die Linksradikalen, die Sozialdemokratie, die Juden, die Demokraten, vor allem die Richtung des »Berliner Tageblattes« und der »Frankfurter Zeitung«.
b) Anspannung von Kräften zur Erfindung neuer Kampfmittel, da wir mit den bisherigen unterlegen sind und bleiben. Der deutsche Erfindungsgeist in der Jugend muß mobil gemacht werden. Es muß etwas Unwiderstehliches sein, zum Beispiel elektrische Fernwirkung auf Explosivstoffe.«
Aus den Erläuterungen: »Führung und Stab der Trupps arbeitet in Permanenz. Es dürfen nur Männer in die Truppe, die entschlossen sind, keinerlei Hemmung in sich tragen und bedingungslos gehorchen, die brutal genug sind, rücksichtslos durchzugreifen, wo sie eingesetzt sind. Als Unterführer kommen nur Offiziere in Frage, die Kriegserfahrung und Erfahrung im Bürgerkrieg haben, die vor allem eine Haupterfahrung beherzigen: Kein Verhandeln, sondern Schießen und rücksichtslos Befehlen. Waffen und Munition sind in genügender Zahl vorhanden. Reisekosten, Verpflegung und Löhnung werden ersetzt.
Diejenigen, denen ihre Tätigkeit jederzeit ein Abkommen gestattet, sind listenmäßig besonders zu führen. Es können Fälle eintreten, wo entschlossene Männer vorübergehend gebraucht werden, Rädelsführern und Hetzern ihr Handwerk für alle Zukunft unauffällig zu legen, Rädelsführer und Hetzer bei Skandalen beiseite zu schaffen: man ermordet diese ›Hunde‹ durch Schuß oder Gift, jedes Mittel ist recht.« (Mitteilungen Lipinskis im sächsischen Landtag. »Münchener Post«, 27. Dezember 1922.)
Dies alles blieb nicht bloß auf dem Papier. Die Ermordung Erz-

bergers, Rathenaus, des bayrischen Abgeordneten Gareis, die Attentate auf Scheidemann, Harden und auf Auer, die Beseitigung mancher »Verräter«, die Befreiung der Kriegsverbrecher Boldt und Dittmar sprechen eine deutliche Sprache. Nachweislich sind sie von Mitgliedern der Organisation C begangen worden. Es dürfte wohl keinen politischen Mord der letzten Zeit in Deutschland geben, bei dem nicht die Organisation C unmittelbar oder mittelbar beteiligt gewesen wäre. Ein weites Netz spannt sie über Deutschland aus. Der Zusammenhang selbst ist lose. Jeder kennt nur seine eigene Aufgabe. Nichts weiter. So kann er nicht viel verraten. Lokale Unterorganisationen, Stoßtrupps werden gebildet. Appelle, Kontrollversammlungen halten die Mannschaft zusammen.

In einer Zuschrift an die »Münchener Zeitung« vom 18. Juli 1922 protestiert allerdings Kapitänleutnant Ehrhardt von Wien aus gegen die Darstellung seiner Organisation als einer Mörderzentrale: »Ziel der Organisation sei die Bekämpfung des Bolschewismus in Deutschland gewesen. Als nach dem Erzberger-Mord die Verhaftung ihrer Mitglieder erfolgte, befand sich die Organisation bereits in Auflösung, *weil die von der Regierung zur Verfügung gestellten Mittel zur Neige gingen*. Von Mitgliedern der aufgelösten Vereinigung sei dann der Neudeutsche Bund gegründet worden.« Die Schuld an dem Entkommen der Erzberger-Mörder gibt er dem badischen Justizminister Trunk, weil dieser die Münchener Polizei nicht verständigt und die Abreise der badischen Staatsanwaltschaft nach München um 24 Stunden verzögert hätte. Es wäre interessant zu wissen, woher Ehrhardt diese vertraulichen Interna aus der Münchener Polizei hat.

Der Organisation C stehen nahe die Brüder vom Stein, der Hauptverband der Schlesier, der Bund der Aufrechten, der Jungdeutsche Orden, Verband nationalgesinnter Soldaten, Nationalverband deutscher Offiziere und eine Reihe von studentischen Organisationen.

Man sieht, hier lebt starker Wille, abenteuerliche Landsknechtsnatur und konzentriertes Handeln. Man vergleiche dies mit dem, milde gesagt, schwächlichen Verhalten der deutschen Justiz. Schon seit der Ermordung Erzbergers schwebt das Verfahren gegen die Organisation C, und sie ist seither nicht untätig gewesen, wie die oben (Kapitel 2) aufgeführten Fälle beweisen.

Politische Phantasien

Zur Organisation C gehört übrigens ein ganzes System von politischen Phantasien. Das beste Beispiel ist ein schon 1920 erschienenes Buch des früheren Major Solf, betitelt »1934, Deutschlands Auferstehung«. Der steckbrieflich verfolgte Oberst Bauer hat dazu ein Vorwort geschrieben. Hier wird als Mittel zu Deutschlands Auferstehung all das bejaht, was die Gegner des heutigen Deutschlands ihm als Beweis des Willens zum Krieg vorwerfen. Da ist zunächst ein »Klub der Harmlosen«. Er hat Vertrauensleute im ganzen Land, und sein Zweck ist der Rachekrieg gegen Frankreich. Seine Spitze hat keinen Namen, es ist der »General«. (Genau wie in der nationalen Vereinigung Ludendorff als Diktator L und Ehrhardt nur als »Consul« bezeichnet wurde.) Der Klub besitzt auch harmlose Mitglieder, die bis zur letzten Stunde keine Ahnung von den Vorgängen haben. (Genau wie die Organisation Escherich oder die Einwohnerwehr.) Frühere Offiziersburschen dienen als Vertrauensleute unter der Arbeiterschaft. Für die Offiziere werden Mobilmachungslisten aufgestellt. Ein berühmter Physiker erfindet das neue Kriegsmittel, eine Strahlenart, welche es erlaubt, alle Munition in einem bestimmten Umkreise zur Explosion zu bringen. Als Kinoapparate verkleidet werden die einzelnen Teile in Fabriken hergestellt (genau wie jetzt bei Schiebungen Waffen als Maschinen deklariert werden). Das zugehörige Gewehr wird als Scheibenbüchse in den Handel gebracht. Am entscheidenden Tag hält der General eine Rede: »Wir werden uns unerwünschter Elemente ohne viel Gewissensbisse entledigen.« (Man erinnere sich an die vielen politischen Morde.) Der Sturm bricht los. Der Reichstag, der national bis auf die Knochen ist, empfängt den General. Der Reichspräsident dankt ab, der General bekommt unbedingte Vollmacht. (Ermächtigungsgesetz und Ausnahmezustand.) Die feindlichen Besatzungstruppen werden überall geschlagen. 1921 waren bereits 10000 Exemplare dieses Buches verkauft.

Die Ehrhardtbank

Man braucht Geld für die Organisation, für Ehrhardt selbst, der ständig zwischen Wien, Budapest und München hin- und herreist. Wer hat Geld? In Deutschland die Banken. Was liegt näher, als selbst eine Bank zu gründen? Ein etwas anrüchiger

Herr Schäfer, in der Schweiz schon mehrfach vorbestraft, gründet in aller Öffentlichkeit eine »Ehrhardt-Bank«. In einem Werbebriefe an einen Freund schreibt er: »Gib mir Geld, ich habe den Weg zum sicheren Reichtum.« Die Tätigkeit der Bank besteht in Kapitalverschiebungen nach Ungarn. Natürlich auf streng christlich-arischer Grundlage. Kleine Schiebungen gehen nebenbei. Schmeichelnde Briefe des Herrn Bankdirektors Schäfer an Herrn Hegedüs, der damals die ungarische Valuta retten wollte, sollen als Geschäftsgrundlage der Bank genügen. Nur Zufall ist es, daß Herr v. Salomon, der stark am Rathenau-Mord beteiligt war, auch ein Angestellter der Bank ist. Natürlich hat die Bank in der Öffentlichkeit mit der Organisation C nichts zu tun. Im Gegenteil, man hat nur Herrn Ehrhardt (den steckbrieflich Verfolgten) um seine Protektion gebeten, »weil er ein aufrechter nationaler Mann war«.

Die Ehrhardt-Bank war nur eine vorübergehende Erscheinung: »Uns ging das Geld aus. Es mußte etwas geschehen«, sagte zynisch der junge Techow, da schoß er Rathenau nieder. Auch hier steckte die Organisation C dahinter; mit Ehrhardts Namen auf den Lippen starben die Rathenaumörder. Auch hier versagte die Justiz. Es gelang nicht, Näheres über die Organisation C zu ermitteln.

Der Wikingbund

Aber immerhin entstanden Lücken. Man mußte sich umstellen. Die Organisation C existiert nicht mehr. Es entstand der Neudeutsche Bund, »ein gerichtlich eingetragener, vollkommen öffentlicher Verein, dessen Charakter jedermann durch Einsichtnahme des Vereinsregisters feststellen konnte. Er umfaßte nur einen sehr beschränkten Teil von Mitgliedern der ehemaligen Organisation C. Auf der anderen Seite hat er einen erheblichen Teil Mitglieder, der niemals mit dieser Organisation zu tun hatte.« (Brief Ehrhardts an den Oberreichsanwalt.)

Auch der Neudeutsche Bund ist noch nicht die letzte Form des vielgestaltigen Proteus. Eine Zeitlang hieß er Wikingbund. Der offizielle Führer ist der Kapitänleutnant Kautter, der so tapfer die 55 Millionen (40000 Goldmark) des Oberleutnants Richert einsteckte. (Näheres Kapitel 9.)

In den Satzungen der Ortsgruppe Amberg dieses Bundes heißt es: »Der Bund ist eine Vereinigung werktätiger deutscher Männer und erstrebt auf völkischer Grundlage die Wiedergeburt des deutschen Volkes in sittlicher, kultureller, wirtschaftlicher und politischer Beziehung. Der Führer des Bundes ist der Gründer, welcher absolute Herrschaft besitzt, von einem Jahresthing bis zum anderen. Mitglied kann jeder unbescholtene Deutsche arischer Abkunft werden. Bei Aufnahme in den Bund wird jeder auf den Führer und sein Ziel vereidigt und gelobt damit unverbrüchlichen Gehorsam. *Vollstreckung von Urteilen haben diejenigen auszuführen, die vom Führer dazu beauftragt werden.* Das politische Programm ist das der nationalsozialistischen deutschen Arbeiterpartei. Der Bund ist ein vaterländischer Kampfverband. Amberg, 9. Mai 1923, gez. B. Reiter, Führer und Gründer des »Wiking-Bundes«. (»Münchener Post«, 1. Juni 1923.)

»Es hat sich herausgestellt, daß aus dem durch Verbot aufgelösten Nationalverband deutscher Soldaten eine Ersatzorganisation, der sogenannte Wikingbund, gebildet worden ist, der gleichzeitig eine Fortsetzung der Organisation Consul (Brigade Ehrhardt) darstellt. Bezeichnend für den Mißbrauch, der dabei mit den nicht chargierten Mitgliedern getrieben wurde, ist der Umstand, daß nach der Aussage eines Organisationsleiters den unterstellten Leuten von der Identität des Wikingbundes mit der Organisation C keine Mitteilung gemacht werden durfte. Der Wikingbund als Neuauflage der Organisation Consul für Thüringen einschließlich der preußischen Gebietsteile ist in elf Abteilungsbezirke eingeteilt, deren Bezirksleitung in Erfurt ihren Sitz hat. Aus den Aussagen beteiligter Personen geht hervor, daß in der Organisation auch eine Feme besteht. Sie hat die Aufgabe, den Geheimcharakter der Organisation und ihrer Unternehmungen mit den schärfsten Mitteln aufrechtzuerhalten. Personen, die als Verräter oder sogar Spitzel angesehen werden, sollten nach Angaben von Beteiligten erschossen werden. Die Mitglieder der Geheimorganisationen pflegten in der bei diesen Bünden schon hinlänglich bekannten Weise vereidigt und dabei zu absolutem Gehorsam auf Leben und Tod gegenüber den Führern verpflichtet zu werden. Aus den Aussagen beteiligter und verhafteter Personen geht weiter hervor, daß auch diese Organisationen gegebenenfalls dem Zweck dienen sollten, mißliebige Führer und Staatsmänner der Republik zu beseitigen.« So schreibt das thüringische Presseamt. (»Münchner Post«, September 1923.)

Über die Organisation C wurde vor dem Rostocker Schöffengericht Ende Juli 1923 ein interessanter Prozeß abgehalten, der zeigte, wie sehr es der Organisation gelungen war, auch Staatsorgane in Norddeutschland mit ihren Ideen zu durchdringen. Die sozialdemokratische Mecklenburger »Volkszeitung« hatte ein Geheimzirkular des Gaues Mecklenburg des Deutschvölkischen Schutz- und Trutzbundes veröffentlicht. Dieses Zirkular, das, wie es darin heißt, nur an wohlausgesuchte Empfänger gesandt wurde, und mit der Weisung: »streng vertraulich! Nach dem Lesen vernichten« versehen war, enthielt Sätze, wie: »Der eine stellt die Mittel zum Kampf, der andere opfert Leib und Leben. *An Angehörige der Brigade Ehrhardt ist jede erdenkliche Hilfe zu leisten.*« Unter dem Geheimzirkular befanden sich die Namen des Vorstandes: Erich Bade, ehrenamtlicher Gauwart, Schwerin; Gustav Ritter, Fabrikbesitzer, Grabow; W. Sträter, Inspektor, Neuhof; H. Sträde, Telegraphendirektor, Rostock; H. Rieland, Kaufmann, Ludwigslust; Friedrich von Schubert, Hofbesitzer, Tornow.

Bade hatte zu dem Zirkular noch folgenden Nachsatz hinzugefügt: »Eigene Sache, nicht Bundesangelegenheit! Tatkräftige entschlossene Leute wollen sich bei mir, Schwerin, Alexandrinerstraße 14, jetzt bereits melden, versehen mit einem Empfehlungsschreiben des Empfängers dieser Zeilen.«

Dazu schrieb das sozialdemokratische Organ: »Der Namen eines Reichsbeamten gemeinschaftlich mit dem Namen des Verschwörers Bade, der tatkräftige entschlossene Leute sucht! Der verfassungsgemäß der Republik einen Treueid geleistet hat, Gehaltsempfänger der Republik und dann in dieser Gesellschaft! Wie vereinbart Herr Sträde das mit seinem Gewissen?«

Die Staatsanwaltschaft hat daraufhin nicht etwa gegen die an dem Zirkular Beteiligten, sondern gegen den Verfasser des Artikels und gegen den Redakteur der Volkszeitung Anklage erhoben. Der Telegraphendirektor Sträde sagte als Zeuge, es sei alles ganz harmlos, der Vorsitzende Bade habe aber seinen Namen ohne sein Wissen und mißbräuchlich unter das Zirkular gesetzt. Der Verfasser des Artikels wurde zu einer Million Mark Geldstrafe (4 Goldmark), der verantwortliche Redakteur zu 250 000 Mark (1 Goldmark) verurteilt. (»Berliner Tageblatt«, 1. August 1923.)

Der Prozeß gegen Ehrhardt

Ehrhardt selbst, der Consul, wie er in seinen Bünden hieß, konnte seit dem Kapp-Putsch von der Polizei nicht gefunden werden. Es war ein öffentliches Geheimnis, daß er sich größ-

tenteils in Bayern aufhielt. Die bayrische Regierung dementierte dies natürlich heftig. Aber zufällig hat man ihn doch gerade in Bayern gefunden. In dem Verfahren gegen die Organisation C wollte der Untersuchungsrichter mehrere Personen in Bayern vernehmen. Darauf wurde dem Reichsjustizministerium von der bayrischen Regierung mitgeteilt, daß weite Kreise in Bayern, d. h. die vaterländischen Verbände, es lieber sehen würden, wenn die in Aussicht genommene Vernehmung durch bayrische Gerichte erfolgen würde. Auf Anregung des Reichsjustizministers Heinze wurden die Vernehmungen durch den Oberreichsanwalt zunächst aufgehoben. Aber einige Vernehmungen fanden doch statt. Die Freundschaft des Herrn Pöhner wurde Ehrhardt zum Verhängnis. Der Oberreichsanwalt vernahm nämlich unter anderen die Prinzessin Hohenlohe. Sie schwor, daß sie Ehrhardt nicht kenne. Bei ihr wohnte ein möblierter Mieter, Herr v. Eschwege. Um über die Beziehungen der Prinzessin Klarheit zu schaffen, wurde auch er vernommen. Auch er schwor, Ehrhardt nicht zu kennen. Aber als er das Zimmer verließ, erkannte ihn ein Beamter als Herrn Eichmann. Der Oberreichsanwalt wußte, daß Eichmann identisch mit Ehrhardt ist. Der Ring war geschlossen, Ehrhardt wurde verhaftet und nach Leipzig übergeführt. Ganz besondere Sicherheitsmaßnahmen wurden im Untersuchungsgefängnis getroffen, so las der Republikaner mit Befriedigung in der Zeitung. Allerdings hieß es bald darauf mysteriöserweise, daß Ehrhardt sich einen Arm gebrochen habe. Böse Leute vermuteten, bei einem Fluchtversuch. Aber nein! Ein ehrlicher Mann wie Ehrhardt hat von dem Gericht nichts zu fürchten. Er hat ja überhaupt nichts getan. Und ganz offen verlangten die deutschvölkischen Abgeordneten Henning und Wulle seine Freilassung.
Ob das Verfahren so ernst gewesen wäre, wie ein Mann wie Ehrhardt es verdient hätte, läßt sich nicht entscheiden. Komisch berührt es, daß man ihn unter anderm wegen Meineids belangte, weil er, als Eschwege vernommen, schwor, Ehrhardt nicht zu kennen. Als wenn ein Angeklagter nicht nach allen göttlichen Gesetzen das Recht zum Lügen hätte. Ehrhardt wartete die Verhandlung nicht ab. Er zog vor zu fliehen. Flucht aus dem Gefängnis! Man denkt an abenteuerliche Dinge: Casanova und die Bleidächer Venedigs, der Graf von Monte Christo! Aber hier ging es einfacher zu. Ehrhardt hatte dringende Familienprobleme zu lösen. Da war es für den Senatspräsidenten beim Reichsgericht, den Vorsitzenden des Staatsgerichtshofes, Dr. Schmidt, »aus Gründen der Menschlichkeit ganz natürlich,

daß Ehrhardt mit seiner Frau und seinem Vetter ohne Aufsicht sprechen konnte«. Selbst seine Post wurde nicht genau durchgesehen. Seine Anhängerschaft war orientiert. In Briefen an ihn wurde von dem kommenden freudigen Ereignis gesprochen. Der Sicherheit halber ließ er sich den Bart abnehmen. Dann nahm er ein Bad im Gefängnis wie jeden Tag. Mit dem Nachschlüssel, den seine Frau, sein Vetter oder der würdige Anstaltsgeistliche ihm gegeben hatte, sperrte er sich die Tür auf, stieg in ein Automobil und fuhr davon. Nachher großer Krawall. Daß gerade der sächsischen Regierung, die gut republikanisch ist, so etwas passieren konnte! Aber der verantwortliche Beamte, der die Unterredung ohne Zeugen gestattete, der Präsident des Staatsgerichtshofes, war ein Reichsbeamter, und er ist es noch heute. »Die Entscheidungen des Präsidenten konnten die sächsischen Gefängnisbehörden nicht der Verpflichtung entheben, den ihrem Gewahrsam anvertrauten Gefangenen den bestehenden Vorschriften gemäß sicher zu verwahren.« So polemisierte der Reichsjustizminister Heinze in der Presse gegen die Sachsen.

Der Prozeß gegen Ehrhardt fand also ohne Ehrhardt statt. Nur die Prinzessin Hohenlohe, die arme unschuldige Prinzessin, wie die Presse jammerte, zierte die Anklagebank. Für den geliebten Mann, mit dem sie zusammen lebte, hat sie einen kleinen Meineid geleistet. Ehrhardt ist übrigens verheiratet und seine Frau wohnte auch bei München. Natürlich nur einen ganz kleinen Meineid. Ehrhardt sagte, er heiße jetzt v. Eschwege. Der alte Ehrhardt existiert nicht mehr. Er ist tot. So hat sie ruhig geschworen, ihn nicht zu kennen. Unerwarteterweise hat das Gericht diese Argumentation selbst einer Prinzessin nicht ganz geglaubt und sie wegen Begünstigung in Tateinheit mit Meineid unter Zubilligung mildernder Umstände zu vier Monaten Zuchthaus verurteilt, die jedoch sofort in sechs Monate Gefängnis umgewandelt wurden. Die deutsche Öffentlichkeit hat es Ehrhardt sehr verübelt, daß er seine kleine nette Freundin hat sitzen lassen.

Das Verfahren wegen Befreiung Ehrhardts gegen einen Herrn v. d. Bussche und dessen Frau, gegen den Studenten Studnitz und gegen Massow von Prince schwebt noch.

Der Aufmarsch in Franken

Ehrhardt feierte bald glorreiche Auferstehung. Schon am 9. Oktober schrieb das »Bamberger Tageblatt«, daß der vielgeschmähte Baltikumer nun endlich in Bayern eine Freistatt gefunden habe.

An der bayrisch-thüringischen Grenze realisierte sich die Spannung zwischen Bayern und dem Reich im Oktober 1923 in grotesker Weise. Zur Vorbereitung des von Hitler und Ludendorff geplanten Vormarsches gegen Berlin sammelten sich die bayerischen rechtsradikalen Kampforganisationen längs der thüringischen Grenze. Kapitän Ehrhardt residierte inmitten seiner Truppen in Koburg. Unter ihm der Wehrwolf, Bismarckbund, Bund Oberland, Stahlhelm, Jungdo, Wiking, Roßbachbund, mit allen zum Bandenkrieg erforderlichen Waffen, Infanteriegewehren, Maschinengewehren, Minenwerfern, gut ausgerüstet. Nur die schwere Artillerie fehlte. Auf der anderen Seite in höchster Alarmbereitschaft die thüringische Landespolizei. Hinter der Brigade Ehrhardt, als Reserve die bayrische Schupo und die Reichswehr. In Bamberg waren die Truppen in der Kaserne der Reichswehr einquartiert, sonst lagen sie in Privatquartieren. Die offizielle Fiktion war, das sei »Selbstschutz«, um die Kommunisten abzuwehren, die angeblich von Thüringen her nach Bayern einfallen würden, um die Dörfer und Felder zu plündern. (Man erinnere sich an die Kriegsnachrichten und Grenzüberschreitungen von 1914.)

Nach einer Meldung der »Frankfurter Zeitung«, 11. November 1923, entsprach die Kampfstärke etwa 10000 bis 12000 Mann, zum Teil bestehend aus bodenständigen, das heißt einheimischen Mitgliedern der Organisationen, daneben von auswärts Herbeigezogenen. Am 8. November bekam jedes Mitglied der Kampftruppe pro Tag außer freier Verpflegung 80 Milliarden Mark (53 Goldpfennig) und für nächtliche Postendienste außerdem 30 Milliarden (20 Goldpfennig). Abends fanden Geländeübungen statt. Viele Automobile, Motorräder, Gulaschkanonen, Fuhrparkkolonnen zeigten ein militärisches Bild.

Die folgenden Aufrufe zeigen, wie stark die Fiktion der Legalität bei diesem Aufmarsch vertreten wurde. »Die bayrische Regierung hat Teile des Jungdeutschen Sturmregiments aufgerufen. Weitere Aufrufe erfolgen in den nächsten Stunden. Wir müssen von den Arbeitgebern Koburgs und Umgebung erwarten, daß sie unsere Ordensbrüder sofort zur Erfüllung ihrer vaterländischen Pflichten freigeben.« (Der Kommandant des

Jungdeutschen Sturmregiments in den Koburger Blättern.) Und in einer andern Bekanntmachung, die in dem »Neustädter Tageblatt« veröffentlicht wurde, heißt es: »Grenzschutz-Nothilfe! Die Kompagnie Neustadt der Polizei-Nothilfe braucht dringend alte feldgraue Uniformstücke. Ich bitte die Bürgerschaft, uns durch Zuwendung dieser Art zu unterstützen. Abgabe in der Kompagnie-Schreibstube, Amtsgericht Zimmer 5.« (»Neue Badische Landeszeitung«, 5. November 1923.)

Das Wehrkreiskommando V versuchte zu beschwichtigen: »Über die Ansammlung von Kampfverbänden an der bayrischen Nordgrenze werden aus thüringischer Quelle kommende, beunruhigende und stark übertriebene Nachrichten seitens amtlicher Behörden verbreitet. Solche Alarmmeldungen von amtlichen Organen, die von ihrer eigenen Regierung nach Prüfung an Ort und Stelle dementiert werden mußten, sprachen unter anderem von der Ansammlung von vier Infanterieregimentern, großen Artilleriemassen und der Aufstellung von Batterien, sogar auf thüringischem Boden im eigenen Bezirk der meldenden Behörden und dergleichen mehr. Tatsächlich steht, wie eine sorgfältige Nachprüfung ergeben hat, lediglich Landespolizei, allerdings verstärkt durch 2000 Mann Selbstschutz, die den ortsangesessenen Organisationen entnommen sind, an der Grenze.« (»Neue Badische Landeszeitung«, 7. November 1923.)

Dieses Dementi wurde sofort durch eine »Erklärung der Brigade Ehrhardt, Befehlstelle Koburg« in der »Deutschen Zeitung« vom 14. November (T. V.-Meldung aus München) widerlegt. Denn durch diese Bezeichnung wird ohne weiteres zugegeben, daß die Brigade Ehrhardt alias Organisation »Consul« tatsächlich in Koburg und Umgebung zusammengezogen worden ist. Zur Rechtfertigung des Wehrkreiskommandos V könnte man nur annehmen, daß die Brigade Ehrhardt etwa in die bayrische Notpolizei eingegliedert worden ist, was ja bei den bayrischen Zuständen auch nicht unmöglich wäre.

Der ganze Aufmarsch war ein Schlag ins Wasser. Es kam zwar zu kleinen Zwischenfällen, wobei auf beiden Seiten geschossen wurde, aber der Vormarsch konnte nicht stattfinden. (Wegen Regen findet die Revolution im Saale statt!) Denn die Front wurde wieder einmal vom Hinterland erdolcht. Der »Verräter« Kahr vereitelte den Putsch der Nationalsozialisten. (Kapitel 10.) Die Grundlage des Unternehmens stürzte ein. Die gesamten Truppen mußten zurückgezogen werden. So scheiterte Ehrhardts Vormarsch gegen Berlin.

Ehrhardt wieder in Bayern

Nach dem Putsch vom 9. November trat Ehrhardt legal auf, um in der Münchner Universität vor begeisterten Zuhörern vaterländische Reden zu halten. Man sieht deutlich, wozu das Gesetz zum Schutz der Republik in Bayern aufgehoben ist!
Ehrhardt versuchte übrigens, was gar nicht zu seiner bisherigen Einstellung paßt, vermittelnd in den Konflikt zwischen Hitler und Kahr einzugreifen. Dieses Eingreifen wurde ihm von beiden Seiten übel belohnt. Ludendorff erließ eine öffentliche Erklärung, wonach Ehrhardt zum Führer der völkischen Bewegung nicht geeignet sei, söhnte sich aber dann mit ihm wieder aus. Wahrscheinlich hat Ehrhardt von vornherein nicht an den Erfolg Ludendorffs und Hitlers geglaubt. Hätte er sich ihnen angeschlossen, so wäre seine Auslieferung nach Leipzig sicher gewesen. Er zog daher vor, sich Kahr anzuschließen, der ihn vor dem Reich geschützt hatte.
Der Innenminister Gürtner rechtfertigte im bayrischen Landtag (8. Februar 1924) ausdrücklich den Schutz, den Kahr dem steckbrieflich verfolgten Ehrhardt angedeihen ließ. Bei keinem bayrischen Gericht schwebe ein Verfahren gegen Ehrhardt. Da der Vollzug des Gesetzes zum Schutz der Republik in Bayern eingestellt sei, existiere ein Fall Ehrhardt überhaupt nicht.
Das Ermittlungsverfahren gegen die Organisation Consul kam nach mehrjähriger Dauer im Februar 1924 zum Abschluß. Aber die Frage, ob das Verfahren dem Staatsgerichtshof überwiesen oder auf Grund der neuen Bestimmungen an die ordentlichen Gerichte abgegeben werden soll, konnte noch nicht entschieden werden. Daher wird sich der Prozeß gegen die 40 Mitglieder der Organisation C noch länger hinausziehen. Die Beschuldigten befinden sich sämtlich in Freiheit. (»Frankfurter Zeitung«, 12. Februar 1924.) Diese Tatsache allein dürfte genügen, um das Verfahren zu einer völligen Farce zu gestalten.

5. Roßbach

> »Kann man in ganz Italien einen Giftmischer, einen Gladiator, einen Räuber, einen Messerhelden finden, der sich nicht des Verkehrs mit Catilina rühmte? Welcher Mord in den letzten Jahren wäre ohne ihn begangen worden?«
>
> Cicero gegen Catilina

Die Organisation Roßbach, aus dem Kapp-Putsch hervorgegangen, ist beinahe so vielgestaltig wie die Organisation C. Erwachsen ist sie aus den früheren Angehörigen des Jägerbataillons 37, in dem Roßbach Leutnant war. Nach der Auflösung des Freikorps blieb die Organisation zunächst legal, dann aber illegal zusammen.

Die Organisation ist an einigen politischen Morden der letzten Jahre beteiligt. Zwar nicht offiziell als Organisation, wohl aber einzelne ihrer Angehörigen. Sie ist eine sogenannte Arbeitsgemeinschaft. Nach ihrer offiziellen Auflösung im November 1921 konstituierte sie sich schon 14 Tage später als Verein für Wanderfahrten, als nationale Sparvereinigung und als Verein für landwirtschaftliche Berufsbildung. Als Feldhüter und Nachtwächter sind die Mitglieder auf den Gütern beschäftigt. Einen Teil ihres Lohnes müssen sie als Pfand für ihr weiteres Verbleiben an die Organisation abtreten.

Die Vereinigung wird größtenteils von den Gutsbesitzern unterhalten. Diese haben für jeden Mann, den sie zugewiesen bekommen, bedeutende Summen abzuliefern. Der Hauptführer ist Oberleutnant Roßbach, Wannsee, Otto-Erich-Straße 10, woselbst er ein »Deutsches Auskunftsbüro« für Ermittlungen, Beobachtungen und Reisebegleitungen eingerichtet hatte. Eine Nebenstelle, welche den Stab der Organisation umfaßt, befand sich in Berlin, Bayreuther Straße 13. Man beachte folgende Reklame:

»*Deutsche Auskunftei*
Hauptgeschäftsstelle: Berlin-Wannsee, Otto-Erich-Straße 10.
Tag und Nacht geöffnet. Telephon Wannsee 613 und 793
Nebenstelle: Berlin W 62, Bayreuther Straße 13–III. Dienststunden 10 bis 4 Uhr. Telephon Steinplatz 11663
Vertreter und Beamte kommen auf telephonischen Anruf
Auf Wunsch Abholung durch Kraftwagen von Berlin oder vom Bahnhof Wannsee
Telegrammadresse: »Deutsche Auskunft« Wannsee
Bankkonten: F. W. Krause & Co., Berlin W, Behrenstraße 2, Industrie- und Landwirtschaftsbank, Berlin, Markgrafenstraße 35
Kriminalabteilung: Kriminalkommissär a. D. Wilß
Politische Abteilung: Hauptleiter Oberleutnant a. D. Roßbach, Major v. Berthold
Auskunft-, Börsen- und Inkassoabteilung: Direkt. M. L. Eberhardt
Wach- und Schutzabteilung: Oberleutnant a. D. H. Lukasch
Juristische Abteilung: Major a. D. Bartold, Schriftleiter Kurt Oskar Bark
Die Fernsprechvermittlung verbindet mit allen Abteilungen«
Nach dem Rathenau-Mord wurde im Büro Haussuchung gehalten. Schon bei früheren Haussuchungen bekam die Organisation aber stets rechtzeitig ihre Warnung, so daß nicht viel gefunden werden konnte. Neben Roßbach sitzen in der Leitung Hauptmann Eberhardt und die Leutnants Köppke und Bark. Die Organisation ist nach Gauen, Kreisen und Abschnitten gegliedert. Es bestehen die Gaue Mecklenburg, Pommern, Nieder- und Mittelschlesien. Die Leitung des »Bundes für Berufsbildung landwirtschaftlicher Arbeiter« in Mecklenburg hat Major Weber auf dem Gut Kalsow, der seinerzeit den Liebknecht-Mörder Runge in seiner Kolonne aufnahm. Besonders straff war die Organisation in Oberschlesien. Sie konnte während der Kämpfe gegen die Polen binnen 48 Stunden zwei Regimenter, eine Radfahrkompagnie und zwei Panzerzüge mit Ärzten, Musik und Bagage stellen. Last- und Personenkraftwagen und Motorräder waren in ausreichender Anzahl vorhanden. Das Verhalten der Roßbacher in Oberschlesien entsprach ihrer Landsknechtsnatur. Mordtaten und Plünderungen waren nicht selten. Gauleiter des Gaues Wismar-Ost ist der Oberleutnant Burandt auf dem Gut Rolstorf bei Hornstorf. Der Gau Wismar-Ost ist wieder in Abschnitte eingeteilt, jeder Abschnitt erhält wieder einen Kreisleiter, der regelmäßig Offizier ist. Im Ab-

schnitt Wismar war vom Juni bis November 1921 Leutnant Walter Bender Kreisleiter, dann ein Leutnant Walter Funck.
Auf die Landarbeiter üben die Roßbacher einen unerhörten Druck aus. Bei Streiken kommen die Roßbacher (mit Waffen natürlich) sofort dem Gutsbesitzer zu Hilfe, verprügeln die Arbeiter und leisten Streikbrecherarbeit, wofür Zigaretten, Wein, Schinkenstullen und Geldentschädigungen gegeben werden. Im Gau Wismar-Ost sind allein annähernd 500 Roßbacher auf den Gütern tätig. Jeder Roßbachmann hat Waffen, teils Schußwaffen, teils Dolche oder Gummiknüppel, die er in seiner Behausung versteckt halten muß. Jedes Gut hat einen Trupp, je nach Größe, und jeder Trupp hat einen Führer, der von der Gauleitung gestellt ist. Der innere Betrieb ist ganz militärisch. Erscheint ein Offizier, so wird wie in der Kaserne »Achtung« gerufen und die ganze Gesellschaft klappt die Hacken zusammen, bis das Kommando »weitermachen« gegeben wird.
Die meisten Leute haben zu ernsten Arbeiten keine Lust, denn sie sind an das Vagabundenleben gewöhnt. Sie warten nur darauf, daß es bald wieder »losgehen« wird und sprechen davon, daß sie bei dem nächsten Rechtsputsch jeden Juden kaltmachen werden.
Zwischen der Mecklenburgischen Roßbachtruppe und der Zentrale in Wannsee bestanden enge Beziehungen. Der Verbindungsmann war der Leutnant Fricke, ein junger Mann aus dem Bankhaus Fricke in der Küstriner Straße 23 in Berlin. Er ist auch Mitglied der Organisation C. Diese Bank besorgt auch die Geldgeschäfte der Organisation. Die Berliner Zentrale vermittelt die Anwerbung neuer Kräfte. Obwohl auch der Verein für landwirtschaftliche Berufsbildung durch das Mecklenburgische Staatsministerium aufgelöst war, setzte er seine Tätigkeit als »Abwicklungsstelle« fort. Auch sie ist streng militärisch aufgebaut und veranstaltet jeden Sonntag militärische Übungen, die offiziell als Sport gelten.
Von sozialistischer Seite wurde unwidersprochen im Mecklenburgischen Landtag behauptet, daß die Gewehre der Roßbachleute von der Parchimer Reichswehr stammen. (Mecklenburgischer Landtag, 26. Juni 1923.)
Der zweite Vorsitzende der Roßbachgruppe, Fahrenhorst, hat die Gründung von nationalistischen Gewerkschaften in Oberschlesien versucht. Die Verhandlungen mit den anderen gelben Gewerkschaften sind jedoch gescheitert. Das Korps Roßbach hat angenähert 8000 verwendungsbereite Mitglieder. Um seine Leute zusammenzuhalten, gründete Roßbach Ende 1921

Wach- und Schließgesellschaften in mehreren schlesischen Städten, so in Liegnitz, Jauer und Görlitz. Die Oberbeamten sind dabei Offiziere des Korps.
Roßbach vertritt Hitler in Norddeutschland. Der Roßbachbund ist Kollektivmitglied der Münchner Nationalsozialistischen Arbeiterpartei und teilte mit ihr auch das Organ, den »Völkischen Beobachter«. (Amtl. Preuss. Pressedienst, »Berliner Tageblatt«, 14. November 1922.) Die Nationalsozialisten sind in Preußen wegen ihrer bewaffneten Sturmabteilungen und Hundertschaften verboten. Auch die Fortsetzung der Organisation Roßbach, die nationale Sparvereinigung in Berlin-Wannsee, und die ihr angeschlossenen Landesverbände, Bezirks- und Ortsgruppen, die Sparvereinigung Pommern, der Verein schlesischer Landwirte zur Ausbildung einheimischer Landarbeiter, der Verein deutscher Wanderfahrer, wurden auf Grund des Gesetzes zum Schutze der Republik verboten. (»Berliner Tageblatt«, 19. November 1922.)

Roßbach in München

Roßbach wurde am 11. November 1922 verhaftet, jedoch bald darauf wieder freigelassen, »da kein Fluchtverdacht vorlag«. Auch ein Mitangeklagter, der Major v. Stephani, bekannt als verantwortlich am Mord der Vorwärtsparlamentäre, wurde gegen eine Kaution sofort auf freien Fuß gesetzt. Roßbach begab sich sofort nach München und gründete dort bei Gelegenheit des vierten Jahrestages der Gründung des Roßbachbundes die »Vereinigung zur Wahrung der Interessen deutscher Grenzmärker«. (»Münchner Post«, Dezember 1922.)
Zu der Feier waren alle in München anwesenden Baltikumer eingeladen. Anwesend waren rund 150 Angehörige der Organisation Roßbach. Sie trugen blaue Schirmmützen und an Stelle der Kokarde ein »R« auf schwarzer Flagge oder eine kleine goldene Krone, am Arm eine schwarze Binde mit »R«, das von zwei wagrechten silbernen Streifen durchschnitten wird. Außerdem waren zwei Hundertschaften der nationalsozialistischen Sturmabteilung und, was besonders bemerkenswert ist, ein Dutzend Reichswehrsoldaten in Uniform erschienen. Unter frenetischem Jubel der Versammlung machte Roßbach sich darüber lustig, daß die Regierung seine Vereinigung nicht so schnell auflösen könnte, wie er sie gründe. »In einem Jahr werden wir wieder einige Mal aufgelöst sein und dennoch bestehen.

Ich kann Ihnen versprechen, daß wir bald aus dem finstersten Teil Oberschlesiens ein kleines Bayern schaffen werden. Der ehemalige Selbstschutz ist aufgelöst und dennoch lebt er noch. Auch dort in Oberschlesien weht schon die große rote Fahne, und was darauf ist weiß jeder.« (Das Hakenkreuz.) »Aus dem Klumpatsch unzähliger einzelner rivalisierender nationaler Gruppen und Verbände muß eine große einheitliche Machtorganisation werden, die mit dem jetzigen Unsinn aufräumt. Deshalb müssen wir uns den Weg bahnen, mit Gummiknüppeln und Bajonetten. Es geht eine Welle von Angora über Rom nach Deutschland. Davor beben die Leute, weil die Sippe Angst hat vor dem unbedingten Gehorsam, den unsere Leute geschworen haben. In Bayern habt Ihr bald Gelegenheit, Taten zu tun. Hoffentlich haben wir auch in Preußen bald Gelegenheit.«

Roßbach reiste durch ganz Deutschland. Am 16. Februar sprach er in Altona im Kaiserhof in einer Versammlung. Die Versammelten trugen Hakenkreuzbinden und waren mit Handwaffen versehen. Roßbach wurde verhaftet, jedoch von der Altonaer Behörde, »da Verdunklungsgefahr und Fluchtverdacht nicht vorliege«, sofort wieder aus der Haft entlassen. (»Berliner Tageblatt«, 17. Februar 1923.)

Man vergleiche auch die Rede Severings vom 23. März 1923. Darin heißt es: »Die Organisation Roßbach hatte versucht, alle sogenannten nationalen Vereinigungen in örtliche Kartelle zusammenzuschließen. Die Hundertschaften Roßbachs sind militärisch ausgerüstet und ständig geübt.«

Zur Psychologie der Angehörigen des Freikorps diene folgender Vorgang: Der Leutnant Krull, bekannt aus der Diebstahlaffäre der Uhr Rosa Luxemburgs, hatte in der Zeit, als die Arbeitsgemeinschaft Roßbach noch legal war, von der Militärverwaltung 500 Entlassungsanzüge in Empfang genommen und für sich verwertet. Krull behauptete, daß er im Auftrag Roßbachs die Anzüge angefordert, von ihm aber den Auftrag erhalten habe, die Sachen zu verkaufen. Krull hat dann das Geld für sich verwertet, behauptet aber, im Einvernehmen mit Roßbach gehandelt zu haben. Krull, gegen den auch ein Verfahren wegen der Ermordung Rosa Luxemburgs schwebt, wurde wegen mangelnden Fluchtverdachts aus der Haft entlassen und flüchtete ins Ausland.

Am 26. Januar 1923 wurden 373 Angehörige der Organisation Roßbach, darunter 40 Offiziere, welche zum nationalsozialistischen Parteitag nach München wollten, in Gera von der thüringischen Landespolizei abgefangen. Eine Anzahl der Leute war mit Revolvern, Pistolen und Gummiknüppeln ausgerüstet. Auch wurden Stahlhelme und Hakenkreuze festgestellt. Unter den Zivilmänteln trugen viele Teilnehmer Uniformen. Die Verhafteten wurden nach Leipzig gebracht. (»Frankfurter Zeitung«, 28. Januar 1923.)

Reichswehrblock Roßbach

In Magdeburg hatte sich innerhalb der Reichswehr eine Geheimorganisation gebildet, um einen Kern für die deutschvölkische Bewegung zu sammeln und um den völkischen Bünden, die zum großen Teil aus ganz jungen Leuten bestehen, Ausbildungspersonal zu stellen.
Diese Organisation nannte sich »Reichswehrblock Roßbach« (R. W. B. R.). Es gab Ausbildungspläne für Kurse, die unter Leitung von Reichswehrangehörigen stattfanden. Im Magdeburger Pionierbataillon war der Oberfähnrich Seiler und im Reichswehrregiment 12 der Leutnant Kleist für die Roßbachorganisation tätig. Zu den »nationalen« Verbänden, die ihre Angehörigen durch den Roßbachblock ausbilden ließen, gehörte der Jungdeutsche Orden, der Bismarckbund, der Helmuth von Mücke-Bund und der Rolandbund. Führer des Reichswehrblocks Roßbach in Magdeburg waren die Reichswehrangehörigen Riehl, Schneider, Düver und Kirmse. Aus dem Organisationsstatut des Reichswehrblocks Roßbach, das der »Vorwärts« im Wortlaut wiedergibt, geht hervor, daß es eine Oberste Leitung, Garnisonsgruppenführer und Gruppenführer gab. Die Reichswehrangehörigen unterstanden ihren Gruppenführern und wurden innerhalb ihrer Kompagnien zu einer Gruppe zusammengeschlossen. Um Entdeckungen zu erschweren, hatte man bestimmt, daß besondere Unterschriftzeichen verwendet wurden. Als Verbindungen zwischen der Reichswehr und den Rechtsputschisten bekannt wurden, wurde im Mai 1923 folgender Femebefehl erlassen: »Im Namen des Chefs: Die Leitung hat sich angesichts des überhandnehmenden Spitzeltums entschlossen, eine sogenannte Feme zu bilden. Diese besteht aus nur zuverlässigen und im Waffengebrauch ausgebildeten Leuten und steht unter dem Befehl der Leitung. Die Aufgabe der Feme ist es, der Leitung Verdächtige zu beobachten, *Verräter und politisch mißliebige Personen zu beseitigen*. Bei der Schwierigkeit der Aufgabe und den hohen Anforderungen, die gestellt

werden, müssen die zuverlässigsten und vertrauenswürdigsten Leute ausgesucht werden.«

Am 8. Juni 1923 wurde der Femeleiter ernannt. Dabei wurde bestimmt, daß die Femeangehörigen durch Leute der Reichswehr Ausbildung und Unterricht erhalten sollten. Wenigstens war dies die Absicht.[44]

Der mit der Untersuchung dieses Reichswehrblocks betraute Amtsgerichtsrat Dr. Rettin in Magdeburg entließ alle Verhafteten wieder aus der Haft. Die Untersuchung gegen die Teilnehmer des R. W. B. R. schwebt vor dem Staatsgerichtshof. Das diesbezügliche Verfahren gegen Roßbach ist im August 1923 eingestellt worden. Angeblich war der Block ohne ihn aufgestellt worden.

In einer von amtlicher Seite in Berlin ausgehenden Erklärung werden die Veröffentlichungen in der Presse als übertrieben bezeichnet. Roßbach sei zwar in Magdeburg gewesen und habe dort versucht, mit Reichswehrangehörigen in Verbindung zu treten und für diesen Reichswehrblock weiterzuwerben. Die Ergebnisse seiner Bemühungen seien aber äußerst gering gewesen. Das ergebe sich schon daraus, daß die oberste Leitung dieses Reichswehrblocks in den Händen dieses jungen unerfahrenen Kraftfahrers Riehl blieb. Auch hätten sich bisher keinerlei Anhaltspunkte dafür ergeben, daß die Organisation über Magdeburg hinaus irgendwelche Anhänger gefunden habe.

Ermordung eines Verräters

Die von einer Roßbachfeme durchgeführte Ermordung des Oberleutnants Cadow zeigt jedoch, was von solchen Dementis zu halten ist. Walter Cadow, 23 Jahre alt, war im Krieg Oberleutnant, nach dem Krieg ohne Existenz. Zunächst war er Arbeiter, dann Wirtschaftseleve auf einem Gut bei Wismar in Mecklenburg und Mitglied der dortigen Arbeitsgemeinschaft Roßbach. Es entstand der Verdacht, daß er für die Kommunisten oder für die Franzosen spitzle, oder, was noch ärger war, daß er in dem gegen Roßbach schwebenden Verfahren vor dem Staatsgerichtshof Angaben machen wollte. Am 31. Mai 1923 war er nach vorübergehender Abwesenheit bei dem Parchimer

---

[44] Diese und die folgenden Angaben über die Beziehungen der Geheimbünde zur Reichswehr geben nur Behauptungen von rechtsradikaler Seite wieder.

Sekretär der deutschvölkischen Ortsgruppe, Masolle. Dieser versammelte eine Anzahl Leute. Cadow wurde in einer Kneipe, Luisenhof, betrunken gemacht. Seine Papiere wurden von Masolle und einem Fabrikanten Theo v. Hardt untersucht und verbrannt.

Ein Motorfahrer holte einen Jagdwagen, auf dem die ganze Gesellschaft halb betrunken um 12 Uhr nachts fortfuhr. Cadow wurde von acht Mann mit vorgehaltenem Revolver in Schach gehalten. Anführer dieses »Rollkommandos« war der Fähnrich Höß. Als der Wagen in einen Wald nahe der Ziegelei Neuhof gelangt war, wurde Cadow mit Gummiknütteln und Holzscheiten so lange auf den Kopf geschlagen, bis er blutüberströmt zusammenbrach. Man lud ihn wieder auf den Wagen und fuhr einige hundert Meter weit in eine Waldschonung. Dort wurde er vom Wagen geworfen, mit den Stiefeln getreten. Wiedemeyer schnitt ihn mit einem Jagdmesser in die Kehle. Höß und Zabel jagten ihm von hinten eine Kugel als Gnadenschuß durch den Kopf. Am anderen Morgen verscharrten ihn diese beiden. Die Sache kam auf, weil ein Teilnehmer des Gelages, Jurisch, dem »Vorwärts« aus Gewissensbedenken heraus Mitteilung machte. Der Angeber wurde zunächst verhaftet, offenbar, weil er die Sache in die Öffentlichkeit hatte kommen lassen. Dagegen wurden Masolle und v. Hardt nach kurzem Verhör wieder freigelassen. Angeblich sollte Cadow nur einen »Denkzettel« bekommen, den Gnadenstoß habe man ihm lediglich aus Furcht vor Entdeckung gegeben.

Die sämtlichen Teilnehmer waren Mitglieder der Organisation Roßbach und der in Mecklenburg nicht verbotenen Deutschvölkischen Freiheitspartei. Bezirksleiter dieser Roßbach-Formation war Leutnant Bruno Fricke.

Nach der Tat brachten Fricke und der Oberleutnant von Lewis die Beteiligten rasch auf andere Güter, zum Teil nach Oberschlesien, zum Teil nach Hannover, um die Sache zu vertuschen. Dem Anführer der Mordbande, dem Fähnrich Höß, machte er heftige Vorwürfe, weil er die Tat ungeschickt ausgeführt habe. Es seien zu viele Leute beteiligt gewesen. »Wenn Sie länger in der Organisation Roßbach gewesen wären, würden Sie wissen, wie man so etwas auszuführen hat. Zwei Mann und ein Schuß des Nachts im Walde genügt vollkommen.« Fricke wurde vorläufig auf freiem Fuß belassen. Die Leiter der Roßbachzentrale in Wannsee Oldwig Richter und Rudolf Bernhardt wurden zunächst verhaftet. Man legte ihnen zur Last, daß sie einem der Mörder nach der Tat Unterkunft vermittelt und ihm 30000 Mark (6 Goldmark) gegeben hätten. Zur Entgegennahme des Geldes bestellte Richter den Mann in das Büro der Deutschvölkischen Freiheitspartei, Dessauer Straße 6, und verwies ihn wegen seines weiteren Fortkommens an den Führer der Partei in Hannover, Quindel. Doch wurden beide Angaben von der Deutschvölkischen Freiheitspartei bestritten. Richter war früher Angestellter der Organisationsabteilung 2 der Deutschvölkischen Freiheitspartei, in der die Turnerschaften organisatorisch zusammengefaßt wurden. An der Spitze dieser Abteilung stand Roßbach. Richter selbst war ein alter Roßbachmann und hatte früher in der Deutschen Auskunftei Roßbachs in Wannsee gearbeitet. Bei Gründung der Abteilung wurde er von Roßbach als Sekretär übernommen. Nach dem Verbot der Partei wurden nach deutschvölkischen Angaben (B. S. Korrespondenz, »Vorwärts«, 29. Juni 1923) viele Angestellte der Abteilung und auch Richter entlassen.

Auf Befehl des mecklenburgischen Ministerpräsidenten wurden Fricke, Lewis und der Rittergutsbesitzer Schmittgens verhaftet. Auf dem Gut des letzteren, einem Hof bei Parchim, wurden Waffen, darunter ein Maschinengewehr, gefunden. Die Hauptverhandlung in der Mordsache wird vor dem Staatsgerichtshof stattfinden. Gegen vier der Haupttäter ist Anklage wegen Mordes, gegen Fricke, Richter, Bernhard und v. Mackensen wegen Mordbegünstigung erhoben worden. 17 Angehörige der Organisation Roßbach, gegen die das Verfahren eröffnet worden ist, befinden sich im Leipziger Untersuchungsgefängnis, unter anderm die Landwirtschaftseleven Karl Jurisch, Heinrich Kühl, Erich Mietzner, Georg Pfeiffer, Ernst Wiemeyer, Karl Zabel. Auch der Haupttäter, der Fähnrich Höß, ist in Oberschlesien verhaftet worden.

Als Anstifter oder Begünstiger sind verhaftet worden: v. Lewis, Leutnant Bruno Fricke, Leutnant v. Mackensen, Leutnant Thomsen, Gutsbesitzer Bormann. Sie nehmen in dem sogenannten Verein für landwirtschaftliche Berufsbildung, in der Roßbachfiliale für Mecklenburg, führende Stellungen als Bezirksleiter ein. Als Begünstiger sind auch die Leiter der Wannsee-Zentrale verhaftet worden, nämlich die beiden Parteisekretäre Richter und Bernhard. Um das soziale Milieu, das diesem Morde zugrunde liegt, zu verstehen, muß man folgendes beachten. Auf dem Gute Neuhof, wo einige Tage vor dem Mord eine Schlageter-Feier stattfand, wurde ein schweres Maschinengewehr gefunden. Die mecklenburgischen Gutsbesitzer sind eine Hauptstütze der Deutschvölkischen Freiheitspartei.

Auch der Amtshauptmann in Parchim, der die Untersuchung zunächst leitete, ist gleichzeitig Vorsitzender der Deutschvölkischen Freiheitspartei. Schon in dem Rathenauprozeß sind die Zusammenhänge zwischen München und Mecklenburg eingehend zutage getreten. Die Maschinenpistole, mit der Rathenau ermordet wurde, stammte aus Schwerin, die Koffer Fischers und Kerns wurden nach dem Rathenaumord in Mecklenburg versteckt. Übrigens stammt auch der Student Karl Bauer, der ein Attentat auf Scheidemann unternehmen wollte, aus Wismar.
Die eigentlich Schuldigen sind natürlich nicht die Täter, sondern die hinter ihnen stehende Deutschvölkische Freiheitspartei, die Herren Wulle, Gräfe und Henning. Sie und ihre Presse schaffen die zugehörige Mordatmosphäre. Nach dem Vorbild der vielen politischen Morde der letzten Jahre ist wohl anzunehmen, daß auch dies Verfahren eingestellt wird oder daß die Täter freigesprochen werden. Keinesfalls aber ist zu erwarten, daß der Staatsgerichtshof, selbst wenn er die Täter bestrafen sollte, etwa mit energischer Hand die Organisation auflöst und vor allem die zugehörigen Quellen verstopft.

Roßbachs Verhaftung und Flucht

Gegen Roßbach wurde Anklage wegen Fahnenflucht, unbefugter Bildung eines militärischen Verbandes, Geheimbündelei und wegen Vergehens gegen das Gesetz zum Schutze der Republik erhoben. Eine Versammlung der Deutschen Auskunftei, in der er sprechen wollte, wurde von der Polizei aufgehoben, er selbst verhaftet und nach Leipzig überführt. Noch kurz vor seiner Verhaftung hatte er eine Audienz bei dem Reichskanzler Cuno gehabt. Auch behauptete er, daß er diesen über seine Organisation informiert hätte und daß er seine Formation im Einvernehmen mit Stellen der Reichswehr aufgestellt habe. Daraufhin entschied der Reichswehrminister, daß General von Seeckt von seinem Dienstgeheimnis entbunden werde, um über die Behauptung Roßbachs auszusagen. Es kam aber nicht zur Verhandlung, da Roßbach auf seinen Einspruch gegen das Verfahren hin am 15. Oktober 1923 aus seiner Haft wegen mangelnden Fluchtverdachts entlassen wurde. Nachträglich versuchten die sächsische Regierung und der Reichswehrminister, ihn wieder zu verhaften. Aber der Vogel war längst entflohen! Und zwar natürlich nach Bayern. Das Verfahren läuft weiter.

Aber es war unmöglich, ihn in Bayern zu verhaften. Bereits am 18. machte Roßbach sich in einer öffentlichen Rede im Löwenbräukeller sehr mit Recht über die deutschen Behörden lustig. Der Putsch vom 9. November fand in ihm einen begeisterten Anhänger. Nach seinem Scheitern flüchtete er mit einem falschen Paß nach Wien und wurde dort im Februar 1924 verhaftet, jedoch wurde ihm der weitere Aufenthalt in Österreich gestattet.

Die Deutschvölkische Freiheitspartei

Die Konzentrationsbestrebung im deutschvölkischen Lager fand ihren stärksten Ausdruck in der am 16. Dezember 1922 gegründeten Deutschvölkischen Freiheitspartei. Ihre Führer sind der Major Henning und die Reichstagsabgeordneten von Gräfe-Goldebee und Wulle. Ersterer wurde aus der Deutschnationalen Partei ausgeschlossen, weil ihn seine enge Verbindung mit den illegalen Terroristengruppen in der Partei unmöglich machte, die beiden letzteren erklärten sich solidarisch und traten aus der Partei aus. Als wichtigste Gruppe trat am 10. Februar 1923 die großdeutsche Bewegung Roßbachs zur Deutschvölkischen Freiheitspartei über. Dadurch wurde sie Nachfolgerin der am 13. Januar 1923 verbotenen Großdeutschen Arbeiterpartei, die wiederum die Nachfolgerin der am 15. November 1922 aufgelösten Nationalsozialistischen Partei für Preußen war.

Die Deutschvölkische Freiheitspartei ist der Versuch eines legalen Überbaues zu den vielen nationalistischen, geheimen Organisationen. Sie sollte ein legaler Schutzmantel für die deutschvölkische Bewegung sein; die parlamentarische Vertretung eine polizeiliche Auflösung unmöglich machen. Unter die Fittiche der Partei sollten die vielen illegalen Verbände unterschlüpfen können. Als Abteilung der Deutschvölkischen Freiheitspartei gelten nach einem Rundschreiben an die Funktionäre die nationalsozialistische Arbeiterpartei, die deutschsoziale Arbeiterpartei, die großdeutsche Arbeiterpartei, der Schutz- und Trutzbund und der Verband nationalgesinnter Soldaten. Das Programm der Deutschvölkischen Freiheitspartei ist das der Nationalsozialisten. Die einzelnen Mitglieder pflegen die Mitgliedschaft der verschiedenen Organisationen zu kumulieren. Die zugehörige militärische Jugendorganisation ist der Yorkbund. Auch dieser ist in Ortsgruppen eingeteilt (Altersvorsitzender, jugendlicher Vorsitzender, Jungmannführer). Verbände bestehen in Hannover, Celle, Hildesheim, Göttingen, Kassel. Die letztere Abteilung, deren Vorsitzender ein gewisser Eckard ist, ist 250 Mann stark. In einer militärischen Anweisung über den zu führenden Kleinkrieg heißt es: »Schaffung eigener Gruppen, je 50–60 Mann aus gutem Leutematerial, die in Landwirtschaft und Industrie schon jetzt untergebracht werden und die Kern und Rückhalt des Ganzen bilden. Vorbereitungen von Zuzug, von Verstärkungen und Eingliederung desselben im Rahmen des Ganzen. Am Ort klebende Formationen, wie sie jetzt sind, nützen gar nichts. Sie werden überrannt und gehen nutzlos zugrunde, wenn sie, was sicher in 99 von 100 Fällen zutrifft, nicht auseinanderlaufen, wenn Gefahr im Verzuge ist. Kartenskizzen über den Stand der Truppe sowie Telegrammschlüssel werden beigegeben. Heil und Sieg!

               Horst von Tettenborn.«

In einem Brief vom 19. Januar 1923 an Oberleutnant Roßbach heißt es: »Unser Sportklub ›Haia‹ ist die Fortsetzung der Ortsgruppe Lietzmann des aufgelösten Verbandes nationalgesinnter Soldaten. Wir sind eine militärische Organisation mit eigenen Waffen. Unsere Leute, die nicht Soldaten gewesen sind, werden ausgebildet mit dem Gewehr 98, lernen zielen, werden vertraut gemacht mit den Kriegsartikeln. Marschordnungs- und Gefechtsübungen werden vorgenommen. Nacht- und Felddienstübungen finden in Döberitz, Schießübungen auf den Schießplätzen in Kaulsdorf und Weißensee statt. Außerdem haben wir eine in Morse ausgebildete Nachrichtengruppe. Alfred Hertzog, 7. Turnerschaft, Kompagniefeldwebel.«

In Stolp existiert eine Turnerschaft, der D. V. F. P., deren Führer Herr von Salomon war. Am 10. Februar 1923 fand in Berlin eine Besprechung der D. V. F. P. im Offizierskasino am Bahnhof »Zoo« statt, welche Roßbach leitete. Totschläger und Revolver lagen auf dem Gange herum.

Die Vorbereitungen für den Bürgerkrieg sind von der D. V. F. P. bis in alle Einzelheiten getroffen. So heißt es in einem Brief vom 30. Januar 1923 aus Wien: »Um einen möglichst unauffälligen Depeschenwechsel zwischen Wien, Passau, München, Leipzig, Berlin und Breslau zu ermöglichen, wird um Anwendung nachstehender Telegrammchiffre in allen vorkommenden Fällen gebeten. Da die Chiffren, beziehungsweise Decknamen in den Depeschen ein für allemal Geltung haben, so sind Antworten analog den gestellten Fragen zurückzusenden. Als Unterschriften für die Telegramme, die von Wien ausgehen, gelten folgende: für Oberst Bauer »Bernhard«, für Hauptmann von Obwurzer »Otto«, für Hauptmann von Horst »Heinrich«. Die Unterschriften sind von Zeit zu Zeit der größeren Sicherheit wegen zu wechseln. Die neuen Namen werden rechtzeitig mitgeteilt. Daneben existiert ein Telegrammkode. Tschechoslowakei heißt: »Georg«, Deutschland »Dora«, Bayern »Dora Bayer«, Sachsen »Dora Sachs«, Schlesien »Dora Schlesinger«, Polen »Paul«, Rußland »Robert«, Ungarn »Ursula«, 10000 Mann = 10 Kilogramm, 500 Mann = 500 Gramm. Maschinengewehre sind als »Steppmaschinen«, Flammenwerfer als »Minimax« und Handgranaten als »Bälle« bezeichnet. Diese Telegrammchiffren sind ähnlich den früher bekannt gewordenen der Organisation C. Hier waren Gewehre und Karabiner gleich »Kartoffeln«, schwere Maschinengewehre gleich »Gerste«, leichte Maschinengewehre gleich »Hafer«, Pistolen »Steckrüben«, Handgranaten »Stroh«, Infanteriemunition »Eier«.

Nach einer Aufstellung Roßbachs bedurfte er für die Propaganda innerhalb der Reichswehr 11 Millionen Mark = 3500 Goldmark, April 1923. An Beihilfe für 15 Organisationen und Bezirke werden angeführt 80 Millionen Mark = 30000 Goldmark, dazu noch riesige Summen für die militärische Ausbildung der Mannschaften. Die Organisation zerfällt in 50 Abteilungen. Interessant ist das Aktionsbüro 3 B. Hier befinden sich unter anderm folgende Ressorts: 1. Kampforganisation, 2. Schutzorganisation, 3. mobile Truppe, 4. Saalschutz, 5. Bewachung und Verpflegung. (Reichstagsrede Scheidemanns, 12. Mai 1923.)

Auf die Anfrage eines dem Landbund zugehörigen Abgeordneten wurden vom thüringischen Minister des Innern Hermann folgende Mitteilungen gemacht: (»Münchener Post«, 12., 22. April 1923.)

»Aus dem in Weida, Meiningen, Hildburghausen, Ilmenau und Arnstadt beschlagnahmten Material der Nationalsozialistischen Deutschen Arbeiterpartei, beziehungsweise Deutschen Freiheitspartei, beziehungsweise ›Heimatland‹ geht hervor, daß diese Organisationen und Personen sich der Geheimbündelei, der Organisation bewaffneter militärischer Verbände und schwerer Verstöße gegen den § 7 des Gesetzes zum Schutze der Republik schuldig gemacht haben. Die Nationalsozialistische Deutsche Arbeiterpartei hat versucht, in Thüringen Hundertschaften militärischer Natur zu organisieren. Die Deutschvölkische Freiheitspartei ist in Thüringen nur gegründet, um

die in Thüringen verbotene Nationalsozialistische Deutsche Arbeiterpartei zu ersetzen, resp. zu unterstützen. Wie die Nationalsozialistische Deutsche Arbeiterpartei mit ihren Hundertschaften, so hat die Freiheitspartei ihrerseits versucht, in Thüringen Kampforganisationen zu bilden. Sie führen offiziell den Namen ›Turnerschaften‹ und haben ausgesprochen militärischen Charakter. Sowohl die Hundertschaften der Nationalsozialistischen Deutschen Arbeiterpartei wie auch die ›Turnerschaften‹ der Deutschen Freiheitspartei sollten im Schießen ausgebildet werden. Die Geständnisse in Thüringen Verhafteter ergaben, daß die Nationalsozialistische Deutsche Arbeiterpartei ihren Mitgliedern und Organisationen in Thüringen Anweisungen gegeben hatte, alle in ihrem Besitz befindlichen Waffen und solche Waffen, die sie aus befreundeten Kreisen heranziehen könnten, schleunigst an die in Nordbayern stehende Kampftruppe der Nationalisten abzuführen. Mitglieder bzw. Organisationen hatten Befehl, sich dort zu melden.«
Am 12. März 1923 fand in der Deutschen Auskunftei in Wannsee eine angebliche Geburtstagsfeier für den gar nicht anwesenden Oberleutnant Tettenborn statt. Roßbach versuchte dabei die Reichswehroffiziere für die Deutschvölkische Freiheitspartei zu gewinnen. General von Seeckt verbot darauf den Reichswehroffizieren, sich der Deutschvölkischen Freiheitspartei anzuschließen.
Am 26. April 1923 verhandelte der Staatsgerichtshof zum Schutze der Republik unter dem Vorsitz des Senatspräsidenten Dr. *Schmidt*, bekannt wegen der Vorgänge bei der Flucht Ehrhardts, über die Beschwerde der Deutschvölkischen Freiheitspartei wegen der Auflösungsverfügung der Ministerien des Innern für Preußen, Sachsen und Thüringen. Das Verbot hatte sich auf die Parteien und ihre Jugendorganisationen erstreckt. Die Turnerschaft, eine militärische Organisation, war dem Oberleutnant Roßbach unterstellt. Allein in Norddeutschland hatte die Partei 165 Hundertschaften aufgestellt und einen detaillierten Aufmarschplan entworfen. Der Vertreter der Deutschvölkischen Freiheitspartei behauptete, die völkischen Kampforganisationen seien kein Teil der Freiheitspartei, sie setzen sich vielmehr aus allen möglichen Verbänden zusammen. Das Verbot wurde aufrechterhalten, während des Ausnahmszustandes von General v. Seeckt wiederholt. Bei seiner Aufhebung wurde die Partei wieder legal.

6. Die Schwarze Reichswehr

Ganz gleichgültig, wie eng die Reichswehr mit den verschiedenen Terroristen liiert sein mag, schon ihre monarchistische Einstellung ist ein deutlicher Beweis für die staatspolitische Unfähigkeit der Sozialdemokratie. Als die Sozialdemokraten 1918 die Regierung übernahmen, wäre es für sie schwierig gewesen, einen republikanischen Beamtenkörper aufzustellen. Denn die vorhandene Beamtenschaft, die ja zunächst übernommen werden mußte, war natürlich ausschließlich vom monarchistischen Standpunkt aus aufgebaut worden. Republikaner und Demokraten gab es dabei nicht. Wenn also die Sozialdemokratie ihr Scheitern in der Sabotage durch diese Beamtenschaft begründet, so ist die Richtigkeit dieser Argumentation zum Teil zuzugeben.

Die monarchistische Reichswehr

Ganz anders war die Situation beim Heer. Es wäre außerordentlich leicht gewesen, ein republikanisches Heer aufzubauen. Man hätte sich nur auf die 1918 vorhandene scharf antimonarchistische Einstellung der Mannschaften und insbesondere auf ihren Haß gegen die Offiziere stützen müssen. Diese Einstellung der Mannschaften samt der aus ihnen hervorgegangenen Halboffiziere, wie Offiziersstellvertreter, Feldwebelleutnants usw. gegenüber dem Offizierskorps war 1918 eindeutig gegeben. Das Offizierskorps war monarchistisch und im Grunde für die Fortführung der Massenschlächterei, die gesamten Mannschaften antimonarchistisch, republikanisch, revolutionär. Bei dem Aufbau eines neuen Heeres hätte man nur die aus dem Mannschaftsstand hervorgegangenen Feldwebelleutnants und Offiziersstellvertreter zu wirklichen Offizieren machen müssen. In dem dadurch offenkundigen Klassengegensatz zwischen diesen und den alten Offizieren hätte man sofort die sicherste Verankerung des republikanischen Gedankens in der Armee gehabt. Diese Offiziere waren nach den Erfahrungen des Feldes, rein militärisch gesprochen, zum mindesten den aus dem Adel und dem reichen Bürgertum hervorgegangenen Berufs- und Reserveoffizieren ebenbürtig. Und selbst wenn man pessimistisch annehmen wollte, daß dies nicht richtig wäre, so hätte dies bei den ganz geringen militärischen Aufgaben, die die Reichswehr in Deutschland hat, gar keine Rolle gespielt. So aber zog man vor, die Reichswehr im wesentlichen aus den Freikorps zu rekrutieren. Der monokelgeschmückte Offizier aus dem ancien régime mußte erhalten bleiben, nur weil er repräsentativ war. Die lächerlichste Institution, die aus dem ancien régime übernommen wurde, sind die Traditions-Kompagnien. Sie übernehmen die militärische Geschichte irgendeines berühmten Regiments, ohne daß auch nur ein einziger dieses Regiments in der Traditions-Kompagnie gewesen sein muß. Sie handeln also genau so wie Raffke, der das Schloß irgendeines ausgestorbenen Fürstengeschlechts samt den Ahnenbildern kauft und den staunenden Besuchern erzählt: »Ich habe sie alle adoptiert.«

Von dem Moment an, wo man die Offiziere des alten Regimes übernahm, war natürlich das Schicksal der republikanischen Reichswehr besiegelt. Als dann nach dem Kapp-Putsch die Reduktion des Heeres auf die von der Entente geforderte Stärke von 100 000 Mann vorgenommen werden mußte, fand eine ausgesprochene Kontraselektion statt. Eine Reihe von Leuten mußte entlassen werden. Bei dieser Gelegenheit setzte es das monarchistisch gesinnte Offizierskorps durch, daß auch der letzte Republikaner aus den Reihen der Reichswehr verschwand. Wo auch »richtig Gesinnte«, d. h. Monarchisten entlassen werden mußten, setzten diese ihren Zusammenhang in Form von Bünden fort. Die abgewickelten Formationen wickelten sich neu auf und bildeten so die Grundlage für die Schwarze Reichswehr. Nur wenn man dieses Werden der Reichswehr beachtet, wird die intime Verbindung der Reichswehr mit den illegalen Geheimbünden erklärlich. Zuerst wurde dieser Zusammenhang geleugnet, dann offiziell verboten, aber ohne Erfolg. Der »Staatsanzeiger« veröffentlichte im Januar 1921 eine Bekanntmachung des Staatsministeriums des Innern über die Auflösung der Organisation Roßbach, Hubertus, Aulock, Heydebreck und Oberland gemäß der Bekanntmachung der Reichsregierung vom 24. November 1921. Hiernach werden Personen, die sich an einer der aufgelösten Organisationen beteiligen, mit Geldstrafen bis zu 50 000 Mark (2500 Goldmark) oder mit Festung bis zu drei Monaten oder mit Gefängnis bis zu gleicher Dauer bestraft. Trotzdem bestanden die Organisationen weiter.

Dann sollten die sämtlichen Selbstschutzorganisationen bis zum 23. März 1923 aufgelöst werden. Der Reichswehrminister erklärte, daß die Zeitfreiwilligen-Formationen in Zukunft keinerlei Unterstützung mehr erhalten dürften. Erst aus dieser Nachricht erfuhr man offiziell, daß diese Organisationen während dieser ganzen Jahre durch die Reichswehr überhaupt unterstützt wurden. Vorher war dieser Zusammenhang stets abgeleugnet worden. Natürlich haben sich die Organisationen auch um diese vorgeschriebene Auflösungsfrist nicht gekümmert.

Lebenslauf eines Freischärlers

Den Weg vom alten Heer über die Freikorps in die Geheimbünde sieht man sehr deutlich in dem Lebenslauf des Hauptmanns Friedrich Wilhelm von Plodowsky (geboren am 10. August 1886 in Rawitsch), der an fast allen nationalen Unternehmungen der letzten Jahre beteiligt war. Nachdem das Infanterieregiment 66, bei dem er zuletzt im Felde stand, in Neuhaldensleben, Bezirk Magdeburg, aufgelöst wurde, ging ein Teil nach Berlin und machte im März 1919 bei dem damals gegründeten Regiment May die Kämpfe in Lichtenberg mit. Das Regiment May wurde später in das Freiwilligen-Landjägerkorps des Generals Märker übernommen. Ein Teil ging dann zur »Eisernen Division« des Generalleutnants von der Goltz, welche damals mit den Truppen des russischen Generals Avaloff Bermont im Baltikum gegen die Bolschewisten kämpfte. Auf dem Truppenübungsplatz Arys in Ostpreußen aufgelöst, trat ein Teil in die zweite Marinebrigade (Ehrhardt) ein und machte mit dieser den Kapp-Putsch in Berlin mit. Infolge dieses Putsches wurden die Leute nicht, wie ihnen zugesichert war, in die Reichswehr übernommen, sondern restlos entlassen. Aber gute Beziehungen führen nach München, von wo aus Plodowsky mit Epp im April 1920 nach dem Rheinland zieht, um gegen die dort zum Widerstand gegen Kapp gebildete Rote Armee zu kämpfen. Von hier aus kommt die Formation wieder nach Bayern zurück. Hier tritt Plodowsky in das Freikorps Oberland ein. Mit ihm zieht er im Herbst 1920 nach Oberschlesien und macht im Frühjahr 1921 die dortigen Kämpfe gegen die Polen mit. Mitte 1921 kehrt er mit Oberland nach München, dem Eldorado der Geheimbünde, zurück.

Der Selbstschutz in Oberschlesien

Im Herbst 1920 brach der erste Polenaufstand aus. Darauf ging das Freikorps Oberland nach Oberschlesien, wo es die Kämpfe gegen die Polen mitmachte. Im Frühjahr 1921 brachen die Polen wieder in Oberschlesien ein. Darauf leitete General Stolzmann Werbungen ein. Der oberschlesische Grenzschutz wurde aufgestellt, preußische und Reichsstellen forderten die Orgesch und die andern Bünde auf, Freiwillige für Oberschlesien zu stellen. Eine Hauptfrage für die Organisationen war die Waffenversorgung. Das Korps Oberland hat die Waffen, die es in Oberschlesien gegen die aufständigen Polen brauchte, aus Bayern mitgebracht. Zuerst wurden diese Transporte durch Sachsen geleitet, später, als sich Schwierigkeiten herausstellten, über Berlin. Zunächst war Oberland die einzige vollständige Formation, die gegen die Polen eingesetzt wurde. Daneben bestanden Roßbach, Aulock, Hubertus, Ehrhardt, Strachwitz, Nessel, Richthofen, Winkler, schwarze Schar, Heinz und mehrere kleinere Verbände. Rund 80000 Mann waren auf deutscher Seite unter den Waffen und bekamen inoffiziell Unterstützung durch die deutsche Regierung. Im Juli wurde der Waffenstillstand durch General Höfer geschlossen und die oberschlesischen Selbstschutzformationen offiziell aufgelöst. Teile des Selbstschutzes wurden mit der Waffe nach Hause beurlaubt.

Als im Juli 1921 Oberschlesien geräumt werden mußte, verlangte die Interalliierte Kommission Abgabe der Waffen und bestellte zu diesem Zwecke französische Kontrolloffiziere, die die Abnahme überwachen sollten. Oberland sollte die Waffen in Leobschütz abgeben. Am 9. Juli wurde den Kontrolloffizieren eine große Anzahl zerschlagener Gewehre, M. G. und zersprengter Geschütze übergeben, mit der Angabe, das seien die Waffen des Korps. Jedoch hat das Korps sich mehrfach gerühmt, daß es seine gesamten Waffen in Sicherheit nach Bayern zurückgebracht habe. Die Pferde wurden Gutsbesitzern leihweise überlassen, unter der Bedingung, daß diese entsprechend viele kriegstaugliche Pferde bei einer eventuellen neuen Mobilmachung zu stellen hätten. Ebenso geschah dies mit Bagage, Packwagen und Feldküchen.

Am 9. Juli 1921 verhandelten Vertrauensleute der Regierung mit den einzelnen Führern wegen der Zukunft der Formationen. Da möglicherweise über kurz oder lang militärische Ereignisse in Oberschlesien wieder zu erwarten waren, wurden Arbeitsgemeinschaften gegründet, um zuverlässige Leute ständig bei der Hand zu haben. Die Führer faßten die Regierungserklärung dahin auf, daß die Arbeitsgemeinschaften auch weiterhin durch die Regierung unterstützt werden sollten. Aber diese Unterstützungen kamen nicht. Um die Leute unterzubringen, wurden Verhandlungen mit dem Schlesischen Landbund, dem Schlesischen Heimatschutz (Orgesch) und der mehrheitssozialistischen Partei geführt. Daraufhin wurden die einzelnen Freikorps auf die verschiedenen Kreise verteilt. Das Freikorps Oberland zum Beispiel bekam die Kreise Neustadt, Neisse, Glatz, Frankenstein, Kamenz, Reichenbach, Schweidnitz, Striegau und Jauer zugewiesen, wo rund 10000 Mann untergebracht werden sollten. Die Leute wurden in Trupps auf die Güter dieser Kreise verteilt, wo sie als landwirtschaftliche oder forstwirtschaftliche Arbeiter, zum Teil auch in Steinbrüchen, bei Wehrarbeiten usw. beschäftigt wurden. Rechts der Oder wurden die Korps Ehrhardt, Heinz, Richthofen, Winkler und Nessel untergebracht. Das Gebirge wurde dem Freikorps Aulock zugewiesen, während Korps Roßbach Liegnitz, Heinau, Goldberg und Görlitz bekam. Breslau wurde aus naheliegenden Gründen nicht belegt. Die Offiziere der Formationen wurden teils bei den Stäben, teils als Distriktsoffiziere beschäftigt. Die Distriktsoffiziere hatten die Aufsicht über die untergebrachten und in Arbeit befindlichen Mannschaften, während die Leute in den Stäben den Zusammenhalt der Formationen aufrechtzuerhalten hatten. Es war sehr schwierig, die Lebensbedingungen der untergebrachten Mannschaften zu formulieren, da die Sozialdemokraten verlangten, daß die Mitglieder der Arbeitsgemeinschaften tarifmäßig gelöhnt würden. Die arbeitenden Leute erhielten außer freier Unterkunft und Verpflegung pro Tag 17 Mark (1,40 Goldmark), wovon ihnen 5 Mark als Sparprämie abgezogen wurden. Diese 5 Mark wurden durch die Arbeitgeber der Formation direkt zugesandt, damit die Leute bei einer eventuellen Auflösung oder beim Austritt aus der Formation nicht mittellos auf der Straße standen. Die Offiziere erhielten neben freier Verpflegung und Unterkunft 50 Mark pro Tag (4,20 Goldmark).

Die Verteilung der Kreise war unter dem Drange der Verhältnisse sehr schnell erfolgt, und so war vorgekommen, daß Kreise mehreren Formationen zugeteilt worden waren. Es entstanden dadurch viele Reibereien. Infolgedessen verlangte die schlesische Arbeiterschaft, daß das Korps Roßbach restlos aus Schlesien herausgezogen wurde; gleichzeitig wurde die Auflösung des Freikorps Aulock gefordert, weil wegen der Breslauer Vorgänge während des Kapp-Putsches die schlesischen Arbeiter einen starken Haß gegen den Oberleutnant von Aulock hatten. Daraufhin wurde das Korps Roßbach aus Schlesien zurückgezogen. Die Roßbach-Leute wurden teils von den dort zurückgebliebenen Arbeitsgemeinschaften übernommen, teils auf die Gaue Pommern, Brandenburg, Mecklenburg verteilt; Korps Aulock blieb bestehen, weil die Mitglieder des Korps androhten, sich einer Auflösung mit Waffengewalt zu widersetzen. Es kam darauf auch in Schreiberhau und Josephinenhütte zu Schießereien, bei denen die Arbeiterschaft den kürzeren zog. Immer noch wurde mit der Neuaufstellung dieser Armee gerechnet. Der oberschlesische Bankverein übersandte noch im Oktober 1921 an die Organisation C 30000 Mark (2000 Goldmark) für die eventuelle Aufstellung eines neuen oberschlesischen Selbstschutzes. (Richard Lipinsky, »Leipziger Volkszeitung«, 22. Dezember 1923.)

Die ständige Drohung der Arbeitsgemeinschaften, einen Umsturz herbeizuführen und die Besetzung der Polen zugesprochenen Teile von Oberschlesien zu verhindern, führte dazu, daß die Regierung und die Interalliierte Kommission im Dezember 1921 die restlose Auflösung sämtlicher Arbeitsgemeinschaften in Schlesien verfügte. Die Arbeitsgemeinschaften erhoben dagegen Einspruch und blieben trotz wiederholter Aufforderung zusammen. Erst im Februar 1922 entschloß sich Oberland, auch die letzten Mitglieder aus Oberschlesien zurückzuziehen. Erst im Januar 1923 wurde der Bund offiziell verboten. (»Berliner Tageblatt«, 3. Januar 1924.) Das Freikorps Aulock saß Anfang 1922, allerdings nur 800 Mann stark, im Riesengebirge. Oberleutnant Aulock wohnte in Schreiberhau. Die Mannschaften wurden mit Forst- und Waldarbeiten hauptsächlich durch die Schaffgotschsche Verwaltung beschäftigt. Aulock besaß auch noch die zur Formation gehörenden Pferde und Fahrzeuge; sie wurden zu Holzfuhren usw. verwendet.

Die ganz kleinen Formationen haben sich aus Geldmangel meistens aufgelöst. Die schlesische Orgesch geht jetzt unter dem Namen »Heimatschutz« und steht natürlich in unmittelbarer Verbindung mit Organisationen in Preußen, Bayern, Sachsen usw.

Reichswehr und Geheimbünde

Der folgende Bericht einer schlesischen Regierungsbehörde zeigt das Verhältnis der Reichswehr zu den verschiedenen in Schlesien stehenden Geheimbünden:
»Die verschiedenen Versuche, in Schlesien eine bewaffnete Abwehr etwaiger polnischer oder tschechischer Einmarschpläne zu organisieren, sind nicht von der Reichswehr ausgegangen. Es waren immer Zivilstellen, die teils aus Angst, teils aus Unfähigkeit zum Gebrauch der nichtmilitärischen Mittel der Politik auf solche Abwehrorganisationen gedrängt haben. Sowohl nachgeordnete Stellen der preußischen inneren Verwaltung wie vor allem Stellen des Auswärtigen Amtes trifft an diesen Spielereien die Hauptschuld.
Nachdem aber derartige Grenzschutzpläne trotz der Übermacht der polnischen und der tschechischen Armee auf Betreiben der Zivilstellen in Angriff genommen wurden, bekam die Reichswehr den ausschlaggebenden Einfluß darauf. Die Folge war, daß die Reichswehr mit Organisationen in Verbindung gebracht wurde, die die Polenabwehr, um diese handelte es sich vor allem, zu innerpolitischen Zwecken mißbrauchten. In den mittelschlesischen Grenzkreisen der Odergegend wurde von Reichswehrseite ein »Oderschutz« aufgezogen, dessen Führung in die Hände bekannter rechtsstehender Bandenhäuptlinge kam. Zufällig waren die leitenden Leute dieser Organisation fast immer gleichzeitig auch in der Leitung innerpolitischer Kampfverbände. Während des großen schlesischen Landarbeiterstreiks lag die Führung der bewaffneten Sturmtruppen gegen die Streikenden zum Beispiel in den Händen des Herrn von Winterfeldt, der gleichzeitig Oderschutz-Führer war. Das Reichwehrministerium hat trotzdem behauptet, daß niemals von ihm ausgegebene Waffen in die Hände dieser innerpolitischen Kampfverbände gekommen seien. Diese Behauptung ist unglaubwürdig. Im einzelnen ist für die Verbindung zwischen diesen Organisationen der Wahrheitsbeweis in einem Beleidigungsprozeß zwischen der Breslauer »Volkswacht« und Dr. Geßler angeboten worden.
Noch ernstere Formen haben ähnliche Vorgänge in Deutsch-Oberschlesien angenommen. Die Reichswehr hat dort anerkennenswerterweise offenbar aus der richtigen Erkenntnis unserer Machtlage heraus nur wenige kleinere Organisationen in Oppeln und Leobschütz, ziemlich weit von der Grenze. Sie hat aber die »Abwicklung« der während der Insurgentenzeit aufge-

zogenen Abwehrorganisationen übernommen, für die gegenwärtig das Reichswehrkommando in Oppeln zuständig ist. Praktisch ist diese Abwicklung unter Zustimmung der preußischen Verwaltungsstellen und zeitweise auch der Mittelparteien alles andere als eine Abwicklung geworden. Die Abwehrorganisationen, die dort durch kleinere polnische Grenzübergriffe eine gewisse Volksstimmung für sich behalten hatten, sind in ihrem offiziellen Teil einigermaßen neutral. Sie bilden aber das Hauptrekrutierungsgebiet für die zahlreichen rechtsradikalen Organisationen Deutsch-Oberschlesiens, die dort mangels einer ordentlichen Kriminalpolizei schlimmer als sonst irgendwo in Preußen wuchern. Außerdem ist das illegale Waffenwesen durch die Verbindung von Abwehrorganisationen mit der Reichswehr völlig undurchsichtig geworden, auch für die preußischen Zivilbehörden. Deren Bestreben ging darauf hinaus, von der Reichswehr Verzeichnisse derjenigen Waffenlager zu bekommen, die Reichswehreigentum seien. Das ist sowohl in der Provinz Niederschlesien wie in Oberschlesien grundsätzlich ständig verweigert worden. Infolgedessen hat sich die Praxis eingebürgert, daß die Reichswehr jedes von den Zivilbehörden beschlagnahmte Waffenlager nachträglich als Reichswehreigentum bezeichnete. Die Beziehungen zwischen den illegalen rechtsradikalen Organisationen und der Reichswehr lassen nach außen den Unterschied zwischen Legalität und Illegalität streng erkennen, im inneren Verkehr werden sie dadurch charakterisiert, daß einer der Hauptmitarbeiter des schlesischen Militärbefehlshabers vorher hauptberuflich mit dem Bewaffnungswesen des Heimatverbandes Schlesien (gegründet von der Organisation Escherich) beschäftigt war. Die Reichswehr hat in den Berliner Zentralstellen in Verhandlungen mit den Zivilbehörden, vor allem mit dem Reichsinnenminister und dem preußischen Innenminister, ihre Verwaltungspraxis immer so weit durchsetzen können, daß sie schon vor der Übernahme der vollziehenden Gewalt in Schlesien für die ganze Waffenfrage allein alle Macht in der Hand hatte. Das ging so weit, daß das Breslauer Divisionskommando Mitteilungen an die Zivilbehörden unter dem Vorbehalt machte, daß dieser oder jener Regierungsrat bei den Zivilbehörden, der Sozialdemokrat sei, nichts davon erführe. Beschwerden über solche Vorgänge sind durch die Übertragung der vollziehenden Gewalt an die Reichswehrstellen endgültig erledigt worden, da seither sämtliche Zivilstellen der Reichswehr untergeordnet sind und sich danach verhalten.

Anerkannt werden muß, daß die Reichswehr bei den inneren Unruhen in Schlesien mehrfach davor gewarnt hat, ihre Truppen zu verwenden. Seit der Verhängung des militärischen Ausnahmezustandes hat sich aber auch diese Selbstbescheidung leitender Reichswehrkreise verflüchtigt. Demonstrativ tritt die Reichswehr jetzt in großen Paraden hervor und unterdrückt jede Kritik daran durch Versammlungs- und Presseverbote. Eine gewisse Abneigung gegen früher hochgestellte aktive Offiziere wie Ludendorff bleibt davon unberührt, beschränkt sich aber auf leitende Stellen im Generalsrang, die die Konkurrenz der berühmteren Kollegen fürchten. In kleineren Garnisonen werden entsprechende Befehle der Generalität elegant umgangen, ohne daß eine solche Umgehung Rüge fände. Schon heute gegen die deutschnationalen Parteifunktionäre, die bei den Zivilbehörden mit irgendwelchen Wünschen nicht durchdringen, damit zu den Reichswehrstellen, und die Reichswehr benutzt andererseits für ihre Meinungsäußerungen nicht gerade die rechtsradikale, aber ausschließlich die deutschnationale Presse.«

Der Ruhrkampf

Der vollkommene Schritt zur Illegalität der Geheimbünde setzte nach den großen politischen Morden ein. Die Öffentlichkeit reagierte, allerdings nur einige Tage, darauf sehr stark mit einem fühlbaren Ruck nach links. Unter diesem Druck lösten sich zahlreiche Organisationen auf, viele Mitläufer traten aus. Eine kurze Zeitlang schien es, als wenn von den illegalen Organisationen zur Fortsetzung der politischen Attentate nur kleine Terroristengruppen übrigbleiben würden. Aber dieser Rückschlag dauerte nur kurze Zeit.
Ein besonderes Aufleben bot der Ruhrkampf. Da entsandten die verschiedenen Geheimbünde ihre fähigsten Köpfe ins Ruhrgebiet, um den von der Reichsregierung proklamierten passiven Widerstand in einen aktiven umzugestalten. Während sich die preußische Regierung und vor allem Severing von den Geheimbünden ferngehalten hat, war die Stellung der im Grund deutschnationalen Regierung Cuno zweideutig. Einerseits billigte sie den von diesen Verbänden vertretenen Haß gegen die Franzosen, andererseits konnte sie offiziell wenigstens ihre Mittel nicht gutheißen. Der Ruhrkampf wurde der große undurchsichtige Mantel, der alles umgab, was die Regierung

tat. Aus der durch rasendes Arbeiten der Notenpresse, d. h. die Expropriierung des Mittelstandes stets wohlgefüllten Kasse gingen Unsummen Geldes Wege, welche die Öffentlichkeit nie durchschauen konnte. Eine Abrechnung über die Art der Verwendung ist nie erfolgt. Wieviel von den ungeheuren Summen, die der Ruhrkampf gekostet haben mag (man spricht von 40 Millionen Goldmark die Woche), den Verbänden zugeflossen sind, läßt sich nicht nachweisen. Zahlreiche Sabotageakte, Sprengungen von Brücken und Eisenbahnen und Vergehen gegen einzelne Franzosen sind ihr Werk. Die interessanteste Persönlichkeit aus dem Ruhrkampf ist wohl der frühere Offizier und spätere Spitzel Schlageter. Weil er eine Brücke in die Luft sprengte, wurde er von den Franzosen zum Tode verurteilt und erschossen. Er war beseelt von jenem Fanatismus, der allen wahren Revolutionären eigen ist. Auch Plänen zur Ermordung Severings stand er nicht fern. Um seine Leiche bildete sich ein Heroenkult, Erinnerungsfeiern wurden abgehalten, Gedächtnisbünde gegründet. Ludendorff, aber auch ebenso Radek, verherrlichten ihn als entschlossenen Kämpfer. Die infamsten Beschuldigungen gegen die preußische Regierung wurden laut: sie habe ihn verraten. Tatsächlich aber haben seine eignen Freunde ihn den Franzosen ausgeliefert, weil diese wohl besser bezahlten als ihre Auftraggeber.

Die Schwarze Reichswehr

Hierunter sind zunächst zu verstehen die schon erwähnten Organisationen, die nach Art der Schweizer Miliz ihre Waffen zu Hause oder in sorgfältig gehüteten Waffendepots haben. Aber dies ist nur ein Teil der Schwarzen Reichswehr. Dazu kommen vollkommen militärisch organisierte, reichswehrmäßig uniformierte und kasernierte Truppen. Mit ihren Fuhrparks und Waffenbeständen sind sie der legalen Reichswehr vollkommen ähnlich aufgebaut. Diese neuen oder Stinnes-Soldaten, wie sie genannt werden, sind Parallelformationen der Reichswehr. Sie liegen auf denselben Truppenübungsplätzen und sind äußerlich nicht von ihnen zu unterscheiden. So lagen im Zeughof in Küstrin etwa 350 Mann, in den beiden Forts je 100 Mann. Diese Truppen sind natürlich in erster Linie für den Bürgerkrieg gedacht. Nur wenige Heißsporne versuchen den Gedanken eines Rachekrieges gegen Frankreich zu realisieren. Doch haben selbst die Deutschvölkischen offen im Reichstag erklärt, daß

augenblicklich noch nicht an einen solchen Krieg zu denken ist,
weil sie sich eben noch zu schwach fühlen. Doch ist im Hintergrunde auch dieser Gedanke vertreten.
Die Schwarze Reichswehr besteht aus Leuten, die, ohne in der
Reichswehr eingestellt zu sein, militärische Ausbildung erhalten. Angeblich hauptsächlich zu dem Zweck, um einen Nachwuchs der Reichswehr zu bilden. Die Ausbildung dieser Mannschaften geht natürlich unter Umgehung des Budgetrechts des
Reichstags vor sich und wird, so behaupten die Geheimbünde,
durch Angehörige der Reichswehr vorgenommen. Waffen und
Übungsplätze wurden von der Reichswehr zur Verfügung gestellt. Einen wesentlichen Bestandteil der Schwarzen Reichswehr bilden die Studenten. Sie werden als Zeitfreiwillige eingestellt, vor allem während der Ferien, und dann wieder entlassen, obwohl gesetzlich eine Anwerbung für weniger als zwei
Jahre verboten ist. In Studentenkreisen wird ganz offen erzählt:
»Für das nächste Semester gehe ich zur Reichswehr.« Nach
zwei, drei Monaten werden sie dann entlassen, um anderen Rekruten Platz zu machen. Meist treten dann andere Angehörige
derselben Studentenverbindung an ihren Platz. In Bielefeld
wurde im Dezember 1923 eine Reihe von Lehrern vom Kreisschulrat von ihrem Dienst zu militärischen Übungen nach dem
Sennelager beurlaubt. (»Welt am Montag«, 24. Dezember
1923.)
Die Erwähnung dieser Tatsachen, die dem Friedensvertrag widersprechen, ist heute in Deutschland verpönt. Trotzdem ist
diese Tatsache selbst bei den Führern der republikanischen Parteien bekannt, und sie wird sogar zum Teil gebilligt mit dem
Argument, man könnte ja nie wissen, ob man nicht für den Fall
von Verwicklungen, mit Polen zum Beispiel, doch ein größeres
Heer gebrauchen könnte.

Der Küstriner Putsch

Die Rivalität zwischen der legalen und der Schwarzen Reichswehr hat einen eklatanten Ausbruch bei dem Küstriner Putsch
gefunden. Schon Ende September 1923 sammelten sich in der
Umgebung Berlins junge Leute, die angaben, daß sie sich der
Reichswehr zur Verfügung stellen wollten. Der Major a. D.
Buchrucker sammelte sie in Küstrin im Zeughof und versuchte,
durch Überrumpelung der Festung Gleichgesinnte im ganzen
Lande zum Losschlagen zu veranlassen. Am 1. Oktober ließ er

die wichtigsten Punkte der Stadt besetzen. Der Kommandant alarmierte jedoch die Garnison, während sich die Aufständischen in den Zeughof zurückzogen. Die Aufständischen hofften, daß die gesamte Garnison sich ihnen anschließen würde, sie blieb jedoch reichstreu. Es kam zu einem Feuergefecht, wobei es einige Tote, Schwer- und Leichtverwundete gab. In Lastautos kommende Truppen versuchten die Eingeschlossenen zu befreien. Sie wurden zurückgeschlagen. Insgesamt wurden 500 Mann gefangengenommen.

Der äußere Anlaß zu dem Putsch war wohl derselbe wie beim Kapp-Putsch. Die Küstriner Schwarze Reichswehr sollte aufgelöst werden, sie wehrte sich dagegen, indem sie versuchte, die Forts zu erobern. Die ersten amtlichen Berichterstatter sprechen übrigens von »nationalkommunistischen« Unruhen. Obwohl die wesentlich Beteiligten aktive oder frühere Militärs waren, sollte also wieder die Vorstellung wachgerufen werden, daß die Kommunisten schuld seien.

Die »Deutsche Allgemeine Zeitung« hat übrigens (Nummer 455–56) mit herzerfrischender Offenheit die im Küstriner Zeughof revoltierende Schwarze Reichswehr als »mögliche Gesinnungsgenossen« bezeichnet und es offengelassen, »ob die Feinde von heute nicht vielleicht die Freunde von morgen sein werden«.

Zur Aburteilung der Anführer wurde ein außerordentliches Gericht in Kottbus eingesetzt. Aber nur gegen 14 Aufständische wurde verhandelt, unter anderm gegen Major Buchrucker, Major Herzer, Oberleutnant Peter Voigt, den Studenten Gerhard Reichel, den Oberleutnant Arnold Schrank und den Oberleutnant Georg Walter. Alle anderen wurden freigelassen, weil es sich nicht nachweisen ließ, daß sie von den hochverräterischen Absichten ihrer Führer Kenntnis hatten. (»Berliner Tageblatt«, 13. Oktober 1923.) Die Anklage führte Staatsanwalt Dr. Herrmann. Er vertrat die Auffassung, daß es sich um ein großangelegtes einheitliches Unternehmen handelte, zu dem der Küstriner Putsch einen Anstoß geben sollte. Zweck dieses Unternehmens war natürlich nicht die Eroberung von Küstrin, vielmehr hatten die Führer gehofft, daß sich ihnen sofort die Gleichgesinnten im Reich anschließen würden. Der Abgeordnete v. Graefe sollte darüber verhört werden, ob es richtig sei, daß er mit Buchrucker zusammen nach München gefahren sei, um mit Hitler und Ludendorff zu verhandeln. Jedoch zog er es vor, nicht zu erscheinen. Letztes Ziel des Unternehmens sollte natürlich die Eroberung von Berlin sein. Hierzu waren Verbindungen mit dem Bund Olympia angeknüpft worden. Der Prozeß gegen die Küstriner Putschisten fand übrigens wegen Gefährdung der öffentlichen Ordnung unter Ausschluß der Öffentlichkeit statt. Der Ausschluß der Öffentlichkeit ist wohl nicht geschehen, weil die Putschisten das Licht der Öffentlichkeit scheuten. Wahrscheinlich haben die Angeklagten sich mit dem Argument verteidigt, daß sie die Schwarze Reichswehr für legal gehalten hatten, und daß sie auf irgendeinem Kabinettsbeschluß der Regierung hin bestehe.

Die trotz des Ausschlusses der Öffentlichkeit durchgesickerten Tatsachen geben der Vermutung der Existenz einer Schwarzen Reichswehr neue Nahrung. So gab einer der Angeklagten als seine Wohnung den Zeughof in Küstrin an, also den Ort, von dem der Putsch ausgegangen ist. Und der Major Buchrucker hatte sich mit einem großen Teil seiner Leute seit August in Küstrin aufgehalten, er wurde aus Mitteln des Reiches entlohnt, gekleidet und verpflegt.

Das Urteil gegen Buchrucker lautete auf 10 Jahre Festungshaft und 100 Milliarden Mark Geldstrafe (10 Goldmark). Die anderen wurden wegen Beihilfe zur Amtsnötigung gemäß § 114 St.-G.-B. mit Gefängnis bestraft, und zwar erhielten Major a. D. Fritz Herzer 2 Jahre 6 Monate; Kaufmann Hans Hain 8 Monate; der Oberleutnant a. D. Voigt 6 Monate; der Student Reichel, Zahnarzt H. Fliege 5 Monate; Oberleutnant Walter, der Landwirt Stobbe, der Oberleutnant Francke und der Kaufmann Wojzewski je 3 Monate Gefängnis. Vier Angeklagte wurden freigesprochen. Selbst bei der Urteilsbegründung wurde die Öffentlichkeit ausgeschlossen.

Dieses Urteil fordert zu einem Vergleich mit dem zur selben Zeit spielenden Hamburger Hochverratsprozeß geradezu heraus: in Hamburg war es zu Lebensmittelunruhen gekommen, im Anschluß daran zu Straßenkämpfen, in denen die Kommunisten eine aktive Rolle spielten. Hier wie dort sind bei der Ausführung bzw. der Abwehr des bewaffneten Aufstandes Menschenleben vernichtet worden. Trotzdem sind die Gerichtsurteile durchaus verschieden. Im Kottbuser Prozeß wurde der Führer des Aufstandes zu der Ehrenstrafe von 10 Jahren Festung verurteilt, während in Hamburg sogar ein offenbar Verführter, ein Arbeiter von 22 Jahren, zum Tode verurteilt wurde. Übrigens war ihm schon bei seiner Verhaftung durch die Polizei ein Auge ausgeschlagen worden. Der Arbeiter wurde später allerdings begnadigt. Eine Reihe Mitangeklagter sind zu langjährigen Zuchthausstrafen verurteilt worden. Man erinnere sich demgegenüber, mit welch weichherziger Milde der Begriff des Führertums im Kapp-Prozeß zu Leipzig ausgelegt wurde. Die Divergenz der beiden letzten Hochverratsurteile ist sehr einfach zu erklären: in Kottbus hat es sich um völkische Offiziere, in Hamburg um Arbeiter gehandelt.

Die Schwarze Reichswehr in Württemberg

Schon ziemlich früh versuchten die bayrischen Nationalsozialisten auch in Württemberg festen Fuß zu fassen. Am 24. April 1923 wurden jedoch ihre Sturmabteilungen in Württemberg ausdrücklich verboten. Bereits am 29. April wurde beschlossen, die Sturmabteilungen unter dem Decknamen »Wander- und Sportabteilung Württemberg« weiter bestehen zu lassen. Zum militärischen Leiter wurde der Hauptmann a. D. Steyrer und zum Adjutant der Leutnant a. D. Rausser bestimmt. Diese Abteilungen erhielten vom Oberkommando in München genau dieselben Richtlinien, Anweisungen und Rundschreiben wie die anderen Sturmabteilungen. In einem Befehl an die Bezirksführer vom 23. Juni 1923 heißt es: »*Es ist Gelegenheit geboten, junge Leute über 18 Jahre als Zeitfreiwillige zu einem vier- bis sechswöchigen Ausbildungskurs bei der Reichswehr in Ludwigsburg unterzubringen.* Die Vermittlung besorgt der Bezirksführer. Anmeldung der Teilnehmer nach Namen, Beruf, Alter und Wohnort wird bis spätestens 15. Juli an die Adjutantur Stuttgart erbeten.« Das ist also die Schwarze Reichswehr par exellence. Junge Leute werden auf kurze Zeit bei der Reichswehr eingestellt.

In einem Befehl vom 12. Juli 1923 heißt es:
»Sämtliche örtlichen Führer melden auf den 20. d. M. die für den Notfall zur Verfügung stehenden Lastkraftwagen, Motorräder, Fahrräder. In der auf den 20. jeden Monats fälligen Stärkemeldung bitte ich die einzelnen Ausbildungsarten, insbesondere die technischen genau anzugeben. *Unter der Zahl der Ausgebildeten sind auch diejenigen anzuführen, die an einem Ausbildungskurs bei der Reichswehr teilgenommen haben.* Der Polizeipräsident und die Oberstaatsanwaltschaft haben darauf aufmerksam gemacht, daß Gefechtsübungen usw. unter keinen Umständen in der Öffentlichkeit stattfinden dürften, da sonst im Sinne des bekannten Verbotes gegen sie vorgegangen werden müßte. Sämtliche örtliche Führer stellten sofort Erhebungen an, welches in ihren Bezirken die führenden Geister unse-

rer Gegner sind, insbesondere die Redner, und meldeten dieselben unter genauer Angabe ihres Aufenthalts bei Tag und Nacht.«

Man sieht hierbei deutlich, wie die offiziell abgeleugnete Existenz der Schwarzen Reichswehr den Beteiligten selbstverständlich ist und wie die Behörden den Beteiligten den guten Rat geben, sich nur nicht erwischen zu lassen. Zart angedeutet findet man auch die Pläne kommender politischer Morde. Das Verhältnis der Wander- und Sportabteilungen und ihrer Führer zur Reichswehr ergibt sich aus einer Mitteilung vom 20. Juli 1923, worin es heißt:

»Ein militärischer Ausbildungskurs beginnt am 1. oder 15. August, Dauer bis Ende August. Verpflegung und Bekleidung zirka 500 000 Mark (15 Goldmark) wird von hier aus bezahlt. Während des Kurses wird kein Urlaub gewährt, auch dürfen Besuche aus bestimmten Gründen nicht empfangen werden. Die örtlichen Führer melden sofort anhier die Zahl, Namen, Beruf und Wohnort derjenigen Jungmänner, die an diesem *von Reichswehroffizieren privatim geleiteten Kurs* teilnehmen wollen.«

Man hört manchmal, daß dies eine besonders geschickte Politik der Reichswehr sei. Mit dem Angebot der Ausbildung an die militärischen Aktivorganisationen der »Vaterländischen Verbände« werde der Zweck verfolgt, sie zu binden und sie für die Republik zu verpflichten. Wenn man wirklich diese Absicht verfolgen würde, wäre das eine nicht zu überbietende Naivität. (»Schwäb. Tagwacht«, 5. September 1923.)

Die Schwarze Reichswehr in Sachsen

Sachsen und Thüringen waren die einzigen streng republikanisch orientierten deutschen Staaten und hatten den Kampf gegen die Geheimbünde energisch aufgenommen. Aber alle Maßnahmen der sächsischen und thüringischen Regierung gegen Werbungen und Bewaffnung von Selbstschutzbünden waren wirkungslos. Alle eingeleiteten Strafverfahren wurden eingestellt, weil die Teilnehmer behaupteten, im Einverständnis mit der Reichsregierung gehandelt zu haben. Aus diesem Grunde ließ sich auch das Verbot der Brüder vom Stein und der Sportvereine nicht aufrechterhalten.

Zahlreiche Waffen dieser Organisationen, welche von den Behörden gefunden wurden, wurden von der Reichswehr als ihr Eigentum reklamiert. »Alle Strafverfahren wegen der Waffen-

funde mußten eingestellt werden, weil nach dem Gesetz zum Schutz der Republik nur bestraft wird, wer Waffen ohne Wissen der Behörde verbirgt. Die Angeschuldigten konnten aber nachweisen, daß sie mit Wissen der Reichswehr die Waffen verborgen hatten. Statt den Landesregierungen Kenntnis von Waffenlagern zu geben, ersuchte das Reichswehrministerium die Landesregierungen, daß Waffenbeschlagnahmen unterbleiben möchten, wenn sie nicht der Reichsanwalt anordnete. Die Landesregierungen mußten deshalb die weiteren Nachforschungen nach Waffenlagern einstellen.« (Richard Lipinsky in der »Leipziger Volkszeitung« vom 22. Dezember 1923.)
Als die Reichswehr in Sachsen einmarschierte, gab dies Anlaß zu interessanten Auseinandersetzungen zwischen Sachsen und dem Reich.
Der Reichswehrminister Dr. Geßler hatte Ende Februar 1923 im Reichstag folgende Erklärung abgegeben:
»Die Reichswehr kann und wird die ihr gesetzlich zustehenden Aufgaben – Schutz der Verfassung, Schutz der Grenze, Aufrechterhaltung der Ruhe und Ordnung – nur mit den verfassungsmäßig dazu berufenen Behörden lösen. Danach ist ein Zusammenarbeiten der Reichswehr mit Zeitfreiwilligen und Selbstschutzorganisationen ausgeschlossen. Gegen Zuwiderhandelnde wird er[45] mit allen ihm gesetzlich zur Verfügung stehenden Mitteln vorgehen.«
Bei dem Einrücken in Sachsen hat sich aber die Reichswehr sofort durch Neueinstellungen aus nationalistischen Kreisen verstärkt. So wurden am 11. Oktober von der Reichswehr 1000 Mitglieder der Organisation Stahlhelm und Wehrwolf eingekleidet. Dies wurde offiziell vom Wehrkreiskommando am 12. Oktober bestätigt. »Bereits am 11. Oktober wurde einem Vertreter der sächsischen Regierung auf Anfrage hierzu bekanntgegeben, daß es sich lediglich um Auffüllung der im Wehrkreisgebiet stehenden Reichswehrtruppenteile zu dem Zwecke handelt, um zur Aufrechterhaltung der Ruhe und Ordnung stark genug zu sein. Für diese Verstärkung kommen Angehörige aller Bevölkerungskreise in Betracht.«
Als die sächsische Regierung diese Zusammenhänge der Öffentlichkeit mitteilte, beklagte sich General Müller, der den Einmarsch geleitet hatte, über die Bespitzelung der Reichswehr durch die sächsische Regierung. Hierauf antwortete diese in folgender Mitteilung:

[45] Der Reichswehrminister.

*Die sächsische Regierung über die »Bespitzelung«
der Reichswehr*

»Als nach Verhängung des Ausnahmezustandes Angehörige rechtsgerichteter, zum Teil verbotener Organisationen in großem Umfange in die Reichswehr eingestellt wurden, gingen zahlreiche Anzeigen von seiten der Polizei und den Staatsanwaltschaften bei der Regierung ein, die auf diese unhaltbaren Zustände hinwiesen. Die zuständigen Polizeibehörden haben sich zum Teil unmittelbar wegen dieser Einstellung mit dem zuständigen Ortskommandanten in Verbindung gesetzt. Insbesondere hat dies der Polizeipräsident Fleißner vom Polizeipräsidium Leipzig getan, der sich an den Oberst Krantz gewendet und ihn gebeten hat, an Hand der dem Polizeipräsidium vorliegenden Vorgänge die Personalien und die scharf republikfeindliche Einstellung eines großen Teils der Eingestellten nachzuprüfen. Der Oberst Krantz hat aber diesen sachlich wohlbegründeten Vorschlag abgelehnt. In Leipzig hat besonders der Kaufmann Lindekam, der nach seinen eignen Geständnis vor dem Schöffengericht in Leipzig der Organisation C angehört, sich als Werber für die Reichswehr betätigt. Er hat ihr Angehörige der Organisation C, der Organisation ›Silberner Schild‹, der Nationalsozialistischen Arbeiterpartei, der Deutschvölkischen Freiheitspartei, des ›Stahlhelm‹ und des Jungdeutschen Ordens zugeführt. Ebenso ist in Dresden, Großenhain und anderen Orten verfahren worden. Geradezu unerhört aber ist es, daß in Freiberg bekannte Führer der verbotenen nationalsozialistischen Arbeiterpartei in die Reichswehr eingestellt wurden, die zum Teil in Reichswehruniform auf der Freiberger Staatsanwaltschaft erschienen, wohin sie zur Vernehmung in gegen sie anhängenden Strafverfahren geladen waren.

Am 9. November 1923 wurden bei einer Durchsuchung bei nationalsozialistischen Führern in Zwickau Zusammenstellungen der militärisch gegliederten und bewaffneten Formationen der Nationalsozialisten aufgefunden. Bis ins einzelne war darin den Mitgliedern vorgeschrieben, in welcher Weise ausgerüstet und bewaffnet sie bei einer eventuellen Einberufung zu erscheinen hätten. In einem vorgefundenen Bataillonsbefehl vom 7. November 1923 heißt es: ›Die Hundertschaften bauen sich auf die von mir gegebenen Weisungen auf. Sie halten laufend ohne Aufforderung vom Bataillon Zusammenkünfte und Übungen ab, auch Alarmübungen. Die Stärkemeldungen sowie die Bewaffnung und Stand der Kraftfahrstaffel sind regelmäßig an das Bataillon zu machen. Überschüsse, Gelder usw. sind umgehend an das Bataillon abzuliefern. Allen Verbindungsleuten von der Reichswehr ist auf Fragen über Stärke und Bewaffnung sowie innere Organisation unserer SA. nichts zu melden. Jedem Führer wird befohlen, keinerlei Verbindung mit der Reichswehr aufzunehmen. Diese wird vom Bataillon aufgenommen, wie es bisher geschehen ist.‹

Unter diesen Umständen ist es nicht verwunderlich, daß der Major Werner von der Reichswehr in Zwickau dem Antrag des die Untersuchung führenden Beamten, die Schutzhaft gegen die betreffenden nationalsozialistischen Führer zu verhängen, nicht entsprochen hat. Es ist bis heute nichts davon bekannt, daß General Müller die Vertreter des völkischen Gedankens und Träger der erbittertsten Feindschaft gegen die Republik aus der Reichswehr entlassen hat. Sie haben ihren zersetzenden Geist in die Reichswehr hineintragen können. Auf ihr Konto kommen vornehmlich die barbarischen Mißhandlungen, in denen sich ihr Haß gegen die republikanische Bevölkerung austobt. Entlassen sind die Regierungskommissare. Sie haben das Verbrechen begangen, die Vorgänge an die vorgesetzte Dienstbehörde zu berichten, wie es ihre Pflicht war.«

Ferner erklärte der sächsische Innenminister Liebmann in einem Interview: »Bei den der sächsischen Regierung pflichtgemäß obliegenden Beobachtungen von Waffentransporten, Waffen- und Munitionslagern usw. führten bestimmte Spuren in auffälliger Weise immer wieder zur Reichswehr. Oft wurde bei Zivilpersonen, die in unmittelbaren Zusammenhang mit der Reichswehr gebracht wurden, Waffen gefunden, so in Freiberg bei dem Fabrikanten Küchenmeister einige hundert Gewehre und ein Maschinengewehr, ferner bei Bautzen sechs Maschinengewehre, in Radeberg bei einem Fabrikanten Gewehre, in Loschwitz bei einem Fabrikbesitzer 500 Gewehre und 24 000 Dum-Dum-Geschosse.« (»Berliner Tageblatt« vom 6. Dezember 1923.)

Hierzu erfolgt eine halbamtliche Erklärung des Wolffschen Telegraphenbüros: »Die sächsische Regierung hat Nachrichten über Sturmabteilungen der Nationalsozialisten in Zwickau an die Presse gegeben, ohne sie vorher den militärischen Stellen mitzuteilen. Sowohl beim Reichswehrministerium wie beim Wehrkreiskommando IV ist diese Angelegenheit vollkommen unbekannt.« (»Berliner Tageblatt«, 12. Dezember 1923.) Die sächsischen Angaben über den nahen Zusammenhang zwischen der Reichswehr und den Geheimbünden werden also nicht einmal bestritten.

Ein Prozeß über die Gesinnung der Reichswehr

Über die Gesinnung der Reichswehr fand am 25. Oktober 1923 vor der 4. Strafkammer des Landgerichts I eine interessante Verhandlung statt. Nach der Ermordung Rathenaus hatte das Reichskabinett angeordnet, daß die Reichs-Ministerial-Gebäude auf halbmast zu flaggen hätten. Dem Sekretär der Deutschen Liga für Menschenrechte Otto Lehmann-Rußbüldt war es aufgefallen, daß das Haus des Stabes der 3. Division nicht geflaggt hatte. Daraufhin forderte er in einem Brief an Geßler, daß dieser die Flaggung sämtlicher Gebäude anordnete, widrigenfalls er es bei der Demonstration der Volksmasse überlassen müsse, sich zu überlegen, wie man monarchistische Offiziere der Reichswehr zum Gehorsam gegen die Republik zwingt. Hierin ersah der Staatsanwalt eine Drohung. Der Verteidiger fragte im Prozeß den Reichswehrminister, ob er auch nach dem Fall Lossow von der absoluten Zuverlässigkeit des Offizierskorps überzeugt sei. Geßler bejahte diese Frage. Einen als Zeugen erschienenen General fragte der Verteidiger, ob er Monarchist sei. Der General antwortete: »Ich habe die Verfassung beschworen.« Die Frage, ob er Republikaner sei, wurde vom Gerichtshof abgelehnt. Dem General war beim Kapp-Putsch mitgeteilt worden, daß die Regierung zurückgetreten sei; die Kapp-Regierung hätte ihn beauftragt, die Presse zu überwachen, was der General auch tat. Nun wurde an ihn vom Verteidiger die Frage gestellt, ob er auch so gehandelt hätte, wenn er gewußt hätte, daß die Regierung nicht zurückgetreten sei. Aber auch diese Frage wurde vom Gericht abgelehnt, der General könnte heute darüber keine Aussage machen, weil er vielleicht inzwischen seine politische Überzeugung geändert hätte. Verteidiger: »Herr General, haben Sie inzwischen Ihre Überzeugung geändert?« Zeuge: »Nein.« Der Prozeß endete mit der Verurteilung Lehmanns zu 400 Millionen Mark Geldstrafe (28,50 Goldmark).

Militärische Stärke der Schwarzen Reichswehr

Eine genaue Abschätzung der militärischen Stärke der Schwarzen Reichswehr ist außerordentlich schwierig. Denn es ist kaum festzustellen, wieviele Leute im Laufe der letzten Jahre ausgebildet und dann wieder entlassen worden sind. Auch ist es ganz unsicher, wieviele von diesen Leuten richtig bewaffnet werden

können. Von fachmännischer Seite wird die Zahl der versteckten Gewehre auf höchstens 100 000 bis 150 000 mit vielleicht je 100 Schuß Infanteriemunition geschätzt. Daneben können vielleicht noch 2000 leichte und 500 schwere Maschinengewehre und Munition verborgen sein. Schwere Kampfmittel, wie Geschütze und Minenwerfer kommen in irgendeiner ausschlaggebenden Menge nicht in Betracht. Die Gefechtsstärke der Geheimbünde kann oberflächlich vielleicht folgendermaßen abgeschätzt werden:
1. N. S. D. A. P. in Süddeutschland zirka 26 000
2. Jägerregiment »Oberfranken« zirka 4000
3. Bund »Oberland« und verwandte Bünde zirka 15 000
4. Kampfeinheiten der D. V. F. P. in Preußen zirka 20 000
5. sonstige Formationen zirka 5000.
Die so festgesetzte Zahl von 70 000 dürfte jedoch zu niedrig sein, verschiedene bayrische Organisationen sind nämlich als Notpolizei ausgerüstet worden.
Ferner sind die 10 000 Mann der bayrischen Landespolizei wohl mit zu diesen Truppen zu zählen. Diese Streitkräfte können mit Infanteriegewehren, Maschinengewehren und Munition vollkommen ausgerüstet werden, sind also als intakte Bürgerkriegsarmee anzusprechen. Gegen diese 80 000 Mann starke Bürgerkriegsarmee ist die Reichswehr von 100 000 Mann nicht verwendbar, denn sie ist selbst von rechtsradikalen Organisationen durchzogen. Dem entgegengesetzten Dementi des Herrn Geßler ist nicht viel Glauben beizumessen, da er, genau wie seinerzeit Noske, bereits vollständig unter dem Einfluß der höheren Militärs ist und die technischen Gesichtspunkte den politischen vollkommen unterordnet.
Die Reichswehr ist also als Kampforganisation gegen die Rechtsradikalen nicht zu verwenden. Andererseits aber ist es auch zweifelhaft, ob sie in ihrer ganzen Stärke bei einem Bürgerkrieg gegen die Arbeiter verwendet werden kann. Umgekehrt sind viele Teile der Schutzpolizei vielleicht sogar als Angriffsgruppe gegen den Rechtsradikalismus zu verwenden.

7. Bayrische Justiz

> »In Bayern ist kein anständiger Mensch mehr seines Lebens sicher.«
> Abg. Dr. Held, bayr. Volkspartei,
> Landtag, 18. Januar 1924

Die bayrische Politik ist wesentlich bedingt durch die verschiedenen in Bayern existierenden Organisationen und ihre Kämpfe untereinander. Daher muß im Folgenden näher auf die bayrischen innerpolitischen Zustände eingegangen werden.
Obwohl Bayern offiziell zum Reich gehört, also insbesondere die Reichsgesetze Geltung haben, schuf es sich eine eigene Gerichtsbarkeit, die sogenannten bayrischen Volksgerichte. Diese Volksgerichte sind das Hauptmittel geworden, um einerseits die Republikaner zu bestrafen, andererseits die Angehörigen der Geheimbünde gegen ihre Feinde zu schützen. Sie wurden nach der Niederschlagung der bayrischen Räterepublik aufgestellt und beruhen auf dem »Gesetz betreffend die Einsetzung von Volksgerichten bei inneren Unruhen« vom 12. Juli 1919. Es heißt darin: »Wenn durch hoch- oder landesverräterische Unternehmungen, durch Aufruhr oder durch das Überhandnehmen von Verbrechen gegen Leben und Eigentum die öffentliche Sicherheit, Ruhe und Ordnung derartig gestört oder gefährdet werden, daß sie nur durch außerordentliche Maßnahmen erhalten oder wieder hergestellt werden können, können durch Beschluß des gesamten Ministeriums Volksgerichte eingesetzt werden.« Diese Volksgerichte bestehen noch heute.
Dabei waren seit dem Jahre 1919 bis zum 9. November 1923 in Bayern keine wesentlichen Unruhen mehr vorgekommen. Und die Unruhen im Reich sind zum großen Teil durch die Anhänger des Herrn v. Kahr selbst verursacht worden. Obwohl die Zuständigkeit der Volksgerichte ausdrücklich auf den Fall innerer Unruhen beschränkt ist, sind sie auch in den ruhigsten Zeiten in Kraft geblieben. Sie widersprechen also ihrer eigenen Bestallungsurkunde. Darüber hinaus widerspricht ihre Existenz wesentlichen Grundlagen der deutschen Verfassung. Denn dort heißt es, Ausnahmegerichte sind unzulässig.

Die Volksgerichte

Die Volksgerichte sind für fast alle politischen Verbrechen zuständig. Dies widerspricht dem Strafprozeßrecht und der Gerichtsverfassung, denn für Hoch- und Landesverrat ist nach beiden Gesetzen das Reichsgericht zuständig. Schon damit ist also die Rechtseinheit des Reiches im Strafprozeßrecht zerstört. Das Gericht ist ein Schöffengericht, doch ist dieser demokratische Anstrich nur ein Mittel, um der Zusammensetzung des Gerichtshofes in jedem Fall sicher zu sein. Denn bei den Schöffenlisten und der Auswahl zum Geschworenendienst werden unter den verschiedensten Vorwänden alle der Justizbürokratie politisch oder sozial unbeliebten Personen ausgeschaltet. Die Anklage in der Verhandlung wird von dem Staatsanwalt mündlich erhoben. In dem Fehlen einer Anklageschrift liegt eine besondere Erschwerung der Verteidigung. Der Charakter des Ausnahmegesetzes zeigt sich am deutlichsten in der Bestimmung, daß es gegen die Urteile des Volksgerichtes kein Rechtsmittel gibt. Auch eine Wiederaufnahme des Verfahrens findet nicht statt. Obwohl die große Eile, mit der die Volksgerichte arbeiten und das Fehlen der üblichen Rechtssicherheiten die Gefahr eines Rechtsirrtums bedeutend vergrößern, hat der Gesetzgeber jede Möglichkeit beseitigt, Irrtümer oder Fehlsprüche wiedergutzumachen. Der böse Wille des Gesetzgebers ist hier in einer nicht zu überbietenden Weise deutlich. (Vergl. Felix Halle, »Deutsche Sondergerichtsbarkeit«, Vivaverlag 1922.)

Nach dem Zusammenbruch der Räterepublik wurden von den Regierungstruppen in München 164 politische Morde begangen. Davon wurden 21 gesühnt, alle anderen sind und bleiben unbestraft. Der bayrische Justizminister Gürtner hat diese Tatsache auf Anfrage des Reichsjustizministeriums in einer Denkschrift zugegeben, die am 4. Dezember 1923 dem Reichstag vorgelegt wurde, aber aus »Sparsamkeitsgründen« nicht gedruckt wurde. Die Gegenüberstellung der schweren Bestrafungen der Anhänger der bayrischen Räterepublik und die vollkommene Straflosigkeit dieser politischen Morde gibt vielleicht den deutlichsten Beweis für das Wesen der bayrischen Volksgerichte.

Diese Gerichte begannen ihre Tätigkeit mit der Aburteilung der Räterepublikaner. Nach einer amtlichen Auskunft des bayrischen Bevollmächtigten von Nüßlein im Reichstag wurden 2209 Personen wegen Beteiligung an der Rätebewegung verur-

teilt, und zwar 65 zu Zuchthaus, 1737 zu Gefängnis und 407 zu Festung. Nach einer Aufstellung in dem Buch »Vier Jahre politischer Mord« sind 216 Personen zu insgesamt 516,8 Jahren Festung, 6 Personen zu insgesamt 12,1 Jahren Gefängnis, 25 Personen zu insgesamt 141,5 Jahren Zuchthaus verurteilt worden. Nimmt man an, daß die dort angegebenen Namen nur eine zufällige Auswahl aus allen Verurteilten darstellen, so ist die Annahme berechtigt, daß bei allen Verurteilten die Dauer der Verurteilung pro Person im Durchschnitt bei den zu Festung verurteilten 2,39, bei den zu Gefängnis Verurteilten 2,02 und bei den zu Zuchthaus Verurteilten 5,65 Jahre beträgt.[46] Auf Grund der Zahlen des Herrn von Nüßlein kommt man also zu dem Schluß, daß gegen die Anhänger der bayrischen Räterepublik 973,7 Jahre Festung, 3502,9 Jahre Gefängnis, 367,7 Jahre Zuchthaus verhängt worden sind, also insgesamt 4844,3, rund 5000 Jahre.
5000 Jahre Einsperrung wurden über die bayrischen Räterepublikaner verhängt, 5 Jahre Einsperrung über die Kappisten.
Immerhin hatte man einigen Führern die Ehrenhaftigkeit ihrer Gesinnung zugestanden und sie nur zu Festung verurteilt. Bald bereute man auch dies. Allerdings ging es nicht mehr an, die bereits abgeschlossenen Verfahren neu zu eröffnen. Aber es gab den Verwaltungsweg. Indem man den Strafvollzug entsprechend gestaltete, ließ sich der Richterspruch noch korrigieren[47]. Der demokratische Justizminister Müller-Meiningen und seine deutschnationalen Nachfolger haben dies auch getan. Der treue Gehilfe der wechselnden Justizminister bei allen Mißhandlungen der politischen Gefangenen war der Ministerialrat Dr. Kühlewein.

Niederschönenfeld

§ 17 des Reichsstrafgesetzbuches lautet: »Die Strafe der Festungshaft besteht in Freiheitsentziehung mit Beaufsichtigung der Lebensweise der Gefangenen; sie wird in Festungen oder anderen dazu bestimmten Räumen vollzogen.« Dem Strafgesetzbuch ist ferner zu entnehmen, daß Festungshaft eine mildere Strafart ist als Gefängnis und Zuchthaus. Der bayrische Festungshaft-Strafvollzug war durch eine königliche Verord-

---

[46] Die Zahl 2,02 ist jedoch wahrscheinlich zu gering.
[47] Die folgende Schilderung verdanke ich dem früheren bayrischen Abgeordneten Ernst Niekisch, der während zwei Jahren Gelegenheit hatte, den Niederschönenfelder Strafvollzug auszukosten.

nung vom 18. März 1893 geregelt. Nach ihr soll die Festungshaft möglichst nicht in Gefängniszellen, sondern in anständigen Stuben verbüßt werden. Jeder Gefangene soll tunlichst eine eigene Stube erhalten. Einzelhaft ist unzulässig. Die Gefangenen genießen eine gewisse Freiheit: Sie dürfen miteinander verkehren. Es ist nicht erlaubt, sie über Nacht in ihren Stuben einzusperren. Die Gefangenen haben das Recht, für ihre Verpflegung zu sorgen. Täglich dürfen sie sich fünf Stunden im Freien bewegen. Sie können zu Ausgängen und Spaziergängen in die Umgebung beurlaubt werden. Die Disziplinarmittel gegen die Festungshäftlinge sind gelind. Für Besuchsempfang und Briefverkehr sind weitgehende Erleichterungen vorgesehen. Diese Vorschriften waren milde gedacht und wurden herkömmlicherweise milde gehandhabt.
Gleich nach der Verurteilung der Räterepublikaner hob der bayrische Justizminister Müller-Meiningen durch eine Verfügung den Urlaub zu Ausgängen und Spaziergängen auf.
Bald darauf, im August 1919, erließ das Justizministerium eine grundsätzliche Verschärfung des Festungshaftvollzuges, soweit ihm sozialistische Gefangene unterworfen waren. In den »Münchener Neuesten Nachrichten« vom 2. September 1919 ließ das Justizministerium mit unübertrefflicher Offenherzigkeit erklären: »Die Forderung der Häftlinge, nach den Verordnungen behandelt zu werden, die zur Zeit ihrer Verurteilung bestanden, ist nicht berechtigt ... Die heutigen Insassen von Ebrach (wo die Häftlinge zuerst untergebracht waren) sind ganz andere Leute als die früheren Duellanten von Oberhaus.« (Die alte bayrische Festungsanstalt.)
Die wichtigsten Einschränkungen der neuen Verfügung waren: endgültige Beseitigung des Urlaubs, Beschränkung der Besuchszeit, Zulassung der Überwachung der Besucher, nächtlicher Zellenabschluß, Einführung neuer Disziplinarstrafen, Aufhebung des Rechtes der Selbstverpflegung, strenge Durchführung der Brief- und Zeitungszensur. Das Justizministerium gab dann von Zeit zu Zeit Dienstanweisungen, Geheimverfügungen, Einzelanordnungen heraus, die in ihrer Gesamtheit eine weitere wesentliche Verschärfung des Strafvollzuges bedeuteten. Die Besuchsüberwachung wurde zum Beispiel zur Regel. Ein andermal wurde den Gefangenen das Geld abgenommen und die Verwaltung führte Buch darüber.
Die Gefangenen, die anfänglich in verschiedenen Anstalten untergebracht waren, wurden im Frühjahr 1920 in Niederschönenfeld zusammengezogen. Ein Teil der Häftlinge bekam dort

Zellen von 2 Meter Breite und 3,5 Meter Länge, ein anderer Teil aber nur Räume, die 1,5 Meter breit und 3 Meter lang waren. Um die Anstalt, die durch einen Stacheldrahtverhau gesichert war, wurde noch eine doppelte Postenkette gelegt. Die Zahl der Aufseher übertraf zeitweise die Zahl der Gefangenen.
Viele erkrankten an Haftpsychose. Im Bewußtsein des an ihnen ständig geübten Unrechts steigerten sich die Gefangenen in eine anhaltend feindselige Stimmung gegen die Justizbehörde hinein. Im großen und ganzen aber legten die rechtswidrig behandelten Gefangenen stets eine bewunderungswürdige Selbstzucht und Selbstbeherrschung an den Tag. Jede unbeherrschte Handlung, die irgendein Festungsgefangener beging, wurde flugs benützt, um neue Erschwerungen des Strafvollzugs zu begründen.
Die Empörung der Gefangenen über die zugefügte Vergewaltigung war um so größer, als sie wußten, daß der Meuchelmörder Arco in einer eigens für ihn eingerichteten Anstalt untergebracht wurde und sich dort aller jener Freiheiten erfreute, die im Sinne des § 17 des R.-St.-G.-B. liegen. Ihm wurde zum Beispiel Urlaub bewilligt, den er dazu gebrauchte, um unter den Bauern monarchistische Propaganda zu treiben. Das Justizministerium stellte der Presse Vorgänge, die sich innerhalb der Festungshaft zugetragen hatten, schief, unrichtig und in unangemessener Beleuchtung dar. Zuweilen erdichtete es geradezu Schauermärchen. Die bayrische Volksseele, die seit alters je nach Bedarf von Behörden und Pfarrämtern zum Kochen gebracht wird, sollte angeregt werden, gründlichste Ausmerzung der »Mißbräuche« in Niederschönenfeld zu fordern. Einmal verbreitet das Ministerium die Nachricht, es bestünde in der Anstalt eine »Kommunistenhochschule«. Ein andermal wußte es zu erzählen, daß die Gefangenen »nackt an Frauen und Kindern vorübergegangen« seien. Größtes Aufsehen erregte es im April 1920 mit der in alle Welt hinaustelegraphierten »Enthüllung des Niederschönenfelder Komplotts«. Die Gefangenen, die hinter dicken Kerkermauern saßen, sollten es auf den Sturz der Regierung abgesehen haben. Sie wurden mit Revolvern bedroht, in Einzelhaft gesperrt, in Untersuchung genommen. Die Öffentlichkeit wurde durch geheimnisvolle Andeutungen in Atem gehalten, und Müller-Meiningen gefiel sich im Landtag in der Rolle des starken Mannes, der sich durch nichts von dem Wege der Pflicht abhalten lasse, den Kerkerhochverrat zu sühnen. Mit dem Niederschönenfelder Komplott wurde in einer

amtlichen Kundgebung sogar die Notwendigkeit der Beibehaltung der Einwohnerwehr begründet. Die Untersuchung endete selbstverständlich ergebnislos. Mit solchen Mitteln erreichte es das Justizministerium, daß sowohl die Öffentlichkeit wie auch der Landtag jede Gewalttat guthießen, die den Festungsgefangenen zugefügt wurde.
Festungsvorstände, die noch ein gewisses Bestreben bekundeten, nicht allzu ungerecht zu sein, wurden abgesetzt. Das widerfuhr im Mai 1921 dem Amtsrichter Vollmann, der bei seinem Abgang den Gefangenen dankte, daß sie ihm die Ausübung seines Amtes erleichtert hätten. Sein Nachfolger, der Augsburger Staatsanwalt Kraus, kam mit Vollmachten, die ihn zu jeder Willkür berechtigten. Er sprach aus, daß er sich an keine Verordnung zu halten brauche. Die Hofzeit wurde verkürzt, die Besuchszeit eingeschränkt. Schärfstens wurde verboten, über Angelegenheiten der Festungshaft zu schreiben oder mit Besuchern darüber zu sprechen. Als Disziplinarstrafen kamen Kostschmälerung, Schreibverbot, Besuchsverbot, Rauchverbot, Leseverbot, Hofentzug, nächtlicher Lagerentzug zur Anwendung. Es bedurfte sehr ernstlicher Vorhaltungen des Reichsjustizministers *Radbruch*, bis wenigstens der Lagerentzug wieder abgeschafft wurde. Ein Gefangener wurde mit achttägigem Hofentzug bestraft, weil er den Vorstand »anmaßend angesehen« habe. Ein anderer erhielt mehrtägige Einzelhaft, weil er beim Verlassen des Vorstandzimmers mit »seinem linken Fuße eine respektwidrige Bewegung gemacht habe«. Die Beschwerde eines dritten Gefangenen an den Reichspräsidenten Ebert wurde beschlagnamt, weil sie geeignet sei, »die guten Beziehungen zwischen Bayern und dem Reich zu zerstören«. Kraus führte die Strafe ein: »Darf bis zu einem bestimmten Datum keine Bitten und Beschwerden an den Vorstand richten.«
Außerordentlich schwer und bedauernswert war das Los der Kranken. Die ärztliche Behandlung ließ alles zu wünschen übrig. Ärzte erklärten selbst, sie hätten sich bei ihren Entscheidungen nicht allein von ihrem ärztlichen Gewissen leiten lassen dürfen, sondern seien stets davon abhängig, was die Vorstandschaft ihnen als Spielraum ihrer Berufsausübung zubilligte.
Erich Mühsam, den ein zunehmendes Ohrenleiden bedrückt, konnte es nicht durchsetzen, daß einer ohrenärztlichen Autorität der Zutritt in Niederschönenfeld gestattet wurde. Ernst Toller ist es verboten, sich eine sachkundige Behandlung seiner kranken Augen durch einen tüchtigen Augenarzt zu verschaffen. Als ihn eine Verwandte, die Ärztin ist, besuchte, wurde

ihm ausdrücklich untersagt, mit ihr ein Wort über den Zustand seiner Augen zu wechseln. Unsägliches litt der bayrische Landtagsabgeordnete Hagemeister. Er war schwer herzleidend. Der Anstaltsarzt indes beurteilte ihn als Simulanten, der die Überführung in ein Krankenhaus anstrebe, um fliehen zu können. Mitte Januar 1922 stellte sich hohes Fieber ein. Der Anstaltsarzt sagte: »Herr Hagemeister, Sie sind so gesund, daß, wenn Sie mein Privatpatient wären, ich Sie ersuchen würde, von einer weiteren Behandlung durch mich abzusehen, weil ich Ihnen diese Kosten ersparen möchte.« Anderntags wurde Hagemeister in seiner Zelle tot aufgefunden.

Es liegt im System dieses Strafvollzugs begründet, daß der Behörde insbesondere die geistig hochstehenden und regsamen Gefangenen ein Dorn im Auge sind. Manche Speziallitteratur, zum Beispiel Hilferdings Finanzkapital, wird den Gefangenen nicht ausgehändigt. Philosophische Werke wurden beschlagnahmt mit der Begründung, daß sie doch nur dazu benützt würden, den Umsturz zu fördern. Auch die literarische Arbeit der Festungsgefangenen wird gelähmt. Mühsam wurden Tagebücher und ein weitgediehener Revolutionsroman abgenommen, weil Tagebuch und Romanfragment in Zusammenhang mit dem Strafvollzug stünden.

Als am 4. August 1920 der Reichstag das Amnestiegesetz beschlossen hatte, wurden zwar die Kapp-Rebellen begnadigt, die Niederschönenfelder Gefangenen hingegen wurden infolge des Einspruchs der bayrischen Regierung von der Amnestie ausgeschlossen. Bayern behauptete, es handhabe Strafunterbrechung und bedingte Begnadigung derart weitherzig, daß eine Amnestie überflüssig sei. In Wirklichkeit versagten die bayrischen Behörden sogar den harmlosesten Mitläufern die Bewährungsfrist, wenn diese es ablehnten, Gesinnungslosigkeiten zu begehen und ihre sozialistische Überzeugung abzuschwören. Gefangene, die der Bewährungsfrist teilhaftig werden, verfallen geradezu schimpflicher Polizeiaufsicht.

Die Niederschönenfelder hatten sich häufig in Hilferufen, Beschwerden, Bitten an Landtag, Reichstag, bayrisches Justizministerium, Reichsministerium und die Öffentlichkeit gewandt. Im November 1921 beschloß ein Reichstagsausschuß, Niederschönenfeld zu besuchen. Da erklärte die bayrische Regierungspresse, daß Bayern die Untersuchung unter keinen Umständen zulassen werde. Der Ministerpräsident telegraphierte nach Niederschönenfeld, dem Reichstagsausschuß auf keinen Fall die Tür zu öffnen. Bei seinem üblichen Mangel an Mut

kapitulierte der Reichstag vor Bayern und blieb Niederschönenfeld fern.
Die sozialisten- und republikfeindliche Einstellung der bayrischen Politik führte dazu, daß Verwaltung und Rechtspflege in Bayern sich, ohne auch nur die Form zu wahren, in den Dienst der Geheimbünde stellten. In Niederschönenfeld wurde in aller Nacktheit der Grundsatz ausgesprochen: Sozialisten und Republikanern gegenüber »an keine Vorschrift gebunden zu sein«. Niederschönenfeld ist das verkleinerte, verdichtete, symbolhafte Abbild der bayrischen »Ordnungszelle«. Das Schicksal der dortigen Gefangenen ist das Schicksal der Republikaner und Sozialisten in Bayern überhaupt. Sie sind vogelfrei und rechtlos.

Fechenbach

Wohl der interessanteste Fall der bayrischen Volksgerichte ist der Fall Fechenbach. Fechenbach war der Sekretär Eisners gewesen und hatte während der Räterepublik ein in den bayrischen Archiven befindliches Staatstelegramm in Abschrift dem Schweizer Journalisten Payot übergeben. Es handelte sich dabei um eine Meldung, die der bayrische Gesandte beim Vatikan, Baron Ritter, am 26. Juli 1914 an die bayrische Regierung gesandt hatte. Sie lautete: »Der Papst billigt ein scharfes Vorgehen Österreichs gegen Serbien und schätzt im Kriegsfall mit Rußland die russische und französische Armee nicht hoch ein. Der Kardinal-Staatssekretär hofft, daß dieses Mal Österreich standhalten wird. Er fragt sich, wann es denn sollte Krieg führen können, wenn es nicht einmal entschlossen wäre, mit den Waffen eine ausländische Bewegung zurückzuweisen, die die Ermordung des Erzherzogs herbeiführte und die mit Rücksicht auf die gegenwärtige Lage Österreichs dessen Fortbestand gefährdet. In seinen Erklärungen enthüllt sich die Furcht der römischen Kurie vor dem Panslavismus.«
Außerdem hatte Fechenbach an der Nachrichtenagentur eines Herrn Gargas, des Berliner Korrespondenten der Transatlantic News Agency, mitgearbeitet und dort Artikel über die Geheimorganisationen geschrieben. Fechenbach wurde auf Antrag Bayerns in Halle verhaftet und dem Volksgericht München übergeben.
Das am 20. Oktober 1922 vom Volksgericht München I erlassene Urteil lautet: »Fechenbach wird wegen Verbrechens des

vollendeten Landesverrats und eines Verbrechens des versuchten Landesverrats zu einer Gesamtstrafe von 11 Jahren Zuchthaus, Gargas wegen eines Verbrechens des versuchten Landesverrats zu 12 Jahren Zuchthaus, Lembke (ein anderer Mitarbeiter von Gargas) wegen eines Verbrechens des versuchten Landesverrats zu 10 Jahren Zuchthaus verurteilt. Den drei Angeklagten werden die bürgerlichen Ehrenrechte je auf 10 Jahre aberkannt.« Die Verurteilung erfolgte wegen sogenannten diplomatischen Landesverrates. Der betreffende Artikel lautet: »Wer vorsätzlich Staatsgeheimnisse oder Festungspläne oder solche Urkunden, Aktenstücke oder Nachrichten, von denen er weiß, daß ihre Geheimhaltung einer anderen Regierung gegenüber für das Wohl des deutschen Reiches oder eines Bundesstaates erforderlich ist, dieser Regierung mitteilt oder öffentlich bekanntmacht, wird mit Zuchthaus nicht unter zwei Jahren bestraft. Sind mildernde Umstände vorhanden, so tritt Festungshaft nicht unter 6 Monaten ein.«

Das Gericht hat also die Geheimhaltung des Rittertelegrammes als für das Wohl des Reiches nötig erachtet, obwohl die deutsche Regierung die sämtlichen Akten des Auswärtigen Amtes veröffentlicht hatte und damit ausdrücklich erklärt hatte, daß ihr an einer Geheimhaltung ihrer diplomatischen Akten nichts läge, daß sie vielmehr umgekehrt den größten Wert darauf lege, alle diese Unterhandlungen, die sie vor dem Krieg geführt hatte, der Kritik der öffentlichen Meinung zu unterbreiten. Ferner nahm das Gericht an, daß die Geheimhaltung der Nachrichten über die Geheimorganisationen für das Wohl des Reiches nötig sei, obwohl diese dem Versailler Friedensvertrag und den darauf aufgebauten deutschen Gesetzen widersprechen.

Das Gericht nahm als strafreschwerend an, daß »im Unterbewußtsein des Angeklagten mit den politischen Zielen eigennütziger Gelderwerb verbunden war«. Man fragt sich erstaunt, wie kann das Gericht über das Unterbewußtsein eines Menschen etwas aussagen, während die Existenz eines Unterbewußtseins doch eine höchst komplizierte und wissenschaftlich umstrittene Frage ist. Außerdem, wie soll es strafreschwerend sein, wenn ein Journalist sein Gewerbe treibt? Denn Fechenbach war Journalist und lebte vom Schreiben.

Bei dem Rittertelegramm hat das Gericht die Behauptung, daß seine Übergabe aus finanziellen Gründen erfolgt ist, nicht aufstellen können. Der Vorsitzende im Fall Fechenbach hieß bezeichnenderweise Dr. Haß. Im wesentlichen wurde bei den Verhandlungen die Öffentlichkeit wegen Gefährdung der

Staatssicherheit ausgeschlossen. Für alle Anwesenden wurde ein Schweigegebot erlassen. Man bezweckte damit, es dem Verteidiger unmöglich zu machen, weiterhin in der Öffentlichkeit für eine Aufhebung des Urteils zu kämpfen.

Die Begründung der Gefährdung der öffentlichen Sicherheit ist mehr als fadenscheinig. Danach ist die öffentliche Sicherheit am 20. Oktober 1922 gefährdet, wenn über ein Telegramm verhandelt wird, das am 26. Juli 1914 vom bayrischen Gesandten am Vatikan an die Regierung gesandt wurde und das bereits am 29. April 1919 bekannt wurde. Es handelt sich bei Fechenbach um ein Pressedelikt. Pressedelikte verjähren in einem halben Jahr. Trotzdem wurde Fechenbach verurteilt.

Gegen Fechenbach war außerdem schon 1919 ein Verfahren eröffnet worden, weil er durch Veröffentlichung der Urkunden Landesverrat getrieben und weil er amtliche Urkunden aus dem Ministerium des Äußeren widerrechtlich beiseite geschafft habe. Fechenbach wurde damals freigesprochen. Obwohl nach deutschem Gesetz mit dem Freispruch eine Sache erledigt ist, wurde noch einmal darüber verhandelt. Fechenbach hat das Rittersche Telegramm nicht selbst veröffentlicht, sondern nur einem Journalisten übergeben. Das Rittersche Telegramm war nicht geheim, es war von Eisner und Landauer in öffentlichen Versammlungen vorgelesen worden, trotzdem wurde Fechenbach nicht etwa wegen Mittäterschaft oder Beihilfe zum Landesverrat, sondern wegen Landesverrats selbst verurteilt. Man erinnere sich: Techow, der das Auto lenkte, von dem aus Kern und Fischer Rathenau ermordeten, und der wußte, um was es sich handelte, wurde nur wegen Beihilfe zum Morde verurteilt. Juristisch läßt sich das Urteil gegen Fechenbach nicht halten, und zweifellos ist Fechenbach nicht aus juristischen Gründen, sondern aus politischen verurteilt worden: Man wollte ein Exempel statuieren, um ein für allemal festzustellen, daß der Kampf gegen die Geheimbünde in Bayern verboten ist. Dazu kommen noch zwei Zwecke, die das Gericht dabei verfolgte. Der erste: Eisner ist tot; man kann ihn für die Revolution nicht mehr zur Verantwortung ziehen, aber sein Sekretär lebt noch, und da man naiverweise annimmt, die Revolutionen würden von wenigen Menschen »gemacht«, so verurteilt man Fechenbach, um an der Revolution Rache zu nehmen. Der zweite ist: der Vatikan war durch die Veröffentlichung des Telegramms kompromittiert. Man mußte ihn wieder versöhnen. Denn man braucht ihn, um in Bayern eine selbständige Außenpolitik treiben zu können, schon mit Rücksicht auf eine mögliche Separation vom Reich. Also wird Fechenbach verurteilt, um günstigen Wind beim Vatikan zu bekommen.

Wenn man dies als Grund annimmt, so setzt man natürlich voraus, daß das Rittersche Telegramm auf Wahrheit beruht. Aber selbst dies scheint zweifelhaft; der Vatikan behauptete nämlich nach der Veröffentlichung des Telegramms, Kardinal Mery del Val habe in dieser Zeit gar keine Audienz mit Ritter gehabt und es könne niemand im Vatikan ihm derartige Informationen mitgeteilt haben. Sowohl die Kurie als solche wie auch der Papst als Privatperson hätten sich immer die größte Mühe gegeben, gegen den Krieg zu wirken. Man werde in den Archiven nachsehen, ob irgendwelche Grundlagen für das Ritter-Telegramm existierten. Doch ist bisher nichts hierüber publiziert worden. Es bleibt also offen, ob das Telegramm auf Wahrheit beruht oder nicht.

Es ist anzunehmen, daß das Telegramm der Kriegspropaganda diente. »Hertling, der damalige bayrische Ministerpräsident, brauchte ein Argument, um die Katholiken besonders für den Krieg zu interessieren. Daher erhielten die Bischöfe eine Kopie der Depesche mit der Instruktion, diese dem niederen Klerus weiterzugeben, so daß sie argumentieren konnten, der Papst sei für Deutschland, also für den Krieg.« (»Schweizerische republikanische Blätter«, Nr. 48, 1923.) Und Fechenbach ist verurteilt worden, weil die Gefahr bestand, daß durch die Veröffentlichung des Telegramms diese Propaganda entlarvt werden könnte; Herr von Ritter aber ist heute noch in seiner Stellung.

Die Gründe, die für die juristische Unhaltbarkeit des Fechenbachurteils sprechen, sind sehr schön in der kleinen Broschüre des Senatspräsidenten am Kammergericht A. Freymuth: »Das Fechenbachurteil« (Verlag der Neuen Gesellschaft, Berlin W 15) zusammengestellt.

Dr. Thimme, der einzige im Fechenbachprozeß vernommene Sachverständige, ein keineswegs linksgerichteter Mann, sagt im Vorwort: »Ich betrachte es als eine sittliche Pflicht, bei jeder mir gebotenen Gelegenheit von neuem zu erklären, daß ich das gegen Fechenbach ergangene Urteil, so weit die Veröffentlichung des sogenannten Rittertelegramms in Betracht kommt, für ein schweres Unrecht und die Wiedergutmachung dieses Unrechts für ein zwingendes Gebot elementarer Gerechtigkeit ansehe. Nur dann kann das deutsche Volk für sich selbst Gerechtigkeit in Anspruch nehmen, wenn es bei sich daheim alles offen zutage liegende Unrecht abstellt. Ich jedenfalls kann als

ein Historiker, dem unbedingte Wahrheit und ebenso unbedingte Gerechtigkeit die höchsten Leitsterne sind, an das deutsche Volk nur den dringenden Appell richten, um seines Gewissens und seiner Zukunft willen und damit auf ihm nicht der Fluch eines ungesühnten, schweren Fehlurteils liege, volle Gerechtigkeit im Falle Fechenbach herzustellen.«
Auch der Prinz Alexander von Hohenlohe hat sich in der »Vossischen Zeitung« vom 12. Juni 1923 sehr für Fechenbach eingesetzt. Er wirft dem Reichstagsausschuß, der zur Untersuchung dieser Sache eingesetzt war, seine Untätigkeit vor. Er fragt, wann in Deutschland der Mann auftreten wird, der sich wie seinerzeit Zola für den unschuldig verurteilten Dreyfus, so heute für Fechenbach mit ganzer Kraft einsetzen wird. Der Fall Fechenbach ist leider kein vereinzelt dastehender Fall, und seine endgültige Lösung, das heißt die Befreiung Fechenbachs, ist nur im Zusammenhang mit der prinzipiellen Lösung des Problems Bayern und das Reich möglich. Der Fall ist eine Sache des Reichs, denn es handelt sich doch nur um die Frage: ist es erlaubt, etwas gegen die das Reich zerstörenden bayrischen Geheimorganisationen, also für das Reich, zu schreiben?
Infolge des großen Aufsehens, das dieser Fall erregte, trat die bayrische Regierung eine Art Rückzug an: Sie versprach, falls Fechenbach ein Gnadengesuch einreichen würde, den Fall vor das Oberste Landesgericht als Revisionsinstanz zu bringen. Fechenbach reichte dies Gnadengesuch ein. Aber die bayrische Regierung hielt, als der erste Sturm abgeflaut war, einfach ihr Versprechen nicht.
Ähnlich wie der Fall Fechenbach liegt der Fall des *Freiherrn von Leoprechting*. Nur ist hierüber in der Öffentlichkeit fast nichts bekannt geworden. Leoprechting wurde, weil er für eine französische Agentur geschrieben und bayrische Geheimnisse dem Reich verraten hatte, zu lebenslänglichem Zuchthaus verurteilt. Sein Verbrechen bestand vor allem darin, daß er eine Korrespondenz herausgegeben hatte, in der er rückhaltlos über geheime Waffenlager, Geheimbünde und deren Beziehungen zur Reichswehr berichtete. Im Zusammenhang mit seiner Verurteilung wurden heftige Angriffe gegen den preußischen Gesandten in München, den Grafen Zech, gerichtet, weil dieser die Korrespondenz gehalten hatte. Zech wurde schließlich abberufen.

Verurteilt, weil er ein Verbrechen verhinderte

Sehr auffällig ist auch der Fall des Journalisten Franz von Puttkammer: Ein junger Student, Karl Bauer aus Wismar, hatte den Plan gefaßt, Scheidemann zu ermorden. (Vergl. Kapitel 2.) Bauers Plan hatte sich herumgesprochen. Der Journalist Franz von Puttkammer, Korrespondent des »Berliner Tageblatt«, ein treuer Republikaner, hörte davon und beschloß, dieses Attentat zu verhindern. Er näherte sich Bauer, was wegen der ständigen Geldnöte Bauers nicht weiter schwierig war und ließ sich von ihm des öfteren anpumpen. Er versprach ihm einen Revolver und sagte ihm zu, daß er ihn nach der Tat in seiner Wohnung verbergen werde. Gleichzeitig aber berichtete Puttkammer an den preußischen Staatskommissar für die öffentliche Ordnung über jeden der Schritte, die Bauer unternahm. Puttkammer hatte recht, der bayrischen Polizei zu mißtrauen. Aber gerade das wurde ihm zum Verhängnis. Denn, als bald darauf Bauer selbst ermordet wurde, wurden die Brüder Franz und Waldemar von Puttkammer festgenommen. »Durch die bisherigen Feststellungen konnte noch nicht der Beweis erbracht werden, ob oder inwieweit die beiden an dem Tod des Bauer mitschuldig sind. Dagegen steht einwandfrei fest, daß die Brüder von Puttkammer sich als Spitzel in nationale Kreise eingeschlichen und es verstanden haben, sich dort weitgehendes Vertrauen zu erringen. Das so gewonnene Material werteten sie seit einer Reihe von Monaten zu umfangreichen bis in die Einzelheiten gehenden Spitzelberichten aus, die nicht nur an die links gerichtete Presse, wie die ›Münchner Post‹, den ›Berliner Börsencourier‹ und den ›Vorwärts‹, sondern wahrscheinlich auch an eine norddeutsche Regierungsstelle abgegeben wurden. Beachtenswert erscheint in diesem Zusammenhang die Tatsache, daß von Puttkammer in seinen Agentenberichten ganz unverhohlen von seiner Lockspitzeltätigkeit dem Bauer gegenüber spricht.« So schreibt die Münchener Polizeidirektion.

Danach war also ein Beweis für die Beteiligung der verhafteten Brüder von Puttkammer an der Ermordung des Studenten Karl Bauer nicht erbracht. Gleichwohl blieben die Beschuldigten in Haft. Das ärgste Verbrechen Puttkammers scheint demnach die Berichterstattung über die internen Vorgänge in Bayern, über rechtsradikale Organisationen an linksstehende Zeitungen oder, was scheinbar noch schwerer wiegt, an Stellen des Reiches gewesen zu sein.

Schon aus dem Fechenbachprozeß weiß man, daß die amtlichen

Stellen in München es für ihre Pflicht halten, über die politischen Geheimorganisationen schützend ihre Hand zu halten. Dazu kommt die Anschuldigung gegen Puttkammer, daß er ein agent provocateur gewesen sei. Aber die bayrische Justiz hat sich in ähnlichen Fällen (siehe Kapitel 9) ganz anders verhalten. Im Fuchs-Machhaus-Prozeß wurden sie vereidigt und ein Verfahren gegen sie nicht eingeleitet. Der Prozeß gegen Puttkammer wurde am 26. Juli 1923 vor dem Münchner Volksgericht, Vorsitzender Oberlandesgerichtsrat Horwitz, eröffnet. Die Berichte Puttkammers wurden verlesen, aber schamhaft verschwieg der Vorsitzende alle Namen, die darin vorkamen. Man wollte die vaterländischen Organisationen nicht in der Öffentlichkeit bloßstellen. Obwohl Bauer wegen des Attentatsplanes gegen Scheidemann von der Polizei freigelassen worden war, wurde Puttkammer wegen Aufforderung zum Mord in Tateinheit mit einer Aufforderung zur Gewalttätigkeit gegen ein früheres Mitglied der Reichsregierung zu 8 Monaten Gefängnis, 500 000 Mark (20 Goldmark) Geldstrafe und den Kosten des Prozesses verurteilt. Denn seine Tätigkeit sei eine objektive Gefährdung der Person Scheidemanns gewesen. Als strafverschwerend bezeichnete es das Gericht, daß er dem unreifen jungen Fanatiker Bauer gegenüber gewissenlos gehandelt habe, weil er dessen Vertrauen mißbraucht habe. Puttkammer ist also verurteilt worden, weil er ein Attentat gegen Scheidemann verhindern wollte. Der Attentäter selbst aber ist freigelassen worden.

Dies stimmt sehr schön überein mit der Haltung der Polizei bei einem gegen den sozialistischen Abgeordneten Auer geplanten Attentat. Am 15. Februar 1923 teilte die Münchner Polizeidirektion mit, daß ihr bekannt geworden sei, daß ein 17jähriger Oberrealschüler den Abgeordneten Auer umbringen wollte. Am 8. Februar wurde dieser, Edgar Weis, vom Stammtisch »Treudeutsch« festgenommen. Wegen Beteiligung am Sturm auf das Hotel Grünwald wurde er dann verurteilt. Weis gehörte verschiedenen rechtsgerichteten Organisationen und politischen Stammtischen an, die um seine Absicht wußten. Es war beabsichtigt, Auer auswärts zu erschießen. Mitverwickelt waren eine Reihe namentlich genannter Personen. Der Prozeß fand bisher nicht statt. (»Münchner Post«, 5. Juli 1923.) Bei Bedarf können die bayrischen Volksgerichte also auch sehr langsam arbeiten.

Im November 1922 schrieb das »Heimatblatt«: »Wir müssen die Hochburgen der roten Reaktion mit stürmender Hand nehmen und die Giftbuden, von denen täglich die Jauche des Judengiftes sich in unsere Herzen ergießt, in Flammen aufgehen lassen. In Trümmer mit den Parlamenten, diesen Schwatzbuden der Revolution, diesen Kuhhandelsstätten, wo die heiligsten Völkerrechte schamlos verhökert werden.«

Der Staatsanwalt erhob gegen den Verfasser Joseph Czerny-Stolzing und den verantwortlichen Schriftleiter, den früheren Hauptmann Wilhelm Weiß, Anklage wegen Aufruhr, Aufforderung zu Gewalttätigkeiten usw. Das Volksgericht sprach die beiden Angeklagten frei mit der Begründung, es sei nicht zu widerlegen, daß der Aufsatz nur als Abwehrartikel gedacht sei. Daß solche Gedankengänge aber keineswegs in der Theorie bleiben, sieht man an den beinahe täglichen Aktionen der Nationalsozialisten, denen gegenüber die bayrische Regierung jede mögliche Milde gelten läßt. Hierfür einige Beispiele:

Es bestand in München das Gerücht, daß im Hotel Grünwald eine Ententekommission einlogiert sei. Darauf sammelte sich eine große Menge vor dem Hotel. Die 2., 4., 9., 17. und 20. Hundertschaft der Nationalsozialisten marschierte in das Hotel, schlug einen Teil des Mobiliars kurz und klein und stahl, was nicht niet- und nagelfest war. Vor Gericht erscheinen die Angeklagten in der Phantasieuniform der Roßbacher und behaupten, zum Teil nicht dabeigewesen zu sein, zum Teil sich nur daran beteiligt zu haben, um weitere Ausschreitungen zu verhindern. Zeugen behaupten, daß die anwesende grüne Polizei den Plünderungen und Zerstörungen sympathisch zugesehen habe. (»Münchner Post«, 29. und 30. Mai 1923.) Eine Reihe der Angeklagten wurde zu kleinen Strafen verurteilt. Die angeklagten Offiziere wurden freigesprochen.

Am 1. Mai 1923 wurde im sogenannten Beckengarten in Nürnberg ein Waffenlager der Nationalsozialisten (fünf Maschinengewehre, viele Infanteriegewehre, Seitengewehre, Pistolen und Munition) gefunden. Natürlich erwartete man von den Gerichtsverhandlungen die Klärung der Frage, woher jene Waffen stammten. Das Volksgericht betrachtete jedoch diese Frage nicht als aufklärungsbedürftig. Der Inhaber, Hans Dieplinger, und weitere 25 Angeklagte behaupteten, die Waffen seien zur Verteidigung gegen einen beabsichtigten Angriff der Kommunisten gedacht gewesen. Dieplinger wurde zu einem Monat Gefängnis, umgewandelt in 8 Millionen Mark (2 Goldmark) Geldstrafe verurteilt. Sechs Angeklagte wurden freigesprochen. (»Münchner Post«, 8. September 1923.)

Am 2. Juli 1923 drang die Landespolizei auf Veranlassung des

nationalsozialistischen Bundes »Reichsflagge« in eine sozialdemokratische Versammlung in Feucht bei Nürnberg ein, obwohl die Versammlung durchaus regulär und ordnungsmäßig verlief. Es fielen angeblich aus dem Saal die berühmten ersten Schüsse. Die Polizei erschoß den Kassenbeamten Joseph Meyer und verwundete andere Besucher. Daraufhin wurde ein Verfahren nicht etwa gegen die Polizei, sondern gegen zwei Versammlungsbesucher, die Arbeiter Alfons Göbel und Benedikt Löhner wegen Widerstandes gegen die Staatsgewalt eingeleitet. Göbel wurde zu einem Monat Gefängnis verurteilt. Löhner wurde freigesprochen. Die Tötung selbst bleibt natürlich ungesühnt. (»Münchner Post«, 10. Oktober 1923.)
Die Technik der bayrischen Gerichte, bei Übergriffen der Nationalsozialisten den sich wehrenden Gegner zu verurteilen, hat auch nach Württemberg übergegriffen. Die Nationalsozialisten hatten eine »Strafexpedition« nach Göppingen gemacht, bewaffnet mit Gummiknüppeln und Revolvern. Nationalsozialistische Studenten aus Tübingen und Stuttgart hatten sich ihnen angeschlossen. Sogar eine Krankenschwester hatten sie mitgenommen. Die Göppinger Arbeiter stellten sich zur Wehr. Es kam zu einem Verfahren, nicht gegen die Nationalsozialisten, sondern gegen die Arbeiter. Acht von ihnen wurden wegen Landfriedensbruchs zu je drei Monaten Gefängnis, ein Jugendlicher wegen Körperverletzung zu vier Wochen verurteilt. Die Nationalsozialisten jedoch wurden freigesprochen. Das Gericht war also der Ansicht, daß sie zum geschlossenen Marschieren und zur Reise nach Göppingen gezwungen gewesen sind. (»Frankfurter Zeitung«, 10. Oktober 1923.)

Die Haltung des Reichsgerichts

Prinzipiell haben die bayrischen Gerichte in der Erkundigung der Geheimnisse der Nationalsozialisten und vaterländischen Verbände zugleich die Erkundigung der bayrischen Staatsgeheimnisse erblickt. Die Technik der bayrischen bzw. württembergischen Gerichte war natürlich nur möglich mit stillschweigender oder ausdrücklicher Zustimmung von seiten des Reichs.
Das Reichsgericht scheint sich der Argumentation der Münchner Volksgerichte, wonach der Kampf gegen die Geheimbünde Landesverrat ist, anzuschließen. Wenigstens wird der Fall Oehme so aufzufassen sein. Nach der »Leipziger Volkszeitung«

vom 16. Oktober 1923 wurde eine Frau Bruhns-Brünning am 10. Oktober zu 3½ Jahren Zuchthaus verurteilt. Sie hatte sich an einen Führer einer Abteilung der Roßbachbanden herangemacht, um von ihm zu erfahren, ob Roßbach und Hitler mit der Reichswehr in Verbindung ständen.

Durch den Versailler Vertrag wurden eine Reihe von Bestimmungen über die Reichswehr, über das Vereinsleben und die Waffenführung Privater in Deutschland Gesetz. Verbände militärischer Art, die von Privaten organisiert sind, sind danach verboten und Waffenlager, außer den von der Reichswehr gehaltenen Beständen, untersagt. Aber das Reichsgericht hat sich auf den Standpunkt gestellt, diese Verbote des Versailler Vertrages binden nur das Deutsche Reich als solches, nicht aber den einzelnen. Wer sich um die Durchführung kümmert, derart, daß eine fremde Macht von den Verstößen gegen jene Gesetze erfährt, begehe Landesverrat. Also müssen nach Auffassung des Reichsgerichtes diese illegalen Organisationen und Waffenlager Dinge sein, deren Geheimhaltung das Interesse des Reiches erfordert. (Vergl. den Artikel von Paul Levi im »Vorwärts« vom 16. April 1923.)

Von welcher Art diese Landesverratsprozesse sind, ersieht man aus der Erhebung einer Anklage wegen Landesverrat gegen den sozialdemokratischen Redakteur Quint von der »Frankfurter Volksstimme«. Dieser hatte am 22. Juli 1923 darauf hingewiesen, daß man in Bayern mit baldigem Losschlagen rechnet, und er gab Einzelheiten über die militärischen Vorbereitungen der Nationalsozialisten, des Bundes Bayern und Reich und anderer Organisationen; kurz, er hat auf das hingewiesen, was am 9. November 1923 tatsächlich eintraf. Die Anklage erfolgte gerade vor dem Tag, wo das Vergehen verjährt gewesen wäre und wurde auf Antrag Bayerns eingeleitet. (»Berliner Tageblatt«, 31. Dezember 1923.) Begründet wurde dies damit, daß der Artikel von Waffenlagern Mitteilung machte, was gegen das Interesse des Reichs verstoßen habe. (»Voss. Zeitung«, 29. Dezember 1923.)

Aber auch positive Eingriffe von seiten des Reichsjustizministers für Hitler haben stattgefunden. Im Frühjahr 1923 verwarf der Staatsgerichtshof die von den Deutschvölkischen gegen ihr Verbot eingereichte Beschwerde. Die Begründung dieser Entscheidung führte aus, daß die mit den Deutschvölkischen im Kartellverhältnis stehenden Hitlerschen Hundertschaften einen Verstoß gegen das Gesetz zum Schutz der Republik darstellen. Demnach war zu erwarten gewesen, daß der Oberreichs-

anwalt nach Bekanntwerden dieser Entscheidung gegen Hitler eingeschritten wäre. Das geschah aber nicht. Wie in der »Glocke« vom 6. August 1923 behauptet wird, hat der Oberreichsanwalt zwar ein Verfahren eröffnen wollen, der Reichsjustizminister habe es aber niedergeschlagen, und zwar in einer schriftlichen Anweisung. Dabei muß man wissen, daß in Deutschland das Offizialprinzip besteht, wonach der Staatsanwalt beim Bekanntwerden eines Verbrechens einschreiten muß und sich sogar strafbar macht, wenn er dies nicht tut. Herr Heinze, der damalige Reichsjustizminister, hat auf diese Anfrage der »Glocke« nicht geantwortet.
Als nach dem Sturz des Ministeriums Stresemann der bayrische Volksparteiler Dr. Emminger, der das Fechenbachurteil verteidigt hatte, Reichsjustizminister wurde, erließ er auf Grund des Ermächtigungsgesetzes eine Verordnung, nach welcher die Abgabe von Landesverratsverfahren an die Oberlandesgerichte zulässig ist. Damit war die spezifisch bayrische Gerichtsbarkeit wieder gerechtfertigt. Diese Verordnung war aus »Sparsamkeitsrücksichten« erlassen worden, weil beim Reichsgericht 1200 Prozesse wegen Landesverrat anhängig waren. Es besteht natürlich der Verdacht, daß alle Mitteilungen über rechtsradikale Umtriebe und geheime Waffenlager der Rechtsorganisationen als Landesverrat betrachtet werden, weil dadurch die Aufmerksamkeit der interalliierten militärischen Kontrolle darauf gelenkt werden könnte. Offiziell wurde dann (»Berliner Tageblatt«, 7. Januar 1924) bekanntgegeben, daß noch nicht 3 Prozent dieser Fälle mit der Presse in Beziehung stehen. Es wurde angedeutet, daß die meisten Landesverratsprozesse wegen Devisenschiebungen anhängig seien. Allerdings ist nicht einzusehen, wie dies mit Landesverrat zusammenhängen soll.

8. Die Vereinigten Vaterländischen Verbände (V. V. V.) und der bayrische Separatismus

München war die erste Hauptstadt Deutschlands, die 1918 ihren Monarchen absetzte. Es ist die einzige Stadt Deutschlands, die eine Räterepublik erlebt hat. Die Revolution war speziell dort siegreich gewesen, nicht etwa weil die Münchner an und für sich politisch gewesen wären, nicht, weil eine große proletarische Bewegung dort geherrscht hatte, sondern nur deswegen, weil die Gefahr bestand, daß Bayern selbst zum Kriegschauplatz würde. Aus diesem Grunde jubelten die Münchner Eisner zu, weil sie sofort Frieden wollten. Deswegen standen sogar die Bauern der Revolution nahe. Nach der Ermordung Eisners erklärte der Arbeiter- und Soldatenrat die Räterepublik, die dann bald kläglich zusammengebrochen ist. In der Reaktion hierauf ist eine der wesentlichsten Ursachen der heutigen Lage zu sehen.

Dr. Heim

Der bedeutendste Mann Bayerns ist der Bauernführer Geheimrat Dr. Heim, Mitglied des Reichstags. In einem berühmt gewordenen Artikel im »Bayerischen Kurier« vom 1. Dezember 1918 hat er offen die Separation Bayerns vom Reich und den Anschluß an Österreich gefordert: »Wenn feststeht, daß die Alliierten niemals zugeben werden, daß das alte Deutschland durch Österreich vergrößert werde, dann hat Bayern nur die Wahl zwischen zwei Möglichkeiten. Entweder es bleibt im Gefüge des alten Reichs, dann muß es auf (diese) glänzende Perspektive verzichten, oder Bayern vollzieht und erstrebt diesen Anschluß. Meiner Ansicht nach kann nur das Letzte in Betracht kommen. Aber die Bedenken, die hiergegen sprechen könnten, sind folgende: Das neue Wirtschaftsgebiet hat keinen Zugang zum Meer, kein genügendes Erz- und Kohlenvorkommen, dagegen gewaltige Wasserkräfte. Tirol hat noch eine Million Pferdekräfte, die nicht ausgebaut sind. Hierfür aber gäbe es eine Lösung, kurz bezeichnet mit dem erweiterten alten deutschen Rheinland, Hannover, Westdeutschland bis zur Elbe

und Süddeutschland mit Österreich. Hierfür sprechen aber auch noch andere Gründe: Wenn die Österreicher sagen: »wir wollen warten, bis Wien wieder den Wienern gehört und sich vom internationalen Bolschewismus und der Versumpfung freigemacht hat«, so gilt das gleiche gegenüber Berlin und den norddeutschen Industriegebieten. Wer die Entwicklung der Dinge in Berlin kennt, der muß mit mir der Meinung sein, daß eine solche Gruppierung in Deutschland allein die Rettung aus dem Sumpf bedeutet ...
Es ist notwendig, daß wir uns abschnüren von dem Eiterherd und Süd- und Westdeutschland abkapseln ...
Auch der sozialdemokratische Staat wird ein ungeschickter und schlechter Produzent sein. Es wird ein Auflösungsprozeß werden, gefördert durch Korruption, wie sie in den schlimmsten kapitalistischen Zeiten nicht erlebt wurde. Damit ist die große Gefahr der Verarmung verbunden und die noch größere Gefahr, daß das Ausland in den Besitz unserer Reichtumsquellen und unserer wirtschaftlichen Kräfte kommt. Bayern muß sich schon aus diesem Grund mit der Hoffnung späterer Wiedervereinigung unbedingt abtrennen. Und von dem wirtschaftlichen Zerstörungsprozeß durch die eigenen Volksgenossen so viel wie möglich fernhalten ...
Bei einer derartigen Neugruppierung Deutschlands wird die Entente einer Angliederung der Deutschen Österreichs keine Schwierigkeiten entgegensetzen, und ich halte diesen Neuanschluß der Deutschen Österreichs an Bayern als besonders im bayrischen Interesse gelegen. Es ist die Rettung und die Zukunft Bayerns, die einzige Möglichkeit für ein Wiederaufblühen des Wirtschaftslebens in Bayern, die einzige Rettung vor einer Verarmung Bayerns.«
Herr Heim hat ferner mit dem französischen General Destiker in Luxemburg eine Unterredung gehabt, über welche der Pressechef Wilsons Baker in seinem Werk über den Versailler Vertrag berichtet. Marschall Foch hat darnach am 19. Mai 1919 dem Obersten Rat mitgeteilt, Heim habe einen französischen General ersucht, mit Vertretern Frankreichs über eine separatistische Bewegung verhandeln zu dürfen. An demselben Tage habe Heim bereits mit General Destiker in Luxemburg eine Unterredung gehabt, deren Ergebnis am 23. Mai 1919 dem Obersten Rat zur Kenntnis gebracht wurde. Heim habe die Loslösung der größeren deutschen Staaten von Preußen und die Bildung eines neuen Bundes, einschließlich Österreich, unter dem wirtschaftlichen Protektorat der Entente vorgeschla-

gen. Wenn aus dem Plan nichts wurde, so habe das lediglich an der zögernden und unersättlichen Haltung Frankreichs gelegen.
Heim hat darauf erwidert, daß seine Unterhandlung mit Zustimmung des damaligen Reichskanzlers Scheidemann erfolgt sei. Er habe nur Klarheit über die französischen Absichten haben wollen, von der Bildung eines Donaustaates sei keine Rede gewesen. Herr Scheidemann hat jedoch ausdrücklich bestritten, eine Zustimmung erteilt zu haben. (Vergl. »Voss. Zeitung«, 24. März 1923.)

Bayerns Außenpolitik

So hat Bayern eine auswärtige Politik. Es gibt in München einen französischen Gesandten und einen päpstlichen Nuntius, und es ist ein offizielles Geheimnis, daß zeitweilig »heimliche« Beziehungen zu Frankreich angeknüpft wurden, die je nach der politischen Situation stärker oder schwächer waren. Die ältesten Versuche einer eigenen frankophil orientierten bayrischen Außenpolitik entstanden schon im November 1918. Damals glaubte Eisner durch eine bewußte Abkehr von dem in Berlin verkörperten ancien régime bessere Friedensbedingungen durchsetzen zu können. Die späteren Versuche hatten gerade das umgekehrte Ziel. Als die Gefahr bestand, daß der Sozialismus zur Wirklichkeit werde, da richteten sich die Hoffnungen der bayrischen Bürger auf das streng bürgerliche Frankreich. Das Gefühl der Klassenzusammengehörigkeit war stärker als das nationale Gefühl. Nur mit französischer Hilfe können die bayrischen Separatisten hoffen, sich von Deutschland trennen zu können. Daher erklärt sich die eigentümliche Tatsache, daß sie sich offiziell maßlos antifranzösisch gebärden, gleichzeitig aber Verhandlungen mit Frankreich und französischen Geldern nicht abgeneigt sind. Andererseits besteht auch von seiten der heutigen französischen Politik keine prinzipielle Abneigung gegen die bayrische Separation und Reaktion, denn nichts wäre den heutigen Herrschern Frankreichs peinlicher, als wenn Deutschland demokratisch, pazifistisch oder sozialistisch wäre. Denn dies wäre das Ende der Existenzberechtigung einer französischen Armee. Und die Rüstungsindustrie ist doch ein so gutes Geschäft. Dazu kommt noch die ständige französische Sorge vor einem deutschen Rachekrieg. Eine Zertrümmerung Deutschlands würde diese Sorge natürlich beseitigen.

Einteilung der bayrischen Bünde

Die politischen Verhältnisse in München sind außerordentlich zersplittert. Strömungen von scheinbar divergenten Richtungen gehen eine Zeitlang friedlich zusammen, um sich dann aufs schärfste zu bekämpfen. Drei Unterscheidungen erlauben einigermaßen klar zu sehen. Es sind zu trennen die Alldeutschen und die Panbavaren, die Individualisten und die Sozialen, die Monarchisten und die nicht ausgesprochenen Monarchisten. Unter den Monarchisten ist wiederum zwischen den Anhängern der Wittelsbacher und der Hohenzollern zu unterscheiden. Die Nicht-Monarchisten sind nicht etwa als Republikaner zu betrachten.

Bezeichnet man Großdeutsche mit A
Panbavaren mit α
Individualisten mit B
sozial Eingestellte mit β
Hohenzollern-Anhänger mit C_1
Wittelsbacher mit C_2
Nicht-Monarchisten mit γ

so könnte man etwa folgendes politische Schema aufstellen:

Kategorie	Führer	Verband
A B C_1	Ludendorff	Offiziersverbände
A B C_2	Dr. Weber	Oberland
A B γ	Ruge	Blücherbund
A β C_1	Ehrhardt	Organisation C
A β C_2	Lossow	Reichswehr
A β γ	Hitler	Nationalsozialisten
α B C_2	Bothmer	Bayrische Königspartei
α B γ	Escherich	Orgesch
α β C_2	Kahr	Bayrische Volkspartei
α β γ	Heim	Bauernbund.

Natürlich ist dieses Schema, wie alle politischen Schemata, nicht streng richtig. Besonders, weil die Einstellung der einzelnen Verbände sich manchmal verschiebt, und weil sie vielfach trotz aller Programme, Merkblätter, Satzungen, Aufrufe, selbst nicht wissen, was sie wollen. Aber immerhin hat man mit obigem Schema einen Hinblick auf die Ursache der Zersplitterung innerhalb der bayrischen völkischen Bewegung. Betrachten wir die Einteilung näher.

1. Die alldeutsche Bewegung und die Bewegungen, die auf ein Großbayern hinzielen. Bei diesen uferlosen Plänen pflegen die

einen von einer Eroberung des Reiches von Süden her, die andern von einer Ausdehnung Bayerns und einer Einverleibung Österreichs zu faseln. Während jedoch die alldeutsche Bewegung offen ihre Ziele zugibt, werden die reichsfeindlichen und panbavarischen Pläne nur in Verschwörerzirkeln beraten. Die Hauptträger der alldeutschen Bewegung sind Ludendorff und seine Umgebung. Während Hitler und Ludendorff im wesentlichen als alldeutsch anzusprechen sind, darf man Heim und Kahr als Träger einer möglichen Separationspolitik betrachten. Der Gegensatz zwischen Heim und Hitler ist offenkundig. Denn Heim vertritt spezifisch bayrische Interessen, vor allem die Interessen der Großbauern. Die sozialen Wurzeln dieses Konfliktes sind naheliegend. Die Bauern waren, abgesehen von der exportierenden Großindustrie, die einzigen Nutznießer der Inflation. Es ging ihnen nicht nur nicht schlecht, sondern ausgezeichnet, wie jedem Schuldner in Zeiten sinkenden Geldwertes. Daher sind die Bauern umstürzlerischen Elementen abgeneigt, nicht unzufrieden mit dem gegenwärtigen Zustand. Ihre Reichstreue aber ist zweifelhaft.

2. Mit der Unterscheidung in Alldeutsche und Panbavaren ist jedoch die Opposition in Bayern noch nicht erschöpft. Damit überquert sich ein anderer Gegensatz: der Gegensatz zwischen den sozial und antisozial Gesinnten. Während zum Beispiel Ludendorff als Träger einer Bewegung anzusehen ist, der die Menschen nur als Mittel zum Zweck, nur als Maschinen gelten, ist Hitler sozial gefärbt. Daher heißt die von ihm geleitete Bewegung auch »nationalsozialistisch«.

Die Organisation Escherich ist hier als antisozial bezeichnet, obwohl sie neben der nationalsozialistischen Partei vielleicht am stärksten eine soziale Fundierung für sich beansprucht. Aber diese Fiktion bleibt doch im wesentlichen auf den Schutz des Eigentums und der ganzen bestehenden Besitzverhältnisse, das heißt den Kapitalismus, beschränkt. Und sie wendet sich wesentlich gegen die Arbeiter. Trotzdem legte Escherich immer Wert darauf, daß seine Organisation überparteilich sei.

3. Zu den beiden bisher betrachteten Gegensätzen, den Alldeutschen und den Panbavaren, den Sozialen und den Antisozialen, kommt noch ein dritter Gegensatz: Monarchie oder Republik. Hitler ist nicht ausgesprochener Monarchist, weil in einer Monarchie für ihn kein Platz wäre. Kahr ist Monarchist für die Wittelsbacher, Ludendorff für die Hohenzollern, Heim ist ebenfalls nicht ausgesprochener Monarchist.

Aus diesen drei Gegensätzen innerhalb der bayrischen Opposition entwickeln sich die zahlreichen Abstufungen und Schattierungen, welche das politische Leben in Bayern so unübersichtlich machen. Heftige politische Kämpfe werden von den Verbänden untereinander ausgefochten, zum Teil unter Anrufung der Öffentlichkeit. Immer und immer wieder spielt die Behauptung, der oder jener Führer hätte französisches Geld angenommen, eine große Rolle. Die Beschaffung der Geldmittel ist in der Tat das dunkelste Problem in den ganzen verwickelten Dingen. Sicher ist, daß die bayrische Opposition zum Teil genau so handelt, als wenn sie von Frankreich bezahlt wäre. Denn sie versucht, die Republik zu zerstören und den Rachekrieg herbeizuführen, der, gehe er aus wie er möge, Deutschland in noch größeres Unglück stürzen würde.

Die Zersplitterung ist zum Teil in wirklichen Gegensätzen begründet, zum Teil aber ist sie nur eine Maske, um den politischen Gegner zu täuschen. Sie ist eine Form der Arbeitsteilung nach dem Grundsatz »getrennt marschieren und vereint schlagen«. Aber zweifellos hat an dem Tage, wo diese Maske fällt und wo die wirklichen Gegensätze zurückgestellt oder gelöst sind, die Stunde der Republik geschlagen. Hitler und Ludendorff sind alldeutsch und schwarz-weiß-rot, dagegen stehen die V. V. V. (Vereinigte Vaterländische Verbände), die Träger spezifisch bayrischer Politik, der bayrischen Volkspartei nahe. Doch haben sie auch viele sogenannte parteilose Mitglieder. Sie sind spezifisch weiß-blau, separaten Verhandlungen mit Frankreich auf Grundlage einer Wittelsbacher Monarchie nicht abgeneigt. Sie haben auch zum Teil das pazifistische Schlagwort vom Föderalismus gegenüber der zentralistischen Bewegung aufgenommen.

Viele der Mitglieder der V. V. V. glauben wirklich, nur für Ruhe und Ordnung zu sorgen. Gemeinsam ist der bayrischen Opposition die monarchistische, reaktionäre und antisemitische Einstellung.

Die Einwohnerwehren

Die Einwohnerwehren entstanden nach der Räterepublik. Denn es galt den Sieg des Bürgertums zu sichern. Sie waren bis zu ihrem Verbot vollkommen legal. Ihre Kosten erschienen im bayrischen Etat. Daneben aber bestritten sie manche Kosten durch Sammlungen und private Unterstützungen. Über diese Gelder hatte natürlich der Staat keine Verfügung und keine

Kontrolle. Sie wurden zur politischen Beeinflussung und Verstärkung der Macht der Einwohnerwehren verwendet. Man sieht dies deutlich aus dem folgenden Protokoll.

»Niederschrift über die Sitzung des Landesfinanzausschusses der E. W., abgehalten im Sitzungssaal der Regierung von Oberbayern am 16. Februar 1920.
Der Landesschatzmeister (Röckel) gibt einen kurzen Überblick über den Zweck der Landessammlung. Die abzuführenden Summen betragen für den Monat: Heimatdienst 70 000 Mark (7700 Goldmark)[48], Bürgerrat 10 000 Mark (1100 Goldmark), *Reichswehr* 20 000 Mark (2200 Goldmark), München-Nürnberger Polizeiwehr 10 000 Mark (1100 Goldmark), »Rote Hand« 2000 Mark (220 Goldmark) [Privatmittel]. Zusammen jährlich 1 340 000 Mark (149 000 Goldmark), wozu noch 80 000 Mark Unkosten kämen (8900 Goldmark), so daß also von den gesammelten Geldern im ganzen rund 1 400 000 Mark (170 000 Goldmark) in Abzug zu bringen wären.
Der Kreisschatzmeister von Oberbayern und München (Zentz) berichtet, daß die Sammlungen in gutem Gange seien und 1 250 000 Mark (140 000 Goldmark) erreicht seien. Er hofft, daß die in Aussicht genommene Summe von 2 000 000 Mark (220 000 Goldmark) erreicht werden kann.
Für die Oberpfalz berichtet der Kreishauptmann Pittinger über die dort mit bestem Erfolge durchgeführte Sammlungstätigkeit, die er zur Nachahmung empfiehlt. Er glaubt bestimmt, daß die Sammlung ein Ergebnis von rund 900 000 Mark (100 000 Goldmark) erreichen wird. Der Landesschatzmeister gibt hierauf nochmals seine ursprüngliche Schätzung der Landessammlungen bekannt. Bei günstig verlaufener Sammlung würden also etwa 4 bis 5 Millionen Mark (500 000 Goldmark) für die Einwohnerwehren Bayerns zur Verfügung stehen.«
Offiziell wurde stets der überparteiliche und rein zivile Charakter der Einwohnerwehren betont. Die Organisation der Wehren war aber vollkommen militärisch durchgeführt, wenn auch unter nicht militärischen Bezeichnungen. Um nach außen den militärischen Charakter der Einwohnerwehren zu verschleiern, wurden zum Beispiel keine militärischen Titel geführt. Bayern ist eingeteilt in zehn Kreise, und zwar außer den sieben Regierungskreisen noch München, Nürnberg und das Allgäu. Die Kreise sind geteilt in Gaue. Diese entsprechen den Bezirksäm-

---

[48] Die Goldmarkzahlen sind vom Herausgeber hinzugefügt.

tern. Im ganzen sind es 135 Gaue. Die Formationen waren Riegen und Gruppen. Eine Riege entsprach der ungefähren Stärke einer Friedenskompagnie und war geführt von einem Offizier. München war wieder in vier Bezirke eingeteilt. Jeder Bezirk umfaßte je nach Größe sechs bis acht Riegen, im Durchschnitt 1000 Mann, so daß für München 20000 bis 30000 Wehrmänner zu rechnen waren. Die Landesleitung befand sich im Ringhotel München.
In der Landesleitung saßen als militärische Organisatoren 26 Offiziere, in jeder der Kreisleitungen fünf bis sechs Offiziere, in jeder der Gauleitungen ein bis zwei. Im ganzen zirka 300 Offiziere. Als ehrenamtliche Kreishauptleute waren fünf Generäle tätig. Jeder Mann hatte ein Wehrmannsbuch (Militärpaß) mit Angabe der militärischen Ausbildung usw. Für den Aufrufsfall (d. h. Mobilmachung) waren Maschinengewehr- und Geschützbedienungen bestimmt; die nötigen Bespannungen waren durch Verträge mit den Pferdebesitzern sichergestellt. Ebenso hatte die Einwohnerwehr Kraftwagen, Geschirre, Reitausrüstungen, Protzen, Feldwagen und Feldküchen in großer Anzahl. Ausrüstung hatten die Leute zum Teil in Händen, zum Teil lag sie bei den Kreis- und Gauleitungen. Die militärische Schlagkraft der Einwohnerwehr war aber nur gering. Denn ein großer Teil setzte sich aus dem satten Bürgertum zusammen, dem der Mut und die Erfahrung zum Kampf fehlte. Aktiv waren natürlich die Studenten. Die Einwohnerwehr gliederte sich in Ortsschutz, Gauaufgebot, Landaufgebot. Die Zuteilung erfolgte auf Grund freiwilliger Meldungen, Gauschützen konnten innerhalb des Gaus, Landesschützen innerhalb des Landes verwendet werden. Gau- und Landesschützen wurden in Gau- und Landesfahnen zusammengefaßt, zum Beispiel Landesfahne Chiemgau. Diese war besonders gut ausgerüstet. Dieser militärische Charakter der Einwohnerwehr tritt sehr deutlich im folgenden Protokoll hervor.

»Niederschrift über die Sitzung des Landesausschusses der E. W. am 10., 11. und 12. März 1920.
Der Stabsleiter der Landesleitung berichtet über die Zeitfreiwilligenverbände, die sämtlich am 11. April 1920 aufgelöst werden müssen. Die Zeitfreiwilligen sind die besten Truppen und deshalb muß angestrebt werden, dieselben möglichst in derselben Zusammensetzung in die Einwohnerwehr aufzunehmen. Selbstverständlich müßten dabei die Aufnahmebedingungen für die Einwohnerwehr genauestens eingehalten werden, also

kein korporativer Eintritt, sondern Einzelmeldung beim Wehrführer. Er schlägt vor, die Zeitfreiwilligen nach ihrem Eintritt in die Einwohnerwehr in Landesschützenverbände zusammenzuschließen. Die Zeitfreiwilligen haben sich bereits einverstanden erklärt, mit Ausnahme von Würzburg, wo sie sich nicht den Stadtkompagnien anschließen wollen. Die Reichswehr habe in der Zeitfreiwilligenfrage die weitgehendste Unterstützung zugesagt.

Kreishauptmann von Niederbayern hält den militärischen Ausbau der Einwohnerwehr durch erfahrene Sachverständige für dringend notwendig.

Kreishauptmann der Oberpfalz (Dr. Pittinger) hält ebenfalls den militärischen Ausbau der Einwohnerwehr für dringend notwendig. Besonders in den Kreisen müsse das Aufgebot noch ausgebaut werden, sonst könne die Einwohnerwehr ihre Aufgaben nicht erfüllen. Besonders im Grenzschutz könnten an die Einwohnerwehr in kürzester Zeit die schwierigsten Aufgaben gestellt werden. Auch hierfür halte er die Einwohnerwehr in ihrer jetzigen Ausgestaltung für zu schwach. Die Einwohnerwehr müsse nicht bloß Ortswehr, sondern auch befähigt sein, gegebenenfalls das Militär zu ersetzen. Für den hierzu erforderlichen Ausbau seien aber die Gaustäbe viel zu schwach.

Kreishauptmann von Oberbayern (Jehlin) hält ebenfalls den Ausbau der Einwohnerwehr zum Militärersatz für unbedingt nötig. In Oberbayern sei der Grenzschutz schon sehr gut ausgebaut. In den übrigen Kreisen, besonders den Grenzkreisen, müsse jedoch in dieser Hinsicht noch sehr viel geschehen. Der Grenzschutz sei das hauptsächliche Betätigungsfeld der Einwohnerwehr. Zu eigentlichen Kampftruppen gegenüber regulären Armeen sei sie nicht geeignet. Er tritt ebenfalls für den Ausbau der Gaue ein und beantragt, auch hier nur Offiziere zu verwenden.

Kreishauptmann von Unterfranken tritt gleichfalls für den militärischen Ausbau der Einwohnerwehr ein. Er beantragt, für gründliche Reinigung der Einwohnerwehr von unsauberen und unzuverlässigen Elementen zu sorgen.

Kreishauptmann von Oberpfalz (Dr. Pittinger) beantragt, über die Notwendigkeit des militärischen Ausbaus der Einwohnerwehr abzustimmen. Er schlägt vor, für die Landesschützenabteilungen nur die Kadres aufzustellen und mit der Ausfüllung bis zum Aufruf abzuwarten. Er verweist auf die der Einwohnerwehr zur Verfügung stehenden Werberedner des Heimatdienstes.

Der Landeshauptmann Dr. Escherich beantragt, den Personalbedarf für Instandsetzungswerkstätten, mit Ausnahme von München und Nürnberg mit 16 Waffenmeister zu 450 Mark (48 Goldmark), 16 Waffenmeistergehilfen zu 400 Mark (40 Goldmark), 8 Schreiber zu 200 Mark (20 Goldmark), ferner eine einmalige Ausgabe von 200000 Mark (20000 Goldmark), für Waffenmeisterkästen und Sachbedarf der Kreisleitungen für jede einzelne 10000 Mark (1000 Goldmark) monatlich für Instandhaltung und Reinigung des Materials anzusetzen. Hierauf wird der gesamte Etat unter Berücksichtigung vorstehender Anträge angenommen.

Landeshauptmann beantragt, die Kreise sollen die von der Landesleitung übernommenen Patronen ankaufen. Der Antrag wird angenommen.

Regierungsvertreter macht hierauf Mitteilung von der nunmehr erfolgten Genehmigung der Übernahme der Aufrufkosten auf das Reichsfinanzministerium.

Dr. Müller teilt mit, daß Regierung und Ministerium in den Satzungen nicht erwähnt werden, um den privaten Charakter der Einwohnerwehr zu betonen. Regierungsvertreter ersucht, die Nennung der ›Technischen Nothilfe‹ in den Satzungen zu vermeiden. Major Stümpfig referiert über Nachrichten- und Späherdienst und Werbewesen. Stabsleiter der Landesleitung weist auf die durch die Vertrauensleute drohende Gefahr hin. Landesausschußmitglied Dr. *von Kahr* warnt ebenfalls vor zu großem Vertrauen gegenüber den Vertrauensleuten und weist auf die dadurch vergrößerte Gefahr der Gegenspionage hin. Kreishauptmann von Oberbayern (Jehlin) spricht gegen die Einrichtung eines Späherdienstes innerhalb der Einwohnerwehr. Er regt an, die Wehrleute zu veranlassen, zufällige Wahrnehmungen mitzuteilen. *Landeshauptmann beantragt, Listen von den gefährlichen Personen anzulegen, um dieselben im Bedarfsfalle sofort festnehmen zu können.*

Hierauf berichtet Major Stümpfig über Brieftaubenverkehr und Telegraphen-Funkenstationen.

Kreishauptmann von Oberbayern beantragt Sicherstellung des Kostenersatzes im Aufrufsfalle und bei vorbeugender Bereitschaft. Landeshauptmann verweist auf die gestrige Mitteilung des Regierungsvertreters von der nunmehr erfolgten Genehmigung des Reichsfinanzministeriums zum Ersatz der Aufrufskosten.

Kreishauptmann von Oberbayern meldet Bedarf an Maschinengewehren, Waffen und Munition für Oberfranken an und

verweist auf die unsicheren Zustände in Nordbayern, besonders an der sächsischen Grenze. Der Materialbedarf wird dem Landeszeugwart zur Kenntnisnahme überwiesen.
Landeshauptmann gibt bekannt, daß sich der Etat nunmehr auf 11,34 Millionen (1 134 000 Goldmark) erhöhe.
München, den 12. März 1920.
Der Landeshauptmann:
gez. Escherich.

Anlage zum Antrag für einheitliche Bezeichnungen
1. Schießbetrieb: Bei der Landesleitung ist ein Landesschützenmeister, bei den Kreisleitungen ein Kreisschützenmeister, bei den Gauen ein Gauschützenmeister, bei jeder Ortswehr ein Schützenmeister tätig. Alle Schützenmeister sind ehrenamtlich.
Der Schützenmeister der Ortswehr leitet die Schießausbildung und das Schießen der Wehrleute und ist im Sinne des Gesetzes verantwortlich für das Schießen, für die Einhaltung der Sicherheitsbestimmungen im besonderen. Er leitet auch die ›Jungschützenausbildung‹.
2. Ausbildung des Nachwuchses: Die Nichtausgebildeten erhalten die Bezeichnung ›Jungschützen‹ (nach Schweizer Muster). Ihre Ausbildung leitet der Schützenmeister. Für die Ausbildung werden Bestimmungen erlassen werden. Nach Erfüllung gewisser Bedingungen wird aus dem Jungschützen der ›Wehrmann‹.
3. Kampfbezeichnung:
   a) Die Gauschützen können zu Gauschützenverbänden zusammengezogen werden.
   b) Die Landesschützen werden zu Landesschützenverbänden zusammengefaßt. Der Landesschützenverband eines Gaues wird in Landesfahnen eingeteilt, in der ungefähren Stärke eines Bataillons mit Maschinengewehren, Begleitartillerie, Reiter, Radfahrer, Troß und Pflegeabteilung.
   c) Die berittenen Landesschützen werden Landesreiter genannt.
4. Stabsitze: Sitz des Gauhauptmannes ist der Gausitz, des Kreishauptmannes ist der Kreissitz, des Landeshauptmannes ist der Landeshauptsitz. Für den Fall des Aufrufs und des Verlassens der Stabsitze tritt an Stelle des Wortes ›Sitz‹ das Wort ›Quartier‹.
5. Stäbe, welche den Führer in den Kampf begleiten, heißen Kampfstäbe. Stäbe, welche an den verschiedenen Sitzen zu-

rückbleiben, um dort sowohl Personal, Material und den Nachschub zu bearbeiten, als auch um die Ruhe und Ordnung in ihrem Bezirke aufrechtzuerhalten, heißen Wehrstäbe.«

Zusammenhang mit der Reichswehr

Die früheren Zeitfreiwilligenorganisationen sind, wie man aus diesem Protokoll sieht, zum Teil geschlossen der Einwohnerwehr beigetreten und wurden als »Reichsfahnen« geführt, zum Teil bestanden sie noch als Alarmkompagnien weiter. Für sie lag die vollständige feldmarschmäßige Ausrüstung in den Reichswehrdepots bereit. Im Aufrufsfall unterstanden sie der Reichswehr. Überhaupt stand die Reichswehr mit der Einwohnerwehr in engem Zusammenhang. Die Offiziere der Landesleitung der Einwohnerwehr hatten Ausweise, die von dem General Möhl unterzeichnet waren. Die Reichswehr überließ der Einwohnerwehr Waffen und sonstiges Material, führte Waffen- und Materialtransporte für die Einwohnerwehr aus und stellte auch Bewachungsmannschaften.
Die verschiedenen Angaben über die Zahl der Gewehre, welche die Landesleitung angibt, stimmten nicht überein. Es gab eine »offizielle« Zahl, die bestimmt war für die Entente, eine »buchmäßige« Zahl, die der Zahl der organisierten Wehrmänner entsprach. Die Zahl der Gewehre, die nach Auflösung der zahllosen Freiwilligenverbände in den Händen der Angehörigen verblieben, war der Landesleitung selbst nicht bekannt. Die Zahl der Gewehre, die sich 1920 im Besitz der Einwohnerwehr befanden, wird von sachkundiger Seite auf 300000 geschätzt. Doch ist diese Zahl, wie gesagt, durchaus unsicher. Der Bestand an Munition für Gewehre war gering. Die Beschaffung des Ersatzes bildete für die Landesleitung erhebliche Schwierigkeiten. Besonders durch den Verbrauch durch die Bauernwehren, die bei den verschiedenen Festlichkeiten Preisschießen veranstalteten und die Jagd auf alles mögliche Getier machten, wurde eine Menge Munition verbraucht. Neuherstellung von Munition fand nicht statt. Offiziell hat die Einwohnerwehr keine Geschütze. Doch sind viele auf Gütern versteckt. Eine Schätzung der Zahl ist unmöglich. Wie viele es auch sein mögen, ihre Zahl spielt für einen Außenkrieg keine Rolle. Auch ein paar Flugzeuge finden sich auf Gütern versteckt.
Die V. V. V. sind hervorgegangen aus der Einwohnerwehr. Nachdem diese durch den Machtspruch der Entente aufgelöst

worden war, sammelten sich die Mitglieder nach Stadtbezirken in sogenannten vaterländischen Vereinigungen. Führer dieser Bezirksvereinigungen war zuerst der Kaufmann Zeller, dann Herr Kühner. Leiter der gesamten V. V. V. ist der Gymnasialprofessor Bauer, ein entschiedener Antisemit. Der wichtigste Verband ist die Organisation Escherich, von der der Name Orgesch stammt. Escherich war ein Mann der Mitte. Er hat sich zu wiederholten Malen gegen Putsche von links und rechts ausgesprochen. Auch hat er im Gegensatz zu Kahr öfters ausdrücklich erklärt, daß der Antisemitismus niemals zu seinen Programmpunkten gehört habe. Daher hat er in Bayern seine politische Bedeutung ziemlich verloren.

Die Vereinigten Vaterländischen Verbände stellten eine Spitzenorganisation dar; in ihr sammelten sich nach und nach alle diese Organisationen, entweder durch ausdrückliche Mitgliedschaft oder durch Beziehungen der leitenden Persönlichkeiten zueinander. So der Bayrische Ordnungsblock unter Führung von Dr. Tafel und Pixis, der Verband nationalgesinnter Soldaten, der Gesamtverband nationaler Berufsverbände, der Deutsche Arbeiterbund. Ferner gehören dazu die verschiedenen antisemitischen Vereine, wie der Hochschulring deutscher Art, der Deutschvölkische Schutz- und Trutzbund, die Thulegesellschaft, die Eddafreunde, ebenso der Heimatbund der Königstreuen. An dessen Spitze stand Ludendorff. Sein Vertreter ist Hauptmann Luppe, in den militärischen Organisationen Oberleutnant Kugler vom Stab der Orka. Im Aktionsausschuß sind vertreten die Orka, die Orzentz (Organisation Zentz), die Reichsfahne Oberland, der Jungdeutsche Orden, der Stahlhelm, der Frontbund und die Technische Nothilfe.

Die Orka, gegründet von dem Obergeometer Kanzler, stand in enger Verbindung mit der bayrischen Regierung, besonders der Münchner Polizeidirektion und dem früheren Kronprinzen Rupprecht. Sie umfaßte die Einwohnerwehren des Chiemgaus, Tirols und eine österreichische Zentralleitung. Die Geschäftsleitung befand sich unter der Firma »Torfgesellschaft Alpenland« in der Galeriestraße 12 in München. Ihr Hauptzweck war, die kommende Vereinigung Österreichs mit Bayern unter den Wittelsbachern vorzubereiten. Doch stieß dieser Annexionismus nicht auf viel Gegenliebe. Die Banken und die Schwerindustrie Österreichs lehnten jede Unterstützung der Orka ab, ebenso der österreichische Adel, der habsburgisch orientiert ist. Daher mußte die Finanzierung der Orka nur von Bayern aus erfolgen.

Die Arbeitsgemeinschaft der Vereinigten Vaterländischen Verbände in Bayern veranstaltete am 9. November 1922 eine vaterländische Feier. Angeschlossen waren Andreas Hofer-Bund, Bayrischer Kriegerbund, Bayrischer Ordnungsblock, Bayern und Reich, Nationalsozialistische Deutsche Arbeiterpartei, Deutscher Offiziersbund, Deutschvölkische Arbeitsgemeinschaft, Hochschulring deutscher Art, Interessengemeinschaft deutscher Heeres- und Marineangehöriger, Nationalverband deutscher Offiziere, Neudeutscher Bund, Reichsbund der Kriegsteilnehmer deutscher Hochschulen, Reichsflagge, Deutschvölkischer Schutz- und Trutzbund, Vaterländischer Verein München, Verband bayrischer Offiziers- und Regimentsvereine, Verband nationalgesinnter Soldaten und Zentralverband deutscher Kriegsbeschädigter. Aber die Liebe zwischen Hitler und den V. V. V. hat nicht lange gehalten. Heute ist das politische Leben in München im wesentlichen in zwei feindliche Gruppen geteilt. Sie sind einerseits die vaterländischen Verbände Bayerns und andererseits die Nationalsozialisten. Hierauf wird im Kapitel 10 noch näher eingegangen.

Bayern und Reich

Eine besondere Beachtung innerhalb der Vaterländischen Verbände verdient der Bund »Bayern und Reich«.
Führer des Bundes »Bayern und Reich« ist der Sanitätsrat Dr. Pittinger. Vor dem Kriege ein kleiner Bahnarzt in Regensburg, wurde er im Felde Stabsarzt und Führer einer Sanitätskompagnie in der 6. Reservedivision. Seine praktische ärztliche Inanspruchnahme war jedoch gleich Null. Er entwickelte vielmehr eine außerordentliche Betriebsamkeit und wurde der tatsächliche Feldintendant seiner Division. Offiziers- und Mannschaftserholungsheime, Entlassungsanstalten, Offiziers- und Mannschaftsbekleidungsstellen, Offiziersreitstiefelfabrikation, Materiallieferungen an Offizierskasinos, Marketendereien, Kinos, Photographieranstalten, das alles führte der Führer der Sanitätskompagnie auf eigene Regie und Verantwortung. Besonders betriebsam war Pittinger in Requisitions- und Materialsammlungs-Unternehmungen. Leder und Stoffe gingen durch seine Hand. Eines Tages (1917) wurde Pittinger nach Revision von zwei aufgefangenen schwerbeladenen Waggons sofort beurlaubt und kam nicht mehr zur Division zurück. Die Angelegenheit ist folgende: Die Waren sollen sämtlich Bestän-

den der 6. Reservedivision entnommen gewesen sein. Von den 6 Waggons wurden zwei (mit Wein, Zucker, Leder usw.) aufgegriffen, von den übrigen Waggons waren keine anderen Spuren als schriftliche Ausweise mehr zu entdecken. Es war aufgefallen, daß ständig Leder geliefert wurde, ohne daß die Mannschaft dafür Schuhe bekam. Über die ganze Angelegenheit wurde der Mantel der christlichen Nächstenliebe gebreitet. Heute ist der ehemalige arme Bahnarzt natürlich ein schwerreicher Mann. Die schloßähnliche Villa in der Möhlstraße, die nach dem Krieg das Eigentum des Herrn Pittinger geworden ist, ist organisatorisches Hauptquartier einer außerordentlich emsigen Vereinstätigkeit. Alle Persönlichkeiten, die in den letzten Jahren im nationalaktiven und föderalistischen Fahrwasser geschwommen sind, standen oder stehen mit dem Sanitätsrat Dr. Pittinger in offensichtlichem Vertrauensverhältnis. Die politische Verbindung des früheren Reichswehrbefehlshabers General Moehl zu Pittinger ist amtlicherseits nie in Abrede gestellt worden. Von den Untergebenen des Generals v. Lossow, den Reichswehroffizieren Heiß, Röhm, Hoffmann, ist bekannt, daß sie samt den ihnen befreundeten Organisationen (Reichsflagge usw.) irgendwie mit Pittinger liiert waren. Spuren der Erzberger-Mörder (unmittelbar in die Möhlstraße 10 adressierte Telegramme) führen zu Pittinger. Der Präsident des Bayrischen Ordnungsblocks, Dr. Tafel, erhob schon im November 1921 schwere Beschuldigungen gegen Pittinger wegen bestimmter außenpolitischer und monarchistischer Umtriebe. Der jetzige »Kabinettschef« des Herrn Rupprecht von Wittelsbach, Graf Soden, der frühere Polizeipräsident Pöhner, der im Fuchs-Richert-Prozeß grausam bloßgestellte Oberamtmann Dr. Frick und vor allem der Regierungspräsident v. Kahr zählen zu dem engsten Vertrauens- und Mitarbeiterkreise Dr. Pittingers. Zusammen mit ihm leitete Kahr in München die Propaganda für einen von preußischen (lies: großdeutschen) Elementen gereinigten Bund Bayern und Reich (Versammlung im Löwenbräukeller) ein. Er zieh seine Gegner des skrupellosen Ehrgeizes und rief mit der ganzen philiströsen Selbstgerechtigkeit seiner Kreise aus: »Zur Führung der vaterländischen Bewegung sind nur Männer mit reinem Herzen und reinen Händen berufen.«

Der Bund »Bayern und Reich« gibt ein Wochenblatt heraus, aus dem sich seine vielseitige Tätigkeit ergibt. Er umfaßt im wesentlichen die früheren Einwohnerwehren außerhalb Münchens. Ortsgruppen sind gegründet in Neu-Ulm (Bürgermeister Nuffer und Oberleutnant Geis), Dillingen (Oberstleutnant Adam), Lausingen (Bürgermeister Dr. Dolles), Welden, Landsberg, Sulzbach, Aschbach, Thurnau (Studienrat Reinhardt), Beilngries (Bezirksamtmann Kummer), Forchheim (Bürgermeister Dr. Knorr), Emersacker (Bräumeister Neidlinger), Augsburg (Herr Wolfram), Hannstetten (Diplom. Ingenieur Keppler), Schleißheim, Garmisch-Partenkirchen, Burggriesbach (Postschaffner Mock), Pettendorf, Hallerndorf (Baron Seckendorff), Gerolzhofen, Traunstein, Friedberg, Feldmoching, Merkershausen, Eyershausen, Trappstadt, Gollmuthausen, Königshofen (Herr Anton), Maising (Landwirt Wachter), Prechting (Landwirt Seb. Liebl), Starnberg (Wissing), Mering (Gebr. Lechner), Adelsried b. Welden, Blankenburg (Landwirt Johann Hirn), Tegernsee (Dr. Jordan), Nördlingen, Kulmbach-Nord, Schwabmünchen (Bezirksamtassistent Schmid), Deubach (Martin Reimayr), Streitheim (Bürgermeister Seander), Reutern b. Welden, Wildenstein (Lehrer Brehm-Schlopp), Ichenhausen, Dietramszell (Schießl), Schongau, Aichbach (Vermessungsoberamtmann Fraaß), München, Nördlingen, Mömlingen, Neustadt a. S. (Lehrer Landgraf), Ungershausen, Buttenheim.

Der Bund ist also beinahe in allen größeren Gemeinden Bayerns vertreten. Er ist streng legal, aber antisemitisch, sein Ideal ist natürlich Ungarn. Daneben hat er kulturpolitische Aufgaben. Dementsprechend findet eine eifrige Propaganda in studentischen Kreisen statt. Eine Reihe von Studentenorganisationen gehören zu »Bayern und Reich«. Oswald Spenglers »Untergang des Abendlandes« und verwandte Schriften werden in beinahe jeder seiner Nummern zitiert. Offiziell gebärdet er sich demokratisch, aber antiparlamentarisch. Das Parlament habe, so argumentiert er, dem Volk seine Grundrechte, Volksbegehren und Volksentscheid, bisher genommen. Daher wünscht er stärkeren Einfluß dieser demokratischen Institutionen. Der Plan ist, dem Volk Gelegenheit zu geben, Herrn von Kahr, den Ehrenvorsitzenden des Bundes, als Präsidenten zu wählen. Aber er hat doch wenig Aussichten, auf diesen Posten zu gelangen, selbst wenn er verfassungsmäßig geschaffen werden könnte, denn ganz abgesehen von seiner Blamage im Hitler-Putsch, steht er in heftigem Konflikt mit Escherich. Während Kahr personifiziert antisemitisch ist und erklärt, daß es keine mittlere Politik zwischen dem jüdischen Internationalismus und der germanischen Treue zum Heimatlande gäbe, ist Escherich ein Mann der Versöhnung. Natürlich ist der Bund scharfer Gegner des Gesetzes zum Schutze der Republik und des von ihm eingesetzten Staatsgerichtshofes. Heftig fließen die Krokodilstränen, wenn hiervon die Rede ist. Immer wieder wird betont, daß die vor dem Staatsgerichtshof Angeklagten ihrem zuständigen Richter entzogen worden sind und daß bei diesem Verfahren die ordentlichen Gerichte und die bayrische Justiz-Hoheit ausgeschaltet seien. Unter den ordentlichen Gerichten und der bayrischen Justiz-Hoheit aber versteht der Bund natürlich nur die bayrischen Sonder-Gerichte, über deren Tätigkeit die Öffentlichkeit ja genügend orientiert ist. Damit der Humor in dieser ernsten Sache nicht fehle: der Preis für ein Bundeszeichen ist gleich dem eines Liters Bier am Tage der Einzahlung des Betrages.

Pittinger ist als spezifischer Separatist zu betrachten. Im August 1921 übernahm er die Leitung der Einwohnerwehren Bayerns für den abgedankten Forstrat Escherich. Er stellte Verbindungen mit den »Erwachenden Magyaren« her, mit dem Zweck, Bayern vom Reich loszureißen und es in eine Donau-Föderation unter dem Protektorat Frankreichs einzuordnen. Die Trennung Bayerns vom Reich wurde als politische Notwendigkeit bezeichnet. Hierüber entspann sich im Dezember 1921 eine heftige Fehde mit dem Freikorps Oberland, das, obwohl ebenfalls spezifisch bayrisch, doch reichstreu gesinnt ist. Auch von Österreich her wurde die Verbindung angebahnt. Der österreichische Selbstschutz sollte zu den Wittelsbachern übergehen. Hierüber entstanden Kämpfe mit dem General Kraus, dem Leiter der Selbstschutzorganisation Wiens. Durch einen angeblichen Dr. Heimerdinger (alias Heil), den Leiter der Pittingerschen Wirtschaftsabteilung Braun, und Dr. Egon von Navarini wurden Waffen nach Ungarn für die erwachenden Magyaren gesandt. Im Dezember 1921 gelang es, zehn Waggon Waffen, Munition, Kanonen und Flugzeuge auf der Donau nach Ungarn zu bringen. Diese Waffen wurden von den ungarischen Banden im Burgenland gegen Deutschösterreich verwandt.

Escherich billigte diese Pläne Pittingers zunächst nicht, einigte sich aber dann mit ihm auf der Basis, daß Escherich Führer der norddeutschen Organisationen wurde und Pittinger Führer der süddeutschen bleiben sollte. (Vergl. den Artikel von Abel in der »Welt am Montag« vom 30. Januar 1922.)

Genau wie der Bund »Bayern und Reich« haben auch die meisten anderen Organisationen überall in Bayern Ortsgruppen. So ist es möglich, daß der Apparat der V. V. V. überall seine

Vertrauensleute hat, die über jede einzelne Gemeinde und die dort vorhandenen »Hetzer«, das heißt Republikaner, orientiert sind und daß er weiß, über welche Stärke er innerhalb der Reichswehr und der Polizei zu verfügen hat. Hierin, also in den überallhin reichenden Verbindungen und nicht etwa in der numerischen Stärke allein, besteht die große Gefahr dieser Organisationen. Die weite Verbreitung dieser Organisationen führt dann zu den scheinbar aus den Tiefen der kochenden Volksseele stammenden Kundgebungen, die zu flammendem Protest gegen irgend etwas aufrufen, was den Führern der betreffenden Bewegung unangenehm ist.

Der bayrische Separatismus

Eine besondere Bedeutung erfahren diese Verbände dadurch, daß sie die Grundlagen für Kahrs Politik und damit für eine mögliche Separation Bayerns vom Reich sind. Schon Eisner hatte in seinem Kampf gegen die in Berlin herrschende konterrevolutionäre Gewalt des Auswärtigen Amtes mit dem bayrischen Separatismus gespielt. Wirksam aber begann er erst, als nach dem Sturz der Räterepublik die Volksgerichte aufgestellt wurden, die wesentlich gegen die Verfassung des Deutschen Reiches gerichtet waren. (Vergl. Kapitel 7.) Außerordentlich zugespitzt war das Verhältnis Bayerns zum Reich, als das Gesetz zum Schutz der Republik erlassen wurde. Erst nach langen Verhandlungen erkannte die bayrische Regierung dieses Gesetz als gültig an.
Die Stellung, die der frühere Kronprinz Rupprecht in Bayern einnimmt, ist ebenfalls völlig unvereinbar mit dem Wesen einer Republik. Man lese zum Beispiel in der offiziellen bayrischen Staatszeitung vom 6. Juni 1922 den folgenden Bericht über den »Einser-Tag«. »Unter allgemeiner starker Beteiligung beging das alte Königl. Bayerische Infanterieregiment ›König‹ zu Pfingsten in München seinen Gedenktag. Der Begrüßungsabend im Kindlkeller brachte ein bedeutsames Bekenntnis der mächtigen Versammlung zum angestammten Herrscherhaus. In der Reihe der Redner trat auch Prinz Alfons aufs Podium. Der Treue zum Regiment, der Pflege guter Kameradschaft zwischen alten und jungen Einsern, der Freude und Liebe zum Vaterlande galten seine Worte. Stürmischen Beifall weckte der Appell des Obersten Prieser, die alten Farben schwarz-weiß-rot, hochzuhalten und in ihrem Sinn und Geiste die heranwach-

sende Jugend zu erziehen.« Am 30. September 1923 fand in München eine Parade vor Rupprecht statt. 20 000 Angehörige des früheren Leibregiments, an der Spitze General von Epp, schritten an ihm vorbei. Neben Rupprecht standen Kahr, Knilling, General Graf Bothmer und der Kommandeur des bayrischen Wehrkreises, General von Lossow. Nachher nahm Rupprecht eine Parade über die Münchner Polizei ab.
Die Situation von Bayern zum Reich verschärfte sich im Oktober 1923 außerordentlich. Nach seiner Ernennung zum Generalstaatskommissär erließ Kahr ein Streikverbot und eine Verordnung, nach der Landesverrat mit dem Tode bestraft werden kann. Dann hob er die Vollzugsverordnung für das republikanische Schutzgesetz in Bayern auf. Die Ursache war ein Haftbefehl des Reichsanwalts gegen den Hauptmann Heiß, den Führer der Organisation »Reichsflagge«. Der Haftbefehl wurde nicht vollstreckt. (»Münchner Post«, 2. Oktober 1923.)
Am 30. Oktober erfolgte ein weiterer separatistischer Schritt. Kahr wies die Landesfinanzämter darauf hin, daß die Erhebung der Landabgabe und der Arbeitgeberabgabe große Gefahren für die Sicherstellung der Volksernährung bedeute. Er stellte daher an die Landesfinanzämter das dringende Ersuchen, daß von den am 1. November fälligen Steuerraten die Landabgabe und die Arbeitgeberabgabe unterbleibe. Entsprechend gab der bayrische Handwerkerkammertag den Landwirten und Gewerbetreibenden die Weisung, die am 1. und 5. November fälligen Steuern nicht zu leisten, was natürlich auch geschehen ist. (»Berliner Tageblatt«, 30. Oktober 1923.)
Als die Reichsbank Goldbestände von Nürnberg nach Berlin bringen wollte, verbot Herr von Kahr den Transport, der dann allerdings trotzdem zum Teil durchgeführt wurde. (»Berliner Tageblatt«, 22. Oktober 1923.) Der Kampf Bayerns gegen das Reich wurde vom Reich nur mit ganz schwächlichen Maßnahmen beantwortet. Nach der Ernennung Kahrs zum bayrischen Generalstaatskommissar und der Verhängung des bayrischen Ausnahmezustandes im September 1923 erklärte das Reich von sich aus den Ausnahmezustand über das ganze Reich, wodurch die vollziehende Gewalt im ganzen Reich auf den Reichswehrminister Geßler überging. Aber diese gegen Bayern gerichtete Verfügung war vollkommen wertlos, da sich Herr Geßler nicht gegen Kahr durchsetzen konnte.

Die Absetzung des Generals v. Lossow

Der »Völkische Beobachter« richtete einen scharfen Angriff gegen den General von Seeckt. Der Reichswehrminister ersuchte (!) darauf Herrn von Kahr, das Blatt zu verbieten. Kahr lehnte ab, Geßler verbot selbst. Der »Völkische Beobachter« erschien ruhig weiter. Darauf richtete Herr von Seeckt an den Kommandanten des 7., in Bayern stehenden, Reichswehrkommandos, Herrn von Lossow den Befehl, das Verbot auszuführen. Lossow lehnte aber in einem offenen Telegramm an Seeckt die Ausführung ab und verweigerte gleichzeitig für alle Zukunft die Ausführung jedes Befehls, der ihn in Konflikt mit der bayrischen Regierung bringen könnte. Also ein offener Bruch der militärischen Disziplin. Darauf forderte ihn Herr von Seeckt auf, sein Abschiedsgesuch einzureichen. Die bayrische Regierung erhob Einspruch und erklärte, daß sie seine Absetzung nicht dulden würde. Man bedenke, was es heißen würde, wenn in einem anderen Land ein Kommandeur sich weigern würde, einen Befehl auszuführen, den ihm sein Vorgesetzter erteilt hat. Man stelle sich vor, General von Müller hätte erklärt, er könne nicht in Sachsen einmarschieren, weil ihn dies in Konflikt mit der sächsischen Regierung bringen könnte. Die bayrische Regierung teilte der Reichsregierung ferner mit, daß sie weitere Verhandlungen mit dem Reichswehrminister Dr. Geßler ablehne. Es gibt nur einen Präzedenzfall in der letzten deutschen Geschichte, als Eisner erklärte, mit dem Auswärtigen Amt nicht mehr verhandeln zu wollen, was aber keine praktischen Konsequenzen hatte. Es ist ein alter Grundsatz, daß Reichsrecht vor Landesrecht geht. Aber auch dieser einfachste Grundsatz der Reichspolitik wird in Bayern nicht anerkannt. Es ist schwer anzunehmen, daß dies andere Gründe in Bayern hatte, als den Willen, mit dem Reich zu brechen, solange dort die angeblichen Marxisten von der deutschen Volkspartei herrschen. Geßler fuhr sogar nach Bayern, um mit Lossow zu sprechen, jedoch Lossow erschien nicht zur Audienz. Darauf setzte das Reich feierlich Herrn von Lossow als Wehrkreiskommandeur ab, Bayern ihn ebenso feierlich als bayrischen Landeskommandanten wieder ein. Damit schuf Bayern einen Posten, der bis dahin noch nicht bestanden hat und den es gar nicht geben kann, weil die gesamte Reichswehr und auch die Truppen, die in Bayern stehen, dem Reich unterstehen.

Der vom Reich designierte Nachfolger des Herrn von Lossow, Herr von Kressenstein, erklärte, den Posten nicht annehmen zu

wollen. Lossow holte sofort zum Gegenschlag aus und verpflichtete die Truppen ausdrücklich für sich, indem er sie folgende Formel sprechen ließ: »Ich bekenne, daß ich von der bayrischen Staatsregierung als Treuhänderin des deutschen Volkes bis zur Wiederherstellung des Einverständnisses zwischen Bayern und Reich in Pflicht genommen bin und erneuere meine Verpflichtung zum Gehorsam gegenüber meinen militärischen Vorgesetzten.«
Allerdings lehnte ein Teil der Truppen die Verpflichtung ab, weil sie mit Recht betonten, daß sie bereits einen Eid auf die Reichsverfassung geleistet hätten. In einer Ansprache an die Truppen nach der Verpflichtung sagt Lossow: »Wir wollen kämpfen unter der Flagge schwarz-weiß-rot und uns befreien von den derzeitigen Machthabern in Berlin, die uns ins Elend gestürzt haben.« Nach Lossows Auffassung ist also die bewaffnete Bekämpfung der Reichsregierung eine der Aufgaben des bayrischen Landeskommandanten. Man stelle sich vor, daß etwa ein kommunistisch gesinnter General eine solche Ansprache gehalten hätte. Darauf erließ Herr von Seeckt folgenden Befehl:
»An das Reichsheer.
Die bayrische Regierung nimmt die Truppen der 7. (bayrischen) Division in Pflicht und ernennt den vom Reichswehrminister seiner Stelle enthobenen Divisionskommandeur ihrerseits zum Landeskommandanten und Divisionskommandeur.
Der Schritt der bayrischen Regierung ist ein gegen die Verfassung gerichteter Eingriff in die militärische Kommandogewalt. Wer dieser Anordnung der bayrischen Regierung entspricht, bricht seinen dem Reich geleisteten Eid und macht sich des militärischen Ungehorsams schuldig. Ich fordere die 7. (bayrische) Division des Reichsheeres hierdurch feierlich auf, ihrem dem Reich geleisteten Eid treu zu bleiben und sich den Befehlen ihres höchsten militärischen Befehlshabers bedingungslos zu fügen. Der Reichstreue aller anderen Teile des Heeres halte ich mich heute und stets für versichert.« (22. Oktober 1923).
Aber dieser Appell an die Reichstreue durfte auf Anordnung Kahrs weder verbreitet noch abgedruckt werden. Die demokratische »Allgemeine Zeitung«, die es wagte, eine offizielle Kundgebung des Chefs der deutschen Heeresleitung abzudrucken, wurde daraufhin verboten. Auswärtige Zeitungen, die den Aufruf enthielten, wurden nicht nach Bayern hereingelassen. Auch wurden das »Berliner Tageblatt«, die »Vossische Zeitung« und die »Frankfurter Zeitung« verboten.

Lossow ging zum Angriff über. Am 3. Oktober erließ er einen Funkspruch an die anderen Reichswehrstellen, lautend: »Der Chef der Heeresleitung hat einen Aufruf an das Reichsheer erlassen, der den Schritt der bayrischen Regierung als gegen die Verfassung gerichtet erklärt. Die bayrische Regierung denkt nicht daran, dem Reich die Treue zu brechen. Niemand übertrifft uns Bayern an Reichstreue. Was wir wollen, ist, daß der bayrischen Regierung und dem bayrischen Generalstaatskommissar von der unter marxistischem Einfluß stehenden Berliner Regierung nichts aufgezwungen werden soll, was Bayern, den Hort deutscher und nationaler Gesinnung, unschädlich machen soll. Wir haben die selbstverständliche Pflicht, uns in diesem Konflikt hinter die bayrische Regierung und den bayrischen Generalstaatskommissar zu stellen, die mit uns das bedrängte Deutschtum schützen wollen.« Verlogener ist militärischer Ungehorsam noch nie begründet worden.

Die Reichsregierung ersuchte darauf die bayrische Staatsregierung, die verfassungsmäßige Befehlsgewalt in kürzester Zeit wieder herzustellen, worauf Bayern am nächsten Tage bereits (am 13. Oktober) antwortete, es denke gar nicht daran. Der durch die Einsetzung Lossows geschaffene Rechtszustand sei verfassungsmäßig und eine Veränderung im Oberbefehl des bayrischen Teiles der Reichswehr unerträglich. Gehorsam gab das Reich de facto auch diesmal nach und bezahlte die Gehälter des aufrührerischen Generals und seiner Truppen weiter.

Nach dem mißlungenen Putsch Hitlers und Ludendorffs ging der Souveränitätskampf zwischen Bayern und dem Reich weiter. Der Staatsgerichtshof zum Schutz der Republik erklärte sich für die Behandlung dieses Hochverrats für zuständig. Kahr jedoch erklärte, dies verletze die Lebensinteressen Bayerns, der Fall werde vor die bayrischen Volksgerichte kommen. Die Ursache dieses Kompetenzkonfliktes dürfte sein, daß bei den Volksgerichten der Ausschluß der Öffentlichkeit viel leichter möglich ist. Daher hat hier Kahr weniger Enthüllungen von seiten Ludendorffs und Hitlers zu fürchten. Außerdem stehen die bayrischen Volksgerichte restlos unter dem Einfluß Kahrs, was beim Staatsgerichtshof noch nicht zutrifft.

Beurteilt man das ganze Verhalten Bayerns, so kann es schwer anders als separatistisch genannt werden. Herr Kahr und seine Anhänger stehen der Bayrischen Volkspartei, also der bayrischen Abteilung des Zentrums nahe. Kahr ist zwar Protestant, aber stark katholisierender Observanz, genau so wie umgekehrt Hitler Katholik, aber mit stark antikatholischen Tenden-

zen ist. Die Pläne eines katholischen Alpenstaates, der Bayern, Tirol, Vorarlberg, Salzburg und Teile von Österreich umfassen soll, liegen Kahrs ganzem Unternehmen zugrunde. Aber selbstverständlich braucht man den Segen der Kurie hierzu. Daher stammt auch die intime Verbindung Kahrs mit dem Erzbischof Faulhaber; vom politischen Standpunkt aus ist es daher ganz berechtigt, daß die Nationalsozialisten nach der Niederschlagung ihres Putsches sich in den ärgsten Beschimpfungen gegen Faulhaber ergangen haben.
Aber dieser bayrische Separatismus war nicht etwa so bedingungslos, daß die bayrische Regierung sich unter allen Umständen vom Reich lösen wollte. Er war vielmehr wesentlich innerpolitisch bedingt. Solange das Reich das ist, was Bayern als marxistisch bezeichnet, will sich Bayern loslösen. Sowie aber das Reich etwa eine monarchistische Regierung hätte, würde Bayern selbstverständlich reichstreu werden. Die Treue Bayerns zum Reich gilt also nicht dem wirklich bestehenden Reich, der Republik, sondern dem Reich, das die bayrische Regierung sich wünscht.

Der bayrische Föderalismus

Das wesentliche Schlagwort in dem Kampf Bayerns ist der sogenannte Föderalismus. Die frühere Bismarcksche Reichsverfassung sei föderalistisch gewesen, und es gelte, diesen Zustand, der den Rechten Bayerns entspreche, wieder herzustellen. Zunächst ist überhaupt die Behauptung, das alte Reich sei föderalistisch gewesen, vollkommen falsch. Das alte Reich war prinzipiell zentralistisch. Sein großes Zentrum war Preußen. Da es aber nicht vollkommen gelang, Süddeutschland an Preußen anzugliedern, griff man zu dem Ausweg des Bundesstaates. Die tatsächliche Ausübung der Bayern vorbehaltenen Sonderrechte war so minimal, daß sie nur auf dem Papier bestehenblieben. Von Föderalismus war im alten Reich keine Rede. Zunächst sieht man dies daran, daß der große Führer der Föderalisten, Konstantin Frantz, in einem lebenslänglichen vergeblichen Kampf gegen Bismarck und sein Werk gestanden hat, ja sogar den deutschen Charakter dieses Reichs ausdrücklich bestritten hat. Rein praktisch sieht man es an dem Fall des Herzogs von Braunschweig. Er durfte bekanntlich die Regierung seines Herzogtums nicht antreten, weil er wegen seines Anspruchs auf Hannover mit dem Kaiser in Widerspruch geraten

war. Die Tatsache, daß die Reichsstädte Republiken waren, steht keineswegs im Widerspruch mit dieser Auffassung, daß das Reich nicht föderalistisch war. Ihre Verwandlung in Monarchien hätte man schon geduldet, aber nicht etwa die Errichtung von weiteren Republiken. Beweis dafür ist die schwankende Haltung des Reichs in der Frage Elsaß-Lothringen.
Wenn Elsaß-Lothringen eine den anderen Bundesstaaten gleichberechtigte staatsrechtliche Stellung im Rahmen des Reiches erhalten hätte, so hätte es bei dem Fehlen eines einheimischen Fürstenhauses und bei der Unbeliebtheit der Hohenzollern nur als Republik im Rahmen des Reichs existieren können. Man zog jedoch dieser föderalistischen Lösung die zentralistische Schaffung eines Reichslandes vor. Die Behauptung, das alte Reich sei föderalistisch gewesen, ist also grundfalsch.
Aber ebenso falsch ist die Behauptung, daß Bayern wirklich eine föderalistische Politik innerhalb des Reichs befürworte. Beweis dafür ist unter anderem die Tatsache, daß gerade von bayrischer Seite der Kampf gegen Sachsen am stärksten gefördert worden ist. Eine wirklich föderalistische Politik müßte natürlich das, was sie für ihren eigenen Staat fordert, also die Durchsetzung der angeblichen besonderen Eigenart des betreffenden Stammes, auch den anderen Staaten zubilligen. Man erkennt die Verlogenheit des Arguments sofort, wenn man sich vorstellt, daß etwa Sachsen oder Thüringen eine Räterepublik errichtet hätten. Die bayrische Regierung hätte dies natürlich niemals als Manifestation der sächsischen Stammeseigentümlichkeit anerkannt, wie sie das monarchistische Glaubensbekenntnis als Eigenheit des bayrischen Stammes in Anspruch nimmt. Das Schlagwort vom Föderalismus soll also nur dazu dienen, Bayern eine stärkere Stellung zu verschaffen.
Zu dem Kampf für den Föderalismus gehört auch der offizielle Kampf gegen den Zentralismus. Nun ist es interessant zu sehen, daß die bayrische Regierung selbst vollkommen zentralistisch eingestellt ist. Von München aus wird Bayern regiert, von einer Selbständigkeit der einzelnen Kreise ist gar keine Rede. Ja, als in dem neu angegliederten Koburg sich Bestrebungen zeigten, sich Thüringen anzuschließen, wurde dies von bayrischer offizieller Seite als Landesverrat bezeichnet. Genau so werden die schwachen Selbständigkeitsbestrebungen des im Grunde republikanischen Franken von Bayern mit den schärfsten Mitteln unterdrückt. Man sieht, daß der Föderalismus in Bayern nur ein Schlagwort, nur ein zur Außenpropaganda geeignetes Kampfprogramm darstellt. Dieses föderalistische Außenschild

wird auch zu gewagten Veranstaltungen, wie etwa Verhandlungen mit den rheinischen Separatisten, verwendet. In der sozialdemokratischen Presse sind Briefe von Heim und Bothmer veröffentlicht worden, aus denen hervorgeht, daß Verhandlungen mit den rheinischen Separatisten, das heißt mit Frankreich geführt wurden, welche eine föderative Umgestaltung des Reichs bezweckten. Der Gedanke einer angeblich vorübergehenden Trennung vom Reich, ausgehend von der Fiktion der Treue zum wirklichen Reich, das nur als Monarchie gedacht werden kann, ist also in Bayern durchaus lebendig. Ein großer Teil des Mittelstandes, der öffentlichen Meinung (das heißt der korrupten Presse) und der Verwaltungsapparat mag praktisch gesprochen reichsfeindlich gesinnt sein, wenn dies auch nie offen zugegeben wird. Die Arbeiterschaft in der Stadt aber und vor allem in Nordbayern ist einschließlich der Kommunisten unbedingt reichstreu.

Die Ursache dieser angeblich föderalistischen Haltung ist sehr einfach. Alle Regierungen pflegen bei starken inneren Konflikten die Macht der öffentlichen Meinung auf einen äußeren Konflikt zu lenken. Ja, unter Umständen sogar einen Krieg zu beginnen, um innere Konflikte zu dämpfen. Daher braucht die bayrische Regierung einen äußeren Feind, um die gewaltigen inneren Konflikte in der Öffentlichkeit zurücktreten zu lassen. Diese inneren Konflikte sind die natürlichen Folgen der Inflation und der dadurch herbeigeführten Verarmung weiter Schichten. An dieser Inflation ist die bayrische Regierung als solche genau so schuldig wie die Reichsregierung und die Regierungen anderer Länder. Denn sie hat es versäumt, auf dem verfassungsmäßigen Wege, zum Beispiel durch die Vertreter Bayerns im Reichstag und Reichswirtschaftsrat, dieser Entwertung durch die Schaffung neuer Steuern und die Beseitigung der Inflationsgewinne ein Ziel zu setzen. Aber es ist für die bayrische Regierung sehr bequem, die ganze Schuld an den nunmehr bestehenden Zuständen von sich abzulenken und nur auf Berlin, als den Geburtsort der Inflation, hinzuweisen. Als wenn etwa die bayrische Staatsbank nicht ebenfalls ungedeckte Noten gedruckt hätte. Indem die bayrische Regierung den inneren Konflikt nach außen projiziert, versucht sie, ihre eigene Stellung zu stärken. So ist dann der bayrische Separatismus nicht etwa wie der Separatismus in anderen Staaten national bedingt; einer rechtsstehenden Regierung, die die Inthronisation des früheren Kronprinzen auf ihrem Programm hätte, wäre Bayern ganz treu. Das Verhalten Bayerns zum Reich hängt also nur von dem Charakter der Reichsregierung ab. Durch die Bestellung des Herrn Emminger von der Bayrischen Volkspartei zum Reichsjustizminister ist der ganze Streit so eindeutig wie möglich für Bayern entschieden worden.

Lossows Rücktritt

Erst am 18. Februar 1924 traten Kahr und General v. Lossow zurück. Aus Gründen, die zwar nicht ganz verständlich waren, aber sicher mit ihrer Kompromittierung durch die, wenn auch nur vorübergehende Teilnahme am Hitler-Putsch zusammenhingen. Daß ein Mann, der auf die Anklagebank gehörte, gleichzeitig Vorgesetzter des anklagenden Staatsanwalts gewesen wäre, war doch sogar in Bayern unmöglich. Aber dieser Rücktritt vollzog sich unter Formen, die für das Reich demütigend waren. Man machte Bayern prinzipielle Konzessionen über die Verwendung der Reichswehr, über die Einsetzung und Absetzung des Landeskommandanten. Die spezifisch bayrische Eidesformel der Truppen wurde zwar abgeschafft, in einer neuen Formel die Verpflichtung der Truppen auch auf Bayern gleichzeitig wieder eingeführt. Von einer Anklage gegen den meuternden General hat man nichts gehört. Er wird seine Pension beziehen, genau wie seine Truppen auch während der Konfliktzeit vom Reich gelöhnt worden waren. Das Gesetz zum Schutze der Republik ist in Bayern noch immer aufgehoben. Und der Staatsgerichtshof ist machtlos, wie man am deutlichsten daran sieht, daß der Hochverratsprozeß gegen Hitler vor dem Münchner Volksgericht gehalten wurde.

9. Der Blücherbund und der Putsch des Colonel Richert

»Dieser Machhaus starb Euch sehr gelegen.«

Das Freikorps Oberland spaltete sich, als es von Oberschlesien zurückkam. Kahr versuchte nämlich, sich das Freikorps zu sichern, indem er ihm den Charakter einer Notpolizei verlieh. Dadurch stärkte er zwar die Macht des Freikorps, verpflichtete es aber auch auf seine Politik. Ein kleiner Teil des Freikorps war geneigt, auf den Vorschlag einzugehen, der andere sah mit Recht hierin eine Einschränkung seiner Selbständigkeit. Führer der Kahristischen Richtung war der Regierungsbaumeister Schäfer, der Führer der anderen, mehr nationalsozialistisch eingestellten Richtung, der Hauptmann Römer. Aus dieser Spaltung entstand der Blücher-Bund, ursprünglich (lucus a non lucendo) Treu-Oberland genannt, als eine Sonderorganisation der Kahristisch gesinnten Oberbündler.

Regierungsbaumeister Schäfer

Über die Kämpfe innerhalb des Freikorps orientiert am besten folgendes Rundschreiben (»Münchner Post«, 26. Mai 1923):
»Landesbund Blücher Oberbayern«, Isabellenstraße 47, 1.
Es werden hier einwandfrei erwiesene Anklagepunkte gegen Herrn Rudolf Schäfer (Schleißheim) zusammengestellt. Die Anschuldigungen lauten auf satzungswidrige Aneignung der Führung, ehrlose Handlungsweise, Verleumdung und Verrat an seinen Kameraden, Unsauberkeit in der Verwaltung von Bundesgeldern, verwerfliche Kreaturenwirtschaft.
Schon in Darmstadt, von wo Schäfer nach München übersiedelte, und namentlich in der Zeit nach dem Kapp-Putsch, verfügte Schäfer über sehr große Geldmittel – er fuhr unter anderem einen eigenen Personenkraftwagen –, ohne daß er auch nur in geringstem Maße sichtbare Leistungen aufzuweisen hatte. In Darmstadt wurde er von angesehenen und durchaus deutschgesinnten Persönlichkeiten wegen dunkler Geldmachenschaften

und Unwahrhaftigkeiten mit großem Mißtrauen betrachtet. Er selbst hat sich mehrfach einer erpresserischen Tat zur Erlangung von Geldmitteln gerühmt. Während der oberschlesischen Kämpfe, die naturgemäß auch einen Anziehungspunkt für Abenteurer und Hochstapler bildeten, trat Schäfer mit dem damals neuaufgestellten »Freikorps Oberland« in enge Beziehung. Nach Rückkehr von O. S. gehörte er der Leitung vom »Bund Oberland« an. Er hatte an der Geldwerbung für den Bund mitzuarbeiten. Sein Aufwand stand auch damals in gar keinem Verhältnis zu den beschränkten Mitteln, die für die nationale Sache bereitgestellt wurden. Bei Oberland geriet er in ein Ehrengerichtsverfahren wegen Verschleierung von Geldangelegenheiten. Während dieser ehrengerichtlichen Untersuchung trat er aus dem »Bunde Oberland« aus. Er schloß sich dem »Bunde Treuoberland« an. Schäfers gesamte Tätigkeit war darauf gerichtet, die unbeaufsichtigte Verfügung über die Geldmittel und die alleinige Führung in die Hand zu bekommen. Zu diesem Zweck schaltete er eigenhändig alsbald die gesamte Vorstandschaft von »Treuoberland« aus. Das geschah zu der Zeit, als größere (Millionen) Beträge aus unsichtbaren – nach Schäfers eigenen Aussagen französischen – Quellen in den Bund einströmten.

Nachdem Schäfer aus seiner Stellung bei der Zollbaugesellschaft in München entlassen worden war, war er bestrebt, sich den Geldbedarf für seinen großen Lebensaufwand aus der Organisation »Blücher« zu verschaffen. Er errichtete aus Mitteln der Organisation in Schleißheim eine sogenannte Geschäftsstelle und verfügte über die Geldmittel, ohne irgendwelche Aufsicht zuzulassen.

Ehrlose Handlungsweise: Um dem Bunde »Blücher« Ansehen zu verschaffen, gewann Schäfer die Hilfe des inzwischen nach München übersiedelten Heidelberger Privatdozenten Dr. Arnold Ruge. Durch dessen Beteiligung bekam der Bund das Gepräge einer streng völkischen Gemeinschaft. Schäfer verpflichtete sich durch Ehrenwort, keinerlei politische Verbindlichkeiten einzugehen, ohne sich vorher mit Dr. Ruge verständigt zu haben, der die politischen Richtlinien für den Bund entworfen hatte und dieselben in der Öffentlichkeit vertrat. Dies Ehrenwort hat Schäfer unbedenklich gebrochen, er tat im Gegenteil alles, um eingegangene Verbindungen zu verschleiern. Deswegen zur Rede gestellt, und wegen der dem Bunde aus solchen Verbindungen drohenden Gefahren gewarnt, hat Schäfer durch Verdächtigungen allerübelster Art beim Justizminister und der

Polizei versucht, Dr. Ruge ins Zuchthaus zu bringen, um ihn dadurch vom politischen Kampfplatz verschwinden zu lassen. In gleicher Weise ist Schäfer gegen Oberleutnant Hans Berger vorgegangen. Er hat es fertiggebracht, Berger für sieben Wochen in Untersuchungshaft zu bringen. Während Schäfer selbst mit französischen Politikern (Richert) in engster Verbindung stand und ganz offensichtlich ohne Wissen selbst seiner Geldgeber einen von Ehrgeiz diktierten Umsturz in München vorbereitete, ist er hingegangen und hat diejenigen denunziert, die ihn vor Abenteuern und schmutzigen Geldmachenschaften warnten.
Am 20. Februar fand eine Sitzung statt, an der Schäfer, Major a. D. Mayr und Kapitänleutnant Kautter teilnehmen sollten. Wie sich jetzt nachträglich herausstellte, war zu dieser Sitzung auch der französische Oberst Richert hinzugezogen worden. Schäfer beauftragte zu seiner Vertretung den jüngeren Bruder von Hans Berger, um auf diese Weise die Gebrüder Berger in Verdacht zu bringen, mit Richert Verbindungen zu pflegen. Auf geradezu teuflische Weise hat Schäfer den Verrat an seinen Kameraden betrieben. Er gab sich selbst durch Anzeigen bei der Polizei den Anschein, als habe er die bayrische Regierung vor einem Umsturz und den Bund Blücher vor dem Makel der Bestechung durch Frankreich bewahren wollen, arbeitete gleichzeitig selbst auf einen leichtsinnigen Versuch hin, Macht an sich zu reißen und sog sich voll an den Quellen fremder Gelder. Betrachtet man die Dinge, so wie sie tatsächlich lagen, so erscheint Schäfers Verhalten als politische Hochstaplerei sondergleichen und als niederträchtiger Racheakt, bei dem er in der Wahl der Mittel durch keinerlei Bedenken gehemmt wurde. Es muß zugleich die Frage mit allem Nachdruck gestellt werden: weshalb haben Schäfer, Kautter und Mayr, die drei Denunzianten, nicht den Franzosen Richert verhaften lassen, als er sich mit ihrem Wissen über eine Woche in München aufhielt? Unsauberkeit in der Verwaltung von Bundesgeldern: Im Dezember 1922 erhielt Schäfer größere Geldbeträge für »Treuoberland«. Dem damaligen Kassenwart von »Treuoberland« sind dieselben nicht übergeben worden. Schäfer nahm sie an sich. Seit Januar 1923 flossen Millionen durch die Hände Schäfers, die zum Aufbau des Bundes bestimmt waren. Von einem großen Teil der Gelder nahm Schäfer selbst an, daß sie vom feindlichen Auslande stammten. Um so notwendiger wäre es gewesen, bei der Verwendung des Geldes einen Ausschuß zu Rate zu ziehen. Statt dessen hat Schäfer ohne jede Rechen-

schaftsablegung das Geld selbst eingenommen und ausgegeben. Es steht fest, daß er für seinen persönlichen Lebensunterhalt über Gebühr verbrauchte, für seine Person sogar ein Luxusauto verlangte und eine Anzahl Leute unterhielt, die nur seiner Person dienten und ihm angeblich Sicherheit verschaffen sollten. Es steht ferner fest, daß für ganz törichte Dinge, Autofahrten und dergleichen, Millionen hinausgeworfen wurden und daß der Bund »Blücher« zur Zeit mehrere Millionen Schulden hat. Wegen Unterschlagung von Bundesgeldern ist bei der Staatsanwaltschaft Antrag auf Strafverfolgung gestellt worden. Am Tage nach der Verhaftung von Fuchs und Machhaus ließ Schäfer widerrechtlich ein bei zwei Damen hinterlegtes Depot von mehreren Millionen Mark abheben, das später von der Polizei beschlagnahmt wurde.

Unverantwortlichkeit in der Erteilung von Befehlen: Wegen Verleitung zum Diebstahl an Heeresgut durch Erteilung eines entsprechenden Befehles schwebt gegen Schäfer ein Verfahren. Schäfer hat Mobilmachungsbefehle herausgegeben und dadurch nicht nur Unruhe gestiftet, sondern eine Reihe gutgläubiger Kameraden in große Ausgaben gestürzt und zu verhängnisvollen Entschlüssen gebracht. Ein Geheimbefehl, in dem er den Vormarsch auf München anordnete, liegt jetzt bei der Staatsanwaltschaft. Um den Folgen desselben zu entgehen, hat Schäfer behauptet, derselbe sei von Hans Berger erteilt worden.

Verwerfliche Kreaturenwirtschaft: Zu seinen Vertrautesten gehört ein gewisser Aumüller, der wegen Vertrauensbruch schon aus »Oberland« herausgeflogen war, ein gewisser Bauer, der verdächtigt ist, in Verbindung mit Franzosen verbrecherische Anschläge zu organisieren und ein gewisser Hug, ein Ausländer, angeblich Schweizer, der durch gemeine Verleumdungen die ernsten und bewährten Mitarbeiter auseinanderzutreiben sich bemühte und vor kurzem wegen Ausstreuen ehrverletzender Gerüchte zu 100000 Mark Geldstrafe (60 Goldmark) verurteilt wurde. Neben diesen wurde in Schleißheim eine Anzahl unreifer Leute aus Bundesmitteln bezahlt.

»Nach diesen Feststellungen, die auf Grund sorgfältigster Prüfung eines umfangreichen Materials gemacht wurden, muß ausgesprochen werden, daß Schäfer in jeder Beziehung die Voraussetzungen fehlen, die einen Verbleib in irgendeiner auf deutschem Gewissen und deutscher Ehrenhaftigkeit aufgebauten Körperschaft denkbar erscheinen lassen. Schäfer wird deshalb hiermit aus der Kreisstelle München des Bundes ›Blücher

e. V.‹ ausgeschlossen, gleichzeitig wird festgesetzt, daß er niemals in den ›Landesbund Blücher Oberbayern‹ oder eine mit demselben verbündete Körperschaft aufgenommen werden darf. Der Kreisehrenrat der Kreisstelle München des Bundes ›Blücher e. V.‹
Der Bundesehrenrat des Landesbundes Oberbayern.«
Solche Vorgänge spielen sich in allen mit großen Geldern gespeisten Geheimorganisationen ab. Einige Drahtzieher, frei von allen Skrupeln, betrachten die ganze Bewegung als ein Geldgeschäft für sich. Trotz dieser Beschuldigungen vollzog Schäfer am 4. Februar 1923 die Fahnenweihe des Blücherbundes im Hofbräuhaus. Der Kommandeur der nationalsozialistischen Sturmabteilung Klintsch entbot den Bundesbrüdern einen Gruß: »Unsere Taten sind Blut und Eisen!« Es wurden heftige Reden gegen den bayrischen Innenminister Schweyer gehalten, und Zwischenrufe fielen wie »Aufhängen! An die Wand! An den Galgen! Die Gurgel abschneiden!« Ruge betonte, wie üblich: »Das Blut der Novemberlumpen muß fließen!«

Ein mißlungener Putsch

Der Blücherbund bildete den Rückhalt für den großen, für den März 1923 geplanten und von französischen Stellen finanzierten Putsch von Fuchs und Machhaus. Professor Georg Fuchs, der frühere Redakteur der »Münchner Neuesten Nachrichten«, der Rechtsrat Kühles, ein angesehener Münchner Beamter und glühender Wittelsbachanhänger, hatten zusammen mit dem Redakteur des Völkischen Beobachters Machhaus und dem Kohlenhändler Munk seit dem Juli 1922 daran gearbeitet, mit Hilfe der Geheimorganisationen eine »vaterländische Aktion« zu unternehmen, das heißt die bayrische Regierung zu stürzen, eine Diktatur der Freischaren auszurufen und sich mit französischer Hilfe vom Reich zu lösen. Um jeden Widerstand zu brechen, sollte eine Prätorianergarde (wörtlich!) aufgestellt werden. Bis zur beabsichtigten Rückkehr des Königs sollte ein Regentschaftsrat, bestehend aus persönlichen Bekannten der Verschwörer und Vertretern der Freikorps, das Land verwalten. Bei der Reaktion beliebte Männer wie Kahr, Poehner und der General Epp, der Eroberer Münchens nach der Räterepublik, sollten gezwungen werden mitzumachen, oppositionelle Elemente durch Mord erledigt werden. Proskriptionslisten sollten jeden Widerstand unmöglich machen. Begründet wurden

die Vorbereitungen mit dem üblichen Argument: Der Norden des Reiches ist bolschewistisch verseucht. Es ist nur eine Frage von Tagen, wann der Bolschewismus »ausbricht«. Bayern als Ordnungsstaat hat die Pflicht, sich dagegenzustemmen.
In der letzten Besprechung am 26. Februar, bei der Fuchs, Machhaus und die als Zeugen im Prozeß vernommenen Kautter und Schäfer anwesend waren, wurde beschlossen, in diesem Zeichen den Landeskommandanten Möhl »umzulegen«, Herrn von Soden, einen früheren Minister unter dem Königreich, aufzuhängen und den Bauernführer Heim in die Donau zu werfen.
Die Aktion wurde immer wieder verschoben und sollte zuletzt am 1. März stattfinden. Am 28. Februar wurden Fuchs, Munk und Machhaus auf Grund der Denunziation der Leute, die sie für ihre Mitverschworenen halten mußten, verhaftet. Kühles beging nach mehreren Vernehmungen und Haussuchungen am 6. März Selbstmord. Machhaus erhängte sich am 4. Mai in der Untersuchungshaft in seiner Zelle. Er war der bewußte und entschlossene Führer, in dessen Händen alles zusammenlief. Er hatte das Geld beschafft, die Verbindungen zu den einflußreichen Leuten des ancien régime vermittelt. Und er hat vermutlich manche Dinge gewußt, deren Veröffentlichung diesen Kreisen sehr peinlich gewesen wäre. Daher denn auch das in höheren Beamtenkreisen Bayerns verbreitete Gerücht, man habe ihn um die Ecke gebracht. Fuchs und der jüdische Kohlenhändler Munk, zwei innerlich widerspruchsvolle Gestalten, waren sozusagen nur die ausführenden Organe. Kühles endlich war im wesentlichen bayrischer Lokalpatriot.
Der Prozeß gegen Fuchs und Munk vor dem Münchener Volksgericht dauerte vom 4. Juni bis zum 9. Juli 1923. Seine besondere Bedeutung erfuhr der Prozeß dadurch, daß die Herkunft der Gelder, welche der beabsichtigten Aktion dienen sollten, ganz einwandfrei festgestellt wurde. Sie stammten von französischer Seite und waren durch den Colonel Augustin Xavier Richert, früheren Generalstabsoffizier und angeblichen Kohlenkommissär im Saargebiet, vermittelt worden. Es handelt sich um folgende, durch eine Reihe von Augenzeugen, durch Briefe und Telegramme nachgewiesene Beträge:

Ende Juli 1922:	1,2 Millionen Mark =	20 000 Goldmark
20. Okt. 1922:	1,2 Millionen Mark =	4 000 Goldmark
12. Januar 1923:	3 Millionen Mark =	2 000 Goldmark
18. Januar 1923:	10 Millionen Mark =	3 000 Goldmark
27. Januar 1923:	1000 Dollar =	13 500[49] Goldmark

3. Februar 1923:	15 Millionen Mark =	6000	Goldmark
10. Februar 1923:	1 Million Mark =	400	Goldmark
20. Februar 1923:	8200 Franz. Francs =	44000[49]	Goldmark
	Summe ...	92900	Goldmark

Es erscheint unwahrscheinlich, daß eine solche Summe von privaten Stellen zur Verfügung gestellt worden ist.

Agentsprovocateurs

Eine eigentümliche für die bayrische politische Lage bezeichnende Rolle haben die im Prozeß vernommenen Zeugen gespielt. Nach ihren Angaben haben sie von der beabsichtigten Aktion erfahren und sich an die Angeklagten herangemacht, um sie auszuhorchen und um die Aktion zu verhindern. Sie sind dabei nicht ganz selbstlos vorgegangen: die 93000 Goldmark des Herrn Richert sind fast restlos den Zeugen und den hinter ihnen stehenden Organisationen zugute gekommen.
Fuchs, Machhaus und Kühles haben das Geld an die Organisationen gegeben und sich um die Einzelheiten der Durchführung der beabsichtigten Mobilisation nicht gekümmert. Fuchs und Machhaus waren großzügig. Auch Abrechnung über die Gelder erfolgte nicht. Demnach scheint es nicht abwegig, die Zeugen mindestens als Agentsprovocateurs zu betrachten. Da ist zunächst Herr Major a. D. Mayr, früherer Generalstabsoffizier, Mitarbeiter des »Völkischen Beobachters«, von Fuchs als der kommende Generalissimus gedacht. Er hat 2½ Millionen Mark (1700 Goldmark) bekommen und versprochen, Aufrufe, Verordnungen und Rundschreiben der neuen Regierung im Kriegsministerium drucken zu lassen. Der Leutnant a. D. und stud. jur. Friedrich Friedmann, Geschäftsführer des bayrischen Ordnungsblocks, hat für die hinter ihm stehenden, angeblich in Unterfranken befindlichen, bewaffneten Organisationen 13 Millionen Mark (6500 Goldmark) bekommen. Der Kapitänleutnant Kautter, Pressechef des Wikingbundes, früherer Führer in der Brigade Ehrhardt, hat 55 Millionen Mark und 500 tschechische Kronen (40000 Goldmark)[50] bekommen. Er versprach Machhaus 2000 bewaffnete Mann zu stellen. Kautter

---

[49] Über Lebenshaltungsindex berechnet. Es wird hierbei über den Valutastand die Papiersumme und über den Lebenshaltungsindex die Goldmarksumme berechnet.
[50] Kursstand und Lebenshaltungsindex vom Ende Januar 1923.

rühmte sich auch, daß ein Teil der Nationalsozialisten zu seinem Verband gehöre. Regierungsbaumeister a. D. Schäfer vom Blücherbund hat 35 Millionen Mark (28500 Goldmark) bekommen, dafür, daß er elf angeblich hinter ihm stehende Organisationen mobilisierte. Der Mitangeklagte Berger, ebenfalls vom Bund Blücher, hat 4 Millionen Mark (160 Goldmark) bekommen.

Mayr, Kautter, Friedmann, Schäfer und Berger sind Leute ohne Beruf. Ihre ganze Tätigkeit besteht in der Arbeit für ihre Organisationen, das heißt im Konspirieren, Intrigieren, Geheimbefehle erlassen, Verbände spalten, Spitzel entdecken, Aktionen vorbereiten. Die Zeugen haben nicht das mindeste Hehl daraus gemacht, das Geld bekommen zu haben. So sagt Kautter wörtlich auf die Frage des Vorsitzenden: »Ich habe nichts für mich verwendet, die Gelder sind für nationale Zwecke, das heißt für die Organisationen, verwendet worden.« Was für tiefsinnige Dinge darunter zu verstehen sind, ersieht man daraus, daß Machhaus die Kosten der Fahnenweihe des Blücherbundes mit dem französischen Geld bestritten hat und mit Richert zusammen kostspielige Autotouren machte.

Das Gericht hat diese Zeugen vereidigt, und der Staatsanwalt sagte wörtlich, man müsse dies tun, selbst wenn sie Agentsprovocateurs seien. Eine große Frage tritt auf: *Was ist aus den vielen Geldern geworden?* Aber das Gericht hat sich für diese zentrale Frage gar nicht interessiert. Ja, es hat sich sogar gefallen lassen, daß ein Zeuge erklärte: »Ich kann hierüber im Interesse der Landesverteidigung nichts aussagen.« Die Geheimbünde gehören demnach zur offiziellen Landesverteidigung. Die Existenz der bewaffneten Geheimbünde gibt den phantastischen Plänen des Fuchs erst eine materielle Grundlage. Der Zeuge Berger durfte sagen: »Auf Befehl von Schäfer haben wir unsere Kompagnie aufgefüllt, uns für den 28. Februar bereit gehalten und bestimmte Meldestellen angegeben.« Das hat das Gericht ohne weiteres hingenommen und sich nicht weiter dafür interessiert.

Ein zweites Beispiel: Als der Verteidiger aus dem Zeugen Kautter einiges über die Organisation C herausbekommen wollte, lehnte das Gericht diese Frage als unerheblich ab. Dies ist nicht Zufall. Das Gericht beschloß vielmehr ausdrücklich: »Die Fragen, welchen Organisationen, mit welchen Zwecken und mit welchen Kräften dienten die an der Aufdeckung beteiligten Personen und wie sind die von Kautter, Schäfer und Genossen durch Fuchs bezogenen französischen Gelder verwendet wor-

den, werden abgelehnt.« Und als Ruge von Waffentransporten sprach, unterbrach ihn der Vorsitzende mit den bezeichnenden Worten: »Ich bitte, dies im vaterländischen Interesse nicht zu berühren.« Gerade dies zu untersuchen und dagegen einzuschreiten, wäre aber die Hauptaufgabe des Gerichts gewesen. Auf den naheliegenden Gedanken, das Geld zu beschlagnahmen, ist das Gericht natürlich auch nicht gekommen. Die Ursache ist einfach: Durch die Untersuchung wäre das Gericht gezwungen gewesen, auf die Geheimbünde in aller Öffentlichkeit einzugehen. Die Geheimbünde sind aber mindestens offiziöse Träger der heutigen bayrischen Politik.
Fuchs und Munk haben von den vielen Geldern nichts für sich verwendet. Sie haben alles den vaterländischen Verbänden zugeführt. Man könnte also sagen, daß diejenigen, die nichts bekommen haben, angeklagt, diejenigen, die alles bekommen haben, nicht angeklagt wurden.

Dr. Arnold Ruge

Einige Worte zur Charakterisierung des Blücherbundes: Berger, der im Vorstand des Bundes sitzt, ist der Typus eines zu allem bereiten, rücksichtslosen Menschen, der durchaus eine Rolle spielen will. Von ihm stammt der schöne Ausdruck: »Einen eigenen Laden aufmachen.« Das geistige Oberhaupt dieses Bundes ist der frühere Privatdozent Dr. Arnold Ruge, der Großneffe jenes Ruge, der einst Mitarbeiter von Karl Marx war; Ruge, wissenschaftlich eine Null, machte sich durch untergeordnete bibliothekarische Dienste bei den Professoren beliebt und konnte dadurch sich habilitieren. Doch hat er nichts Wissenschaftliches publiziert. Schon früh machte er sich durch Rechthaberei und Antisemitismus Feinde und führte darüber wütende Kämpfe gegen die Professoren. Sein Verhalten grenzte damals schon an Verfolgungswahnsinn. Es wurde ihm die venia legendi entzogen. Während des Krieges gebärdete sich Ruge übernationalistisch, kaum aber bekam er die Einberufungsorder, so bestürmte er alle möglichen Behörden, um an die Dienste zu erinnern, die er durch seine vaterländische Aufklärungsarbeit geleistet hatte. Er erreichte, was er wollte, und bald begeisterte er im Dienste der vaterländischen Aufklärungsarbeit die andern für den Heldentod. Er stellte es gern so hin, als wenn er ein reiner Idealist sei, was ihn aber nach dem Krieg nicht hinderte, Bettelbriefe nach Frankreich zu schicken, in denen er sagte, er habe alles für die Freiheit der Wissenschaft getan und müsse um dessentwillen nun leiden. Genau so hatte er früher als Antisemit versucht, an der »Frankfurter Zeitung« mitzuarbeiten. Seine politische Laufbahn begann er im Bund »Oberland«. Wegen seiner Tätigkeit in Oberschlesien wurde Ruge von der Staatsanwaltschaft wegen Hochverrats, unerlaubten Waffenbesitzes, Teilnahme an Geheimverbindungen und Urkundenfälschung gesucht. Ein Steckbrief wurde aber nicht erlassen. Es gelang, Ruge zu verhaften, er wurde jedoch wegen »mangelnden Fluchtverdachts« vom Amtsgericht Breslau wieder entlassen. Nach Auskunft des Justizministeriums hatte es das Amtsgericht unterlassen, sich vor der Freilassung mit der Staatsanwaltschaft oder dem Polizeipräsidium, die im Besitz belastenden Materials gegen Ruge waren, in Verbindung zu setzen.

Welche Bedeutung Ruge sich selbst zuschreibt, sieht man am besten an der folgenden Legitimation, die er einem Agenten des Freikorps Oberland ausstellte:

»Inhaber dieses Papieres (folgt Name und Stand) ist in unserer Spionage- und Überwachungsabteilung mit den Aufgaben betraut, die unbedingte Zuverlässigkeit, absolute Gesinnungstreue, völlige Verschwiegenheit und verwegenes Zugreifen erforderlich machen. Es wird gebeten, ihm rückhaltloses Vertrauen und jede Auskunft in vaterländischen Fragen zu erteilen. Auch ist der Inhaber berechtigt, Geld von Stellen in Empfang zu nehmen, die Wert darauf legen, verborgen zu bleiben und unerkannt den nationalen Aufstieg und die Reinigung unserer Stellen zu fördern. Wegen der Gültigkeit dieses Ausweises kann telegraphische Anfrage gestellt werden an die Unterschrift Nr. 2.

Der Ausweis ist befristet, die jeweilige Frist ist handschriftlich darauf bemerkt und trägt den beigedrückten Erkennungsstempel Nr. 2.

Geh. Chef der Abt.   Dr. Arnold Ruge,
Heidelberg, Werderstraße 74.«
Berger.

Dr. Ruge und dieser Berger sind übrigens identisch.

»Jeder Nationalgesinnte«, so predigte er, »muß sich einen Juden aufs Korn nehmen« und bald, so glaubt er, kommt die Stunde, wo jeder seinen Mann zur Erledigung zugeteilt bekommt. Selbst Realschülern predigte er, daß nur durch politische Morde in Deutschland wieder Ruhe und Ordnung geschaffen werden könne.

Er will eine altgermanische Blutsbrüderschaft gründen, um seine ehrgeizigen Mordpläne auszuführen. Eine Tscheka soll das Mittel hierzu sein. Die Blutsbrüderschaft endete vor dem Gericht, indem jeder der Brüder den andern den größten Lumpen, Schuft und Schweinehund nannte. Sogar mit den Geheimverbänden war Ruge unzufrieden. Zuerst glaubte er, daß die Juden ihn verraten hätten, dann aber sah er als Verräter »jene Dunkelmänner in den vaterländischen Organisationen an, die zum Teufel und zum Mammon hinabrücken«. Aus dem Blücherbund heraus sollte ein Geheimbund gegründet werden, geleitet von einem politischen Kopf – damit meinte er sich selbst –, unter ihm müsse ein Führer einer Abteilung sein und 6 bis 8 handkräftige Leute, die die Befehle des Führers ausführen. Dieser Geheimbund muß es unter Umständen auf sich nehmen, auch die Führer des Blücherbundes »umzulegen«. Als Unterführer dachte sich Ruge zuerst den unglücklichen Bauer, später seinen Mörder Zwengauer. Vor allem wollte er Heim »erledigen«. Die Täter hierzu waren schon bestimmt. Ruge ist großdeutsch, antisozial und Monarchist. Heim gilt als bayrischer Lokalpatriot, als sozial gesinnt und nicht unbedingter Monarchist. Der Mordplan klingt an sich seltsam, denn gerade Heim selbst werden Separationsabsichten vorgeworfen. Aber man muß bedenken, daß unter den Partikularisten und den Geheimbünden heftige Kämpfe geführt werden, zum Teil aus finanziellen Gründen. Zeugen beschworen, daß Ruge das »Umlegen« (Fachausdruck für ermorden) serienweis besorgen wollte. Ausdrücke wie »umlegen« und »erledigen« fielen bei seiner Vernehmung und bei der Vernehmung der Zeugen über ihn alle paar Minuten.

Aus solchen Motiven heraus bejahte Ruge den kommenden Putsch. Durch den Oberamtmann Frick, den Leiter der politischen Polizei, wurde Ruge mit Fuchs bekannt. In diesem eigentümlichen Verfahren der politischen Polizei hat das Gericht nichts Auffälliges gesehen. Ruge ist sozusagen das enfant terrible des Prozesses. Aus seiner Sympathie für die Separationsbewegung macht er kein Hehl. Er hält Fuchs für einen großen politischen Kopf. Fuchs hatte ihn für das Presseamt bestimmt. Man sieht, in welch zivilisierter Gesellschaft sich Herr Richert befindet.

Richert

Die interessanteste Figur ist leider beim Prozeß nicht erschienen: Herr Richert, der französische Unterhändler. Es ist ein bekanntes französisches Argument, daß Deutschland nicht entwaffnet sei, daß Frankreich daher auf seiner Hut sein muß und daß die Besetzung des Ruhrgebietes nicht nur als Pfand für die Reparationen, sondern als Sicherung für einen eventuellen deutschen Überfall dienen muß. Hier sieht man nun, wie französische Stellen den bewaffneten Geheimbünden Geld geben, also selbst die Dinge provozieren, die sie Deutschland am meisten vorwerfen. Oberst Richert, Generalstabsoffizier, eine einflußreiche Persönlichkeit im Saargebiet, Kandidat für den Posten des französischen Gesandten in Bayern, verspricht den Geheimbünden sogar militärische Hilfe, falls sie sich vom Reich trennen.

Der nationalsozialistischen, großdeutschen, nicht unbedingt monarchistischen Bewegung steht Richert ablehnend gegenüber. Seine Liebe konzentriert sich auf die monarchistischen und partikularistischen Kreise der Einwohnerwehren. Als das Reich auf Frankreichs Drohungen hin die Einwohnerwehren verbot, hat Richert durch Zwischenpersonen Herrn von Kahr, den damaligen Ministerpräsidenten, zum Widerstand gegen das Reich ermutigt. Falls die Ruhrarbeiter die Kohlenbelieferung Bayerns boykottieren würden, so würde Frankreich Kohlen schicken. Er hetzte also Bayern dazu auf, gerade das zu tun, was Vorwand zu einer Aktion Frankreichs gegen Deutschland werden könnte. In vielen Besprechungen wurden alle Einzelheiten des geplanten Putsches zwischen Fuchs und Richert ausgemacht. Zweimal reiste Fuchs zu diesem Zweck nach Paris, um mit Richert und Loucheur zu verhandeln. Die letzte Unterredung fand noch am 20. Februar 1923 in der Wohnung des Machhaus in München statt.

Außer mit Richert hatte Machhaus in Mainz Unterredungen mit dem Oberst Dubac und in Frankreich mit dem Hauptmann de Pommerède. Richert wollte ursprünglich an der Aktion selbst teilnehmen. Zu diesem Zweck wurde er unter dem Namen »Kreuzer« Mitglied des Blücherbundes. Bei der letzten Unterredung war er sehr erstaunt, daß die Aktion noch nicht begonnen hatte. Er erwartete von dem bayrischen Abfall eine Stärkung der französischen Position an der Ruhr. Um die Aktion zu beschleunigen, versprach er den Verschwörern sogar militärische Ausrüstung, Flugzeuge, Tanks und Maschinengewehre. Die Ruhrarmee habe Weisung, Bayern wohlwollend zu unterstützen. Dabei muß man wissen, daß die verbrecherischen Sabotageakte im Ruhrgebiet vielfach gerade von den Angehörigen der bayrischen Geheimorganisationen oder ihnen nahestehenden Kreisen begangen wurden. Frankreich finanziert die Sabotageakte an der Ruhr. Welche groteske Tatsache!

Die offizielle französische Politik hat natürlich die Haltung Richerts desavouiert, wie dies immer geschieht, wenn eine vertrauliche Mission mißlingt. Aber vom militärischen Standpunkt aus gesehen ist diese Haltung gar nicht so unschlau. Die französischen Militärs wissen ganz genau, daß das Ende des deutschen Militarismus auch ihr eigenes bedeuten würde. Um sich selbst eine Existenzberechtigung zu schaffen, versuchen sie, ihn neu zu beleben. Genau so hat seinerzeit Krupp ausländische antideutsche Blätter finanziell unterstützt, denn ihre Hetze gegen Deutschland war Ursache zu weiteren Rüstungen, also zu neuen Geschäften.

Eigentümlich ist das Verhalten der Münchner Polizei gegenüber Richert. Die Zeugen Mayr und Kautter teilten dem Ministerium des Innern und der Polizeidirektion mit, daß Richert am 20. Februar abends zu einer Besprechung zu Machhaus komme. Nach verschiedenem Hin und Her erklärte der Polizeidirektor Nortz, er wolle Richert aus »innerpolitischen Gründen« noch nicht verhaften. Da Nortz nicht als Zeuge vernommen wurde, wissen wir nicht, was hinter diesem Zögern steht. Fuchs hat folgende Angaben über seine Beziehungen zum früheren Kronprinzen Rupprecht v. Wittelsbach gemacht, die vielleicht zur Aufklärung dienen können: Rupprecht habe ihn, Fuchs, gebeten, ob er nicht einen französischen Unterhändler sprechen könnte. Darauf habe Richert in Millerands persönlichem Auftrag mit Rupprecht verhandeln wollen. Rupprecht habe jedoch nicht gewagt, Richert zu empfangen und habe ihn zu seinem Vertrauensmann, dem Freiherrn von Kramer-Clett verwiesen, sich aber dann wegen seiner Abweisung entschuldigt.

Vielleicht bestanden die »innerpolitischen Gründe« in der Furcht vor der Aufdeckung dieses intimen Zusammenhanges. Aber hierauf und überhaupt auf die ganzen politischen Zusammenhänge ist das Gericht mit keinem Wort eingegangen.

Die politischen Zusammenhänge

Putschgerüchte sind in Bayern alltäglich. Durch die Einsetzung der Volksgerichte und die Sabotage der Reichsgesetze hat die bayrische Regierung ganz offiziell eine separatistische Richtung eingeschlagen. Die von Fuchs geplante Aktion steht also keineswegs ohne Zusammenhang mit den allgemeinen Bestrebungen in Bayern da. In der Aufdeckung dieser Zusammenhänge und in der Untersuchung der von Fuchs behaupteten Beziehungen hätte das Gericht seine Hauptaufgabe erblicken müssen. Auch Herr Poehner, Münchner Polizeipräsident nach der Räterepublik, hatte schon 1921 mit Richert einen »rein akademischen« Meinungsaustausch wegen der Einwohnerwehr.
Fuchs hielt eingehende Besprechungen mit Poehner, dem Reichswehrgeneral Möhl, seinem Nachfolger Lossow, einer Reihe anderer Stellen der Reichswehr und auch mit dem Amtmann Frick, dem Chef der politischen Polizei. Fuchs wagte sogar, sich Frick gegenüber zu beklagen, daß die Polizei einen seiner Waffentransporte beschlagnahmt und ihn so gezwungen habe, den Putsch zu verschieben. Er behauptete auch, daß Poehner seine Verbindung mit Richert, mit Ausnahme der finanziellen Beziehungen, gekannt habe.
Auch der von ihm vertretene Standpunkt, wonach Bayern den Bolschewismus bekämpfen muß und sich hierzu vom Reich lösen soll, ist keineswegs ihm eigen. Er ist in Bayern weit verbreitet. Hitler spricht jeden Tag vom Losschlagen gegen die preußische Sauwirtschaft und das vom Börsenkapital beherrschte Reich. Das Börsenkapital ist ihm identisch mit dem Bolschewismus, denn beides sind jüdische Erfindungen. Aus Separationsplänen wird zur Zeit in Bayern kein Hehl gemacht. In engen und weiten Zirkeln, vor allem aber in den Geheimbünden, werden sie jeden Tag erwähnt, obwohl sie von der überwältigenden Mehrheit der Bevölkerung, vor allem den Arbeitern, strikt abgelehnt werden und daher in der Luft schweben. Die Putschgerüchte verdichteten sich im Januar bei der Gelegenheit des nationalsozialistischen Parteitages, so daß die bayrische Regierung wieder zum Alleinheilmittel der Verhängung des Ausnahmezustandes griff. Wenn man dies alles beachtet, ist die Angabe des Fuchs, daß er selbst immer wieder von den von ihm unterstützten Organisationen, das heißt von den Leuten, die ihn verraten haben, zur Tat gedrängt wurde, gar nicht so unglaubwürdig.

Die Lehren dieses Prozesses sind kurz zusammengefaßt folgende:
1. Es gibt in Bayern bewaffnete Verbände. Dies ist natürlich an sich nichts Neues, sondern war längst vorher bekannt. Aber es spielt manchmal in der Politik eine wesentliche Rolle, nicht daß gewisse Behauptungen wahr sind, sondern wer sie aufgestellt hat und wer sie bewiesen hat. Hier wird nun die Existenz der bewaffneten Verbände gerichtsnotorisch. Das Gericht nimmt hieran keinen Anstoß, obwohl sie den deutschen Gesetzen zuwiderlaufen. Auch hat sich das Gericht gar nicht dafür interessiert, was sie mit dem vielen Geld angefangen haben, das Frankreich ihnen bereitwillig spendete.
2. Es gibt französische Stellen, die deutsche Geheimorganisationen gerade zu den Handlungen auffordern und sie dafür bezahlen, die Frankreich mit Recht Deutschland vorwirft.
3. Das Gericht hat versucht, den Pelz zu waschen, ohne ihn naß zu machen. Mit keinem Wort ist man auf die tiefen politischen Zusammenhänge, auf die Begründung dieser Separationsgelüste und auf die Beziehungen, die Fuchs zu Poehner, zu Rupprecht und General Epp hatte, eingegangen. Und der große Konflikt zwischen den zu Frankreich neigenden Wittelsbacheranhängern und den dem Vatikan ergebenen ist in der Öffentlichkeit gar nicht in Erscheinung getreten.
4. Diese von hohen Stellen begünstigten Separationsgelüste sind, so wenig sie auch im bayrischen Volksbewußtsein fundiert sind, durch diesen Prozeß nicht aus der Welt geschafft. Es handelt sich hier nicht um eine große Reinigung, die diesen ganzen Spuk beseitigt. Vielmehr ist ein unbedeutender Kopf unschädlich gemacht. Man hat sich seiner entledigt, ihn als Opferlamm geschlachtet, damit die heute in Bayern Herrschenden ihre Reichstreue beweisen. Genau wie im Fall des Freiherrn von Leoprechting. Aber mit keinem Satz ist damit ihre wirkliche Reichstreue bewiesen oder gezeigt, daß sie nicht selbst unter besonderen Umständen denselben Weg zu gehen geneigt sind. Fuchs wurde zu 12 Jahren Zuchthaus, Munk zu 1 Jahr 3 Monate Zuchthaus verurteilt. Berger wurde freigesprochen.

Der Fuchs-Machhaus-Prozeß im französischen Parlament

Der Fuchs-Machhaus-Prozeß führte zu einer Interpellation der Französischen Liga für Menschenrechte im Parlament. Darauf antwortete Poincaré: (»Berliner Tageblatt«, 3. Oktober 1923.)

»Ich habe die Ehre, Ihnen mitzuteilen, daß mit Ausnahme des Herrn Richert keiner der im Prozeß Fuchs-Machhaus genannten französischen Offiziere mit den verurteilten Personen in Beziehung gestanden hat. Ich bestätige nochmals, daß der Colonel Richert keinen Auftrag von der französischen Regierung erhalten hat. Wenn die Führer der Münchner Verschwörung den Colonel Richert darum ersucht hätten, alle seine Vollmachten vorzulegen, dann hätten sie sich über den privaten Charakter der Unternehmung dieses Herrn nicht täuschen können. Die französische Regierung hat von den Beschuldigungen gegen den Colonel Richert erst durch die Mitteilungen der Presse und den Bericht des französischen Vertreters in München Kunde erhalten. Sie hat eine Untersuchung eingeleitet und festgestellt, daß der Colonel tatsächlich mit bayrischen Nationalisten in Verbindung getreten ist. Infolge dieser Feststellung ist er aus Saarbrücken abberufen und nach einer Garnison im Innern versetzt worden.« Diese Erklärung klingt nicht sehr überzeugend. Zunächst weiß Poincaré wie jeder andere, daß schriftliche Vollmachten einer Regierung zu diskreten Missionen den Agenten nicht übergeben werden. Ein Offizier, der eine Aufgabe dieser Art übernimmt, handelt stets auf seine eigene Gefahr und muß die Verantwortung selber übernehmen, wenn der Plan mißlingt. In diesem Fall wird er selbstverständlich preisgegeben. Aber Richert hatte einen Beweis für seine offiziöse Mission, der viel deutlicher als jedes geschriebene Dokument ist: er verteilte aus vollen Händen Geldmittel, die unzweifelhaft nicht aus den Taschen eines einfachen Offiziers kamen. Über die Herkunft des Geldes scheint die Untersuchung keine Klarheit erbracht zu haben, sonst hätte der Ministerpräsident nicht darüber geschwiegen. In jedem Fall ist es auffällig, daß ein Offizier, der ohne Wissen und gegen den Willen seiner Regierung sich in hochverräterische Umtriebe eines Landes einmischt, nur mit der Versetzung in eine andere Garnison bestraft wird. Die Erklärung Poincarés ist als Ganzes genommen ein vollkommenes Zugeständnis der Tatsache, daß französische Militärs deutsche Geheimbünde finanzierten.

Die Ermordung des Studenten Bauer

In intimem Zusammenhang mit diesem Putsch steht der Fall Bauer. Schon der mißglückte Attentatsversuch auf Scheidemann (vergl. Kapitel 2) hatte nicht dazu beigetragen, Bauer in

den nationalen Kreisen einen höheren Kredit zu verschaffen. Er machte sich aber gern wichtig und neigte zu Genußsucht und Aufschneiderei.
Am 20. Januar trat er in den Bund Blücher ein. Er fuhr mit mehreren anderen Mitgliedern, unter denen ein gewisser Zwengauer war, der später sein Mörder werden sollte, nach Regensburg, um die dortigen Nationalsozialisten für den Blücherbund und die von Frankreich finanzierte Aktion zu gewinnen. Aber während die andern sich nun wirklich ihrer Aufgabe widmeten, zog Bauer es vor, das ihm zur Verfügung gestellte Geld in einem Bordell auszugeben. Schon das gefiel seinen Brüdern sehr wenig. Bei Ruge wurde Bauer Privatsekretär, aber schon bald stellte sich heraus, daß er unzuverlässig war, und Ruge äußerte auch, Bauer müsse »umgelegt« werden. Bauer verlangte von Ruge immer wieder Geld. Auch von den Gebrüdern Berger hat Bauer verschiedene Male Geld verlangt. Am 17. Februar drohte er ihnen offen mit Verrat ihrer Vorbereitungen. Ruge kann sich nicht anders helfen, als daß er Bauers Anwesenheit in München der Polizei mitteilt. Am 18. Februar halten die beiden Berger, Ruge und Zwengauer eine Versammlung, eine Art Kriegsgericht, ab. Bauer wird am nächsten Tag abgeholt, zunächst in das Geschäftszimmer des Blücherbundes mitgenommen, dort wird ihm gesagt, man brauche ihn zu einer geheimen nationalen Aktion im Norden, einem gefährlichen Unternehmen. Ein Automobil soll sie nach Norddeutschland bringen; niemand soll Ausweispapiere mitnehmen. Zwengauer führt Bauer an die Isar, schießt ihm eine Kugel in den Kopf und wirft den Bewußtlosen in den Fluß. Der Getötete gehörte demselben Geheimbund an wie der Mörder. Beide waren bereit, den von Frankreich finanzierten Putsch mitzumachen. Tiefe Differenzen bestanden zwischen beiden nicht, aber Ruge und die Gebrüder Berger hatten Angst vor Bauer. Schon in der Attentatsgeschichte hatte sich herausgestellt, daß Bauer nicht schweigen kann. Er hatte von den Bundesgeldern gelebt (das hatten alle), aber er hatte nichts getan. Er hatte renommiert und es bestand die Gefahr, daß er auch verraten würde. Seine Ermordung erfolgte in der Zeit, wo man den nationalen Putsch jeden Tag erwartete, wo alle Mitglieder der Geheimbünde glaubten, bereits morgen als Minister aufzuwachen. Da man morgen bereits die Macht besaß, so war es ein Kleines, unangenehme Mitglieder heute zu beseitigen. Aber die Geschichte ist anders gekommen. Ruge, Berger und Zwengauer zierten die Anklagebank. Zwengauer behauptet, in Notwehr gehandelt zu

haben. Das Gericht verurteilt ihn zum Tode. Johann Berger wird wegen Begünstigung zu sechs Monaten Gefängnis verurteilt, Ernst Berger wird freigesprochen, Ruge aber wird wegen Aufforderung zum Mord zu einem Jahr Gefängnis verurteilt.
Wenn auch durch den Prozeß und durch die Verurteilung ein klares Licht auf die Tätigkeit der bayrischen Geheimbünde geworfen ist, so sind diese unheilvollen Verbände dadurch nicht beseitigt. Gerade die milde Behandlung, welche Ruge vor Gericht erfahren hat, dürfte die intellektuellen Urheber dieser Taten vor weiteren Handlungen nicht zurückhalten. Zwengauer wurde später zu lebenslänglichem Zuchthaus begnadigt.
Auch die Ermordung Bauers war noch nicht der letzte Mord innerhalb der an Morden und Mordplänen so reichen Atmosphäre des Blücherbundes. Am 15. August 1923 wurde der Ortsführer des Blücherbundes in Füssen erschossen aufgefunden. Eine Aufklärung dieses natürlich politisch bedingten Mordes ist bisher nicht gelungen.

Blücherbund und Reichswehr

Über die von den verschiedenen Geheimbünden behauptete Verbindung mit der Reichswehr bringt das folgende »Merkblatt Nr. 33« wichtige Aufschlüsse.
»Schleißheim im Heuert, den 18. Juli 1923.
Für Bund ›Wiking‹ und Bund ›Blücher‹ sind für Bayern folgende gemeinsame Richtlinien aufgestellt worden:
Seit dem 1. Mai bemühen sich verschiedene Gruppen, die nationale Führung in die Hand zu bekommen. Auf der einen Seite stehen die Kampfverbände. Eine weitere Gruppe ist ›Bayern und Reich‹, die unter Herausstellung von Kahr seit dem 1. Mai außerordentlich geschickt gearbeitet und zweifellos viel von dem Verlorenen aufgeholt hat.
Als dritte bemüht sich die Reichswehr, die sich auf diese Weise ein Mannschaftsdepot zu schaffen sucht. So unbedingt nötig ein gutes Zusammenarbeiten mit der Reichswehr ist, ebenso entschieden sind direkte Versuche des Überschluckens abzulehnen. Die Reichswehr versucht hauptsächlich, die Verbände mit dem Gedanken des Außenkrieges, geeigneten Falles gegen Frankreich, einzufangen. Ein Gedanke, dem sicher zahlreiche Offiziere zum Opfer fallen. Wir haben bereits betont, daß ein Außenkrieg, der erheblicher personeller und materieller Vorbereitungen bedarf, ausgeschlossen ist, solange die jetzigen in-

neren Zustände in Deutschland bestehen. Erst wenn innere nationale Geschlossenheit vorhanden ist, wäre es möglich, unter den Augen des Feindes unbemerkt die notwendigen Vorbereitungen für einen derartigen Außenkrieg zu treffen. Schon aus diesem Grunde wäre es sinnlos, die freiwilligen Verbände an die Reichswehr anzuhängen. Dazu kommt noch folgendes: käme es zu großen inneren Unruhen, für deren Niederschlagung die Reichswehr nicht ausreichen würde, so würde eine Verstärkung der Reichswehr durch unsere Verbände lediglich wieder eine Polizeiaktion zur Stützung der heutigen Verhältnisse bedeuten. Wir haben bereits einmal im Ruhrgebiet erlebt, daß Severing hindernd einer gründlichen Säuberungsaktion in die Arme fiel, und wir nationalen Verbände haben keine Lust mehr, noch einmal unser Leben für derartige Halbheiten einzusetzen. Wenn durch die Schuld der jetzigen Regierung und des Weimarer Systems es erneut nötig wird, daß sich nationale Freiwillige zur Herstellung der Ordnung wieder einsetzen, wie dies 1918 der Fall war, so verlangen wir diesmal endgültige Regelung unter Herbeiführung anderer Zustände. Ferner spricht folgender Grund gegen die Unterstellung unter die Reichswehr: Jetzt haben wir in Bayern General von Lossow an der Spitze der Reichswehr, dessen Person unbedingtes Vertrauen geschenkt werden könnte. Die Besetzung der Stelle liegt aber in den Händen von Berlin und des demokratischen Ministers Geßler. Wir haben keinerlei Garantie, daß nicht schon morgen ein Berlin genehmerer General an Lossows Stelle tritt und damit die nationalen Verbände Berlin ausgeliefert werden. Außerdem ist doch ganz klar, daß ein nationaler Druck von seiten der nationalen Verbände in ganz anderer Weise ausgeübt werden kann, wenn diese unabhängig sind, als wenn an ihrer Spitze ein Offizier oder Beamter steht, der durch sein dienstliches Verhältnis an die Regierung gebunden ist.

Mit der Reichswehr ist ein unbedingt gutes Verhältnis zu wahren. Soweit es die Aufrechterhaltung unserer Selbständigkeit gestattet, ist ihren Wünschen entgegenzukommen. Verpflichtungen, die unsere Selbständigkeit antasten, dürfen nicht eingegangen werden. Mit ›Bayern und Reich‹ ist bereits im oben erwähnten Sinn verhandelt worden und der Waffenstillstand vereinbart. Die Verbände verpflichten sich gegenseitig, bei der Regierung füreinander einzutreten, und sämtlichen Bekämpfungen, wie sie leider in der letzten Zeit in den nationalen Lagern üblich waren, entgegenzutreten. Unsere Stellung zu den Kampfverbänden ist zur Zeit leider nicht so gut, wie es bei der

Gemeinsamkeit der Bestrebungen der Fall sein könnte. Von anderer Seite ist wiederholt alles geschehen, um ein besseres Verhältnis herbeizuführen. Wenn dies noch nicht eingetreten ist, so trifft die Schuld in erster Linie die Kreise um Hauptmann Röhm und Hauptmann Göring. Die feindselige Stimmung dieser Kreise ist in erster Linie auf Konkurrenzneid zurückzuführen und datiert von dem Tage an, wo der Bund Wiking eigene Kräfte in Bayern sammelte und in das Kartell mit dem Bund Blücher eintrat. Die Gegenseite hat ganz offen erklärt, daß sie es bedaure, daß der Bund Blücher mit einer preußischen Organisation zusammenarbeite. Im Zusammenhang mit Ruge und Berger haben besonders Hauptmann Röhm und Neunzert versucht, auf jede Weise die Führung des Blücherbundes zu beseitigen und die Reste unter General Echter zusammenzufassen und der Reichsflagge oder den Kampfverbänden direkt anzuschließen. Nachdem die Führer der Kampfverbände einzusehen beginnen, daß eine Beseitigung von Schäfer und Kautter auf dem eingeschlagenen Wege nicht zu ermöglichen ist, wird eine neue Taktik verfolgt, um dennoch ans Ziel der Wünsche zu gelangen. So haben sie versucht, in den einzelnen Bezirken eine gemeinsame Mobilmachung der Gruppen durchzuführen mit dem Verlangen restloser Unterstellung unter die Leitung der Kampfverbände. Auch diesem Versuch, der sich in allen Bezirken wiederholen wird, ist bestimmt und deutlich entgegenzutreten. Selbstverständlich können und müssen für den Fall örtlicher Unruhen Vereinbarungen zwischen den einzelnen Kampfverbänden getroffen werden, aber in dieser generellen Form sind derartige Bestrebungen abzulehnen.

Mit der Reichswehr werden in nächster Zeit Verhandlungen eingeleitet, die eine generelle Regelung unseres Verhältnisses zur Reichswehr zum Ziele haben. Die Bundesführung.«

Kämpfe zwischen den Geheimbünden

Die beiden Rundschreiben des Blücherbundes und der Prozeß, der hierzu den Hintergrund bildet, sind vor allem deswegen so interessant, weil die sozialen Wurzeln der Kämpfe zwischen und innerhalb der verschiedenen Geheimbünde hier ganz deutlich klarliegen. Sie sind keineswegs diesen Geheimbünden eigentümlich, sie liegen vielmehr im Wesen aller politischen Organisationen unserer Zeit. Dies ist vor allem deswegen interessant, weil die Geheimbünde ja eine prinzipielle Abkehr vom

System der politischen Parteien, der Demokratie und des Parlamentarismus predigen. In Wirklichkeit zeigen sich aber in ihnen genau dieselben Zersetzungserscheinungen wie in den von ihnen so haßerfüllt bekämpften Institutionen. Zunächst der große Kampf um die Kasse. Die Notwendigkeit der Organisation, die mechanische und technische Unmöglichkeit der direkten Herrschaft der Mitglieder erzeugt den hauptberuflichen Funktionär und mit ihm die Bürokratie des Geheimbundes. Sie gerät bald in Gefahr, den geistigen Kontakt mit den Mitgliedern zu verlieren und versucht selbstherrlich die Politik zu leiten. In der Zeit der Freikorps und der Einwohnerwehren ist dieser Zusammenhang noch stark vorhanden, bald tritt er zurück. Die ständige Hoffnung auf den morgigen Putsch, der den ganzen Staatsapparat in ihre Hand bringen wird, erhöht die Notwendigkeit der Schnelligkeit von Entschließungen und damit die Konzentration der Macht bei den Funktionären. Da die Fiktion einer Demokratie innerhalb der Geheimbünde nicht aufrechterhalten wird, so wird die Unterordnung unter die Führer als patriotische Pflicht gefordert. Falls überhaupt Versammlungen der Mitglieder stattfinden, ist die Wiederwahl des Funktionärs selbstverständlich. Denn die vielen Sympathisierenden haben neben den berufsmäßigen Geheimbündlern keinen regelmäßigen Einfluß mehr. So entstehen Kämpfe zwischen den Geheimbünden als Folgen des Machtdurstes des einzelnen Funktionärs. Die vielen Spaltungen der Sozialisten finden hier ihre amüsante Wiederkehr. Die Anhänger könnten an sich wohl einig sein, wenn es nur die Führer wären. Jeder der Führer hat aber seine Verdienste. Und die Pflicht der Mitglieder ist es, gerade ihm als Dank einen möglichst reichlichen Lebensunterhalt zu gewähren.

Der Kampf um die Macht zwischen den Führern wird eine Ursache der Zersplitterung der völkischen Bewegung. Immer mehr tragen die verschiedenen Verbände kein prinzipielles Gepräge mehr, sie sind nur das Bild des Führers. An sich wird natürlich die Fiktion aufrechterhalten, daß die völkische Bewegung aus den Massen hervorgegangen sei. Aber daneben tritt doch der Anspruch der Führer, ihre Macht den früheren Leistungen und ihrer Stellung in der Monarchie zu verdanken, deutlich hervor. Das Aufrücken neuer Männer bildet für die in Amt und Würden Befindlichen eine Gefahr. Und hieraus entstehen eine Reihe von Kämpfen zwischen älteren und jüngeren Organisationen. Diese sind natürlich zum Teil sachlich und prinzipiell fundiert, zum Teil sind sie taktischen Überlegungen entsprungen. Dann kommen noch die persönlichen Gründe: Mißgunst, Kampf um die Parteikasse, Neid. Meist treten alle diese Gründe nebeneinander auf, aber stets wird die Fiktion vertreten, daß die Kämpfe nur sachlich und nicht persönlich begründet seien. Die Mittel des Kampfes sind die Ehrabschneidung, die Verdächtigung als Spitzel, der Ausschluß aus der Partei, die Verweigerung der Aufnahme von Berichten in den Parteiblättern, das Beschneiden der Redefreiheit usw. Die älteren Führer, also vor allem die Generäle, versuchen natürlich stets, neue Bewegungen vor ihren Wagen zu spannen. Stets identifiziert der Führer die Parteimitglieder mit sich selbst. Seine eigenen Interessen sind die Interessen der Partei. Ein Angriff auf den Führer wird als Angriff auf die Sache gewertet. Andere Parteistreitigkeiten mögen auch auf die Anwesenheit von Agents provocateurs der Linken zurückzuführen sein. Die Behauptung wird vielfach vertreten, läßt sich aber im einzelnen nicht nachweisen. Endlich hat auch die größere Bestimmtheit, welche die Ziele der Geheimbünde infolge des Unterliegens der Republik in allen wesentlichen Fragen angenommen haben, wesentliche Divergenzen gezeigt, welche sich zum Teil mit dem Gegensatz verschiedener Dynastien, also vor allem Wittelsbach und Hohenzollern, zum Teil auch mit dem Gegensatz Agrar- und Industriekapital decken.

10. Die Nationalsozialisten und der Putsch vom 9. November 1923

> *»Daß Deutschland in der Stunde seiner höchsten Not einen Hitler gebiert, das bezeugt sein Lebendigsein. Daß der großartige Ludendorff sich Ihnen anschließt, welch' herrliche Bestätigung!«*
> Houston Stewart Chamberlain an Hitler

Die nationalsozialistische Bewegung ist 1919 entstanden. Über die Vorgeschichte des Gründers, Adolf Hitler, ist nur wenig bekannt. Er ist gelernter Anstreicher, nennt sich Architekt und sicher scheint zu sein, daß er kein Bayer, sondern Österreicher ist und seine Einstellung gegen die Republik und gegen die Sozialdemokratie erst entdeckt hat, als beide bei der öffentlichen Meinung Bayerns nicht mehr beliebt waren. Anfangs rekrutierte sich diese stets sehr prätentiös auftretende Bewegung ausschließlich aus den Deutschnationalen und Deutschvölkischen, später jedoch auch aus anderen Lagern, selbst aus dem sozialdemokratischen, dessen Bekämpfung gerade ihr erstes Ziel ist. Heute stehen sogar viele frühere Anhänger der Räterepublik in seinen Reihen. Seine Bewegung hat sich formal als Nationalsozialistische Deutsche Arbeiterpartei konstituiert. Aber sie will keine Partei im Sinne der alten Parteien sein, also neben den anderen, sie will vielmehr alle andern in sich verschmelzen. Also dieselbe Fiktion, wie sie der italienische Faschismus aufstellte. Auch die Idee der Gewinnung des verarmten Mittelstandes für seine angeblich sozialen Bestrebungen ist bei Hitler nicht originell. Auf demselben Weg ist ja auch das Bürgertum in Italien für den Faschismus gewonnen worden. Der Sieg des Faschismus hat Hitlers Ansehen natürlich außerordentlich gestärkt.

Seine Bewegung fand in Bayern in der Reaktion auf die Räterepublik eine günstige Atmosphäre. Der Staat bewahrte zunächst eine wohlwollende Neutralität. Später ging er zu einer positiven Unterstützung über. Das gemeinsame Programm war der Kampf gegen den sogenannten Marxismus. Und offiziell billigte die bayrische Regierung, daß darunter eigentlich alles

Gegnerische verstanden wurde, also die Republik, der Parlamentarismus, die Verfassung, der passive Widerstand, das Judentum, die Schieber, kurz, was man gerade für bekämpfenswert hielt. Auch dem gewalttätigen Programm gegenüber hatte die bayrische Regierung keine Einwendung zu machen. Sie duldete die Formationen der Sturmabteilungen (S. A.), obwohl bekanntlich nach einem Reichsgesetz der Besitz von Waffen verboten ist. Auch handgreifliche Exzesse galten ihr nicht als anstößig.

Der Nationalsozialismus ist nur gefühlsmäßig verständlich. Er widerspricht schon den primitivsten rationalen Ansprüchen. Er ist eine Leidenschaft, entstanden aus der wirtschaftlichen Not und der dadurch herbeigeführten seelischen Verbitterung. Mit den Formen einer realen Politik hat er nichts zu tun. Sein ganzes Vorstellungsbild entstammt der Romantik. Die Grundlagen der wirklichen Politik werden bewußt ignoriert. »Die deutsche Nation muß zunächst von allen nichtarischen Elementen gereinigt werden und sittlich in einer christlichen Volkskirche erneuert werden, in der Wotan in Christus aufgeht. Aus dieser nationalen Reinigung wird dann zur Gottgewollten Stunde der neue deutsche Volkskaiser hervortreten und als nationaler Messias Deutschland von der Feindesfron erlösen.«

Diese Idee eines rassereinen Staates läßt sich natürlich unmöglich in der Praxis durchführen, und die diesbezüglichen Forderungen sind natürlich Phrasen, aber sie finden in der Jugend Anhang. Denn das Bewußtsein des Unterganges, dem das Kleinbürgertum in Deutschland verfallen ist, führt dazu, daß diese Schicht einer so radikalen Heilslehre, die ihren Fortbestand sichern soll, kritiklos zustimmt.

Von solchen Ideen führt natürlich ein direkter Weg zur Realisierung, Angriffen auf jüdische Personen auf der Straße, Zerstörung von Zeitungen usw., denn dieses Niveau entspricht den niedrigsten, gewalttätigsten Instinkten. Offen wird in Hitlers Versammlungen gesagt: »Das Blut der Novemberlumpen muß fließen. Blut, Blut und nochmals Blut. Es ist eine Schande für uns und ein steter Vorwurf, daß ein solcher Schweinehund wie Auer noch lebt und noch öffentlich reden kann. Er muß sterben, ebenso die ganze Brut, diese Novemberlumpen; dieser Ebert, das feiste Gesicht soll abgestochen werden und baumeln. Die Diktatur muß ausgerufen und sie alle müssen abgeschlachtet werden. Knietief muß im Blut der Juden und ihrer Knechte gewatet werden. Goulasch muß ge-

macht werden. Die gemeinen Lumpen des Staatsgerichtshofes müssen vor ein Volksgericht gestellt werden.«
Das ist das »Kulturprogramm« dieser Helden. Hitler ist ein glänzender Redner, ein ausgemachter Demagoge. Ein Mensch, unfähig einen eigenen Gedanken zu haben, aber gerade darin liegt seine Stärke. Denn er sagt, was an jedem Stammtisch jeden Tag wiedergekäut werden kann. Alle diese öden und platten Dinge setzt er, von tosenden Heilrufen begleitet, seiner Gefolgschaft Tag für Tag vor.

Programm

In dem von Herrn Rosenberg geschriebenen Programm heißt es: »Staatsbürger kann nur sein, wer Volksgenosse ist, Volksgenosse kann nur sein, wer deutschen Blutes ist, kein Jude kann daher Volksgenosse sein. Wer nicht Staatsbürger ist, muß unter Fremdengesetzgebung stehen. Wenn es nicht möglich ist, die gesamte Bevölkerung zu ernähren, sind die Angehörigen fremder Nationen auszuweisen.« Um diesen vollendeten Unsinn genau zu verstehen, muß man beachten, wie gemischtrassig die deutsche Bevölkerung heute ist. Ein solcher Rassenzugehörigkeitsnachweis ist in unserer raschlebigen Zeit, wo die meisten Menschen nicht einmal ihren Urgroßvater kennen, natürlich vollkommen unmöglich. Wo dieser Ahnennachweis aber geführt werden kann wie beim Hochadel, dem doch unter anderem die Verehrung der Nationalsozialisten gilt, da ist dieser fremde Einfluß sofort festzustellen. Man denke nur an die vielen französischen und slawischen Namen, die dort vorkommen. Wenn die Fremden ausgewiesen werden, dann müßte in erster Linie das Haus Wittelsbach und Hohenzollern und dann fast der ganze Hochadel ausgewiesen werden. Aber eine so einfache Argumentation wird natürlich kein Nationalsozialist anstellen.
Im Nationalsozialismus steckt im tiefsten Grund nicht viel mehr als der preußische Militarismus. Auch er hat, obwohl vollkommen antisozial orientiert, immer die Fiktion erhoben, soziale Grundlagen zu besitzen. Es gab wohl keinen kommandierenden General, der nicht von sich behauptet hätte, daß er arbeiterfreundlich sei. Der ganze Begriff der Kameradschaft, die angeblich zwischen Offizieren und Mannschaften existierte, ist als eine soziale Fiktion zu verstehen. Aber dazu kommt doch etwas Neues. Denn dieser preußische Militarismus hat die Erfahrun-

gen der Revolution oder besser gesagt der Konterrevolution sich zunutze gemacht. Vor allem aus dem verlorenen Kapp-Putsch hat Ludendorff, der stärkste Exponent dieser Bewegung, doch etwas gelernt. Ludendorff weiß jetzt, daß es auch im Bürgerkrieg nicht ausschließlich auf den militärischen Sieg ankommt. Die geeignete Vorbereitung der öffentlichen Meinung ist vielmehr ein wesentliches Erfordernis. Denn heute kann es in Europa nirgends eine Regierung geben, die nicht wenigstens auf der stillschweigenden Zustimmung eines großen Teils der Regierten beruht. Aus diesem Grund wird jetzt das nachgeholt, was beim Kapp-Putsch versäumt worden ist: die geeignete Bearbeitung der öffentlichen Meinung. Daher die Riesenversammlungen, in denen gute Redner sprechen, zündende Schlagworte in die Massen hineingeworfen werden. Daher auch die einfachen Lösungen, die in diesen Versammlungen gegeben werden. Für die nationalsozialistische Theorie ist ja alles so außerordentlich einfach. Auf der einen Seite steht das christlich-germanische Kaiserreich (schon die Reformatoren von 1814 wurden als Juden beschimpft), auf der anderen Seite der mammonistisch-jüdische Geist der Republik. Als wenn nicht unter dem Kaiserreich der Kapitalismus genau so geherrscht hätte wie unter der Republik! Allerdings hat sich die Machtverteilung innerhalb des Kapitalismus stark verschoben. Trotz der industriellen Entwicklung Deutschlands lag der Schwerpunkt der Macht bis 1918 in dem mit den Militärs verschwägerten Großgrundbesitz und Landadel, der stets das traditionelle Moment betonte. Heute liegt er ausschließlich in den Händen des Industriekapitals, das weit antisozialer eingestellt ist, als es das ancien régime jemals war. Dies rechtfertigt die nationalsozialistische Behauptung: Das Kaisertum war eine Zeit des sozialen Ausgleichs, mit der Republik aber ist der Kapitalismus gekommen. Diese Gegenüberstellung ist deswegen so erfolgreich, weil es in der Tat den breiten Massen heute viel schlechter geht als früher. »Der Parlamentarismus hat Bankrott gemacht. Er ist schon während des Krieges das Geschwür gewesen, das die Kräfte des Volkes verzehrte und seine Niederlage herbeigeführt hat.« Die Führer dieser bayrischen Bewegung sind übrigens meistens keine Bayern, denn der stärkste Kopf ist Ludendorff und damit das alte Hauptquartier. Entsprechend ist auch das einzige Ideal der alte Militärstaat, der es allerdings besser gehabt hat als die Republik, weil unter ihm die politische Lage Deutschlands eben unvergleichlich einfacher war. Nur die Rückkehr zu ihm, so wird argumentiert, kann Ordnung schaf-

fen und die marxistisch-jüdische Sozialdemokratie samt ihren pazifistischen und demokratischen Anhängern vernichten. Daher der Ruf nach einer nationalen Revolution, die natürlich in ihrer Wirkung als großdeutsch gedacht ist. Trotzdem finden sich von Zeit zu Zeit auch im nationalsozialistischen Lager Anklänge an Kahr und die V. V. V., entweder, indem Hitler Kahrs oder Kahr Hitlers Führung anerkennt. Von diesem Gedankengang aus liebäugeln die Nationalsozialisten manchmal mit den bayrischen Partikularisten. Sie hoffen nämlich, durch eine zeitweilige Trennung vom Norden den bayrischen Staatsapparat so gründlich in ihre Hände zu bekommen, daß daran die Macht der republikanischen Zentralgewalt scheitert. Aber dieser Gedankengang spielt im allgemeinen bei den Nationalsozialisten keine große Rolle.
Trotz des prinzipiellen Antiparlamentarismus findet manchmal auch ein Hinneigen zum Gedanken der parlamentarischen Vertretung statt. Als solche ist der völkische Rechtsblock unter Herrn v. Xylander gedacht. Er trennte sich von der Münchner Ortsgruppe der bayrischen Mittelpartei, der deutschnationalen Landtagsfraktion. Sie war noch nicht radikal genug. Der deutschvölkische Rechtsblock entspricht ungefähr der Deutschvölkischen Freiheitspartei im Reich.
Hitler hat offiziell das italienische Recht auf die Brennergrenze zugegeben, ja, er hat den Kampf der Deutschen in Südtirol mit den üblichen, nicht wiederzugebenden Worten belegt. Dieser Liebedienerei gegenüber dem italienischen Faschismus liegt zugrunde, daß eben auch bei ihm die sozialen Bande viel stärker sind als die nationalen. Ein Vorgang, der ja auch bei anderen Parteien, wie etwa den Sozialdemokraten, einzutreten pflegt. Gerade dieses Verhalten der Sozialdemokraten hat Hitler immer als schlimmsten Landesverrat bezeichnet. Ebenso war sein Kampf gegen die Franzosen im Ruhrgebiet sehr lau. Er stellt sich vielmehr auf den Standpunkt, daß man zunächst mit den »Novemberverbrechern« abrechnen müsse, bevor man an die Frage der französischen Ruhrbesetzung herantreten könne.
Ein großer Teil der Nationalsozialisten besteht aus Landsknechtsnaturen, der Krieg ist ihre ursprüngliche Betätigung. Im Frieden können sie zu keinem erträglichen Erwerb kommen. Das Gros der Mitläufer, das der Partei die Resonanz gibt, sind nicht die Arbeiter, sondern der verarmte Mittelstand, der durch den Krieg ideell und materiell zerschlagen worden ist. Das geistige Ergebnis einer gesellschaftlich so inhomogenen

Schicht ist dann auch das nationalsozialistische Programm, ein Gemisch von antisemitischen, bodenreformlerischen, mittelständlerischen, syndikalistischen Ideen, die sich gegenseitig ausschließen. Es ist genau so widerspruchsvoll wie die Schicht seiner Anhänger, die kleinen Gewerbetreibenden und die Großindustriellen, die berufslosen Offiziere und die verarmten Kleinrentner. In bewußter Einstellung auf die wesentlichen Bewegungen unserer Zeit bezeichnet sich diese Bewegung als »sozialistisch«. So heißt es auch in ihrem Programm: »Wir haben es satt, den Sozialismus als Deckmantel geldherrschaftlicher Bestrebungen benützen zu lassen. Wir wollen die Arbeiterschaft nicht länger als verkappte Schutztruppe des Börsen- und Leihkapitals, des Judentums mißbrauchen lassen. Wir wollen ehrlichen und wahren Sozialismus.« Damit rechnen die Nationalsozialisten auf die Enttäuschten der Republik, vor allem auf den durch die Inflation vernichteten Mittelstand, dessen Verzweiflung ihnen jeden Tag neuen Zulauf verschafft.

Die wissenschaftliche Begründung ist außerordentlich dürftig. Die soziale Frage wird gelöst durch Abschaffung von Kapitalzins, Geldrente und Kartellrente. Die wesentlichsten Grundlagen der individualistischen Wirtschaft sollen gewahrt bleiben, ausgewählte Folgeerscheinungen abgeschafft werden. Dies wird bedingt durch den Glauben an die Verschiedenheit des Wertes der einzelnen Kapitalformen. Das unproduktive Finanzkapital wird abgeschafft, der Rest aber soll erhalten bleiben. Zu den zu unterstützenden »Schaffenden« gehören vor allem die Großindustrie, die Landwirtschaft und das Gewerbe. Interessant, daß gerade der große, von den Deutschvölkischen so verehrte Held Stinnes ein typischer Vertreter des Finanzkapitals ist, denn seine Tätigkeit besteht hauptsächlich im Aufkaufen, und konstruktive Gedanken, wie Rathenau sie hatte, fehlen ihm völlig.

Als Vertreter des Finanzkapitals betrachten die Nationalsozialisten die Juden. Die Großindustrie finanziert die Nationalsozialisten, weil sie ein starkes Mittel gegen den klassenkämpfenden Gedanken der Arbeiter sind. Konsequenterweise bekämpfen die Nationalsozialisten auch nur das Bank- und Börsenkapital mit allen seinen Auswüchsen.

Noch stärker als die offiziellen sind die verschämten Mitläufer der nationalsozialistischen Bewegung, die offiziell ihre Zugehörigkeit hinter Unparteilichkeit oder politischer Zugehörigkeit zu andern Parteien maskieren. Die von den »Münchner Neuesten Nachrichten« und den »Süddeutschen Monatsheften« betriebene Propaganda gegen die »Schuldlüge« steht in engem Zusammenhang mit diesen Bestrebungen und hat lediglich den Zweck, das alte System in den Augen der Volksmassen reinzuwaschen. Dieses angeblich demokratische Blatt war eine Zeitlang so ziemlich das Organ Hitlers. Die blutrünstigen Schilderungen, die es von dem angeblich bolschewistisch verseuchten Norden entwarf, glichen ganz den Schilderungen, die vor dem Kriege in nationalistischen Blättern Deutschlands über Frankreich und in denen der Entente über Deutschland zu lesen waren. Für die Republik ist dieses Blatt weitaus gefährlicher als der wirkungsvoll und gut redigierte »Völkische Beobachter«, der aus seiner antisemitischen und monarchistischen Gesinnung kein Hehl macht. Der »Miesbacher Anzeiger« hat das unbestreitbare Verdienst der Sprachschöpfung, denn noch niemals sind die Worte, mit denen er die Republik beschimpft, im Schriftdeutschen verwendet worden.

Die Nationalsozialistische Arbeiterpartei hat auch eine Jugendorganisation, die Nationale Jugend. Ihr Organ, die »Nationale Jugend«, erschien als wöchentliche Beilage zum »Völkischen Beobachter«. Über den Aufbau unterrichten am besten die Thesen, die in der »Nationalen Jugend« vom 12. August 1923 veröffentlicht sind. »Die nationale Jugendbewegung umfaßt die Jugend beiderlei Geschlechts bis zum 18. Lebensjahr. Sie zerfällt in Jungsturm und Jugendbund. Der Jungsturm, der als der eigentliche Kern unserer Jugendbewegung gedacht ist, nimmt nur Jungen von 16 bis 18 Jahren in seine Reihen auf und hat den Zweck, den *Wehrgedanken in Gestalt militärischer Übungen im Rahmen einer Jugendabteilung zu pflegen*. Die innere Disziplin, das Unterordnen unter größere Zwecke sowie das Gehorchen – und aus ihm das Befehlenlernen – werden durch Exerzierübungen gefördert. Die äußere Disziplin, das Zusammengehörigkeitsgefühl, die Kameradschaftlichkeit und das unterschiedslose Verhalten untereinander wird durch die gemeinsame gleiche Uniform zum Ausdruck gebracht.«

In den nationalsozialistischen Versammlungen werden Teilnehmer aufgefordert, sich zu der Sturmtruppe zu melden. Doch sollten sich nur solche melden, die gehorsam und bereit sein wollen, wenn es sein muß, auch in den Tod zu gehen. Die Versammlungsteilnehmer, die sich nicht melden wollen, müssen hierauf den Saal verlassen, ebenso die Vertreter der Presse. An die Versammlung schließt sich dann eine besondere Versammlung der Sturmtrupps an, an die Hitler eine Ansprache hält. (»B. T.«, 10. November 1922.)

Die Sturmtrupps

Über diese Sturmtrupps orientiert der folgende Befehl Nr. 3 der »Reichsflagge« vom 10. April 1923:
»1. Sonntag, den 15. d. M., militärische Übung der Arbeitsgemeinschaft vaterländischer Kampfverbände auf der Frötmaninger Heide. Daran anschließend Marsch mit Musik durch die Stadt und kameradschaftlicher Abend in einem Keller. Die ›Reichsflagge‹ sammelt 10 Uhr vormittags am großen Wirt in Schwabing und wird von dort auf den Übungsplatz geführt. Vor Beginn der gemeinschaftlichen Übung exerzieren die Verbände 1½ Stunden für sich, und zwar:
V. K. München und Reichsflagge auf dem westlichen Teil, Oberland auf dem nördlichen und Nationalsozialisten auf dem südlichen Teil des Exerzierplatzes. Sturmabteilung I und Ersatzabteilung üben unter Leitung von Oberleutnant Gutmann; Sturmabteilung II, III und IV stehen von 11.30 bis 1 Uhr den V. K. München als Abrichter zur Verfügung. Hauptmann Dietl, Infanterieregiment Nr. 19, 1. Bataillon, meldet sich 11.30 vormittags zum gleichen Zwecke beim Führer der Nationalsozialisten, Oberleutnant Höflmayr dagegen beim Führer von Oberland; 1 Uhr mittags Führerbesprechung auf dem Klettenwall. 1.30 stehen sämtliche Verbände auf den von der Übungsleitung befohlenen Aufstellungsplätzen. 3 Uhr Rückmarsch zur Stadt. Die Musikkorps treten beim Ludwigsbad an. Sturmabteilung I, II, III rücken mit je zwei Radfahrern aus. Teilnahme ist Pflicht. Verpflegung ist mitzunehmen. Anzug wie am 25. März, Mütze, kurze Hose, Leibriemen, kein Rucksack, kein Stock. Die Fahnen werden von den Fahnenträgern gerollt zum Sammelplatz gebracht. Armbinden werden erst auf Befehl angelegt. Weitere Einzelheiten werden am Freitag, dem 13., abends, bekanntgegeben.

gez. Röhm.«

Oberleutnant Gutmann ist aktiver Reichswehroberleutnant beim Pionierbataillon Nr. 7, Oberleutnant Höflmayr ist Adjutant des Pionierbataillon Nr. 7, Hauptmann Röhm aktiver Offizier beim Wehrkreiskommando. Woraus General Seeckt ersehen kann, wie die Reichswehr in Bayern es mit seiner Erklärung über die politische Betätigung der Offiziere in der Praxis hielt.
Dieser Übungsbefehl wurde in einzelnen Kasernen an aktive Reichswehroffiziere verteilt. Außerdem wurde im Landesversicherungsamt folgende Einladung vervielfältigt:

»5. Schar.
Gemäß Bataillonsbefehl haben wir am Sonntag, dem 15. April, an einer von den nationalen Verbänden veranstalteten Übung teilzunehmen. Die 5. Schar steht deshalb vormittags 9 Uhr Ecke Ludwig- und Georgenstraße. Anzug: Sportanzug. Ende der Übung 3 Uhr.

gez. R. Feldmeier.«

Diese »Scharen« setzen sich aus den jungen und kräftigsten Leuten der früheren Einwohnerwehren zusammen. In den Dienst dieser politischen Demonstration waren auch Motorräder, Kraftwagen und Lastautos gestellt.
Eine andere Felddienstübung der N. S. (vergl. »Münchner Post«, 14. März 1923) wurde geleitet von Herrn Neubauer, einem Vertrauten Ludendorffs. Die Parole lautete »Scheißkerle«, die Losung »Cuno«. Die Idee war, München abzusperren. Geschlossen ziehen die Hitlerschen Truppen bewaffnet durch die Stadt, halten Geländeübungen, bei denen scharf geschossen wird. Die Führer tragen zum Teil Reichswehruniform. Die Sturmtrupps wurden durch Offiziere der Reichswehr zum Teil sogar in den Kasernen ausgebildet. Die bayrische Regierung weiß das natürlich offiziell nicht. Doch behaupten die Nationalsozialisten dies ganz öffentlich.
Es ist ein offenes Geheimnis, daß Hitler die Waffen von der Reichswehr und von der Polizei hat. So hat der mehrheitssozialistische Abgeordnete Sänger (Bayrischer Landtag, 25. April) folgendes Schreiben der grünen Polizei bekanntgegeben, das am 9. Januar 1923 an die vaterländischen Verbände in Nürnberg gerichtet war: »Dem Kommando der grünen Polizei sind 200 Gummiknüttel für Sonderzwecke zur Verfügung gestellt worden. Ich ersuche um Mitteilung, wieviel Stück Sie für Ihren Verein bestellen. Der Preis für das Stück ist auf 700 Mark (0,50 Goldmark) festgesetzt. Zahlung soll nach Zuweisung der Schecks an das Abschätzungskommando erfolgen.«

Militärische Organisation

Richtlinien des Oberkommandos München, welche an die angeschlossenen Verbände im Sommer 1923 hinausgingen, besagten folgendes: »Es werden drei Abteilungen gebildet, in denen die Stoß- und Kampfkraft des männlichen Teils unserer Bewegung zusammengefaßt werden soll.
1. Sturmabteilung: Gediente und ungediente überzeugte An-

hänger der völkischen Freiheitsbewegung, die jederzeit bereit sind, ihre Arbeitskraft und ihr Leben dafür einzusetzen, gehören hier hinein. Die Sturmabteilung ist straff nach militärischem Muster zu organisieren.

Verpflichtungen: Diese Abteilungen verpflichten sich zu militärischem Gehorsam dem Führer gegenüber und zur Bereithaltung jedes Mitgliedes für die Aufgaben und Übungen derselben. Die Sturmabteilung ist die aktive Kampfkraft der Bewegung. Sie soll so groß wie irgend möglich gemacht werden. Etwa je 100 Mann in großen Orten sind in einer Hundertschaft zusammenzufassen. Als Führer kommen nur gediente Parteigenossen in Frage, die auch tatsächlich in der Lage sind, kleinere Verbände zu führen.

2. Übungsabteilung: Hierzu gehören alle diejenigen Parteigenossen, die beruflich oder aus familiären Gründen nicht in der Lage sind, sich der Bewegung in der Form und dem Maß zu widmen, wie es die Sturmabteilung erfordert (zum Beispiel Übungsabende, Saalschutz, Wanderungen usw.), die jedoch bereit sind, etwa einmal monatlich an einer Übung teilzunehmen. Möglichst nur gediente Leute. Führer: ein energischer Parteigenosse, der in der Lage ist, die Mitglieder zusammenzuhalten. Aus Zweckmäßigkeitsgründen sind die Mitglieder gleich zusammenzustellen nach ihren früheren Waffengattungen, also Maschinengewehr, Infanterie, Pioniere, Artillerie, Kavallerie, Funker, Flieger, Chauffeure.

3. Ersatzabteilung: Hierzu gehören alle übrigen Mitglieder männlichen Geschlechts der Partei, die aus beruflichen oder familiären Rücksichten nicht in der Lage sind, sich der SA. oder der Übungsabteilung zu widmen, die aber im Aufrufsfalle unbedingt bereit sind, aktiv mitzuwirken. Hierher rechnen auch alle älteren Mitglieder, die bereit sind, einfache Meldegänge, Bürodienste, kurz alle diejenigen Verrichtungen zu machen, die militärisch und verwaltungstechnisch unbedingt erforderlich sind, die aber gute Kräfte von der Front fernhalten. Führer: ein geeigneter energischer Parteigenosse, dessen Stellung zum Führer der SA. die gleiche ist wie die des Führers der Übungsabteilung.

Rangabzeichen

Auf der Armbinde:

1 goldener Stern: Gruppen-, Gewehr-, Geschütz-, Wagenführer
2 goldene Sterne: Zugführer
1 Goldtresse: Kompagnie- usw. Führer, Arzt (letzterer mit Äskulapstab)

2 Goldtressen mit Zwischenschnur: Bataillons-Abteilungsführer
3 Goldtressen mit Zwischenraum: Regimentsführer
4 Goldtressen ohne Zwischenschnur: Infanterie, Artillerie-Führer beim Oberkommando. (Der Zwischenraum beträgt die Breite einer Tresse.)
1 silberner Stern: Kompagnie- usw. Schreiber
2 silberne Sterne: Verwaltungsbeamte im Rang eines Zugführers
3 silberne Sterne: Feldwebel, Wachtmeister
1 Silbertresse: Adjutant
2 Silbertressen: Referenten des Oberkommandos, 1. Adjutant desselben
4 Silbertressen ohne Zwischenraum: Chef des Stabes
Anbringung der Sterne: 1. unterhalb des Hakenkreuzes, 2. zu beiden Seiten des Hakenkreuzes, 3. zu beiden Seiten des Hakenkreuzes je einer und der dritte unterhalb des Hakenkreuzes.
Am 6. Juni 1923 ging vom Oberkommando in München an die SA.-Bezirksführer folgendes Rundschreiben hinaus:
»Betrifft Aufstellung einer technischen Abteilung.
In jedem SA.-Bezirk wird eine technische Abteilung aufgestellt, die als Nachrichtenabteilung des SA.-Bezirksführers im Mobilmachungsfall in Kraft zu treten hat. Hierzu sind aus der SA. die technisch ausgebildeten und vorgebildeten Kräfte nach Bedarf herauszuziehen. Die technische Abteilung (T. A.) gliedert sich in vier Züge:
1. Zug: Kraftwagenzug; Kraftfahrer mit Führerschein II und IIIb
2. Zug: Kraftfahrerzug; Kraftfahrer mit Führerschein I, Krafträder mit Beifahrer
3. Zug: Nachrichtenzug; Fernsprecher, Blinker, Funker, Meldegänger, Kuriere, Radfahrer, Brieftauben, Meldehunde
4. Zug: Pioniere (Sprengkommando, Brückenbau), Eisenbahner, Luftschiffer, Flieger.
Beim Oberkommando wird eine eigene Technische Abteilung aufgestellt. Bis zur Ernennung eines eigenen Führers untersteht die Technische Abteilung dem technischen Referenten beim Oberkommando (Major Streck 1b).
Die Aufgaben der technischen Abteilungsführer bestehen in:
a) Aufstellung, Gliederung und Ausbildung der Technischen Abteilung
b) Mobilmachungsvorarbeiten, d. h. Verpflichtung von Perso-

nal und Bereitstellung (listlich) von Material, getrennt in freiwillige Verpflichtung und in Beschlagnahme im Ernstfall.
Das Oberkommando der SA.
I. A. gez. Major Streck.«
(»Schwäbische Tagwacht« vom 4. September 1923.)

Angebliche Beziehungen zur Reichswehr

In einem Rundschreiben an die SA.-Führer heißt es: »SA.-Leute sollen den Ausbildungskursen der Reichswehr möglichst zugeführt werden. Um den Leuten einen inneren Konflikt zu ersparen, dürfen sie die von der Reichswehr verlangten Verpflichtungen nicht unterschreiben.«
Und in einem vom »Kommandeur« Göring gezeichneten Befehl des OK. der Sturmabteilung der NSDAP. heißt es:
»SA.-Bezirksführer!
Beim Oberkommando sind von einzelnen Stellen Meldungen eingegangen, daß die örtlichen Reichswehrbehörden direkt mit unseren Unterführern in Verbindung treten und unter allerhand sonderbaren Vorspiegelungen versuchen, einen Keil zwischen das Oberkommando der SA. und die einzelnen SA.-Trupps und Hundertschaften zu treiben. Man will auf diesem Wege die Vaterländischen Kampfverbände in die Hand bekommen, will sie örtlich an die Reichswehrstellen durch Sonderverpflichtungen binden und auf diese Weise für den Notfall bei inneren Unruhen unseren geschlossenen Aufmarsch unmöglich machen. Das heißt aber, man will uns praktisch zerschlagen bzw. uns unselbständig machen. Und zwar nicht nur die SA., sondern alle nationalen Kampfverbände. Augen auf und vorsichtig an allen Stellen!
Es wird daher angeordnet: Die Fühlung und Verbindung mit Reichswehrstellen, die sich uns anbieten zur Ausbildung und zum Unterricht für unsere SA. ist möglichst auszunutzen. Oberster Grundsatz aber bleibt: irgendwelche Verpflichtungen werden nicht eingegangen. Jeder Mann kann nur an einer Stelle verpflichtet sein und das ist die SA. Sache des Oberkommandos ist es, dafür zu sorgen, daß wir zur rechten Zeit im rechten Geist, im Geist unserer Führer, eingesetzt werden.
Wenn man uns ausbilden will, dann ist dagegen nichts einzuwenden, aber den Leitern oder irgendwelchen Organen dieser Abteilung etwas über unsere Stärke, über Waffenbestände, nächste Befehlsstellen, kurz irgend etwas über unsere Organi-

sation zu sagen, muß auf alle Fälle unterbleiben.« (O. Steinmayer, »Schwäbische Tagwacht«, 5. September 1923.)

Führer

Interessant ist der Lebenslauf einiger Sturmtruppführer. Im Herbst 1921 gab H. C. Lüdecke als »nationaler Schriftsteller« in Danzig die extrem rechts gerichtete »Ostwacht« heraus. Der Leiter des Danziger Heimatdienstes, Dr. Richard Wagner, wies in einem offenen Brief an Hand einer großen Reihe von geheimen Dokumenten nach, daß Lüdecke während des Krieges zweieinhalb Jahre lang als englischer Agent tätig gewesen war. Dr. Wagner behauptete ferner, daß Lüdecke eine weitverzweigte Organisation von Agenten unter sich hatte, um rechtsstehende führende Persönlichkeiten zu unbesonnenen Erklärungen oder Schritten zu verleiten. Dieses Material wurde dann wahrscheinlich polnischen Stellen zugänglich gemacht. Lüdecke gab die Behauptung, daß er sich als Agent provocateur der Linken fühle, in einer Extraausgabe der »Ostwacht« ohne weiteres zu. »Die Ostwacht war ein Narrenseil! Als ich das auf die Blödheit der Reaktion zugeschnittene Gedicht zur Verherrlichung der Ermordung Erzbergers vom Stapel ließ, glaubte ich die Saite überspannt zu haben; aber nein, die Dummheit der Alldeutschen war doch noch größer, als ich annahm, und ich erhielt nicht weniger als 32 Glückwünsche und Lobesschreiben aus den Kreisen Danzigs und auch des gesamten Deutschen Reiches.«

Aber bald darauf befand er sich schon wieder im anderen Lager und wurde ein großer Führer bei den Nationalsozialisten. Viel Geld floß durch ihn in die Bewegung. (»Münchner Post«, 12. November 1923.) Er hatte aus angeblich eigenen Mitteln eine Sturmabteilung ausgerüstet, eingekleidet und große Geldbeträge zur Verteilung gegeben. Infolge des Verdachtes, von französischen Stellen Gelder genommen zu haben, wurde er verhaftet. Man fand bei ihm große Beträge in französischen Franken und Dollars. (»Münchner Post«, 6. März 1923.)

Peter Zimmermann war eine Zeitlang eine der wichtigsten Persönlichkeiten der nationalsozialistischen Partei. Als Mitglied der Brigade Ehrhardt genoß er großes Ansehen. Vom Volksgericht München wurde er wegen Landesverrats unter erschwerenden Umständen zu 12 Jahren Zuchthaus verurteilt, weil er in Verbindung mit einem Hauptmann Damm und den zwei Leut-

nants Keßler den Franzosen militärische Geheimnisse verraten habe. (»Münchner Post«, 6. März 1923.)
Ein anderer großer Hitler-Anhänger, Franz Kirschtaler, wurde am 27. Februar 1923 wegen widernatürlicher Unzucht zu zwei Monaten Gefängnis verurteilt. Kirschtaler hatte sich wiederholt hauptsächlich an arbeitslosen jungen Leuten vergriffen. Er war früher Mitglied der »Eisernen Division«, dann Vizefeldwebel der Brigade Ehrhardt. Er hatte im Ruhrgebiet und Oberschlesien »gekämpft«. Wegen Diebstahls war er bereits vorbestraft. (»Münchner Post«, 6. März 1923.)

Bund Oberland

Das »Freikorps Oberland« wurde aufgestellt bei den Kämpfen der Regierungstruppen gegen die bayrische Räterepublik, später kämpfte es in Oberschlesien gegen die Polen. An der Wiege dieses Bundes stand ein politischer und militärischer Hochstapler, der angebliche Major von Sebottendorf. Eine große Rolle in dem Bund spielten die drei Brüder Römer, die aus dem »Männerturnverein« hervorgegangen sind. Der eine, Dr. Ludwig Römer, genannt »Lutz«, war Direktor der Pfälzischen Bank und hat durch mißglückte Devisenspekulationen den größten Konkurs, der bisher in Deutschland vorkam, den Konkurs der Pfälzischen Bank, verursacht. Als die Mark schon ziemlich sank, spekulierte er ohne Wissen der Direktion auf ihr Steigen und verkaufte Devisen, die er nicht besaß, für einen späteren Termin. Obwohl Hunderte von kleinen Leuten und mittleren Beamten bei diesem Konkurs um ihr ganzes Vermögen gekommen waren, wurde das Verfahren gegen Römer eingestellt. Er besitzt eine Villa am Starnberger See. Das persönliche Vermögen des Devisenarbitrageurs wurde für den von ihm verschuldeten Konkurs nicht verantwortlich gemacht. Der zweite Römer, Dr. Fritz Römer, genannt »Hammerwerfer«, versuchte dem chronischen Geldmangel des Freikorps Oberland dadurch abzuhelfen, daß er vorschlug, die nach Oberammergau fahrenden Fremdenautomobile zu berauben, um die Devisen dem Bund zuzuführen. Römer verteidigte sich vor dem Volksgericht damit, er habe seine Leute nur auf die Probe stellen wollen. Der Staatsanwalt beantragte acht Monate Gefängnis mit Anrechnung der Untersuchungshaft. In der Begründung wurde angeführt, Römer habe ernstlich die Ausführung des Planes ins Auge gefaßt und davon nur abgesehen, weil er kein genügendes

Gehör fand und weil die Ausführung zu schwer war. Römer sei auch strafbar, wenn seine Begründung richtig wäre. Römer wurde zu 5 Monaten Gefängnis verurteilt. (»Berliner Tageblatt«, 12. September 1922.) Das Gericht hat also hierbei eine ganz andere Stellung eingenommen als bei den Agent-Provokateuren im Fuchs-Machhaus-Prozeß. Die Ursache hiervon dürfte in der politischen Stellung Römers zu sehen sein. Römer steht nämlich in einem starken politischen Kampf gegen die separatistische Bewegung von Pittinger und hat diesbezügliche Veröffentlichungen in der Presse gemacht. So ist es zu erklären, daß er, obwohl er sich nur als Agent provocateur bezeichnete, doch verurteilt wurde.

Der dritte Bruder, Dr. Josef Nikolaus Römer, genannt »Beppo«, wurde auf Angabe des Wilhelm Kiefer, genannt von Kessel, zusammen mit Dr. Fritz Barthels, dem angeblichen Hauptmann Ludwig Oesterreicher und dem Kaufmann Friedrich Andreas wegen Versuchs und Aufforderung zum Mord verhaftet. Kiefer behauptete, Römer habe ihn aufgefordert, den Kapitän Ehrhardt und den Major Siebringhaus zu ermorden. Als Grund dafür habe Römer angegeben, er habe Beweise dafür, daß Ehrhardt in das gegnerische Lager zu den Juden übergeschwenkt sei und von dem Geheimrat Strauß finanziell unterstützt werde. Von diesen Leuten sei ein Putsch geplant, den Ehrhardt wegen des damit verbundenen Falles der Mark zu einer Devisenspekulation verwenden wolle. Zur Beseitigung von Ehrhardt und Siebringhaus entwickelte Römer nach Angabe Kiefers folgenden Plan: es sollten durch Mitglieder des Bundes »Oberland« Attentate auf Ehrhardt, Siebringhaus, Römer und Kiefer verübt werden. Die ersten beiden sollten getötet, die letzten nur leicht verwundet werden. Die Verwundung von Kiefer und Römer sollte erfolgen, um die Urheberschaft an dem Plan zu verschleiern. Der Prozeß gegen Römer endete jedoch mit Freispruch. Kiefer verweigerte vor Gericht die Aussage, weil er Gefahr lief, sich selbst zu belasten. Nach der Darstellung Römers entstand die Feindschaft zwischen ihm und Kiefer vor allem aus pekuniären Gründen; jeder wollte an der Kasse sitzen. Römer wurde freigesprochen und ihm ein Entschädigungsanspruch zugebilligt. (»Vossische Zeitung«, 14. Juni 1923.)

Die Behauptung des Bundes Oberland, daß der Minister Schweyer ihn als Notpolizei für München aufgestellt habe, wird von diesem bestritten. Über die Beziehungen des Bundes Oberland zu dem früher kommunistischen, jetzt sozialdemo-

kratischen Abgeordneten *Graf* hat sich eine längere Polemik entsponnen. Sicher scheint zu sein, daß Graf in Sitzungen des Bundes »Oberland« gesprochen und auch vom Bund »Oberland« mehrfach größere Geldbeträge angenommen hat. Auf das Freikorps Oberland wird übrigens die Ermordung des Abgeordneten Gareis, des Spitzels Harttung und des Dienstmädchens Sandmeyer zurückgeführt.
Am 20. September 1923 vereinigten sich der Bund Oberland, der Bund Reichsflagge und die Sturmabteilung der Nationalsozialisten zu einem vaterländischen Kampfbund. In der Vorstandschaft saßen Hauptmann a. D. Heiß, Adolf Hitler, Dr. Weber, Dr. v. Scheubner-Richter. Geschäftsführer des Bundes ist Hauptmann a. D. Weiß, offizielles Organ das »Heimatland«. Als Oberkommandant der vaterländischen Kampfverbände fungierte zuerst Oberstleutnant Kriebel, sein Nachfolger war Oberstleutnant v. Kißling. Herr v. Scheubner-Richter (ursprünglich nur bürgerlich Richter geheißen) führt den Adelsnamen seiner Frau. Er war vor dem Kriege ein untergeordneter Beamter im Auswärtigen Amt, seit 1922 war er Vertrauensmann der monarchistischen Russen in Bayern. Zusammen mit dem russischen Botschaftsrat, G. v. Nemirowitsch-Dantschenko, gründete er die wirtschaftspolitische Vereinigung für den Osten »Aufbau«, mit einem Aufbau-Verlag GmbH. Mit besonderer Förderung durch den damaligen Polizeipräsidenten Poehner gründete er die deutsch-russische Vereinigung »Brücke«. Die Finanzierung, im Juli 1922, mit 300 000 Mark (6000 Goldmark), erfolgte aus privaten Mitteln. Auf seine Initiative ist der 1921 in Reichenhall einberufene russische Monarchistenkongreß zurückzuführen. (»Münchner Post«, 27. September 1923.) Er fiel bei der Schießerei am 9. November 1923.
Über die Beziehungen der Nationalsozialisten zu den anderen Verbänden orientiert folgendes Rundschreiben:

»München, den 4. Juli 1923.
An alle SA.-Bezirksführer!
Mehrfache Schreiben der letzten Zeit zeigen, daß im Lande immer noch nicht die erforderliche Klarheit darüber besteht, inwieweit die einzelnen Verbände zusammenarbeiten. Es sei deshalb in Nachstehendem nochmals zusammenfassend kurz das Verhältnis dargelegt:
1. Vaterländische Kampfverbände Bayerns. Die im engen Zusammenhang zusammenarbeitenden Verbände, die sich als Kampfverbände Bayerns zusammengeschlossen haben, sind:

SA. der NSDAP.   Reichsflagge (Sitz Nürnberg)
Bund Oberland   Unterland (Sitz Ingolstadt)

Hiervon bilden das O.-Kdo. der SA. der NSDAP., die Reichsflagge Oberbayerns, die Leitung des Bundes Oberland zusammen den Ring der vaterländischen Kampfverbände Bayerns.
Es ist selbstverständlich, daß innerhalb dieser gesamten Verbände jede Werbetätigkeit gegeneinander auf jeden Fall zu unterbleiben hat. Wir ersuchen nochmals, mit den örtlichen Leitungen anderer Verbände Verbindungen anzubahnen und örtlich Schutz- und Trutzbündnisse zu schließen.
2. Die Vereinigten Vaterländischen Verbände Münchens (V. V. M.). Nur in München selbst vertreten, stehen sie in losem Verhältnis zu uns. Die V. V. M. ist zur Zeit in der Umbildung begriffen und wird nach Vollendung wohl ein gutes Sturmbataillon ergeben, das dann den Kampfverbänden beitritt.
3. Das Zeitfreiwilligenkorps München (jetzt Hermannsbund) steht ebenfalls in losem Verhältnis zu uns, jedoch vertritt es in allen Fragen der Ausbildung usw. den gleichen Standpunkt wie wir, und es ist damit zu rechnen, daß es unserem Verbande gelegentlich beitritt.
4. Wikingbund. Behauptet von sich, der militärische Niederschlag der NSDAP. zu sein, das stimmt nicht. Der Wikingbund ist eine besondere, in keinem Zusammenhang mit der SA. der NSDAP. stehende Organisation, die allerdings bislang in einem besonderen Verhältniskartell zur SA. gestanden hat. In letzter Zeit hat jedoch der Wikingbund, ohne auch nur im geringsten eine Lösung des Kartellverhältnisses anzukündigen, zum Kampf mit allen Mitteln gegen die Partei sowie gegen die SA. aufgerufen. Wir bedauern das um so mehr, da wir immer den Standpunkt vertreten haben, daß der Wikingbund eigentlich in unsere Reihen gehörte, und es wäre dem Bunde ein leichtes gewesen, dieses zu erreichen, es bedurfte nur der Entfernung zweier in der Leitung sitzender Personen. Solange dies jedoch nicht geschah, konnte die Oberleitung der Vaterländischen Kampfverbände das Gesuch des Wikingbundes nicht in bejahendem Sinne entscheiden, um so weniger, als die Leitung des Wikingbundes im Fuchs-Machhaus-Prozeß doch eine äußerst fragwürdige Rolle gespielt hatte.
5. Bund Blücher ist ein verworrenes Unternehmen, das von großer Bedeutung wohl nicht sein dürfte. Der Bund ist mit dem Bund Wiking eng verschwägert.
6. Bund Bayern und Reich. Das Oberkommando der SA. sowohl wie die Oberleitung der Vaterländischen Kampfverbände

hat mit der Leitung des Bundes Bayern und Reich nichts zu tun. Bayern und Reich ist eine Organisation der bayrischen Volkspartei. Der Bund wird nur nach den Weisungen der Herren Held und Konsorten arbeiten, und da ist es nicht ausgeschlossen, daß sich der Bund mit der SA. des Herrn Auer ebenso bei der Gelegenheit verschwägert, wie dies die bayrische Volkspartei mit den Sozis tut, wenn es die Parteibelange im Parlament erfordern. Im Bund Bayern und Reich zu werben, bestehen keine Bedenken, denn aktivistisch und völkisch gesinnte großdeutsche Männer gehören dort nicht hin. Wo es geht, kann im Einvernehmen mit der örtlichen Leitung in den SA.-Angelegenheiten zusammengearbeitet werden, jedoch ist der Charakter der SA. absolut zu wahren, wo dies nicht möglich ist, muß mit allen Mitteln zersetzend auf diesen Bund gewirkt werden.

         Das Oberkommando der SA.
         Der Chef des Stabes: Göring.«
(»Münchner Post«, 20. August 1923.)

Die Geldquellen

Die Nationalsozialistische Arbeiterpartei dürfte insgesamt höchstens 100000 eingeschriebene Mitglieder besitzen, wovon jedoch ein großer Teil nicht als schlagkräftig bewaffnet, sondern als Mitläufer anzusehen ist. Zweifellos verfügt Hitler über größere Gelder. Seine Anhänger reisen in Extrazügen. Er hat einen großen Stab, hält Felddienstübungen ab, überfällt benachbarte Städte, rüstet Strafexpeditionen aus. Lauter Dinge, die ohne beträchtliche Gelder unmöglich wären.
Unmöglich ist, daß diese Ausgaben der Partei von den Beiträgen der Mitglieder aufgebracht werden können. Hitler besitzt einen herrlichen Benzwagen, er treibt eine riesige Plakat- und Flugblattpropaganda. Manche Angehörige der Sturmtrupps widmen sich ausschließlich der Partei, fahren die ganze Zeit zu Agitationen im Land herum. Die Geschäftsberichte weisen bereits für das Jahr 1922 ein Vermögen von 22 Millionen Mark (22000 Goldmark) auf. Doch wird über die Herkunft der Summe kein Wort gesagt. Hitler hat im Februar 1923 für 5 Millionen Mark (2000 Goldmark) Büromöbel gekauft und zeigte bei dieser Gelegenheit einen ganzen Pack Dollarnoten. (»Münchner Post«, 6. März 1923.)
Vielfach ist die Behauptung aufgestellt worden, daß Hitler von Frankreich Geld bekommen habe. Er selbst hat dies natürlich

stets geleugnet. Als die christlichsoziale Zeitschrift »Das neue Volk« die Anfrage brachte, ob dies wahr sei, hat Hitler sie verklagt. Das Amtsgericht München aber hat das Verfahren eingestellt, »weil der Privatkläger die ihm unter Androhung der Einstellung des Verfahrens zur Vorlage eines Nachweises gesetzte Frist nicht innegehalten hat«. Hitler hat die Kosten zu tragen. Er scheute sich also, die Frage nach den Geldern seiner Partei in einer Gerichtsverhandlung breitzutreten. (»Frankfurter Zeitung«, 19. Juni 1923.)
Anders hat sich jedoch Hitler im Falle von Stefan Großmann verhalten. Dieser hatte den Amerikaner *Ford* als Geldgeber Hitlers bezeichnet. Hitler verklagte ihn darauf. Der Abgeordnete Auer gab als Zeuge vernommen an, daß bei einer Münchner Bank dreimal Geld aus dem Saargebiet überwiesen worden sei, das von Hitler nahestehenden Leuten abgeholt wurde, bei denen ersichtlich war, daß sie persönlich für diese Summe nicht in Frage kommen. Die als Zeugen geladenen Dr. Kuhlo, Präsident des bayrischen Industriellen-Verbandes, und Kommerzienrat Aust waren nicht erschienen. Der Nationalsozialist Weber behauptete, daß seine Partei Geldbeträge nicht annehme, wenn sie nicht die Stelle erführe, von der das Geld herrührt. Es seien zwar sehr große Beträge zur Durchführung des Apparates aus dem Auslande geflossen, die Geber seien jedoch Auslandsdeutsche. Die »Münchner Post« hat mehrfach positiv behauptet, daß Dr. Kuhlo Hitler sehr namhafte Summen zur Finanzierung zur Verfügung gestellt habe, daß er in seinen Kreisen Gelder geworben habe und mit Hitler verhandelt habe, um die Nationalsozialisten als Schutztruppe der Unternehmerkreise zu gewinnen; Kuhlo hat darauf jedoch kein Wort erwidert.

Übergriffe der Nationalsozialisten

Von den Taten der Nationalsozialisten sei auf die Erstürmung und Demolierung der »Münchner Post«, die mehrfachen Attentate auf den Abgeordneten Auer, die Mißhandlungen von Juden auf der Straße, die Mißhandlungen des demokratischen Abgeordneten Dr. Kämpf und den Sturm auf das Hotel Grünwald hingewiesen. Auch der Mann, der das Bombenattentat auf die Mannheimer Börse verübte, ein gewisser Maurice, war Nationalsozialist.
Am 25. April 1923 wurde eine Gastwirtschaft in der Schlörstraße in München gestürmt, in der die Jungsozialisten zu ver-

kehren pflegten. Die Nationalsozialisten schwärmten in Straßenbreite aus, gaben dreißig scharfe Schüsse ab, wobei einige Sozialisten schwer verletzt wurden. Die Polizei stand untätig dabei. (»Müncher Post«, 27. April 1923.)
Am 29. Juli 1923 stürmten die Nationalsozialisten das Gewerkschaftshaus in Rosenheim, wobei der Schlosser Ott erschlagen wurde. Ein anderer Arbeiter wurde schwer verletzt. Das Verfahren schwebt bei der Staatsanwaltschaft beim Landgericht Traunstein und dürfte wohl den bekannten Ausgang solcher Verfahren haben. (»Müncher Post«, 16. August, 6. September 1923.)
Am 14. August 1923 erfolgte in der Nähe der Synagoge in Amberg eine schwere Detonation. An der nächsten Straßenecke wurde der Führer der Nationalsozialisten, Stüdlein, neben einer explodierten Handgranate bewußtlos aufgefunden. Neben ihm lag ein geladener und entsicherter Revolver. Am nächsten Tag wurden vier Leute, welche die Polizei von der Explosion benachrichtigt hatten, verhaftet, dann aber wieder entlassen. In dem angestellten Verfahren wurde Stüdlein als Zeuge eidlich vernommen. Das Verfahren schlief dann ein. (»Berliner Tageblatt«, 20. August 1923.)
Am 2. September 1923 fand ein deutscher Tag in Nürnberg statt. Mindestens 40000 Teilnehmer paradierten vor Prinz Ludwig Ferdinand, Escherich, Admiral Scheer, Ludendorff, dem Führer des Bundes »Reichsflagge« Hauptmann Heiß und Hitler. Die »Reichsflagge«, Kavallerie zu Roß voraus, dann der Wikingbund, Oberland, zum Schluß die Organisation Bayern und Reich. Die Nationalsozialisten in der Uniform der Reichswehr, der Reichswehr selbst war die Teilnahme verboten. Dagegen nahm die bayrische Landespolizei teil. Ergebnis: ein Arbeiter erschossen, mehrere Arbeiter schwer verwundet im Krankenhaus. Bei den Nationalsozialisten selbst keine Verluste zu melden. Das Verfahren schwebt. (»Münchner Post«, 6. September 1923.) Als Auftakt dazu war am Vortage der Former Herschmann von dem Oberwachtmeister Grundner nach einem persönlichen Disput erschossen worden. Das Verfahren schwebt. (»Münchner Post«, 12. September 1923.)
Ein Nürnberger Prozeß zeigt, zu welchen Mitteln die Nationalsozialisten greifen, um sich populär zu machen. So wurden in der Maschinenfabrik Augsburg-Nürnberg in Nürnberg Zettel verteilt, in denen zur Ermordung des Nationalsozialistenführers Streicher aufgefordert wurde. Eine große Belohnung wurde dabei in Aussicht gestellt. Als Verfasser wurde ein wie-

derholt wegen Fälschung und Diebstahl vorbestrafter Nationalsozialist Keßler ermittelt. Keßler wurde zu sechs Wochen Gefängnis verurteilt. (»Müncher Post«, 27. September 1923.)
In der Nacht zum 24. Juni 1923 wurde in Münster auf das Redaktionsgebäude des sozialdemokratischen Blattes »Der Volkswille« ein Dynamitattentat verübt. Die Druck- und Setzmaschinen sind fast völlig zerstört. Es wurde ein Zettel gefunden mit den Worten: »Für Schlageter!« Als Täter wurden im Dezember 1923 zwei Münchner Nationalsozialisten ermittelt.

Hitler gegen Kahr

Die Nationalsozialisten standen von allem Anfang an in einem gewissen Gegensatz zu den anderen Nationalisten. Ihre ständigen Putschgelüste stellten nämlich für die anderen die Gefahr dar, bei einem zu frühen Losschlagen eine aussichtslose Aktion mitmachen zu müssen. Immer und immer wieder drohte der nationalsozialistische Putsch, immer und immer wieder wurde er verschoben. Entsprechend wurde der Kampf zwischen Hitler und Kahr trotz weitgehender Einigung mit wechselnder Stärke geführt. Bereits am 11. November 1922 sollte die nationale Revolution ausbrechen. Tagelang herrschte eine unerhörte politische Spannung. Die Sozialdemokraten versuchten energische Gegenmaßnahmen. Schließlich unterblieb der Putsch, weil Hitler sich noch nicht stark genug fühlte. Und Hitler gliederte seine Partei sogar in die Vereinigten Vaterländischen Verbände ein, die unter dem Vorsitz von Professor Bauer stehen. Aber dieser Zusammenhang hat nicht lange gehalten. Während des Ruhrkrieges wurde versucht, eine Einheitsfront gegen Frankreich zu bilden. Dieser erste Anstoß zerstörte bereits die Einheit der vaterländischen Verbände. Denn Hitler trennte sich, indem er der Einheitsfront die Parole: »Zuerst gegen den inneren Feind« entgegenstellte. Dadurch hat Hitler natürlich viele Anhänger verloren. Aber er ist so wieder in die selbstgewollte splendid isolation zurückgekehrt. Beim Streit über den passiven Widerstand, den Kahr bejahte, Hitler verneinte, schien es, als ob es zur Entscheidungsschlacht kommen würde. Sie wurde vertagt. Der Parteitag der Nationalsozialisten, um dessentwillen sofort ein Ausnahmezustand verhängt wurde, hat Hitler dann wieder zu einem äußeren Erfolg verholfen. Denn das bayrische Allheilmittel des Ausnahmezustandes wurde natürlich sofort gegen die Sozialdemokraten angewandt. Die nationalsozialistischen Umzüge und Veranstaltungen, um derentwillen der Belagerungszustand verhängt wurde, wurden aber erlaubt. Man hatte Angst vor einer Kraftprobe mit Hitler. Die Staatsautorität ist dadurch natürlich nicht gehoben worden. Gerade in dieser angeblichen Ordnungszelle versagen regelmäßig die staatlichen Machtmittel gegen jeden Exzeß von rechts, zum Teil, weil man diese nicht anwenden will, zum Teil, weil man sie nicht anwenden kann. Denn jahrelang hat man die größten Exzesse geduldet, wenn sie nur von rechts kamen.

Den besten Beweis, wie intim diese Zusammenhänge waren, bildet die Tatsache, daß die nationalsozialistischen Verbände mehrfach von seiten des Staates als Notpolizei verwendet wurden. Aber infolge der »marxistischen« Einstellung des bayrischen Staates weigerten sich diese Böcke, sich weiter als Gärtner aufstellen zu lassen. So schrieb der Kommandant der nationalsozialistischen Sturmabteilung an alle Bezirksführer: »Wegen der feindseligen und antivölkischen Haltung der Staatsregierung wird allen Sturmabteilungsführern untersagt, sich irgendwelchen Behörden als Notpolizei zur Verfügung zu stellen. Das Oberkommando muß unter allen Umständen auf der striktesten Durchführung obigen Befehls bestehen. München, 27. Juli 1923. Der Kommandant Göring.« (»Münchner Post«, 25. August 1923.)

Hitler hat am 1. Mai 1923 eine ausgesprochene Niederlage erlitten. Obwohl er nämlich ein Verbot der Maifeier erlassen hatte, konnte diese ungestört auf der Theresienwiese stattfinden. Er stand mit seinen Bewaffneten auf Oberwiesenfeld im Schutz der Maschinengewehre, Minenwerfer und Kanonen. Aber im entscheidenden Moment versagte ihm der Mut, es kam zu keiner Schlacht, und Hitler war blamiert. Diese Blamage hat ihm sehr geschadet, doch keineswegs so, daß von einem Abrücken seiner Anhänger geredet werden könnte.

Rupprecht und Ludendorff

Im September, beim Abbruch des Ruhrwiderstandes, erneuerte Bayern den Ausnahmezustand und berief Kahr zum Generalstaatskommissar. Hinter diesem ständigen Kampf zwischen Kahr und Hitler steckt der Kampf des früheren Kronprinzen Rupprecht mit Ludendorff. Beide hielten sich demonstrativ von Veranstaltungen fern, bei denen jeweils der andere mitmachte. Rupprecht hat auch ganz offiziell gegen Ludendorff polemisiert. In seiner Rede, die auch Stresemann zitierte, sagt er mit einem deutlichen Seitenhieb: »Nicht jeder Feldherr kann Staatsmann zugleich sein.« Hierzu schreibt das königstreue Blatt »Das bayrische Vaterland« (Herausgeber Klaus Eck) am 11. September 1923: »Wir haben in Bayern ein halbes Dutzend Parteien, wir haben ein viertel Dutzend Königsbünde, wir haben Dutzende von vaterländischen Bünden. Wir haben, um ein paar Namen zu nennen, den Bund Bayern und Reich, die Vaterländischen Verbände München, das Zeitfreiwilligenkorps, den Wikingbund, den Bund Blücher, die V. K. V. Bayerns, die ihrerseits wieder aus vier Bünden bestehen. Jede dieser Parteien, jedes dieser Grüppchen hat einen Führer, einige auch deren zwei oder ein halbes Dutzend, von denen jeder mit einem Ministerpräsidentenposten rechnet. Jeder dieser Führer intrigiert und spinnt seine Fäden gegen den anderen. Dutzende von Fäden laufen in der Luft, daher der fürchterliche Wirrwarr in der bayrischen Politik. Wir haben Dutzende von Napoleons und erst wie viele Bismärcker! Fort mit ihnen! Einer soll Führer sein! Und das ist unser König; und wer bei uns als Gast ist, der soll der Erste sein, der sich einordnet und fügt. In Bayern kann man nur einen Bayer als Führer brauchen. Mögen die Worte des bayrischen Kronprinzen von allen, die es angeht, beherzigt werden, auch von denen, die ›zufällig‹ bei dem Offiziersfest nicht anwesend waren. Nicht wahr, Exzellenz Ludendorff?«

Bei dieser Auseinandersetzung spielt natürlich der dynastische Gegensatz die Hauptrolle. Ludendorff und Rupprecht sind zwar beide monarchistisch, aber so begründet Rupprechts Hoffnungen auf den bayrischen Thron sind, als Kaiser ist er unmöglich. Ludendorff dagegen ist Anhänger der Hohenzollern, wilhelminisch und zentralistisch orientiert. Daher ist er auf Grund seiner imperialistischen Einstellung mehr oder minder auch gegen eine Wiederherstellung der bayrischen Monarchie. Sein Ziel ist ein mächtiges Deutschland, mächtig im Sinn des alten Staates. Die Entwicklung Bayerns kann ihn dabei höchstens stören, denn er will ganz Deutschland erobern. Rupprechts Ziele sind weit enger gesteckt als die Ludendorffs. Er will vor allem die bayrische Monarchie, wenn möglich mit Angliederung des katholischen Österreich. Ludendorff aber hat nur ein Ziel: Deutschland. Daher wäre Rupprecht vielleicht einer bayrischen Monarchie unter französischer Protektion gar nicht abgeneigt, Ludendorff unbedingt. Ein mächtiges halbselbständiges Bayern könnte für die von ihm gedachte Außenpolitik nur ein Hemmschuh sein.

Die bayrische Bauernschaft besitzt nun keineswegs einen weiten politischen Horizont oder ist gar expansiv imperialistisch. Sie klebt vielmehr an der Scholle, denkt nur an ihre privaten Interessen und will von einem Rachekrieg gegen Frankreich, dem Hauptprogramm Ludendorffs, nichts wissen. Aus der sozialen Fundierung Kahrs in der bayrischen Bauernschaft entsteht so der zweite Gegensatz zwischen Kahr und Hitler. Die Anhänger Hitlers haben ein soziales Mäntelchen und müssen von einer Enteignung der Schieber und Wucherer reden. Da nun aber die Bauern die ärgsten Wucherer der Nachkriegsjahre sind, so merken sie mit tiefstem Verständnis, daß in der Hitlerbewegung Kräfte sind, die sie in ihrem Besitz bedrohen. Und hängen daher an Kahr und bekämpfen Hitler. Der Gegensatz Rupprechts zu Ludendorff ist außen- wie innenpolitisch durchaus ausgeprägt. Auf der einen Seite stehen die fetten bayrischen Großbauern, auf der andern der verkümmerte Mittelstand und das Lumpenproletariat. Die einen schreien: »Los von Berlin«, die andern: »Auf nach Berlin«.
Im September 1923 begannen die Vorbereitungen für den lang erwarteten Novemberputsch. So erließ der Bund Oberland folgenden Befehl: »Am Sonntag, dem 22. September, nachmittags 5.30 Uhr, versammelt sich die Wandergruppe am Isartalbahnhof. Dienstanzug, Tornister und Rucksack, Proviant für zwei Tage. Wegen etwaiger Zusammenstöße sind erreichbare Handfeuerwaffen, Gummiknüppel, Schlagringe mitzubringen. Es ist Ehrenpflicht jedes Oberländers, zu dieser äußerst wichtigen Übung zu erscheinen. Nichterscheinen hat Ausschluß zur Folge. Geschäftliche Interessen und Nichtaufbringung der Fahrkosten gelten nicht als Entschuldigung. Fahrkosten werden in ganz dringenden Fällen vergütet. Gez. Peter Kirnberger.«
Die geheimnisvoll angedeuteten »etwaigen Zusammenstöße« fanden auch bei der Heimkehr des Bundes Oberland prompt statt. An zwei Stellen kam es zu nächtlichen Straßenkämpfen. Von den zahlreich abgegebenen Schüssen wurden allerdings nur Unbeteiligte getroffen. Straßenpassanten wurden durchsucht, mißhandelt, ein großer Straßenzug abgesperrt und unter Feuer gesetzt. Die Trambahn mußte den Verkehr einstellen. Die Oberländer drangen in die Häuser ein, schossen blindlings in die Höfe und besetzten Gänge und Dächer. (»Berliner Tageblatt«, 24. September 1923.)
Die Entwicklung dieses dreieckigen Kampfes: Kahr gegen die Nationalsozialisten, die Nationalsozialisten gegen das Reich

und Kahr gegen das Reich sieht man sehr schön in der folgenden Zusammenstellung.

Bayrische Chronik für das Jahr 1923

26. Januar. Parteitag der Nationalsozialisten. Drohender Putsch. Ausnahmezustand verhängt. Die verbotenen nationalsozialistischen Veranstaltungen finden trotzdem statt.
Februar. Fuchs und Machhaus bereiten Putsch vor.
18. Februar. Ermordung des Studenten Bauer.
28. Februar. Fuchs und Machhaus wegen Landesverrats verhaftet. Rechtsanwalt Dr. Kühles begeht Selbstmord.
1. März. Überfall auf die sozialdemokratische »Münchner Post«.
26. April. Blutiger Zusammenstoß zwischen Nationalsozialisten und Sozialisten in Neuhausen.
27. April. Nationalsozialistischer Überfall auf die demokratische Abgeordnete Dr. Rosa Kempf.
30. April. Drohender Putsch der Nationalsozialisten. Zweiter Ausnahmezustand verhängt.
1. Mai. »Generalappell« des deutschen Kampfbundes auf Oberwiesenfeld.
18. Mai. Bayrische Regierung lehnt Teilnahme an der Verfassungsfeier in der Frankfurter Paulskirche ab.
23. Mai. Der »Völkische Beobachter« wegen Ankündigung offener Rebellion verboten.
2. Juni. Zusammenstoß zwischen Sozialdemokraten und »Reichsflagge« in Feucht. Ein Arbeiter tot.
4. Juni. Prozeß gegen Fuchs und Munk.
15. Juli. Zusammenstöße der Nationalsozialisten mit der Polizei auf dem deutschen Turnfest in München.
15. Juli. Schwere Zusammenstöße zwischen Nationalsozialisten und Angehörigen der Linksparteien in Erlangen: vierzehn Personen verletzt.
6. August. Zusammenstoß zwischen Rechtsradikalen und Sozialdemokraten in Rollhofen: ein Arbeiter erschossen, mehrere verletzt.
21. August. Bayern protestiert in Berlin gegen die Verordnung über die Presse.
3. und 4. September. Unruhen in den Nürnberger Fabriken im Anschluß an den Deutschen Tag.
10. September. Der frühere Kronprinz Rupprecht nimmt scharf Stellung gegen Ludendorff.

12. September. Tagung des christlichen Bauernvereins beschließt »Los von Berlin, los von Preußen«.
14. September. Bayrischer Protest gegen Stresemanns Ankündigung einer Goldhypothek für Reparationszwecke.
17. September. Protest der bayrischen Presse gegen die Abberufung des Generals Epp.
22. September. Mißtrauensvotum der vaterländischen Verbände gegen den bayrischen Innenminister Schweyer. Ankündigung »zum Schutz ihrer Angehörigen künftighin zur Selbsthilfe zu greifen«.
24. September. Aufruf der Nationalsozialisten zur Bildung von Artillerie- und Kavallerieformationen und zu vierzehn Massenversammlungen.
26. September. Dritter Ausnahmezustand proklamiert. Kahr Generalstaatskommissar. Hitler erklärt, daß der deutsche Kampfbund Herrn v. Kahr nicht zur Verfügung stehe.
27. September. Kahr lehnt die Durchführung des von Geßler verhängten Verbots des »Völkischen Beobachter« ab.
28. September. Das Reichsgesetz zum Schutze der Republik außer Kraft gesetzt. Die sozialistischen Sicherheitsabteilungen (Notwehrorganisationen gegen die Nationalsozialisten) aufgelöst.
1. Oktober. Haftbefehl des Oberreichsanwalts gegen Hauptmann Heiß, Führer der »Reichsflagge«, wird nicht durchgeführt. Befehl General Seeckts an General Lossow von diesem nicht ausgeführt. »Nürnberger Morgenpresse« und »Fränkische Volkszeitung« verboten.
6. Oktober. Die gesamte kommunistische Presse verboten.
18. Oktober. Bayern lehnt amtlich »jeden weiteren Verkehr mit Geßler und Seeckt ab«.
20. Oktober. General Lossow durch Geßler vom Dienst enthoben, das bayrische Gesamtministerium nimmt den bayrischen Teil der Reichswehr »als Treuhänder in Pflicht«.
24. Oktober. Sämtliche Länder stellen sich in dem Konflikt hinter das Reich. Kahr erklärt Rücktritt der Reichsregierung als Voraussetzung der Konfliktlösung.
30. Oktober. Aufmarsch der rechtsradikalen Organisationen an der bayrisch-thüringischen Grenze.
4. November. Die Vaterländischen Verbände verlangen binnen 24 Stunden die Rechtsdiktatur im Reich. Lossows Plan eines Direktoriums.
8. November. Hitler-Ludendorff-Putsch im Bürgerbräukeller, die bayrischen Minister verhaftet. Kahr schließt sich zuerst an.

9. November. Straßenkampf in München. Ludendorff und Hitler gefangen.
11. November. Kundgebungen gegen Kahr.
13. November. Die gesamte sozialistische Presse verboten.
16. November. Angeblicher Attentatsplan gegen Kahr aufgedeckt.
(Nach der »Nürnberg-Fürther Morgenpresse«.)

Der Putsch vom 9. November 1923

Einige Tage vor dem 9. November verstärkte sich die Tätigkeit der Nationalsozialisten und der Vaterländischen Verbände außerordentlich. Man hörte von einem Ultimatum, wonach die Vaterländischen Verbände an die Reichsregierung die Forderung gestellt hätten, binnen 24 Stunden auf legalem Wege eine Militärdiktatur einzusetzen; doch wurde dies natürlich sofort dementiert. Von zwei verschiedenen Seiten erfolgte die Vorbereitung zu dem Generalstoß, den Hitler gegen die Novemberverbrecher am 9. November 1923 unternehmen wollte. Das erste war der kläglich gescheiterte Küstriner Putsch (vgl. Kapitel 6), das zweite der Aufmarsch der Nationalsozialisten in Franken (vgl. Kapitel 8). Die großen Kosten dieses Unternehmens dürften eine der Hauptursachen gewesen sein, warum Hitler losschlagen mußte. Dazu kam, daß der 9. November sich aus psychologischen Gründen für einen Putsch besonders gut eignete.
Am 8. November hielt Kahr eine Versammlung der Vaterländischen Verbände im Bürgerbräu ab, um ihnen sein Heilsprogramm zu verkünden. Hitler drang in die Versammlung mit bewaffneten Nationalsozialisten ein, verschaffte sich durch Pistolenschüsse Gehör, verhaftete eine Reihe von Ministern. Kahr, Lossow und der Major von Seisser wurden in ein Nebenzimmer gebeten. Über das, was darin vorging, gehen die Meinungen der Beteiligten stark auseinander. Kahr erklärte, mit vorgehaltenen Pistolen habe man ihn, Lossow und Seisser gezwungen, sich der Bewegung anzuschließen. Nach Ludendorffs Darstellung ist von einer Bedrohung keine Rede gewesen. Die Hitlerleute hätten vielmehr mit bittend gefalteten Händen Herrn von Kahr um einen entscheidenden Entschluß angefleht. Kahr habe zugestimmt und alle seien in freier Übereinstimmung vor die Menge getreten. Die Kundgebung wurde dann gemeinsam fortgesetzt. Kahr erklärte unter brausendem Beifall als Sachver-

walter seines Königs, das heißt des früheren Kronprinzen Rupprecht, schließe er sich der Bewegung an.
Hitler erklärte: »Die nationale Revolution ist heute abend ausgebrochen, die Reichsregierung ist abgesetzt und wird durch eine nationale Regierung unter Hitler ersetzt. Ludendorff wird mit der neu aufzustellenden Reichsarmee gegen Berlin marschieren.«
In der Nacht zerstörten und plünderten die Nationalsozialisten das Gebäude der »Münchner Post«, besetzten die gesamten Druckereien und »beschlagnahmten« alle Papiermarkbestände, deren sie habhaft werden konnten, insgesamt 8000 Billionen (60 000 Goldmark).
Auch außenpolitisch hatte Hitler vorgesorgt. Es bestand eine Verbindung zwischen ihm und dem Verein der »Erwachenden Ungarn«, einer sicherlich deutschvölkischen Organisation. In einem formellen Vertrag war ausgemacht, daß der Führer der Erwachenden Ungarn, Herr Ulain, die Hitlertruppen durch Getreide und Truppen unterstützen sollte. Trotz dieser Vorbereitungen scheiterte der Putsch. Kahr zog seine Zustimmung noch in derselben Nacht zurück, erklärte sie für erpreßt und null und nichtig. Am nächsten Tag fand ein Demonstrationszug der Nationalsozialisten statt. Auf Befehl Kahrs stellte sich die Landespolizei ihnen entgegen. Es kam zu einer kurzen Schießerei, bei der unter anderem Scheubner-Richter getötet wurde. Die Münchner Studenten nahmen für Hitler in heftigen Kundgebungen Partei, schrien ihren, übrigens deutsch-nationalen, Rektor nieder, und selbst Ehrhardt konnte sich nicht unbedingt durchsetzen, als er erklärte, sich hinter Kahr stellen zu wollen. Man sieht, welch interessante Anhänger Herr von Kahr hat. In jedem anderen Lande der Welt würde ein höherer Staatsbeamter durch einen solchen Anhänger diskreditiert werden.
Hitler wurde an einem der nächsten Tage verhaftet. So jämmerlich endete der groß angelegte Putsch. Man sieht, wie wenig Kräfte hinter den Nationalsozialisten stehen und wie rasch ein energisches Eingreifen den ganzen Spuk beseitigt.
Ludendorff wurde auf seine ehrenwörtliche Zusage hin, daß er sich an weiteren Putschunternehmungen nicht mehr beteiligen werde, aus der Haft entlassen. Am nächsten Tage schon erklärte er, er denke nicht daran, sich von der Politik zurückzuziehen, er hielte nach wie vor die deutschvölkische Bewegung für die einzig mögliche, und er werde sich nach wie vor auf diesen Bahnen bewegen. Als er trotz dieser zweideutigen Erklärung »belästigt« wurde, drohte er, sich in Untersuchungshaft zu be-

geben, zog es aber doch vor, in Freiheit zu bleiben. Natürlich bezieht er seine Pension vom Reich weiter.
Der nächste Schlag Kahrs war nicht etwa die Auflösung der nationalsozialistischen, sondern die der kommunistischen Partei. Als Herr von Seeckt sich beeilte, es ihm gleichzutun, gleichzeitig aber auch die nationalsozialistische Partei verbot, wurde sogar mitgeteilt, daß dieses Verbot sich nicht auf Bayern beziehen könne.
An sich wäre es nicht weiter zu verwundern gewesen, wenn Kahr und Lossow sich tatsächlich hinter Hitler gestellt hätten. Denn speziell Lossow ist ein anerkannter Rebell, er hatte seinem dienstlichen Vorgesetzten, dem General von Seeckt, den Gehorsam verweigert. Was ist nun die Ursache von Kahrs wortbrüchigem und zweideutigem Verhalten? Man betrachte zunächst Kahrs eigene Erklärung:
»Wenn Kahr, Lossow und Seisser unter dem Drang der Verhältnisse die von ihnen erpreßte Erklärung abgegeben hatten, so geschah dies, weil sie von der Überzeugung erfüllt waren, daß nur in einem einheitlichen Vorgehen der drei Personen noch die Möglichkeit gelegen hätte, die Staatsautorität innerhalb Bayerns aufrechtzuerhalten und das Auseinanderfallen aller Machtmittel zu verhindern.« Dieses offene Zugeständnis der gemeinsamen Ziele zwischen Kahr und den Putschisten ist sehr interessant.
Wenn sich beide der nationalen Revolution also nicht angeschlossen haben, so haben sie dies nicht etwa unterlassen, um die Autorität der republikanischen Reichsregierung zu stützen oder weil sie selbst verfassungstreu wären. Der Trennungspunkt liegt vielmehr wo anders: Hitler und Ludendorff sind großdeutsch, Kahr aber ist Anhänger der Monarchie der Wittelsbacher, wie er dies des öfteren, unter anderem auch an dem betreffenden Abend ausdrücklich betont hat. Er hat sich nur deswegen von dem Putsch geschieden, weil Rupprecht seine Stunde noch nicht für gekommen erachtete. Der Umschwung Kahrs in der Nacht ist wohl auf den Einfluß des früheren Kronprinzen Rupprecht zurückzuführen. Ihm und nicht etwa der Treue zum Reich ist Kahr gefolgt.
Nach dem Putsch entspann sich eine interessante Polemik zwischen den Anhängern von Kahr und den deutschvölkischen Anhängern von Ludendorff und Hitler. So erklärte Herr von Gräfe, der »zufällig« gerade in München war: Kahr und Lossow seien Verräter, denn mehrfach und sogar noch am Vormittag des Putschtages hätten sie Hitler und Ludendorff ihre Zustim-

mung gegeben, nur seien sie sich über den Termin nicht einig gewesen. Auch in der Nacht wären sie danach mit dem Vorgehen Hitlers noch einverstanden gewesen, dann seien sie aber umgefallen, auf Grund einer Unterredung, die sie in der Nacht mit dem Bevollmächtigten des Kapitän Ehrhardt, dem aus dem Fuchs-Machhaus-Prozeß wohlbekannten Kapitän Kautter, hatten. (Sonderausgabe des »Deutschen Tageblattes«, 13. November 1923.)

Ein wesentlicher Grund zu dem Verhalten Kahrs ist wohl in folgendem zu erblicken: Bei jeder partikularistischen und gegen das Reich gerichteten Handlung kam es Kahr immer darauf an, gleichzeitig seine Reichstreue betonen zu können. Daher mußte er bei einem so entscheidenden Schritt konform mit seinen nationalistischen Gesinnungsgenossen im Reich vorgehen. Im Zusammenhang mit dieser seiner Einstellung stehen die allerdings mißglückten Versuche Rupprechts, sich zum Haupt aller nationalen und antirepublikanischen Bestrebungen im Reich zu machen. Sie äußerten sich vor allem in Verhandlungen mit pommerischen Monarchisten. Diese Monopolisierungsversuche scheiterten aber an den Widersprüchen Ludendorffs, der die Oberhoheit des Hauses Wittelsbach nicht anerkennen und sich nicht ausschalten lassen wollte.

Kahr wollte also stets die Fiktion der Reichstreue aufrechterhalten, und dies war bei einem separaten Vorgehen, wie es der Putsch vom 9. November darstellte, nicht möglich. Das Schwert des Generals Ludendorff hätte all das zerstört, was die Feder des Diplomaten Kahr geschaffen hatte. Da die im Zusammenhang mit der Hitlerschen Aktion stehenden kleinen Putsche, wie der in Küstrin, mißlungen waren, so wäre Kahr in seinem Vorgehen allein gestanden. Dieses Bedenken überwog bei ihm.

Zusammenfassend ist also über diesen Putsch zu sagen: Die in einem Bräu begonnene nationale Revolution ist diesmal gescheitert. Die Gegensätze zwischen Hitler und Kahr sind an sich nicht prinzipieller Natur. Doch unterscheiden sie sich durch die letzten Ziele und in der Frage des Zeitpunktes des Losschlagens.

Und wenn Kahr sich Hitler nicht angeschlossen hat, so war die Treue zum Reich für ihn kein wesentliches Motiv. Vielleicht hat umgekehrt sein partikularistisches Programm ihn am stärksten beeinflußt.

Kahr hatte Hitler groß werden lassen, er hat ihn jahrelang unterstützt, seinen Kampf gegen Berlin und alle Verstöße gegen die Reichsgesetze gebilligt. Er hat ihm noch am 8. November ein feierliches Versprechen gegeben, um ihn am 9. November zu verraten. »Ich will ja marschieren, Herrgott, ich will ja marschieren, aber es müssen 51 Prozent Wahrscheinlichkeit bestehen, daß es gut ausläuft.« So sprach Lossow, und dann ließ er nach der feierlichen Zusage in der Versammlung gegen die Truppen des Kampfbundes schießen. Wenn je das Wort »Dolchstoß« berechtigt war, so hier.

Der Prozeß gegen Hitler und Ludendorff

Der an ungewöhnlichen Zwischenfällen reiche Prozeß gegen die Nationalsozialisten wurde vor dem Münchner Volksgericht vom 26. Februar bis 1. April geführt. Vorsitzender war Oberlandesgerichtsrat Neidhardt, Anklagevertreter die Staatsanwälte Ehardt und Stenglein. Angeklagt waren Adolf Hitler, General Erich Ludendorff, Oberstlandesgerichtsrat Ernst Poehner, früher Münchens Polizeipräsident, Oberleutnant Dr. Wilhelm Frick, Oberamtmann der Münchner Polizeidirektion, Dr. Friedrich Weber, Assistenzarzt an der Tierärztlichen Hochschule und Leiter des Bundes Oberland, Hauptmann a. D. Ernst Röhm, Kommandant der Reichsflagge, Oberleutnant a. D. Wilhelm Brückner, Oberstleutnant a. D. Hermann Kriebel, militärischer Leiter des Kampfbundes, Oberleutnant a. D. Heinz Pernet und Leutnant Robert Wagner von der Infanterieschule. Ludendorff, Pernet, Poehner, Frick und Wagner befanden sich während der Verhandlung auf freiem Fuß, die anderen waren im Verhandlungsgebäude, in der Infanterieschule in Haft.

Kriebel, die militärische Spitze des Unternehmens, leitete den Aufmarsch der Truppen im Löwenbräukeller und an den Isarbrücken. Poehner, einer der höchsten bayrischen Richter, hatte sich als Ministerpräsident betätigt und mit Kahr über die Besetzung der einzelnen Ämter verhandelt. Kahr hatte nämlich imperialistische und annexionistische Pläne. Nach der Eroberung von Thüringen und Sachsen durch Ehrhardt sollte Poehner dort Zivilkommissar werden. Was für Zustände unter Poehner geherrscht haben, sieht man daran, daß einer seiner Angestellten gleichzeitig Chef des Nachrichtendienstes bei Hitler war. Die Anklagen gibt dieser frühere Polizeipräsident lächelnd zu, gleichzeitig aber wehrt er sich heftig dagegen, daß er negativ zum Staat eingestellt sei. Frick, der Leiter der Kriminalabteilung und des Sicherheitsdienstes der Münchner Polizei, war von Poehner als Polizeipräsident in Aussicht genommen. Obwohl er um den Putsch wußte, hat er unterlassen, ihn anzuzeigen. Weber hat die in der Versammlung verhafteten Minister bei seinem Schwiegervater, dem Verleger J. F. Lehmann, untergebracht und auswärtige Anhänger des Kampfbundes mobilisiert. Röhm und Wagner besetzten das Wehrkreiskommando mit ihren Truppen und versuchten es gegen die Angriffe der Reichswehr zu halten. Wagner und Pernet hatten zusammen mit Roßbach die Offiziersaspiranten der Infanterieschule für den Putsch gewonnen.

Dem Prozeß gingen Verhandlungen voraus, in denen die Angeklagten versprachen, bei ihrer Verteidigung die »vaterländischen Belange« der bayrischen Regierung zu schonen, falls ihnen von vornherein Straflosigkeit zugesichert werde. Hierauf ging das Gericht zwar offiziell nicht ein, aber tatsächlich wurde der Prozeß Kahr gegen Ludendorff zum großen Teil in den Formen geführt, in denen sich gut aufgezogene Ehescheidungsprozesse abzuspielen pflegen; von vorneherein wird stillschweigend oder ausgesprochen vereinbart, was jede Partei zugeben und was sie sagen darf. Damit niemand aus der Rolle fiel, wurde bei allen wichtigen Sitzungen, welche die militärische Vorbereitung der Geheimbünde betrafen, die Öffentlichkeit ausgeschlossen. Sogar Vertreter des Reichswehrministeriums durften nicht anwesend sein. Berlin sollte manche Zusammenhänge nicht erfahren. Auch das stets gezückte Dienstgeheimnis diente dieser Verschleierung. Verstieße eine der Parteien gegen diese Ausmachung, so kam es zu heftigen Konflikten des Vorsitzenden gegen die Verteidiger, der Verteidiger gegen den Staatsanwalt und gegen die Zeugen, die jeweils damit endeten, daß eine Partei die Türe hinter sich zuwarf und erklärte, nicht mehr mitmachen zu wollen. Doch wurde der Friede dann wiederhergestellt.

Vertauschte Rollen

Das Interessanteste an dem Prozeß waren die vertauschten Rollen. Die Angeklagten waren die Verhandlungsleiter. Sie bestimmten, wann die Öffentlichkeit auszuschließen war. Durch ihre Vertrauensleute leiteten sie sogar die Kartenausgabe, um stets sicher zu sein, daß sie für ihre für die Wahl gedachte Propaganda auch die richtige Resonanz hatten. Hitler nimmt die Zeugen energisch ins Verhör und empfängt lauten Beifall vom Publikum. Wie stark sich die Angeklagten fühlen, sieht man an Kriebels Ausspruch: »Beim Kapp-Putsch habe ich mir meine Staatsstreichsporen verdient.« Und Poehner konnte höhnisch sagen: »Wenn Sie das, was ich begangen habe, Hochverrat nennen, nun – das Geschäft betreibe ich seit fünf Jahren.« Die Zeugen Kahr, »der Mann der offenen Hintertüren«, Lossow, »der Mann der 51 Prozent«, und der »Reichspolizeiminister« Seisser waren die tatsächlichen Angeklagten. Sie fühlten sich auch als solche und hatten daher ihre Aussagen sorgfältig vorher miteinander verglichen. Daher klebten sie auch am Manuskript. Allerdings war Lossow dabei schneidiger als der unentschlossene Kahr. Damit aber ja keine Differenzen auftraten, hatte er der Vorsicht halber seine Aussagen als Denkschrift versandt. Sehr mit Recht behaupteten Hitler und seine Freunde, daß sie nur das fortgesetzt hätten, was Kahr und Lossow begonnen. Ein Hochverrat sei in Bayern unmöglich gewesen, da die Weimarer Verfassung durch Lossows Verhalten bereits außer Kraft getreten war, und der von ihnen geplante Marsch nach Berlin war in allen vaterländischen Verbänden eine Selbstverständlichkeit. So wurden die Angeklagten zu Anklägern. Der öffentliche Ankläger aber wurde zum Verteidiger. Hitler ist für ihn »hochbegabt« und die Erweckung des völkischen Gedankens sein großes Verdienst, »er ist kein Demagoge im schlechten Sinne des Wortes«. Ludendorff hat sich bei dem Unternehmen »als ganzer Mann, als tapferer Soldat gezeigt. Sein Feldherrnruf ist unberührt geblieben« (Ludendorff selbst war hier anderer Ansicht, denn er verglich den mißglückten Marsch auf die Feldherrenhalle mit – Tannenberg). Poehner endlich »hat sich im Krieg und Frieden bewährt.«

Ludendorff führte seine Verteidigung, wie er den Weltkrieg geführt hatte: Viel Feind, viel Ehr. So machte er sich so ziemlich alle bayrischen Parteien zum Feind und rief Gegenerklärungen von so verschieden gerichteten Leuten wie Graf Soden, Geheimrat Heim, Kardinal Faulhaber und Prof. Förster hervor. Die Katholiken und besonders das Zentrum beschuldigte er mangelnder Reichstreue. Gegenüber dieser Argumentation trat sogar sein Antisemitismus zurück. Lossow warf er jetzt direkten Hochverrat vor, was ihn früher nicht gehindert hatte, mit ihm zusammenzuarbeiten. Zuletzt griff er allerdings zu den gewöhnlichen Mitteln der Angeklagten und wollte sich an nichts erinnern. »Der Marsch nach Berlin war kein feststehendes Programm, sondern nur eine Unterhaltung.« In der Versammlung habe er nicht so genau aufgepaßt. Selbst von der Absetzung des Reichspräsidenten habe er nichts gewußt. Er habe unter demselben moralischen Druck gehandelt wie Kahr. Durch liebenswürdige Suggestivfragen erleichterte der Vorsitzende ihm diesen Rückzug.

Überhaupt war der Vorsitzende die Güte selbst, wenn der Herr Oberstleutnant, der Herr Landesgerichtsrat, Se. Exzellenz der Herr General oder gar Herr Hitler Aussagen machten. Denn die Angeklagten waren ja beinahe alle hohe Beamte oder Militärs. Ein angebliches ironisches Lächeln des Staatsanwalts aber fand lebhafte Rüge.

Ehrhardt, der als Zeuge vernommen werden sollte, konnte natürlich nicht gefunden werden. Sein Auftreten als Zeuge wäre für ihn vielleicht gefährlich geworden. So argumentieren die vaterländisch Gesinnten. Er muß vor Berlin geschützt werden, weil er zu Kahr gehalten hatte. Und um Kahr durch seinen »Notpolizisten« nicht noch mehr zu kompromittieren, wurde alles auf ihn Bezügliche in geheimer Sitzung erörtert. Das Reichsgericht hat sich dafür nicht weiter interessiert. Tatsächlich war Ehrhardt, wenn auch hinter den Kulissen, eine der wichtigsten Persönlichkeiten dieses Putsches. Zur Vorbereitung der nationalen Diktatur hatte er allein in Nürnberg 20 000 Dollar gesammelt.

Als Hitler von einem gebrochenen Ehrenwort Lossows sprach, sprang Lossow auf, warf die Türe hinter sich zu und erklärte, nicht mehr zu kommen. Schrieb's und fuhr mit Kahr und Seisser nach Korfu zur Erholung. Daß drei so schwer belastete Leute solche Vergnügungsfahrten unternehmen können, dürfte einzigartig sein.

Aber auch abgesehen von solchen markanten Zwischenfällen, war die Prozeßführung reichlich komisch. Eingehend wurden Zeugen darüber vernommen, ob Kahr dem Hitler oder Hitler dem Kahr bei der Versammlung eine oder beide Hände gegeben habe, und ob und wie sie sich dabei in die treudeutschen Augen geblickt hätten. Dagegen hat der doch in intimem Zusammenhang mit dem Putsch stehende Direktoriumsplan und Verfassungsentwurf des Alldeutschen Verbandes das Gericht gar nicht interessiert, obwohl man deutlich sah, daß hier die Wurzeln von Kahrs Verhalten liegen. Bei diesem Direktorium hatte vor allem der Schwerindustrielle Minoux eine Rolle gespielt. Ebensowenig gehörte der Küstriner Putsch zur Sache.

Das Urteil

Am letzten Verhandlungstag konnte Hitler, mit stürmischen Heilrufen begrüßt, sich seinen auf der Straße versammelten Anhängern präsentieren. Am 1. April 1924 wurde das Urteil verkündet: Hitler, Poehner, Kriebel und Weber werden wegen Hochverrats zu fünf Jahre Festung und zu 200 Mark Geldstrafe und zur Tragung der Kosten verurteilt. Nach Verbüßung von sechs Monaten wird ihnen Bewährungsfrist für den Rest in Aussicht gestellt. Hitler werden vier Monate, zwei Wochen, Weber vier Monate, drei Wochen, Kriebel und Poehner je zweieinhalb Monate Untersuchungshaft angerechnet. Frick, Röhm, Brückner, Wagner und Pernet erhalten wegen Beihilfe zum Hochverrat je ein Jahr, drei Monate Festung und je 100 Mark Geldstrafe und werden zur Tragung der Kosten verurteilt. Gleichzeitig erhalten sie Strafaufschub und Bewährungsfrist. Ludendorff wird unter Aufbürdung der Kosten auf die Staatskasse freigesprochen.

Tatsächlich ist dies ein kompletter Freispruch, denn Hitler hat danach nur noch sechs Wochen, Weber fünf, Kriebel und Pöhner zehn Wochen abzusitzen. Alle anderen sind frei. Das ist die ganze Strafe. Die Geldstrafe dürfte sie auch kaum hart treffen: die Parteikasse ist unter anderem durch die Diebstähle vom 8. November wohlgefüllt.

Die Urteilsbegründung sagt von Kahr, daß er die Schaffung eines überparteilichen, nach rechts gerichteten Direktoriums wollte. Die Angeklagten wollten eine nationale Reichsdiktatur mit Gewalt nach Berlin vortragen. Hierzu sollte eine Nationalarmee aufgestellt werden. Kahr, Lossow und Seisser hätte keine militärische Aktion vorgeschwebt, sondern lediglich der in den wirtschaftlichen Machtfaktoren, Industrie und Landwirtschaft und den staatlichen Machtmitteln, Reichswehr und Landespolizei verkörperte Wille. Aus der Überzeugung heraus, daß Kahr, Lossow und Seisser das tatkräftige Wollen nicht aufbringen würden, habe Hitler den Entschluß gefaßt, den drei Herren Gelegenheit zum Absprung zu geben und die nationale Revolution in Gang zu bringen. Gefördert wurde dieser Entschluß durch eine Besprechung im Generalstaatskommissariat vom 6. November 1923. Die Frage, ob die drei Herren bei den Vorgängen im Bürgerbräu mit dem Herzen bei der Sache waren, sei ohne Belang. Das Ziel des Hitlerischen Unternehmens war die Beseitigung der Reichsregierung und des Parlaments. Bei Röhm, Brückner, Wagner, Pernet und Frick wird es für nicht erwiesen gehalten, daß sie in die von Hitler, Kriebel, Poehner und Weber gefaßten Entschlüsse eingeweiht waren und bei Frick sei der Beweis, daß er schon seit längerer Zeit mit seinem Wissen für die Stelle des Polizeipräsidenten in Aussicht genommen sei, nicht geführt. Ludendorff habe sich der Bewegung nur im Sinne des Kahrschen nichtverfassungswidrigen Gedankens einer Reichsdiktatur angeschlossen. Da Kahr aber auch nicht den Anfang zur Durchführung dieser Idee gemacht habe, liege bei Ludendorff erst recht weder Hochverrat noch Beihilfe vor.

Die Führer der Nationalsozialisten erhalten also durch dieses Urteil die feierliche Zusage, daß sie ihre Tätigkeit ungestört fortsetzen können. Das Urteil stellt einen würdigen Abschluß der gesamten bayrischen Volksgerichte dar.

11. Prinzipielles zu den Geheimbünden

Bisher haben wir die Geschichte der Geheimbünde bis zum Ausgang des Ruhrkriegs skizziert. Die seitherige Entwicklung ist dadurch charakterisiert, daß wesentliche Programmpunkte, die zwar nirgends ausgesprochen werden, aber überall dahinterstecken, realisiert sind. Die Macht des Unternehmertums gegenüber den Arbeitern ist ungeheuer gewachsen. Die Reichswehr und die gesamte Verwaltung ist von Republikanern gesäubert und ist ausgesprochen republikfeindlich eingestellt. Die Konzentration des Besitzes hat ungeheuer zugenommen, und der soziale Gedanke ist gegenüber diesem Machtkomplex wirkungslos. Dies bedeutet Möglichkeiten zur Realisierung von Hoffnungen, an die früher nicht zu denken war. Die Macht der Offiziere der kaiserlichen Armee und Marine, der höheren Beamten, des Adels und der Schwerindustrie, also der Kreise, welche glauben, ihrer bevorrechteten Stellung in der Monarchie beraubt worden zu sein, ist durchaus wieder auf die alte Höhe gewachsen. Sie fürchten zwar, daß die künftige Entwicklung sie dieser Macht berauben könnte, aber ihre tatsächliche Macht ist heute sogar größer als unter der Monarchie.
Nur oberflächlich gesprochen ist Deutschland eine demokratische Republik; tatsächlich herrschen die alten militärischen Kräfte. Aber unter Wilhelm II. konnten sie eine aktive Außenpolitik, heute nur eine aktive Innenpolitik betreiben. Sie sind schwach gegen den äußeren Feind, aber sie sind stark gegen den »inneren Feind«, den Arbeiter und den Republikaner.

Stellung zum Bolschewismus

Zur Vorbereitung jeder völkischen Aktion und zur Stärkung und Sammlung der Mitglieder gehört die Nachricht von einem kommenden kommunistischen Putsch. So marschierten die Truppen Kapps zum Teil gutgläubig in Berlin ein, um die Hauptstadt vom Bolschewismus zu befreien. Und die Marburger Studenten unternahmen ihren blutigen Zug durch Thüringen unter der Fiktion, daß dort der Bolschewismus herrsche.

Auch von größeren Felddiebstählen wurde zu solchen Zwecken berichtet. Angeblich um diese zu verhindern, marschierten die Truppen Ehrhardts im Oktober 1923 in Franken auf.
Die »antibolschewistische Liga« und ähnliche Organisationen verbreiten immer zur rechten Zeit die Nachricht von demnächst bevorstehenden kommunistischen Aufständen und großen kommunistischen Waffenlagern, während aller Wahrscheinlichkeit nach die kommunistischen Waffenlager verschwindend klein sind gegenüber den nationalistischen. Falls solche kommunistischen Aufstände nicht kommen wollen und man handgreiflicher Beweise bedarf, werden sie künstlich geschaffen: Bei manchen Arbeitslosenunruhen und ähnlichen Bewegungen, welche vielleicht zu kommunistischen Aufständen hätten führen können, spielen Provokateure eine Rolle. Wenigstens teilte der sächsische Ministerpräsident Dr. Zeigner mit, daß sich an den Erwerbslosenunruhen in Dresden Agentsprovocateurs mit Ausweisen des Reichskommissars für öffentliche Ordnung beteiligt hätten. (»Berliner Tageblatt«, 12. Juni 1923.) Auch der frühere Leutnant Krull, der bei der Ermordung Rosa Luxemburgs eine Rolle gespielt hat, habe sich dabei befunden.
In diesem Kampf gegen das, was sie für Sozialismus halten, im Kampf gegen die »Novemberverbrecher«, sind sich die sämtlichen Geheimbünde einig. Noch stärker ist entsprechend ihre antibolschewistische Einstellung, die früher das alleinige Aushängeschild war. Nur ganz vereinzelt und vorübergehend finden sich, wie etwa beim Korps Oberland, nationalbolschewistische Neigungen. Die seinerzeit angestellten Verbrüderungsversuche der Extremisten beider Lager sind trotz der aufsehenerregenden Artikel von Hans von Henting und des Grafen Reventlow auf der einen Seite und Radeks auf der anderen Seite aus der Inkongruenz der nächsten Ziele gescheitert. Meist wird sogar der Kampf gegen den Bolschewismus als Hauptziel genannt, um dessentwillen man sogar bereit ist, mit der Entente zusammenzuarbeiten. Unter der Voraussetzung natürlich, daß sie die Bildung eines großen Heeres erlaubt, das man später gegen sie zu verwenden gedenkt. Doch ist die Entente bisher auf diese Liebedienerei nicht hereingefallen. Und mit der Wandlung der sozialen Struktur des Bolschewismus hat dieses Argument an Stärke verloren.

Stellung zum Judentum

Einig sind sich die verschiedenen Organisationen auch im Antisemitismus. Die Juden spielen in der Sozialdemokratie, wie übrigens in allen Bewegungen, eine große Rolle. Insbesondere waren viele Führer der sogenannten Revolution Juden. Da man sich nun einbildet, eine Revolution könne gemacht werden, so war die Argumentation sehr naheliegend, die Juden hätten die Revolution »gemacht«. Diese Auffassung verbindet sich mit einer Art klassenkämpferischer Einstellung der Völkischen. Da sowohl bei den Sozialisten und Kommunisten, wie bei den Vertretern der Bankwelt und des Finanzkapitals viele Juden vorkommen, so werden hier geheime Zusammenhänge vermutet. Die Sozialisten sind danach nur die versteckten Vorkämpfer des Bankkapitals und die sogenannte Republik nur ein Mittel, um durch Beseitigung des in der Tradition verwurzelten Königtums die alleinige Herrschaft des internationalen Kapitals zu begründen.

Trotz dieses streng antisemitischen Charakters der völkischen Bewegung hat sie aber auch eine Art jüdischen Flügel. Es gibt einen Bund nationaldeutscher Juden, der mehrfach Herrn Ludendorff seine Verehrung dargebracht hat. Auch der große nationale Vorkämpfer Prof. Paul Coßmann, Heragsgeber der Süddeutschen Monatshefte, Urheber des Fechenbach-Prozesses und eifriger Propagandist in der Schuldlügenfrage, ist geborener Jude. Und aus dem ostpreußischen »Stahlhelm« mußten die Juden erst durch einen ausdrücklichen Beschluß ausgeschlossen werden.

Solche Zusammenhänge sind nicht so seltsam wie sie scheinen. Die völkische Bewegung stellt sich ja schützend vor den Kapitalismus, dessen Nutznießer die reichen Juden ebenso sind wie die reichen Christen. Auch ist der Zusammenhang zwischen der konservativen Weltanschauung, aus der die deutschvölkische Bewegung wenigstens äußerlich hervorgegangen ist, und dem Judentum sehr alt. Schon der Gründer und Theoretiker der konservativen Partei Julius von Stahl war Jude. Trotzdem wirkt dieser jüdische Flügel heute im wesentlichen nur komisch.

Stellung zu den Dynastien

Diese ultranationalistische Bewegung, wie sie die Geheimbünde darstellen, konnte in Deutschland vor allem deswegen entstehen, weil es keine wirklichen Patrioten gibt. Im Gegensatz zu allen anderen modernen Staaten ist das Deutsche Reich durch eine Einigung der einzelnen Dynastien geschaffen worden. Und auch Bismarck hat Zweifel geäußert, ob das Reich ohne den Zusammenhalt der Dynastien überhaupt lebensfähig wäre. Aus diesem historischen Werden ist es erklärlich, daß es in Deutschland das einfache und selbstverständliche Gefühl der Vaterlandsliebe, welches auf dem Herdeninstinkt und der Heimatliebe beruht, tatsächlich nicht gibt. Normal sind nur die beiden Extreme der vollkommenen Vaterlandslosigkeit und des Ultranationalismus. Was sich als Patriotismus verkleidet, ist meist nur die Liebe zur Dynastie. Und diese Liebe hat nach dem würdelosen Verhalten der meisten Dynastien heute in vielen Fällen ihr Objekt verloren. Sie ist aber zu stark und zu sehr in der persönlichen fiktiven Beziehung zum Monarchen fundiert, um in der Liebe zum wirklich bestehenden Vaterlande, der Republik, einen geeigneten Ersatz zu finden. Ihres Objektes beraubt, wandelt sich diese Liebe in Haß gegen das heutige System.

Stellung zu den Rechtsparteien

Die deutsche Volkspartei ist Anhängerin des Kaisertums auf parlamentarischer Grundlage. Ihr bester Vertreter ist Stresemann, der in einer und derselben Rede ein Loblied auf die verstorbene Frau Hohenzollern halten und pazifistische Gedanken über eine Versöhnung mit Frankreich entwickeln konnte.
Immerhin aber hat die Partei gleichzeitig die Prätention erhoben, auf dem Boden der Verfassung mitzuarbeiten, das heißt, ihre Macht auch innerhalb der Republik wirken zu lassen. Sie ist die ausgesprochene Vertreterin des Industriekapitals; Stinnes ist ihr mächtigster Mann. An sich ist sie der Republik abgeneigt, weil in ihr die Gefahr besteht, daß die Arbeiter einen Einfluß bekommen, der die Interessen der Industriellen bedrohen könnte. Dies befürchtete sie vor allem durch die Vertretung der Arbeiter beim Produktionsprozeß, wie es das Betriebsrätegesetz wollte. Von der Wiederherstellung der Monarchie erwartet sie die Zurückdrängung des Einflusses der Arbeiter und

Angestellten. Der größte Teil der bürgerlichen Presse, vor allem in den Kleinstädten der Provinz ist von ihr abhängig, und so beherrscht sie durch ihre Kapitalsmacht die öffentliche Meinung. Sie ist jedoch sehr wandlungsfähig, und gerade Stresemann hat sich bei der Beratung des Gesetzes zum Schutze der Republik in deutlicher Weise gegen die Geheimbünde ausgesprochen. Aber als Kanzler hat er sie durch seine Schwäche gegenüber Bayern gefördert. Trotzdem lehnen die Geheimbünde diese Partei als verjudet meistens ab.

Anders steht es mit der Deutschnationalen Volkspartei. Sie erstrebt die Wiederherstellung der Monarchie programmäßig auf legalem Wege, doch hat sie sich am Kapp-Putsch in hervorragender Weise betätigt, so daß man an der Legalität ihrer Absichten beträchtliche Zweifel haben kann. Die »Völkischen« hatten sich zunächst innerhalb der Partei organisiert und bildeten die »völkische Arbeitsgemeinschaft« als Spitzenorganisation der verschiedenen Bünde. Später haben Wulle, Gräfe und Major Henning eine selbständige, auch im Reichstag vertretene Gruppe gebildet, die sogenannte Deutschvölkische Freiheitspartei. (Siehe Kapitel 5.)

Die erhöhte Macht, welche die Geheimbünde in den letzten Jahren errungen haben, zeigt sich auch in dieser Rückkehr zur Legalität. Eine Reihe von Urteilen, welche den veränderten ökonomischen Bedingungen entsprachen, hatte die früheren, vor allem von sozialistischen Innenministern erlassenen Verbote aufgehoben. Anderseits verlangte die große Zahl der Anhänger nach einer auch augenblicklich wirksamen politischen Tätigkeit. Sie wollten nicht mehr bis zum großen Putsch warten, der ihnen die ganze Macht auf einmal geben würde. Die parlamentarische Tätigkeit sollte auch propagandistischen Zwecken dienen, da ja noch immer das Parlament die mächtigste Tribüne ist. So werden bei den Wahlen Kandidaten aufgestellt aus denselben Gründen, die einst die Sozialdemokraten und die Kommunisten zur Aufgabe ihrer parlamentsfeindlichen Haltung veranlaßt haben.

Die Geldmittel

Die schwierige Frage, woher die großen, den Geheimbünden zur Verfügung stehenden Gelder kommen, ist mehr oder minder ungeklärt. Nur von kleineren Beträgen ist die Herkunft in einzelnen Fällen nachgewiesen worden. Als Anhaltspunkt für die Herkunft der Summen, welche der mächtige zersplitterte Apparat verschlingt, muß man beachten, daß die Vermögen der früheren regierenden Fürsten, die keineswegs unbedeutend waren und ausgezeichnet besonders in landwirtschaftlichen Gütern angelegt waren, nicht beschlagnahmt worden sind. Es ist anzunehmen, daß aus diesen Fonds sehr viel von dem Geld stammt, das den Geheimbünden zufließt. Denn die Tätigkeit der Geheimbünde kommt ja auch den Fürsten zugute und erhöht deren Hoffnung auf den Thron. Ferner ist anzunehmen, daß von der Schwerindustrie und von den Großbauern, denen es während der ganzen Inflationsjahre finanziell ja ausgezeichnet ging, viel Geld für die ihnen auch politisch nahestehenden Geheimbünde verwendet wurde.

Dieser Beitrag der Großindustrie und der Landwirtschaft wird den Geheimbünden natürlich nicht um ihrer schönen Augen willen gegeben, noch weniger, weil die Geldspender etwa selbst so national wären, wie die Geheimbünde sich gebärden. Der nationale Gedanke ist nur ein Vorwand, was man deutlich daran sieht, daß dieselben Kreise, wenn es um Geschäfte geht, auch gern bereit sind, mit den Nationalfeinden gegen die eigne Arbeiterschaft zu paktieren. Es handelt sich vielmehr bei diesen Zahlungen um eine Art Versicherungsprämie gegen Steuern. Die Großindustrie muß mit Recht fürchten, daß eine erstarkende Republik die Steuerlast denen aufbürden wird, die fähig sind, sie zu tragen. Indem man die Geheimbünde finanziert, will man sich gegen ein solches Erstarken des republikanischen Gedankens schützen. Diese private Steuerpolitik ist die natürliche Folge der staatlichen Finanzpolitik, welche gegenüber den sogenannten produktiven Schichten außerordentlich schwächlich gewesen ist.

Die Finanzpolitik des Reiches

Durch die Geldentwertung ist der Mittelstand vollkommen deklassiert. Von Proletarisierung hierbei zu sprechen, wäre ein durch nichts begründeter Optimismus, da das Gros der Kleinbürger weit unter dem proletarischen Niveau steht. Die Beamten, insbesondere die höheren, waren ja im Frieden zum großen Teil durch die Ehre bezahlt, die mit ihrem Posten verknüpft war. Durch diese Einrichtung schuf sich der Staat die Gewähr, daß die obere Beamtenschaft und die Militärs vom einfachsten Leutnant an aus den begüterten Schichten stammten.

Bei der Beamtenschaft waren es mobile Werte, Aktien, Obligationen, Staatspapiere, Hypotheken usw., bei den Militärs meist Landbesitz, welche den tatsächlichen finanziellen Rückhalt bildeten. Diese Fundierung ist bei den Beamten durch die Geldentwertung fortgefallen, und die Gehälter sind nicht proportional der Teuerung gestiegen. So bildet die heutige Notlage der geistigen Arbeiter eine wesentliche Grundlage für das Gedeihen der rechtsradikalen Organisationen. Die deutsche Intelligenz und wohl die gesamte Intelligenz Europas war im wesentlichen ein Rentenintellektuellentum. Vermögen, das ihnen die Tätigkeit einer früheren Generation, Erbschaft oder Spekulation verschafft hatte, bildete die Grundlage, die es den Intellektuellen gestattete, die lange Vorbildungszeit und die Zeit bis zum Vollverdienst durchzuhalten.

Die Zertrümmerung des Vermögenshintergrundes hätte an sich nichts bedeutet, wenn die Intellektuellen die Möglichkeit gehabt hätten, ihre Forderung einer ausreichenden Bezahlung durchzusetzen. Aber ihr Individualismus ließ einen solchen gewerkschaftlichen Zusammenschluß nicht zu und hinderte sie, die öffentliche Meinung so stark zu beeinflussen, daß sie ihre Forderung hätten durchsetzen können. Dazu kommt aber noch die Inkommensurabilität, die hinter der geistigen Arbeit an sich steckt. Der Wissenschaftler arbeitet, auch wenn er weiß, daß ihm diese seine Arbeit keinen Pfennig einbringt. So hat die Existenz dieses Vermögenshintergrundes als soziale Einrichtung zu dem Tiefstand geführt, in dem die geistigen Arbeiter heute leben. Die stärkste Reduktion am Reallohn ist nicht an dem Arbeiter, sondern an dem mittleren und höheren Beamten vorgenommen worden. Dies ist für den geistigen Arbeiter eine Ungerechtigkeit, weil er eine lange, teure Vorbildung und einen hohen Bedarf an Repräsentationskosten aufzuweisen hat. Der Arbeiter erfüllt eine ökonomische Funktion. Nicht einmal eine so komplizierte Steuermethode wie die Inflation vermochte ihn dauernd unter das Existenzminimum zu drücken, weil seine Arbeitskräfte darunter leiden und so der Unternehmer sich selbst schaden würde. Die Taktik des Reichs gegenüber der Beamtenschaft bestand aber darin, sie durch mangelnde Erhöhung der Gehälter zu zwingen, zunächst ihr Vermögen aufzufressen. Dadurch wurden diejenigen, welche die eigentlichen Träger des Reichsgedankens sein sollten, zu Feinden des Reichs. Der Beamte muß von den schönen Tagen des Kaiserreichs träumen, wo sein Besitz einerseits und sein Gehalt andererseits ihm ein erträgliches Leben gewährte. Den Feind sieht er in der Republik, die ihn seiner finanziellen Stellung beraubte. Da er sieht, daß es nicht gelungen ist, den Arbeiter ebenso zu drücken wie ihn selbst, so glaubt er, daß dieser relative Aufstieg der Arbeiter die Ursache seines Niederganges ist. Falls er noch weiter denkt, erkennt er, daß diese finanzielle Katastrophe zum Teil bedingt ist durch den Versailler Friedensvertrag, und unbekümmert um die politischen Realitäten fordert er dessen Aufhebung und unterstützt die geheimen Kräfte, welche sich dieses Ziel gesetzt haben. In Wirklichkeit aber ist es einfach nicht wahr, daß der Versailler Friedensvertrag die einzige Ursache des deutschen Finanzelends ist. Zu den hierdurch erwachsenen Lasten muß man die allerdings dadurch zu einem gewissen Teil bedingte, zum Teil aber davon unabhängige Finanzpolitik Deutschlands dazunehmen. Ihr Hauptpfeiler war die Diskontpolitik der Reichsbank. Seit dem Beginn der Inflation bis zum völligen Zusammenbruch der Papiermark im November 1923 hat die Reichsbank Papiermarkkredite gegeben, welche regelmäßig in völlig entwertetem Geld zurückgezahlt wurden und dadurch eine Quelle guter Gewinne für die Großindustrie wurden, die auf die Entwertung der Mark spekuliert hatte.

So bestand die gesamte Finanzpolitik des Reiches darin, die Goldmarkbesitzer zu kräftigen und die Papiermarkbesitzer zu schwächen. Um der Exportprämie willen, die in der sinkenden Währung liegt, war die Großindustrie am Sinken der Mark interessiert, und sie hat daher die Mark systematisch durch Aufkauf von Devisen heruntergespekuliert. Dieses System hatte drei gute Seiten. Zunächst wurde dadurch die angebliche Zahlungsunfähigkeit Deutschlands gegenüber seinen Reparationspflichten bewiesen, andererseits wurde das Reich seine gesamten inneren Schulden los, und endlich kräftigte es das Großkapital außerordentlich. Das französische Argument besteht darin, daß man dieses System *erfunden* habe, um Frankreich um seine Ansprüche auf Reparationen zu bringen. Dieses Argument ist unrichtig. Denn dieses System der Inflation war in seinen letzten Wirkungen doch viel zu kompliziert, als daß man es hätte bewußt erfinden können. Wohl aber haben allmählich alle davon Profitierenden gemerkt, wie günstig dieses System für sie ist, und sie haben ihren Einfluß dahin geltend gemacht, daß die Inflation fortgesetzt wurde, bis durch die allmählich aufkommende Goldrechnung das System keine finanziellen Vorteile mehr bot. Es wird nun dagegen eingewandt, die wirkliche Ursache des Markverfalles sei die passive Handelsbilanz. Ob aber diese Handelsbilanz tatsächlich passiv war, wird von autoritativer Seite durchaus bestritten. Und wenn die durch Einführung der Rentenmark herbeigeführte Stabilisierung sich halten sollte, so wäre dies das stärkste Argument gegen die Auffassung, daß die Inflation eine ökonomische Notwendigkeit war, die durch kein Mittel aufzuhalten gewesen wäre.

Nicht die im Versailler Vertrag vorgeschriebenen Lasten, die ja zum großen Teil auf dem Papier blieben, und nicht einmal die auf dieser Grundlage erfolgten Zahlungen sind es gewesen, welche die allgemeine Verarmung in Deutschland hervorgerufen haben, wohl aber die Art der Verteilung dieser Lasten. Denn bei der Frage, ob diese Lasten für Deutschland ertragbar sind, ist wesentlich nicht nur, wie hoch sie sind, sondern auch, wer sie zu tragen hat. Die Steuern wurden nun durch die Inflation denen auferlegt, die nichts hatten. Und dies wurde gleichzeitig ein Mittel zur Konzentration des Besitzes. Aber indem die öffentliche Propaganda von der Fiktion ausging, daß diese Lasten gleichmäßig von ganz Deutschland getragen wurden, hat sie die Lüge verbreitet, als habe sich diese Belastung gleichmäßig auf alle Bevölkerungsschichten verteilt. Dies erzeugte ein Solidaritätsgefühl des durch die Inflation expropriierten Mittelstandes mit der ihn expropriierenden Großindustrie und erhöhte seine arbeiterfeindliche Einstellung.

Ihren wirklichen Feind sehen diese Kleinrentner und die Angehörigen der Bourgeoisie, also die Kreise, welche die Anhänger der Geheimbünde und, was wichtiger ist, die mit ihnen sympathisierenden darstellen, nicht. Sie halten die Verarmung des Mittelstandes für eine sozialistische Maßnahme, weil sie zu einer Zeit begann, in der Sozialisten, allerdings ohne irgendwelchen Einfluß zu haben, in verschiedenen Regierungen saßen. Das Klassenbewußtsein des einzelnen ist eben keineswegs durch seine augenblickliche materielle Lage bestimmt. Dazu kommen vielmehr alle Einflüsse der früheren Position, alle Hoffnungen, die sie mit sich brachte. Weil sie noch ein paar Aktien besitzen, halten diese Kreise lebhaft an der Fiktion fest, daß sie zur selben sozialen Schicht gehören wie die Großindustrie, welche sie expropriiert hat. Und so wendet sich ihr Haß gegen diejenigen, welche angeblich nicht in gleicher Weise wie sie expropriiert wurden und welche sie daher für die Ursache der Expropriation halten. All ihr Fühlen konzentriert sich in Haß gegen die Republik. Man fluchte der Republik und meinte die Papiermark und schwärmte vom König und meinte die Goldmark.

Was die Inflation begonnen, das hat die Stabilisierung gefestigt.

Denn die sogenannte Aufwertung der Hypotheken, die Aussetzung der Verzinsung der Staatsanleihen, die sogenannte Rückzahlung von Obligationen und die sogenannte Zusammenlegung der Aktien sind nichts anderes als das, was man in ehrlicheren, einfacheren Zeiten Staatsbankrott genannt hat. Und derselbe Staat, das heißt die gleichen herrschenden Kreise, welche den Vormund zwangen, das Geld »mündelsicher« anzulegen, erklären diese Anlage für null und nichtig.
So hat das Reich durch seine Finanzpolitik immer weitere Kreise der Republik entfremdet. In diese Gedankengänge wurden die höheren Beamten hineingetrieben, sie übertragen sie auf die von ihnen Abhängigen, und das erzeugt die heutige deutsche Schule.

Die Schule

Ein wesentlicher Beitrag zur Entstehung der deutschvölkischen Organisationen und zur Erklärung ihres Einflusses ist das Verhalten der deutschen Schulen. Nach der Verfassung soll der Geschichtsunterricht im Geiste der Völkerversöhnung gegeben werden. Aber noch immer werden die alten Lehrbücher verwendet, die natürlich auf die Monarchie zugeschnitten sind. Auch die Einstellung der Lehrer verhindert es, daß jemals Republikaner aus den Schulen hervorgehen. Zum Beispiel hatte der Direktor des Gymnasiums Berlin-Friedenau, Dr. Busch, nach dem Einrücken der Ehrhardt-Brigade den Schülern Dispens zur Teilnahme am Kapp-Putsch gegeben und war auch noch später für Kapp eingetreten. Oberschulrat Michaelis, Bruder des früheren Reichskanzlers, fragte im Abiturientenexamen die Schüler: »Warum ist die Revolution von 1918 lächerlich?« Derselbe Oberschulrat ließ den Schüler Stubenrauch, der einen Plan zur Ermordung Rathenaus ausgeheckt hatte, auch nach der Erhebung der Anklage seine Schule weiter besuchen. Das Provinzial-Kollegium der Provinz Brandenburg erteilte einem republikanisch denkenden Lehrer einen Verweis, weil er einen Schüler, der den politischen Mord verherrlichte, milde getadelt hatte. Dies kam bei Gelegenheit eines Beleidigungsprozesses des Provinzial-Schulkollegiums gegen zwei Redakteure der »Leipziger Zeitung« in die Öffentlichkeit. Die Redakteure wurden freigesprochen, weil ihnen der Wahrheitsbeweis gelungen war. Doch wurde gegen Michaelis nicht eingeschritten. (»Berliner Tageblatt«, 14. September 1923.)

Die Gymnasien fahren fort, die Jugend politisch zu verhetzen. Republikanisch gesinnte Oberlehrer sind weiße Raben, die gegenüber der Masse der monarchistisch Gesinnten keinen Einfluß haben. So erzieht denn die Schule die Jugend keineswegs zur Treue zum Staat, sondern sie prägt ihr eine monarchistische Gesinnung auf, die sich dann in der bekannten monarchistischen Einstellung der Studenten weiter fortpflanzt. So erklärt sich die der Republik feindliche Haltung der Jugendlichen und sie stellen daher das größte Kontingent in den Geheimbünden.

Das pathologische Element

Aber zu diesen durch die ökonomische Entwicklung Deklassierten, die sich in normalen Zeiten niemals in diesem Maße radikalisiert hätten, kommt das in erregten Zeiten besonders hervortretende, krankhafte Element dazu.
Ein starkes sozialpathologisches Moment steckt in allen Verschwörerkreisen. Zum Teil handelt es sich um ausgemachte Psychopathen, zum Teil um Großsprecher, die um jeden Preis eine Rolle spielen wollen. Dann fallen eine Reihe von sexuellen Anomalien auf. Der eine lebt als Zuhälter, der andere gründet einen Treubund für aufsteigendes Leben, auf deutsch einen Nacktklub auf christlich-arisch-germanischer Grundlage. Die jüdische Sexualität ist dabei ausgeschlossen. Die starke psychische Bindung, die diese Landsknechtsnaturen für ihren Führer empfinden, entbehrt übrigens auch eines erotischen Charakters nicht. Die Verehrung, die etwa die Mitglieder der Organisation C für Ehrhardt hegen, läßt sich meines Erachtens zum Teil nur durch eine homosexuelle Einstellung erklären.
Andere treten der völkischen Bewegung bei, weil sie im Kampf ums Leben unterlegen sind, was von ihnen der angeblich sozialistischen oder demokratischen Struktur des heutigen Staates zugeschrieben wird. So kommen die Enttäuschten, die Unzufriedenen, die Nichtarrivierten in die völkische Bewegung. Meist stammen die Anhänger aus sozial deklassierten Schichten, wie jetzt dem verarmten Mittelstand. Sie träumen von vergangener Größe und Wiederbelebung »ihrer Macht«, die ihnen persönlich natürlich nie zugute gekommen wäre, und insoweit sind sie wenigstens ehrlich gegen sich. Aus dieser romantischen Einstellung heraus berauschen sie sich an großen sinnlosen Phrasen.

Außenpolitische Ursachen

Zu dieser psychologischen Grundlage der Feindschaft gegen die Republik kommen noch außenpolitische Momente: es gab eine Zeit, wo die öffentliche Meinung scharf gegen das alte Regime, für die Republik und sogar für pazifistische Ideale eingestellt war. Die französische Politik hat jedoch verhindert, daß diese Einstellung von Dauer war. Denn die Außenpolitik des Reichs in den Jahren 1919 bis 1920, als die Möglichkeit zur Bildung einer demokratischen Republik gegeben war (soweit dies unter dem kapitalistischen System überhaupt möglich ist), bestand in einer Reihe von Katastrophen, von denen die eine schlimmer als die andere war. Um nur einige Beispiele zu nennen: die ursprüngliche Zurückhaltung der Gefangenen, das Zögern in der Aufhebung der Blockade, die Ablehnung des Vorschlags der Gewerkschaften zum Wiederaufbau Nordfrankreichs und vor allem die außerordentlich törichte Haltung in der Auslieferungsfrage haben zur Verstärkung der nationalistischen Stimmung beigetragen. Die Träger eines möglichen demokratischen Deutschlands sind durch ihre Mißerfolge in der Außenpolitik diskreditiert. Damit hat die französische Politik, bewußt oder unbewußt, das sei dahingestellt, dazu beigetragen, die heutige Situation zu schaffen. Sowie sich auch nur Ansätze zu einer pazifistischen oder demokratischen Richtung in Deutschland zeigten, hat eine Erschwerung der außenpolitischen Situation immer wieder ihren Gegnern das Recht gegeben, zu behaupten: »Da sieht man ja die schönen Früchte!« und die Reaktion unterstützt. Es soll mit dieser Kritik natürlich der französische Anspruch auf Reparationen an sich nicht bestritten werden. Aber Frankreich hat diesen Anspruch in Formen vertreten, die nur geeignet waren, die monarchistische Bewegung in Deutschland zu unterstützen. So hat auch die Besetzung der Ruhr den alldeutschen Bestrebungen außerordentlich genützt.

Internationale Zusammenhänge

Aber diese deutschvölkische und angeblich arische Bewegung ist nicht auf Deutschland beschränkt. Durch den Krieg angeregt zieht eine gewaltsame, antidemokratische Welle durch unsere ganze Kultur. Der in Ungarn herrschende weiße Terror und der gewaltsame Faschismus in Italien sind das Idol der

Deutschvölkischen. Hier suchen sie ständig Anschluß. Nicht das Programm, sondern die Mittel sind es, welche diese internationalen Zusammenhänge aufbauen. Es ist doch kein Zufall, daß Ehrhardt, die Kappisten und die Erzberger-Mörder in Ungarn Zuflucht gefunden haben.
Den deutlichsten Ausdruck hat diese Bewegung vielleicht im amerikanischen Ku-Klux-Klan gefunden. Er ist eine Organisation von »hundertprozentigen« Amerikanern mit geheimnisvollen Vorgesetzten, mit einer Art Mystik. Auch in diesem doch gewiß national gemischten Land spielt der Nationalismus eine große Rolle. Ursprünglich war es der illegale Zweck des Klans, den Schwarzen die Ausübung ihres Wahlrechtes unmöglich zu machen. Es kam zu offenen Gewalttaten, zu Lynchungen von Schwarzen wegen angeblicher Sittlichkeitsverbrechen. Darüber hinaus haben die Klans sich die Bekämpfung aller Fremden zur Aufgabe gemacht. Die Katholiken, die Deutschen, die Juden sind ihre Gegner. Der Terror innerhalb und außerhalb der Organisationen hält Publikum und Behörden in Schach. Die äußeren Formen erinnern an die mittelalterliche Feme. Schwarze Mönchskutten, Kapuzen, Masken, die das Gesicht verhüllen, sollen ihr Wirken geheimnisvoll erscheinen lassen.
Gewalttaten schlimmster Sorte, vor allem gegen angebliche Bolschewisten und gegen die Arbeiterbewegung sind das Werk des Ku-Klux-Klan. Obwohl der Klan ausgesprochen deutschfeindlich ist, gehört sein Wirken doch zu den unerreichten Idealen der deutschen Geheimbünde: »Nationalisten aller Länder, vereinigt Euch!«
Diese internationale Welle der Verherrlichung der Gewalttat hat selbst in der Schweiz, einem gewiß von alters her republikanisch gesinnten Land, deutliche Nachwirkungen gezeigt. So haben die Geschworenen die Mörder des russischen Gesandten Worowsky freigesprochen. Das Publikum applaudierte der damit ausgesprochenen Verherrlichung politischer Morde.
Immerhin bestehen zwischen den einzelnen nationalistischen und militärischen Bestrebungen innerhalb der verschiedenen Länder große Unterschiede. Der Ku-Klux-Klan ist ausgesprochen nationalistisch, aber nicht militärisch. Der Faschismus ist nationalistisch, militaristisch, aber zugleich irgendwie demokratisch frisiert. In drei Jahren haben die Faschisten die Massen gewonnen und eine festumrissene Partei gebildet. Die Gewalt spielte natürlich eine große Rolle, war aber nicht das ausschließliche Mittel zur Macht. In Spanien dagegen war es keine

Partei, sondern ein militärischer Putsch, der den Generalen die Macht gab. Und hinter diesen rein militärischen Organisationen stehen die konservativen Agrarier. Beide Bewegungen sind im Gegensatz zur deutschen nicht antisemitisch.

1814

Schon aus diesen internationalen Zusammenhängen sieht man, wie verkehrt der von den meisten Deutschvölkischen gemachte Versuch ist, ihre Bewegung mit der Bewegung von 1814, mit den Freiheitskriegen, in Parallele zu bringen. Die Kämpfer der Freiheitskriege hatten ein gegenüber der herrschenden Ordnung oppositionell orientiertes soziales Programm. Und gerade in diesem Mangel unterscheidet sich die deutschvölkische Bewegung von heute von der damaligen Bewegung. Die Freiheitskriege sind gegen den Willen des Hofes und der Dynastie geführt worden. Die Führer von 1814 standen in stärkstem Widerspruch gegen die Hofpartei, was ja auch ihr späteres Schicksal nach Beendigung der Freiheitskriege deutlich genug bewies. Stein, Scharnhorst, Hardenberg waren die bestgehaßten Männer ihres Landes. Sie wurden »rote Hunde« (Kommunisten, würde man heute sagen) genannt. Stein ist denn auch von den deutschen Junkern an Frankreich ausgeliefert worden. Die Steinsche Reform war eine soziale Reform, eine Befreiung des dritten Standes, wie sie die Französische Revolution durchgeführt hatte. Aus dieser Zeit stammt auch das schöne Wort: »Lieber drei Schlachten von Auerstädt als ein Steinsches Edikt!« worunter die Bauernbefreiung zu verstehen war. Die Deutschvölkischen von heute sind keineswegs die echten Nachfolger der Freiheitskämpfer von 1814, als die sie sich gern aufspielen. Die Probleme von damals, die Befreiung des dritten Standes und die Einigung Deutschlands sind gelöst. Und wer heute wirklich in die Fußstapfen der Freiheitskämpfer von damals treten will, der muß die Befreiung des vierten Standes und die Einigung der Völker Europas auf sein Banner schreiben.

Was an den ganzen Geheimbünden, Mordorganisationen, Wanderbünden, völkischen Organisationen, Schmachabwehrbünden, Gesellschaften für völkischen Aufbau, Schutz- und Trutzbünden und ähnlichen Organisationen, die das Wort »deutsch« so sehr mißbrauchen, am meisten auffällt, ist ihre ungeheure Banalität. Bei diesen großen Anhängern der Realpolitik findet sich nirgends ein neuer konstruktiver Gedanke, nirgends neue ethische, soziale oder auch nur politische Momente. Nur ein äffisches Nachplappern überholter und heute sinnloser Schlagworte. Nirgends auch nur der geringste Ansatz zu einem Aufbau, zu einer ethischen Gesinnung, zu einer sozialen Idee, zu einem wahrhaft nationalen Gedanken.

Literaturverzeichnis

Ich lege großen Wert auf die Feststellung, daß den vorliegenden Zeilen keine trüben Quellen zugrunde liegen. Weder die üblichen Spitzelberichte in den linksgerichteten Zeitungen noch irgendwelche vertrauliche, unkontrollierbare Mitteilungen sind hier verwendet. Die Hauptquellen des Folgenden sind die politischen Prozesse der letzten Jahre gewesen. Ich habe dabei die Berichte sowohl links wie rechts gerichteten Zeitungen entnommen. Wesentliche Hilfe bildeten für mich folgende Broschüren:

Bayrisch-deutsch oder bayrisch-französisch, der Hochverratsprozeß gegen Fuchs und Genossen. Verlag G. Birk, München 1923.

Karl Brammer: »Das politische Ergebnis des Rathenau-Prozesses.« Verlag für Sozialwissenschaft, Berlin 1922.

Karl Brammer: »Verfassungsgrundlagen und Hochverrat.« Verlag für Politik und Wirtschaft.

»Chronik des Faschismus«, herausgegeben vom Verlag der Antifaschistischen Weltliga.

Anton Drexler: Mein politisches Erwachen. Deutscher Volksverlag, München.

Das Fechenbach-Urteil vor dem deutschen Reichstage. Verlag G. Birk, München 1923.

Karl Frank und *Heinz Neumann:* »Die vaterländischen Mörder Deutschlands.« Vereinigung internationaler Verlagsanstalten, Berlin 1923.

A. Freymuth: »Das Fechenbach-Urteil.« Verlag der Neuen Gesellschaft, Berlin W. 15. 1923.

E. J. Gumbel: Vier Jahre politischer Mord.« Verlag der Neuen Gesellschaft, Berlin 1922. Jetzt im Malikverlag, Berlin.

Felix Halle: »Deutsche Sondergerichtsbarkeit 1918–21.« Viva-Verlag, Berlin 1923.

Dr. Max Hirschfeld: »Der Fall Fechenbach.« Verlag für Sozialwissenschaft, Berlin 1922.

Rud. Jung: Der nationale Sozialismus. Deutscher Volksverlag, München.

A. V. v. Körber: Adolf Hitler, sein Leben, seine Reden. Deutscher Volksverlag, München 1923.

Erich Kuttner: Bilanz der Rechtsprechung. Verlag für Sozialwissenschaft, Berlin 1922.

Rudolf Mann: Mit Ehrhardt durch Deutschland. Trowitsch und Sohn, Berlin 1921.

Alfred Rosenberg: Wesen, Grundsätze und Ziele der Nationalsozialistischen Deutschen Arbeiterpartei. Deutscher Volksverlag, München.

Prof. Karl Rothenbücher: »Der Fall Kahr.« Tübingen 1924, Verlag von J. C. B. Mohr (P. Siebeck).
Ph. Scheidemann: »Die rechtsradikalen Verschwörer.« (Reichstagsrede.) Verlag für Sozialwissenschaft, Berlin 1923.
Major Solf: »1934, Deutschlands Auferstehung.« Verlag Tancré, Halle 1921.
Prof. Alfred Weber: Die Notlage der geistigen Arbeiter. Duncker und Humblot, München 1922.
Dr. Joh. Werthauer: »Das Blausäureattentat auf Scheidemann.« Verlag für Sozialwissenschaft, Berlin 1923.

Deutschvölkische und verwandte Zeitungen

Ich habe stets versucht, soweit wie möglich auf deutschvölkische Quellen zurückzugehen. Von diesen Blättern, die allerdings zum Teil bereits eingegangen sind, seien erwähnt:
»Alldeutsche Blätter.« Leitung: Otto Bonhard. Erscheint monatlich in Berlin W. 10, Lützowufer 5a.
»Akademische Monatsblätter.« Leitung: Dr. K. Hoeber. Erscheint monatlich in Köln, Franzstraße 7.
»Amberger Tagblatt.« Leitung: August Schinhammer. Erscheint täglich in Amberg.
»Aufbaukorrespondenz.« Leitung: Dr. E. von Scheubner-Richter. Erschien wöchentlich in München, Georgenstraße 42.
»Aufrechte, Der.« Leitung: Ernst Pfeiffer. Erscheint vierzehntägig in Berlin, Dessauer Straße 37.
»Bartels-Bund, Der.« Leitung: Walter Loose. Erscheint in zwangloser Folge in Naunhof bei Leipzig.
»Bayrische Vaterland, Das.« Leitung: Hans Schmid. Erscheint täglich in München, Rumfordstraße 19.
»Bund 5. Gardisten.« Leitung: Major a. D. v. Heydekampf, Potsdam, Spandauer Straße 16. Erscheint vierteljährlich in Potsdam.
»Bündler, Der.« Leitung: Bernhard Engelsberger. Erscheint wöchentlich in München, Augustenstraße 82.
»Burschenschaftliche Blätter.« Leitung: Referendar Edgar Stelzner. Erscheint Anfang jeden Monats in Frankfurt a. M., Niddastraße 8.
»Deutsche akademische Stimmen.« Leitung: Walter Stang. Erscheint monatlich dreimal in München.
»Deutsche Arbeiterstimme.« Leitung: Paul Rüffer. Erscheint monatlich in Berlin SW. 11, Bernburger Straße 24.
»Deutsche Heer, Das.« Leitung: A. Götz und Otto Böchner. Erscheint monatlich in Freiburg i. B., Merianstraße 18.
»Deutschland über alles.« Leitung: A. H. Stang. Erscheint monatlich in München, Ainmüllerstraße 43.
»Deutscher Michel.« Leitung: Xaver Weichsler. Erscheint wöchentlich in Augsburg.
»Deutschnationaler Herold.« Leitung: Prof. Most. Erscheint monatlich in Roßleben.

»Deutschnationaler Volksfreund.« Leitung: Wilhelm Lawerrenz. Erscheint vierzehntägig in Berlin W. 9, Schellingstraße 1.
»Deutsches Offiziersblatt.« Leitung: Oberstleutnant a. D. Müller-Loebnitz. Erscheint am 5., 15. und 25. jeden Monats in Berlin W. 10, Genthiner Straße 40.
»Deutsche Tageblatt, Das.« Leitung: Hans Stelter (Wulle). Zentralorgan der Deutschvölkischen Freiheitspartei. Erscheint täglich in Berlin, Alexandrinenstraße 110.
»Deutsche Treue.« Leitung: Major a. D. Hans v. Solenstein. Erscheint monatlich zweimal in Berlin SW. 11, Hedemannstraße 12.
»Deutschvölkische Blätter.« Leitung: Thomas Westerich. Erscheint monatlich in Hamburg, Heußweg 26.
»Deutsche Volkstum, Das.« Monatsschrift für deutsches Geistesleben. (Enthält: Rassentheorien, Blutuntersuchungen, Artikel über Wotan und andere völkische Götter und Untersuchung, inwiefern Jesus von Nazareth der deutschen Sache schaden kann. Der »Völkische Beobachter« erklärt, diese Zeitschrift sei die beste theoretisch fundierte literarische Arbeit der Völkischen.)
»Deutsche Wacht.« Leitung: Karl Sedlatzek. Erscheint wöchentlich in Dresden, Sachsenallee 3.
»Deutsches Witzblatt.« Leitung: R. Kunze. Erscheint alle vierzehn Tage in Berlin-Friedenau, Beckerstraße 7.
»Deutsches Wochenblatt.« Leitung: Richard Kunze. Erscheint wöchentlich in Berlin-Wilmersdorf, Kaiserallee 171. Organ der deutschsozialen Partei.
»Ehre, Freiheit, Vaterland.« Leitung: Rudolf Weber. Erscheint in zwangloser Folge in München, Rumfordstraße 19.
»Eiserne Blätter.« Leitung: D. Traub. Erscheint wöchentlich in München, Wolfratshauserstraße 14. (Nr. 7 vom 12. August 1923. Ein Artikel von Traub über Danzig, in dem konstatiert wird, daß nur die guten Sitten Danzig retten können. Ludendorff wendet sich an die deutsche nationale Jugend und verlangt Bereitschaft für ein neues Stahlbad.)
»Erneuerung.« Leitung: Dr. E. v. Scheubner-Richter. Erschien monatlich in München, Georgenstraße 42.
»Finanz- und Geldsachen.« Leitung: Hansjörg Maurer. (Herausgeber Bernhard Köhler.) Erscheint monatlich in München. Prannerstraße 11.
»Freiheitskampf.« Leitung: F. Wigand. Erscheint jeden Sonnabend in Bernburg, Cöthenische Straße 22.
»Fackel, Die.« Leitung: Alfred Grimm. Erscheint wöchentlich jeden Freitag in Dresden, Schreibergasse 8.
»Frankfurter Post.« Leitung: Fritz Büschner. Erscheint täglich in Frankfurt, Schillerstraße 29.
»Fridericus.« Leitung: F. G. Holtz. Erscheint wöchentlich in München, Paul-Heyse-Straße 9.
»Gewissen.« Leitung: Dr. E. Stadtler. Erscheint wöchentlich in Berlin-Wilmersdorf, Kaiserallee 171. (Organ des Ringkreises. Sehr wichtig und geistig hochstehend.)

»Göttinger Tageblatt.« Leitung: Dr. Arnold Schley. Erscheint täglich in Göttingen, Prinzenstraße 11–12.
»Hammer.« Leitung: Th. Fritch. Erscheint vierzehntägig in Leipzig 13, Königstraße 17. Zeitschrift für nationales Leben. (Plädiert für die Großagrarier gegen die Arbeiter und konstatiert: »Die Interessen der Landwirtschaft und Industrie sind in der Öffentlichkeit – besonders literarisch – schlecht vertreten.«)
»Jung-Bismarck.« Leitung: Erich Sablowski, Breslau, Alexanderstraße 7. Erscheint monatlich in Breslau, Adalbertstraße 29.
»Jungdeutsche, Der.« Leitung: Carl Wirths, Herausgeber Arthur Mahraun (Hochmeister des Ordens). Erscheint alle vierzehn Tage in Kassel, Oberste Gasse 30.
»Der Kamerad.« (Für ehemalige Soldaten.) Leitung: D. Bart. Erscheint monatlich in Wannsee, Schulstraße 3. (Dient der völkischen Militärorganisation. Als politisches Bekenntnis hat das Blatt folgendes Gedicht: »Knoblauchstrauß am Strohhut – Nase krumm und dick – die Brigade Kohnheim schützt die Republik!«)
»Mecklenburger Warte.« Leitung: Richard Gürke. Erscheint täglich in Rostock, Hopfenmarkt 32.
»Monarchie, Die.« Leitung: M. Wolfram. Erscheint wöchentlich in München, Rumfordstraße 19.
»Nationale Jugend.« Leitung: Karl Hopp. Erscheint halbmonatlich in Berlin SW. 68, Zimmerstraße 87.
»Nachrichtenblatt.« Leitung: Oberleutnant d. L. a. D. Irmler. Erscheint monatlich in Berlin W. 15, Emser Straße 25.
»Nationalsozialistische Jugend.« Leitung: G. A. Lenk. Erschien als Beilage zum »Völkischen Beobachter«, München.
»Neues Leben.« – Ltg.: Dr. Scheffer. Erscheint monatlich in Eisenach.
»Niederschlesischer Beobachter.« Erscheint wöchentlich in Hannover.
»Norddeutsche Blätter.« Leitung: Max Müller. Erscheint vierzehntägig in Hamburg, Mönckebergstraße 7.
»Regensburger Tagblatt.« Leitung: Johann Lechlerbauer sen. Erscheint wöchentlich zweimal in Regensburg.
»Reichslandbund.« Leitung: O. Bratengeher. Erscheint wöchentlich in Berlin SW. 11, Dessauer Straße 26.
»Reichswart.« Leitung: Graf Reventlow. Erscheint wöchentlich in Berlin SW. 11, Dessauer Straße 26.
»Rote Fackel.« Leitung: R. Kunze. Erscheint als Sondernummer des Deutschen Wochenblattes, Berlin-Friedenau.
»Schanzer, Der.« Leitung: Anton Haselmayer. Erscheint in zwangloser Folge in Ingolstadt.
»Schlesische Gebirgszeitung.« Leitung: Paul Lennich. Erscheint täglich in Hirschberg.
»Schlesische Zeitung.« Leitung: Dr. Richard Schottky. Erscheint täglich in Breslau.
»Skalde, Der.« Herausgeber: Kurt Karlan. Erscheint vierzehntägig. Berlin, Skaldenverlag, SW. 11, Bernburger Straße 13. (In der ersten Nummer heißt es: »Rasse ist alles, Blut der Urgrund aller menschlichen Dinge.«)

- »Sturmbanner.« Leitung: Christian Wenng. Erscheint alle vierzehn Tage in München.
- »Sturmglocke.« Leitung: M. Menter, Westheim. Erscheint in unbestimmter Reihenfolge in Augsburg.
- »Völkischer Beobachter.« Herausgeber: Dietrich Eckart. Zentralorgan der Nationalsozialistischen Arbeiterpartei Deutschlands. Erscheint täglich in München, Thierschstraße 15, jetzt: Großdeutsche Zeitung.
- »Volk und Vaterland.« Leitung: Stephan. Erscheint monatlich in Braunschweig, Moltkestraße 12.
- »Waffenmeister, Der.« Leitung: Otto Salchow. Erscheint monatlich in Köslin.
- »Weiße Fahne, Die.« (Als Fortführung des bisherigen »Deutscher Volkswille«.) Leitung: Dr. Helmuth Klotz. Erscheint wöchentlich Dienstag und Freitag in Nürnberg, Untere Kreuzgasse 29.
- »Württembergische Kriegerzeitung.« Leitung: Dr. E. Görlach. Erscheint wöchentlich in Stuttgart.

Anhang

**Beschluß der philosophischen Fakultät Heidelberg
vom 16. Mai 1925 in der Angelegenheit
des Privatdozenten Dr. Gumbel**

Die Philosophische Fakultät der Universität Heidelberg hat in ihrer Sitzung vom 16. Mai 1925 in der Angelegenheit des Privatdozenten Dr. Gumbel mit allen gegen eine Stimme folgenden Beschluß gefaßt:
Der Untersuchungsausschuß in Sachen des den Privatdozenten Dr. Gumbel betreffenden Disziplinarverfahrens hat seine Arbeiten beendet. Er hat von Anfang an eine Beurteilung der Einzelheiten nur im Rahmen der Gesamtpersönlichkeit für möglich gehalten. Diese faßt er in folgender Darstellung zusammen:
I. Aus dem Gutachten des Untersuchungsausschusses: »Der Eindruck, den die Persönlichkeit Dr. Gumbels bei den Vernehmungen gewährte, und den die Lektüre seiner politischen Schriften bestätigt, ist der einer ausgesprochenen Demagogennatur. Es muß dahingestellt bleiben, inwieweit er daneben auch über diejenigen Gaben verfügt, welche die Voraussetzung fruchtbringender wissenschaftlicher Arbeit bilden; so viel ist aber gewiß, daß in seiner politischen Tätigkeit auch nicht der leiseste Einfluß wissenschaftlicher Qualitäten zu spüren ist. Vielmehr ist hier neben einem erheblichen Tiefstand des geistigen Niveaus in sachlicher und stilistischer Hinsicht ein vollkommener Mangel an Objektivität der hervorstechendste Zug. Jede Diskussion mit ihm hinterläßt aufs neue den Eindruck, daß er zwar über eine ausgeprägte geistige Gewandtheit verfügt, die Situation rasch überblickt und sich ihr sehr geschickt – wenn nötig, auch mit raschem Wechsel des Standpunkts – anzupassen versteht, daß aber andererseits eben diese Eigenschaften ihn nur allzuleicht dazu bringen, das objektive Bild der Dinge zu verschieben und nach der von ihm gewünschten Richtung hin umzumodeln. Es fehlt ihm ebenso sehr die Fähigkeit wie das Bedürfnis und der Wille, die Sache des Gegners, seine Anschauung und Motive wirklich kennenzulernen, sie zu würdigen und zu verstehen; ging

doch selbst die in der einstimmig beschlossenen Eröffnung des Verfahrens zum Ausdruck kommende Empörung des Lehrkörpers und die ehrliche Erregung einiger bei der Untersuchung des Vorfalls vom 26. Juli vernommener Zeugen so spurlos an ihm vorüber, daß er noch beim Abschluß dieser ersten Verhandlung erklärte, er zweifle daran, daß irgendwelche Kriegsteilnehmer an dem inkriminierten Ausdruck Anstoß genommen hätten oder nehmen könnten, und weiter eine formelle Erklärung abgab, die das Gegenteil einer Äußerung des Bedauerns darstellte. Was hier und immer wieder zum Ausdruck gelangt, ein geradezu elementarer Mangel an Takt, ist letzten Endes die Grundlage, aus der sich alle einzelnen Anstöße zwangsläufig ergeben. Es fehlt ihm das nötige Verständnis dafür, daß der Charakter seines politischen Auftretens jede ruhige Sachlichkeit und geistige Würde vermissen läßt, so wie er auch während der Dauer des Verfahrens in keiner Weise das Bedürfnis empfand, durch Zurückhaltung der gegen ihn angehäuften Mißstimmung Rechnung zu tragen (vgl. das von ihm veranlaßte Auftreten Helmuth von Gerlachs und eines in französischer Sprache redenden Franzosen in einer Sitzung der Friedensgesellschaft am Tage nach dem 18. Januar 1925). Selbst auf dem Gebiete des moralischen Urteils war ein ganz entsprechender Mangel an Empfindung für alle feineren Differenzierungen auffallend.
Somit ist nicht zu erwarten, daß er wenigstens in Zukunft die Grenzen innehalten wird, die durch die Rücksicht auf seine Stellung als Hochschullehrer und Mitglied der akademischen Korporation gezogen sein sollten. Zweifellos werden ihn sein politischer Fanatismus, dem man persönlichen Mut und gewisse ideologische Unterlagen nicht absprechen wird, zugleich sein stark ausgeprägtes Bedürfnis, eine sichtbare vortretende Rolle zu spielen, immer wieder in den Vordergrund treiben. Sowenig gegen ein solches öffentliches Hervortreten an sich einzuwenden ist, so besteht doch, gerade wenn man die Gesamtpersönlichkeit ins Auge faßt, aller Grund zur Besorgnis, daß ihm auch weiter die Wirksamkeit seiner politischen Agitation wichtiger sein wird als die Reputation der Hochschule und die ungestörte Entfaltung ihrer geistigen Arbeit. Und es ist zu befürchten, daß er dabei so wenig wie bisher imstande sein wird, auch nur diejenigen Gefühle zu achten, die den weitaus überwiegenden Teil der Mitglieder der akademischen Korporation beseelen und die unabhängig von Parteizugehörigkeit und sozialer Stellung einen großen und wesentlichen Teil des deutschen Volkes verbinden.«

II. Aus dem Sondergutachten des einen der beiden Beisitzer: »Eine bestimmte Handlung Gumbels, die für sich isoliert entscheidet, ein gemeines Verbrechen, liegt nicht vor. Daher ist für eine Wertung alles einzuordnen in ein Bild der Gesamtpersönlichkeit. Dieses kann nur mit unvermeidlicher Subjektivität entworfen werden, man geht über den objektiven Tatbestand und seine Wertung hinaus und faßt eine Summe von Eindrücken zu einem Ganzen zusammen. In einer abfälligen oder günstigen Charakterisierung liegt die Suggestion zu einer bestimmten Entscheidung.

Auf den ersten Blick ist Gumbel ein fanatischer Idealist. Er glaubt an seine Sache, den Pazifismus, und an seine Mission darin. Leidenschaftlich und voll Haß steht er allem gegenüber, was ihm Gewalt, Nationalismus, Tendenz zu zukünftigem Kriege scheint. Wo dieser Idealismus in Frage kommt, hat er Mut, nicht nur die Zivilcourage, zu sagen, was er denkt, sondern den Mut zum Wagnis seines Lebens. Dafür ist er auf der anderen Seite rücksichtslos, gleichgültig, andere zu kränken. In der Unterhaltung mit ihm muß man stets gewärtig sein, durch eine impertinente, ironische, sophistische Wendung vor den Kopf geschlagen zu werden. Seine hohe Intelligenz läßt ihn hier zwar immer Niveau halten, doch ist seine Taktlosigkeit, sein geringes Gefühl für die Situation derart, daß er ungeschickt sich stets Antipathien weckt, daß er seine Zwecke für eine momentane Pointierung aufs Spiel zu setzen geneigt ist. In seiner Unfähigkeit, klug bei der Sache zu bleiben, in seiner Freude an einer rhetorischen Leistung, an einer Situation, die ihn intellektuell in günstigem Licht erscheinen läßt, wirkt er kindlich. Man sieht in seiner politischen Betätigung das typische Ganze aus Idee, anmaßlichem Selbstbewußtsein, persönlicher Affektivität (Ressentiment, Haß), Sensationslust und Demagogie. Dieser Mann ist zugleich ohne Zweifel ein Gelehrter. Eine große Reihe von Arbeiten, die sich mit mathematischer Statistik befassen und Gegenstände aus der Physik, Biologie und Ökonomik betreffen, zeigen der Form nach diese Gelehrsamkeit. Der Ausschuß ist außerstande, über ihren wissenschaftlichen Wert ein Urteil zu gewinnen. Für die Auffassung seiner Persönlichkeit kommt es aber auch nur darauf an, daß er überhaupt durch Arbeit und Form ihrer Publikation faktisch Gelehrter ist. Als solcher ist er habilitiert worden. Seine Habilitationsarbeit wurde von fachmännischer Seite als ›besonnene und gediegene Arbeit‹ bezeichnet. Ein bekannter Gelehrter schrieb damals in seinem Brief über Gumbel, der bei ihm studiert hat: ›Ich bin

auch später im Kontakt mit ihm geblieben. Er ist sicherlich ein begabter Mensch, ein ungemein reger Geist, wissenschaftlich stark interessiert (auch als Charakter sehr schätzenswert).‹ Parteimenschentum und Gelehrtennatur scheinen also getrennt voneinander bei ihm zu existieren. Es ist nicht bekannt geworden und niemals ihm vorgeworfen, daß er in seinen Vorlesungen politische Tendenzen verfolge.
Der Universität, der er sich innerlich offenbar noch nicht verbunden hat, verdankt er eine Position, die ihm eine im Vergleich zu bloß privatem Dasein erhöhte Stellung gibt. Überall wo in den Zeitungen von Gumbel die Rede ist, ist er zugleich der Privatdozent (oder gar der Professor) von der Universität Heidelberg. Heidelberg muß ihm bei jeder Gelegenheit ein Relief geben. Daß er irgendwann Rücksicht auf diese Stellung genommen hätte, daß er sich mit seinem Auftreten zugleich für Heidelberg verantwortlich fühlte, dafür finden sich keine Zeichen. Es ist zwar fraglich, wieweit das zu fordern ist, zumal es durchaus unbestimmt ist, was der Würde und dem Niveau der Universität entspricht. Aber es darf doch wohl als charakteristisch für Gumbel angesehen werden, daß er Interessen der Universität eigentlich für sich nicht kennt, abgesehen von der direkten Erfüllung der Lehrpflichten. Auf den Frieden der Universität Rücksicht zu nehmen, sich still zu verhalten angesichts eines verbreiteten Unwillens, Provokationen zu vermeiden, das liegt seinen Gedanken selbst als Problem fern.
Fasse ich zusammen, so sehe ich in Gumbels Persönlichkeit zwar nichts Gemeines, aber eine Neigung zu ungewöhnlicher Taktlosigkeit, zwar keinen intriganten Hang zur Lüge, aber unbekümmerte, unbesonnene Rücksichtslosigkeit, die in politischem Kampf und im praktischen Leben die Dinge unkritisch verschiebt.«
Auf Grund dieser Schilderungen und ihrer eigenen Beobachtungen sieht sich die Fakultät genötigt auszusprechen, daß ihr die Zugehörigkeit Dr. Gumbels zu ihr als durchaus unerfreulich erscheint.
Sie erklärt ausdrücklich, daß Dr. Gumbel durch sein Verhalten in allen Kreisen der Universität starken und berechtigten Anstoß erregt hat. Durch seine bekannte Äußerung in der Friedensversammlung hat er zwar nach seiner eigenen Erklärung die im Weltkrieg Gefallenen nicht beschimpfen wollen, aber er hat die nationale Empfindung tief gekränkt, der Idee der nationalen Würde, die die Universität auch zu vertreten hat, ins Gesicht geschlagen. Die Fakultät sieht in seiner Gleichgültigkeit

gegen die korporative Solidarität eine Gefahr für ihr einheitliches Wirken.
Wenn sie gleichwohl nach der vorliegenden, wenn auch sehr verspätet abgegebenen Entschuldigung Dr. Gumbels und der Einstellung des Verfahrens gegen ihn wegen Landesverrats durch den Staatsgerichtshof den Antrag auf Entziehung der venia legendi nicht stellt, so sind für sie folgende Motive entscheidend:
I. Die Disziplinarordnung von 1921 sieht als Grund der Entziehung der venia, der für den Fall Gumbel allein in Frage kommen könnte, vor: ein Verhalten in oder außer dem Berufe, durch das der Beklagte sich »der Achtung und des Vertrauens, die seine Stellung erfordert, unwürdig erweist«. Wenn diese nicht eindeutigen Bestimmungen interpretiert werden durch die bis dahin geltende Ordnung von 1805 (Jellinek, Gesetze und Verordnungen der Universität Heidelberg, S. 41: »Einem Privatdozenten kann die Fakultät die erteilte venia nicht wieder zurücknehmen, es sei denn, daß er sich solche Vergehen zuschulden kommen ließe, welche nach gemeinem Recht die Beraubung der Staatswürden oder nach den hiesigen akademischen Gesetzen bei Studierenden die Relegation oder das consilium abeundi nach sich ziehen«), so fällt der Fall Gumbel nicht unter diese Bestimmung. Ein Vergehen dieser Art hat die Disziplinaruntersuchung nicht festgestellt.
II. Wird aber der Passus »ein Verhalten ...« in dem Sinne ausgelegt, daß der Beklagte zwar nicht eines Vergehens gegen das gemeine Recht schuldig sein müsse, wohl aber eines Vergehens gegen den Geist des Standes und der Korporation, der er angehört, so trägt die Fakultät Bedenken, diese Auslegung auf Dr. Gumbel anzuwenden.
Dr. Gumbel hat zwar durch sein Verhalten das Vertrauen, das seine Stellung erfordert, aufs schwerste erschüttert. Aber erst dann, wenn fortgesetzte Verfehlungen von der Art vorliegen, daß die allgemeine Meinung unabhängig von Partei, Religion und Weltanschauung eine Persönlichkeit für sittlich unwürdig hält, kann eine Entziehung der venia in Frage kommen. Der Untersuchungsausschuß hat aber in seinem Bericht vom Sommer 1924 festgestellt, daß die Beurteilung Dr. Gumbels durch die verhörten Zeugen offenbar von politischer Partei- und Weltanschauung abhängig und keineswegs einheitlich ist. Sosehr die Fakultät die Empfindungen der durch Dr. Gumbels Äußerung Getroffenen teilt, oder wenigstens versteht und ehrt, so sehr muß gerade sie sich, als philosophische Fakultät, davor

hüten, auch nur durch den Anschein einer einseitigen weltanschaulichen Stellungnahme der Idee der Universität zuwider zu handeln.

Die Fakultät muß den Gefahren ins Auge sehen, die entstehen, sobald das kostbare, in einer langen Geschichte herausgebildete Prinzip der freien Lehre, der freien Vertretung aller Weltanschauungen von ihr selbst verletzt würde. So unerfreulich ihr Persönlichkeit und Gesinnung Dr. Gumbels sind, sie glaubt eher ein solches Mitglied ertragen zu können, als Gefahr laufen zu dürfen, eine nicht von jeder Seite aus unangreifbare Ausschließung eines ihrer Mitglieder vorzunehmen.

Der Dekan der philosophischen Fakultät
gez. Prof. L. Curtius.

Protesterklärung republikanischer und sozialistischer Hochschullehrer

Geheimrat Prof. Dr. Holde von der Technischen Hochschule Charlottenburg versandte durch die Deutsche Liga für Menschenrechte an 200 Hochschullehrer ohne Rücksicht auf ihre politische Richtung folgenden Protest:

»Die unterzeichneten Hochschullehrer haben mit großem Befremden von der Antwort des Vorstandes des Hochschulverbandes auf das anmaßliche und mit irreführenden Angaben operierende Schreiben der sogenannten Deutschen Studentenschaft in Sachen *Gumbel* Kenntnis genommen.

Wir vermissen in dieser Antwort die gebührende Zurückweisung des studentischen Versuchs, die akademische Lehr- und Gesinnungsfreiheit mit der Entfernung Professor Gumbels aus seiner Lehrtätigkeit in Heidelberg aus politischen Gründen zu vernichten. Wir vermissen insbesondere auch die pflichtgemäße Schärfe, mit der der Hochschulverband an erster Stelle von den unerhörten Übergriffen und Methoden der Heidelberger Studenten hätte abrücken müssen.

Wir bedauern daher die vorliegende Antwort des Verbandsvorstandes, weil sie eine Ermutigung zu weiteren Auflehnungen gegen die Lehrfreiheit und zu eventuellen weiteren Unruhen darstellt.

Insbesondere fühlen sich die Unterzeichneten zu diesem förmlichen Protest verpflichtet, weil das Schreiben des Hochschulverbands nicht die geistigen Interessen der gesamten akademischen Lehrerschaft vertritt, sondern sich zum Sprachrohr für politisch intolerante, vom kulturellen Standpunkt sehr unzeitgemäße Anschauungen einer einzelnen Gruppe macht.«

Dieser Erklärung schlossen sich an:

B. Altaner, Breslau E. von Aster, Gießen K. Barth, Bonn H. Becker, Leipzig G. Bernhard, Berlin C. Boehm, Karlsruhe E. Börnstein, Berlin K. Brandt, Berlin H. Cassel, Berlin B. Chajes, Berlin M. Dehn, Frankfurt a. M. G. Doetsch, Freiburg H. Driesch, Leipzig C. Drucker, Leipzig A. Einstein, Berlin K. Engeroff, Bonn P. Epstein, Frankfurt a. M. Fr. Frank, Berlin W. Friedmann, Leipzig A. Götze, Marburg M. Goldschmidt, Leipzig H. Großmann, Frankfurt a. M. A. Grotjahn, Berlin C. Grünberg, Frankfurt a. M. H. Hahn, Wien L. Halberstaedter, Berlin H. Heller, Berlin E. Hellinger, Frankfurt a. M. J. Herrmann, Stuttgart Fr. Hertz, Halle a. S. H. Holborn, Berlin M. Hobohm, Berlin D. Holde, Berlin M. Horkheimer, Frankfurt a. M. A. Kantorowicz, Bonn Fr. Keller, Freiburg Fr. Klingmüller, Greifswald E. Lederer, Heidelberg E. Lerch, Münster i. W. Th. Lessing, Hannover Fr. Lieb, Bonn P. F. Linke, Jena M. Löhr, Königsberg S. Marck, Breslau J. Marschak, Heidelberg R. Mehmke, Stuttgart A. Messer, Gießen H. Münter, Heidelberg Fr. Niebergall, Marburg F. Noack, Berlin W. Nöller, Berlin F. Noether, Breslau E. Noether, Göttingen Fr. Oppenheimer, Frankfurt a. M. W. Peters, Jena O. Piper, Münster M. Pleßner, Frankfurt a. M. G. Radbruch, Heidelberg H. Rademacher, Breslau A. Rosenberg, Berlin A. Rosenheim, Berlin G. Salomon, Frankfurt a. M. H. Salinger, Berlin A. Siemsen, Jena H. Sinzheimer, Frankfurt a. M. J. Schaxel, Jena K. L. Schmidt, Bonn L. L. Schücking, Leipzig W. Stammler, Greifswald G. Steindorff, Leipzig B. Taut, Berlin F. Tönnies, Kiel J. Traube, Berlin R. Trautmann, Leipzig C. von Tyszka, Hamburg Fr. Weigert, Leipzig Th. Wiesengrund, Frankfurt a. M. P. Wilbrandt, Dresden G. Witkowski, Leipzig K. Ziegler, Greifswald.

aus: *Die Menschenrechte,* Nr. 6/7 vom 15. Juli 1931

Politische Literatur
aus der Zeit der Weimarer Republik
im Wunderhorn

Emil Julius Gumbel
Vom Rußland der Gegenwart
Mit einem Vorwort von
Ossip K. Flechtheim
116 Seiten, DM 12,–

Emil Julius Gumbel
Vier Jahre politischer Mord
und Denkschrift des
Reichsjustizministers zu
Vier Jahre politischer Mord.
Mit einem Vorwort von Hans Thill
360 Seiten, DM 25,–

Ernst Toller
Quer durch
Reisebilder und Reden
Mit einem Vorwort von
Stephan Reinhardt
296 Seiten, DM 24,–

Kurt Hiller
Politische Publizistik
von 1918–1933
Herausgegeben und eingeleitet
von Stephan Reinhardt
384 Seiten, DM 34,–

Fordern Sie unser Verlagsverzeichnis an!

Verlag Das Wunderhorn
Ladenburgerstraße 82 · 6900 Heidelberg